Bernd Nossack

I GING
für Partnerschaft und Liebe

Originalausgabe

WILHELM HEYNE VERLAG
MÜNCHEN

HEYNE RATGEBER
08/9115

Printed in Germany 1987
Umschlaggestaltung: Atelier Ingrid Schütz, München
Satz: VerlagsSatz Kort GmbH, München
Druck und Bindung: Presse-Druck Augsburg

ISBN 3-453-41755-0

Inhalt

Einführung

Liebe Leserin, lieber Leser,
wenn man ein Buch wie dieses zur Hand nimmt, möchte man meist recht schnell einen praktischen Zugang dazu gewinnen. Was den philosophischen und historischen Hintergrund der Sache betrifft, um die es geht, wird man oft erst dann etwas drüber lesen, wenn man Ruhe und Zeit dafür hat. Zwar lehrt uns I Ging, Hektik und Unruhe abzulegen. Doch wird dies ein eher allmählicher und verstehender Prozeß werden. Vielleicht lesen Sie die folgenden Einführungskapitel erst einmal in Ruhe durch, wobei Sie besonders auf den Abschnitt über Praxis und Deutung achten sollten. Hier nun aber eine Kurzbeschreibung des Orakelnehmens, mit der Sie das Wichtigste erfahren.

Es gibt zwei Grundenergien: Yang und Yin. Es ist das Gebende und das Empfangende, man könnte sagen: Plus und Minus – wie bei einer elektrischen Ladung. Aus diesen beiden Polen ist nach Verständnis des I Ging die ganze Welt aufgebaut.

Wenn man seine Fragen stellt, erhält man die Antworten in Form von Strichen: durchgehende Striche für Yang, unterbrochene Striche für Yin. Das geschieht durch Werfen von 3 gleichen Münzen. Bei jeder Frage, die man stellt, wirft man insgesamt sechsmal. Dabei sind für jeden einzelnen Wurf folgende Ergebnisse möglich:

Der erste Wurf ergibt die unterste Linie des Hexagramms. Lesen Sie die Münzen so ab, wie es nachfolgend dargestellt ist. Dann zeichnen Sie die entsprechende Linie auf Ihr Blatt und werfen noch fünfmal, bis Sie, von unten nach oben, ein komplettes Hexagramm entwickelt haben.

zweimal Kopf, einmal Zahl –
eine durchgehende Linie (Yang), die sich nicht verändert (junges Yang),

2 + 2 + 3 = 7

zweimal Zahl, einmal Kopf –
eine unterbrochene Linie (Yin), die sich nicht verändert (junges Yin),

3 + 3 + 2 = 8

dreimal Kopf –
eine unterbrochen Linie (altes Yin), die sich für ein nachfolgendes Symbol in eine durchgehende Linie (Yang) ändert,

3 + 3 + 3 = 9 (Wandlung)

dreimal Zahl –
eine durchgehende Linie (altes Yang), die sich für ein nachfolgendes Symbol in eine unterbrochene Linie (Yin) ändert.

2 + 2 + 2 = 6 (Wandlung)

Die beiden Seiten der Münzen werden benutzt, um einen Binärcode zu formen. Die Kopfseite entspricht dem Zahlenwert 2; die Zahlseite der 3.

Die Symbole oder Strichzeichen, bestehend aus sechs Linien heißen Hexagramme (vom griechischen *hexa* = sechs). Ergeben die sechs Würfe zu einer Frage nur junge Yin oder Yang, also unveränderliche Linien, erhält man nur ein Hexagramm, das unveränderlich bleibt und bei dem man auch nur die Gesamtaussage berücksichtigen muß. Sind hingegen alte Yin oder Yang im Wurfergebnis enthalten, ändern sich die entsprechenden Linien, so daß sich aus ihnen zusammen mit den bleibenden Linien noch ein zweites Hexagramm ergibt, das ebenfalls zu deuten ist. Außerdem sind in diesem Fall für das erste Hexagramm auch die veränderlichen Linien zu berücksichtigen, was heißt, daß man sich die entsprechenden Textstellen ansieht (Linientexte).

Die Wandlungen

Wenn das Hexagramm, das Sie erhalten, keine Wandlungslinien enthält (eine durchgezogene oder unterbrochene Linie, hinter der ein Punkt steht), so haben Sie ein statisches Hexagramm vor sich, das eine stabile Situation beschreibt. In diesem Fall ist nur der Text zu einem Hexagramm zu lesen. Treten aber eine oder mehrere Wandlungslinien auf, so sind zwei Hexagramme zu beachten. Zum Beispiel wird eine Wandlungslinie (—• = 9) im ersten Hexagramm als durchgehende Linie gelesen, im zweiten jedoch entgegengesetzt als unterbrochene (– –). Alle anderen, nicht gewandelten Linien, werden unverändert in das zweite Hexagramm übernommen.

Die nebenstehende Zeichnung dient als Beispiel für dieses Verfahren. Nehmen wir an, Sie hätten das Hexagramm Nr. 26 bekommen, und (von unten gezählt) die zweite und vierte Linie seien Wandlungslinien. Diese beiden Linien werden nun umgekehrt, und Sie erhalten neben Nr. 26 das Hexagramm Nr. 30.

Lesen Sie zuerst den Text des Hexagramms Nr. 26. Dort wird die Ausgangssituation oder die Grundsituation Ihrer Frage erläutert. Dieser Teil bezieht sich gewöhnlich auf die Gegenwart oder die jüngste Vergangenheit. Als nächstes wird der Text der beiden

Sie bekommen also entweder ein oder zwei Hexagramme – je nachdem, ob in Ihren sechs Würfen mindestens eine veränderliche Linie enthalten ist oder nicht. Jedes Hexagramm oder Zeichen besteht aus sogenannten Trigrammen von jeweils drei Strichen (*tri* = drei). So steht jeweils oben und unten ein Trigramm.

In Tabelle 1 finden Sie die Hexagramme, die Sie im Buch aufschlagen müssen. Sie haben sechsmal geworfen. Ihr unteres Trigramm besteht zum Beispiel aus drei durchgehenden Linien (gleichgültig, ob junges oder altes Yang), das obere aus drei unterbrochenen Linien (zum Suchen der Textstelle ebenfalls gleichgültig, ob jung oder alt). Nun setzen Sie sich das Hexagramm, bestehend aus

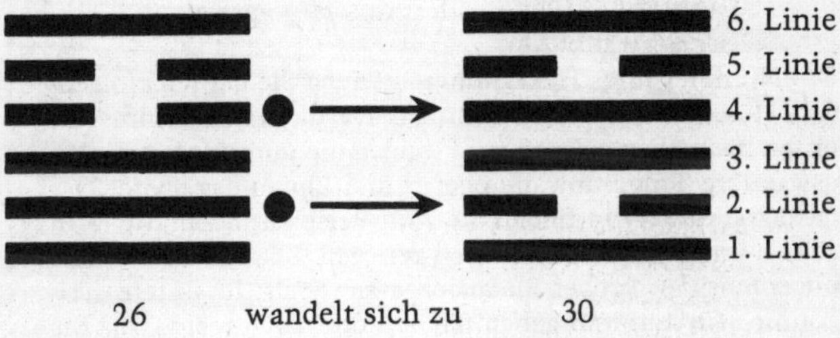

Wandlungslinien, der zweiten und vierten Zeile, gelesen. Sie werden in der Reihenfolge behandelt, in der sie erzeugt wurden. Diese Linien könnten den Grund für die bevorstehende Veränderung schildern; sie enthalten möglicherweise einen Rat, wie Sie Ihre Ziele erreichen können, warnen vor kommenden Schwierigkeiten oder sagen künftiges Glück voraus. Lesen Sie als letztes das neu entstandene Hexagramm Nr. 30. Dieses Hexagramm beschreibt die neuen Tendenzen auf Ihrem augenblicklichen Weg. Im zweiten Hexagramm werden die Wandlungslinien nicht beachtet.

zwei Einzeltrigrammen, in Gedanken zusammen und erhalten in unserem Beispiel Hexagramm 14 – ›der Besitz von Großem‹. Falls Sie beim Werfen veränderliche Linien erhalten haben (altes Yin oder Yang), ergibt sich auch noch ein zweites Hexagramm. Für das erste sind die Linientexte der veränderlichen Linien zu berücksichtigen. Im neuen Hexagramm, das sich aus den bestehenbleibenden und den veränderlichen Linien ergibt, werden jedoch keine Linientexte mehr nachgesehen. Vielmehr wird nur die allgemeine Aussage, einschließlich Urteil und Bild, gelesen.

Tabelle 1 Das Finden des Hexagramms

Die Nummer Ihres Hexagramms können Sie der nachfolgenden Hexagrammtafel entnehmen. Da das Hexagramm von unten nach oben gelesen wird, bilden die unteren drei Linien das untere Trigramm, die oberen drei Linien das obere. Das Hexagramm Nr. 14 finden Sie zum Beispiel, indem Sie es in seinen unteren und oberen Teil zerlegen. Betrachten Sie dazu unser Beispiel: Suchen Sie in der linken Spalte Ihr unteres Trigramm *(Ch'ien)* und gehen Sie von dort nach rechts, bis Sie das obere Trigramm gefunden haben *(Li)*. Im Schnittpunkt finden Sie die Nummer 14.

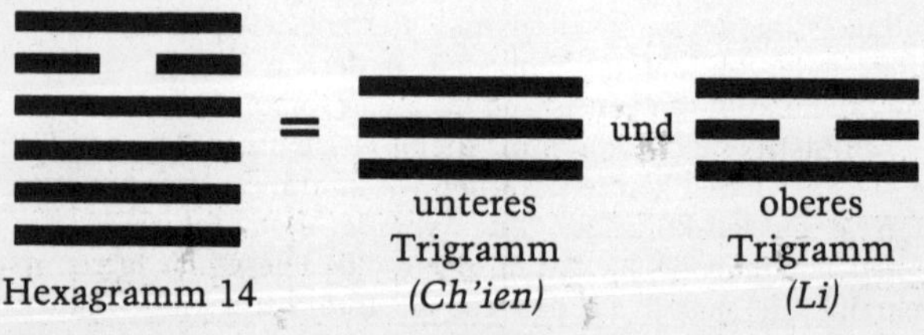

Beispiel für das Zerlegen und Finden eines Hexagramms

Um I Ging als Orakel tiefer zu verstehen, folgt Tabelle 2, in der die symbolischen Bedeutungen aufgeführt sind, die in jedem Trigramm mitschwingen. Man kann sie sich zu den einzelnen Hexagrammen ansehen, die ja jeweils aus zwei solcher Symbole zusammengesetzt sind. Man muß das aber weder auswendig lernen noch sich bewußt merken. Das geht vielmehr automatisch ein, wenn man I Ging lange und oft genug befragt hat. Sollte einem allerdings etwas unklar sein, kann ein Blick in die Tabelle Hilfestellung geben.

Die Hexagrammtafel

oberes Trigramm ▷ / unteres Trigramm ▽	CH'IEN ☰	CHEN ☳	K'AN ☵	KEN ☶	K'UN ☷	SUN ☴	LI ☲	TUI ☱
CH'IEN ☰	1	34	5	26	11	9	14	43
CHEN ☳	25	51	3	27	24	42	21	17
K'AN ☵	6	40	29	4	7	59	64	47
KEN ☶	33	62	39	52	15	53	56	31
K'UN ☷	12	16	8	23	2	20	35	45
SUN ☴	44	32	48	18	46	57	50	28
LI ☲	13	55	63	22	36	37	30	49
TUI ☱	10	54	60	41	19	61	38	58

Tabelle 2 Die Linien

Die beiden Linienarten, aus denen die sechszeiligen Hexagramme gebildet werden, zeigen ein fundamentales Konzept und stehen für eine Grundlage der chinesischen Philosophie: das paradoxe Prinzip der Dualität. Die gebrochenen Linien entsprechen dem *Yin* oder dem weichen, passiven Prinzip, während die durchgezogenen Linien für das *Yang* oder das starke, aktive Prin-

Name	Trigramm	Bild	Eigenschaften	Himmels-richtung
Ch'ien	☰	Himmel	schöpferisch stark Tageslicht Festigkeit	Nord-west
Chen	☳	Donner	erregend aktiv Aufregung Wachstum ausdehnend	Ost
K'an	☵	Wasser Wolken Regen Quelle	abgründig gefährlich tief Angst geheimnisvoll	Nord
Ken	☶	Berg	ruhig unbeweglich still; wartend reglos	Nordost
K'un	☷	Erde	schwach nachgebend dunkel; nährend empfänglich aufnehmend anpassungsfähig	Südwest

zip stehen. *Yin* und *Yang* repräsentieren den Dualismus zwischen Negativem und Positivem in allen Dingen – von den Elektronen und Protonen der Atome bis hin zum Unbewußten und Bewußten der menschlichen Psyche. Und doch werden sie nicht als Gegensätze verstanden, sondern als voneinander abhängige Pole; das eine macht die Existenz des anderen erst möglich.

Die nachstehende Übersicht zeigt die Eigenschaften der Trigramme.

Familienmitglied	Körperteil	Jahreszeit	Tageszeit
Vater	Kopf	Frühwinter	Tag
Ältester Sohn	Fuß	Frühling	Früher Morgen
Mittlerer Sohn	Ohr	Mittwinter	Mitternacht
Jüngster Sohn	Hand	Spätwinter	Dämmerung
Mutter	Bauch	Frühherbst	Nacht

Name	Trigramm	Bild	Eigenschaften	Himmels- richtung
Sun	☴	Wind Holz	sanft durchdringend allmählich aufrichtig schlicht	Südost
Li	☲	Feuer Sonne Blitz	Klarheit bewußt intelligent abhängig erleuchtend	Süd
Tui	☱	See	Zufriedenheit Fülle ausufernd offen Freude	West

Das fragetechnische Handwerkszeug zum Orakelaufbau kennen Sie nun. Vielleicht an dieser Stelle noch ein paar kurze Hinweise, wie man fragt. (Mehr darüber im Kapitel über Praxis und Deutung.)

Man nimmt sich etwas Ruhe und Zeit, fühlt ein wenig in sich hinein und versucht eine gewisse Stille zu empfinden. Dann spricht man das Orakel zum Beispiel wie folgt an: »So frage ich, o hohes I Ging...« Ich nenne meine Frage, meinen Namen und vielleicht auch noch den Ort, wo ich mich aufhalte. Es lassen sich *keine* Oder-Fragen stellen wie etwa: Soll ich heiraten oder nicht? Es sind in erster Linie Fragen möglich, die mit ja oder nein beantwortet werden können. Es gibt auch Ausnahmen, aber über sie soll später berichtet werden. Wichtig ist noch,

Familien-mitglied	Körper-teil	Jahres-zeit	Tages-zeit
Älteste Tochter	Schenkel	Früh-sommer	Morgen
Mittlere Tochter	Auge	Mitt-sommer	Mittag
Jüngste Tochter	Mund	Spät-herbst	Zwielicht

daß man keine Fragen miteinander koppelt, da das Informationssalat geben würde. Also nicht: Werde ich mit ihr (mit ihm) Glück haben, *und* werden wir zusammen alt, *und* werde ich mit meiner Schwiegermutter auch gut zurecht kommen? Jede Einzelfrage würde unter Umständen eine andere Antwort hervorbringen, ein zusammengemischtes Ergebnis wäre also unsinnig.

Mit der Zeit werden Sie immer stärker mit I Ging vertraut werden. Für den Umgang damit und eine ebenso erfolg- wie erkenntnisreiche Orakelpraxis sei Ihnen an dieser Stelle alles Gute gewünscht.

Bernd Nossack

November 1986

Was kostbar ist: Weisheit und Liebe

In jedem Menschen gibt es eine innere Heimat, etwas, wozu er ja sagt, sich drin wiedererkennt und die Welt im Gleichgewicht findet. Welche Form und Gestalt dieses geistige Zuhause auch immer haben mag, unschwer ist es daran zu erkennen, daß in ihm Liebe wohnt. Sie kann sich im Zauber und Rausch der Gefühle genauso ausdrükken wie in der stillen Liebe zu einer Blume, im sorgsamen Umgang mit dem eigenen Hab und Gut oder in der pfleglichen Behandlung all dessen, was uns geschenkt und geliehen wurde.

Das schönste und umfassendste Geschenk aber ist das Leben selbst, tief aus Liebe geboren. Zwei Menschen, die sich in Zuneigung begegneten, zeugten ein Kind, das in Zuwendung und mit Fürsorge großgezogen wird. Es sind die Eltern, Vater und Mutter, die hier für noch umfassendere Prinzipien stehen, Sinnbilder dafür, daß – wie die Chinesen sagen – Himmel und Erde sich vereinigt haben, um alles Leben zu schaffen.

Und so wird ein Mensch, welche Jugend er auch gehabt haben mag, sich immer wieder an jene Urliebe zurückerinnern, die im Herzen eines jeden von uns wohnt, sei sie durch Biographie und Umstände auch noch so verschüttet. Irgendwo tief in jedem drin ist dieser warme, Zuversicht und Vertrauen spendende Impuls, der Liebe heißt.

Jeder, der dieses Gefühl in sich zuläßt, ihm Platz, Nahrung und Raum gibt, sich zu entfalten, wird es als Energie erleben. Und je wacher und bewußter man sich ihr zuwendet, um so mehr lernt man sie verstehen, offenbart sich ein Stück von ihren Ausdrucks- und Bewegungsformen, von ihrer inneren ›Naturgesetzlichkeit‹, von all den vielen Zusammenhängen, die das Wesen dieser Energie ausmachen.

Gerade die chinesische Kultur hat der Menschheit nun ein Geschenk beschert, in dem sich die Energien des Kosmos spiegeln, das sie uns verstehen und in ihren Veränderungen begreifen läßt – dazu gehört auch das Verständnis jener Energie, die uns am kostbarsten ist, unvergänglich und gleichsam das ursprüngliche Wesen allen Lebens selbst: die Liebe.

I Ging heißt das rund fünftausend Jahre alte Vermächtnis der chinesischen Kultur, das uns orakelhaften Zugang zur Weisheit der Welt finden läßt, um die Energien des Kosmos in liebender und erkennender Weise zu ergründen. Während es sich im Urtext einer gelegentlich verschlüsselten Sprache bedient, die manchmal gewisse Erfahrung im Deuten und Verstehen voraussetzt, sind neuere Übersetzungen entstanden, die unsere Umgangssprache stärker berücksichtigen und sich für alle möglichen Situationen des Lebens gut anwenden lassen. Wer allerdings nicht gewohnt ist, sich in Logik, Sprache und Symbolik des I Ging zu bewegen, wird in solchen Texten anfangs dennoch nicht für jede Situation sofort den Symbolschlüssel in seiner Entsprechung zu übertragen wissen.

Aus diesem Grunde wird hier der Versuch unternommen, Weisheit und Aussagen des I Ging so auszudrücken, daß der Text in gewisser Weise zu einer ganz speziellen Übersetzung der Sinngehalte wird. Dieses Buch, das Sie durch den wundervollen, oft anmutigen und alle Schattierungen des Lebens umfassenden Bereich der Liebe begleiten will, soll Ihnen das Verständnis im Hinblick auf die besonderen Fragen von Liebe und Partnerschaft etwas erleichtern. Dabei werden Sie die inneren Entwicklungslinien von Situationen wie etwa Leidenschaft und Kummer oder auch stiller Empfindsamkeit deuten lernen. Zunächst werden Sie Rat sicher in so gebräuchlichen und ganz alltäglichen Fragen suchen wie etwa: Liebt sie oder liebt er mich wirklich? Werden meine Gefühle also erwidert? Oder auch: Wie beständig verspricht mein Glück zu sein? Was sollte ich in einer bestimmten Situation tun, damit wir uns besser verstehen? Irgendwann aber erkennt man, daß I Ging auch zu einem inneren Entwicklungsprozeß anregt. Eventuell können dabei Fragen entstehen, die zu einem neuen und erweiterten Verständnis von Liebe beitragen. Etwa zu Überlegungen, wie sie z.B. der Psychoanalytiker Erich Fromm in seinem Buch ›Die Kunst des Liebens‹ ausdrückt. Danach bedeutet Liebe auch Arbeit, beinhaltet sie etwas, das über den meist vorübergehenden Rausch der Gefühle hinauswächst, etwas, das damit zusammenhängt, den ganzen Menschen zu verstehen und zu erfahren, jenseits wechselhafter Gefühlslagen am Miteinander zu wachsen, Proben und Herausforderungen immer wieder gemeinsam zu bestehen und alles Leben, die ganze Schöpfung zu lieben, sich von dem zu lösen, was manchmal nur Eigenliebe und gut versteckter Egoismus ist.

Ein schwieriger Weg? Keine Sorge, Sie werden einen zuverlässigen und in jeder Hinsicht lebenskundigen Freund gewinnen, einen Berater, der – wie man so schön sagt – keinen Honig um den Bart schmiert, sondern stets ehrliche Antworten gibt, wie immer sie auch ausfallen mögen. Er wird Sie manches Mal vielleicht auch verunsichern, jedoch wird er in einem umfassenden Sinne stets Zuversicht geben und den Lebensweg instinktsicherer und ausgeglichener werden lassen. Irgendwann wird dabei sicher ein Gefühl dafür wachsen, daß die Liebe eigentlich eine Zuneigung zur ganzen Erde, zu allen Lebewesen und zum ganzen Kosmos beinhaltet. Lernen Sie I Ging also als diesen beständigen und einfühlsamen Ratgeber kennen. Lassen Sie sich von ihm in Fragen der Liebe leiten. Dann werden Sie wissen, wohin die Kräfte des

Unbewußten und die starken Entwicklungslinien des Augenblicks führen. So wird auch ein bezaubernder Flirt zu einem Moment, in dem die Kräfte des Kosmos – wenn es sein soll – wohlwollend Pate stehen. Was könnten wir uns Schöneres wünschen?

Zu den Ursprüngen des I Ging

Wie die indischen Veden, unser Altes Testament oder geistige Überlieferungen der Ägypter, gehört I Ging zu den ältesten Texten der Menschheit – vielleicht ist es sogar der älteste. Denn schon recht frühe Anfänge lassen sich noch ziemlich deutlich bis ins dritte vorchristliche Jahrtausend zurückverfolgen. Wahrscheinlich aber haben schon davor sibirische Nomadenstämme erste Naturbeobachtungen nach China gebracht, aus denen sich die Kosmologie eines Orakels für die vielfältigen Situationen der Menschheit ergeben hat.

Man beobachtete das Verhalten in Tier- und Pflanzenwelt, die Bewegungen der Sterne am Himmel, fand immer wiederkehrende Entwicklungen wie etwa die Aufeinanderfolge von Tag und Nacht, das Kommen und Gehen der Jahreszeiten, das Auf und Ab der Gezeiten. Daraus ergab sich ein Gefühl für die großen Zyklen des Lebens, die man tiefer zu verstehen und zu deuten versuchte und deren Gesetzmäßigkeit man zu erkennen bemüht war. Man erkannte die Dinge in ihrer Vielfalt und Gegensätzlichkeit, in ihren Unterschieden und Entsprechungen.

So ließen sich bestimmte Grundmuster in der Natur auch auf die großen Menschheitsthemen wie Liebe und Krieg, Ehrgeiz und Versagen, Tod und Geburt übertragen. Man erkannte Parallelen zu Familie und Gemeinschaft, ja zur Gesellschaft ganz allgemein, später auch zum Staat mit seinen Beamten und zur Politik. Auch Handel und Wandel, das geschäftige Treiben am Markt oder das schöpferische Tun von Künstlern und Handwerkern schien denselben Gesetzen zu folgen, wie sie sich im Lauf der Gestirne oder in der Bewegung der Wellen im Meer wiederfanden.

Daraus ergaben sich mit der Zeit grundlegende Gedanken über die Entwicklungsmuster, denen das Leben folgt, immer wiederkehrende innere Linien oder Tendenzen, denen man in allen Situationen begegnen kann.

Vor mehr als 4500 Jahren soll der legendäre Herrscher Fu Hi gelebt haben, von dem gesagt wird, er habe auf einem Schildkrötenpanzer die grundlegenden Linienmuster des I Ging erkannt. Ordnet man die acht logischen Ursymbole des Orakels kreisförmig an, so entsteht allerdings eine visuelle Ähnlichkeit mit einem Schildkrötenpanzer. Man fühlt sich irgendwie daran erinnert.

Umgekehrt mag es so gewesen sein, daß Fu Hi – der uns auch als großer Weiser überliefert ist – beim Anblick eines Schildkrötenpanzers so etwas wie eine innere Vision gehabt haben mag, vom grundlegenden Aufbau von Leben und Kosmos in seiner logischen – sozusagen mathematischen Struktur –, dem Bild jener Trigramme, die uns noch ausgiebig beschäftigen werden.

Im China der Vorzeit, in dem das Leben der Städte mit seinen Märkten und staatlichen Lebensformen offenbar erst im Werden begriffen war, bildete das I Ging zunächst einen Ratgeber für die Jagd, für die Fischerei und für die Probleme des bäuerlichen Daseins. Aus Naturbeobachtung und ihrer Wechselwirkung mit dem Menschen entstanden, wird es zunächst auch ganz naturnah befragt und verstanden worden sein. So wurde es ursprünglich wohl auch aus Tierknochen und Schildkrötenschalen bestimmt. Ein stark mit den natürlichen Zyklen verbundener Geist konnte daraus bestimmt gut bildhaft-visionäre Eindrücke wahrnehmen – Übereinstimmungen und sinnvolle Zufälle, die sich mit der ihn umgebenden Welt zusammenreimen.

In dieser Ausprägung spielte das I Ging schon in der Schang-Dynastie (1769 bis 1122 v. Chr.) eine Rolle, wobei es sich um die erste historisch wirklich faßbare Dynastie in der chinesischen Geschichte handeln soll, über die – wenn man so will – gesicherte geschichtliche Erkenntnisse vorliegen. Zwar heißt es, daß der Text des I Ging auch damals bereits Vorläufer gehabt habe, jedoch hat König Wen, der Begründer der Dschou-Dynastie (1122 bis 246 v. Chr.), die inhaltlichen Erläuterungen zu jenen 64 Hexagrammen – das sind die Orakelentscheidungen aus jeweils sechs Linien – geschrieben, mit welchen sich diese Einführung noch eingehend befassen wird. Geht die Urheberschaft der Texte für die Hexagramme als Gesamtaussage auf den erwähnten König Wen zurück, so hat sein Sohn, der Herzog von Dschou, die einzelnen Linien kommentiert.

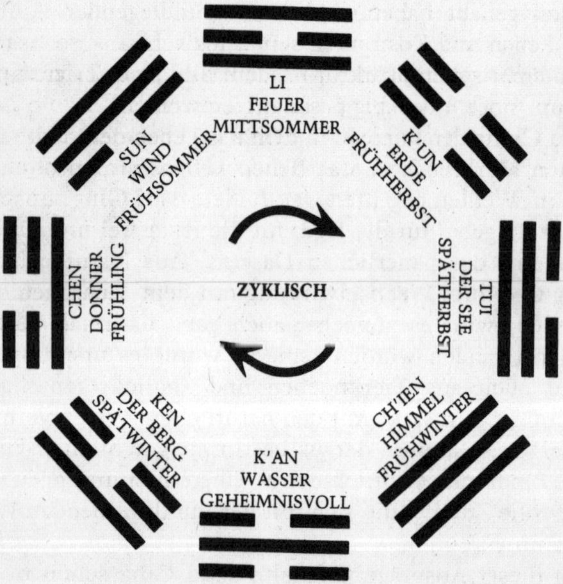

Die Anordnung der Trigramme nach König Wen

König Wen soll die inhaltlichen Aussagen zu den Hexagramm-Linien in Worte gefaßt haben, als er Gefangener des – wie I-Ging-Autor R. L. Wing formuliert – tyrannischen Kaisers Dschou Hin war. Dazu Wing: »Während seiner Haft hatte er eine Vision: Er sah die Bildschrift der Hexagramme auf seinen Kerkerwänden. Diese Vision wühlte ihn derart auf, daß er den Rest der Gefangenschaft damit verbrachte, die geschauten Bilder in Worte umzusetzen.« König Wen wurde aus seinem Kerker befreit, nachdem sich sein Sohn, der Herzog von Dschou, an die Spitze einer Bewegung gegen den Despoten gesetzt und sie zum Sieg geführt hatte.

Ist das I Ging als Orakel- und Weisheitsbuch seinem Sinn und Verständnis nach weitgehend taoistisch, so wurden auch die großen taoistischen Philosophen von ihm beeinflußt, und sie haben sich ihrerseits damit auseinandergesetzt. Dazu gehörte zum Beispiel Lao Tse. Doch vor allem Konfuzius als Begründer einer eigenständigen Denkrichtung, des Konfuzianismus, hatte maßgeblichen Einfluß auf das I Ging. Er hat es auch kommentiert. Nimmt man es als Teil des TAO (sprich Dau), das sich mit ›Sinn‹, ›Weg‹ oder ›Tor‹ übersetzen läßt, so dürfte der Begriff ›Tor‹ auf Einsicht und Zugang zum Verständnis des Sinns hindeuten, der allem zugrundeliegt, während der ›Weg‹ offensichtlich die Entwicklung desjenigen bezeichnet, der bemüht ist – etwa mit Hilfe des I Ging –, den Sinn zu erfassen und sein Leben danach auszurichten.

Drei wesentliche Grundprinzipien spielen im TAO eine Rolle. Erstens, so könnte man sagen, besteht die Welt aus Gegensätzen, aber es sind nur scheinbare Gegensätze, denn ein jeder Pol ist in seinem Gegenteil ansatzweise enthalten. Zweitens bilden die vermeintlichen Gegensätzlichkeiten von höherer Warte aus betrachtet ein Ganzes, eine Einheit. Und schließlich – drittens also – ergibt sich aus dem Spannungsgefälle der Gegensätze das Moment der Bewegung, der Veränderung. Nichts ist danach statisch, alles erlebt den fortwährenden Impuls der Verwandlung. Daher heißt I Ging auch ›Buch der Wandlungen‹.

Nirgendwo anders als im Taoismus wurde die Vorstellung so anschaulich und gleichzeitig umfassend ausgedrückt, daß polare Gegensätze, wie hell und dunkel, gut und böse, männlich und weiblich, jung und alt, Zeit und Raum, Ausdehnung und Begrenzung, letztlich auf eine Einheit zurückzuführen sind und daß in allem, was ist, sein Gegensatz ansatzweise vorhanden ist, wenn nicht gar in offensichtlicher Ausprägung. Bildlich wird dieses Verständnis vom Aufbau der Welt im Symbol des TAO dargestellt, einem Kreis mit zwei Hälften (siehe Abbildung), in dem die helle Seite als Yang und die dunkle Seite als Yin bezeichnet wird.

Yang steht hier für das ideell männliche Prinzip und Yin für das ideell weibliche Prinzip. Das heißt, in der Realität kann eine Frau recht starke Yang-Merkmale auf sich vereinen oder ein Mann – vielleicht indem er etwa Sensibilität im besten Sinne kultiviert – recht Yin-geprägt sein. Es ist zunächst also mehr die bio-elektrische

Schwingung gemeint als ein typisches gesellschaftliches Rollenschema. Dabei ist vom archetypischen, das heißt urhaft symbolischen Verständnis her das Männliche in seiner Eigenschaft als eindringende Sexualfunktion dennoch eher als impulsgebend anzusehen, während das Weibliche als empfangende Sexualfunktion für das Impulsaufnehmende steht.

Nach taoistischem Verständnis, wie es sich auch in der symbolischen Kreisdarstellung von Yin und Yang zeigt, besitzen diese Pole zusätzlich auch noch jeweils etwas von ihrem Gegenteil.

Auf gesellschaftliche Zusammenhänge übertragen bedeutet es, daß im Mann zum Beispiel eine gewisse Portion Weiblichkeit enthalten sein muß, damit er eine Partnerin überhaupt verstehen kann. Mehr noch: Sexuelles Verlangen ergibt sich im Grunde aus der Sehnsucht nach Vereinigung, das heißt, wieder ganz zu sein, dem Männlichen das fehlende Weibliche hinzuzufügen. Und umgekehrt natürlich auch: Die Frau verlangt danach, ihre Weiblichkeit durch das fehlende Männliche, die Komplementärenergie, zu ergänzen. Beides ist aber nur dadurch möglich, daß sowohl im Mann als auch in der Frau eine Erinnerungsspur vom jeweils anderen enthalten ist.

Auf körperlicher Ebene sieht das so aus: Die menschliche Nebennierenrinde produziert unter anderem das Sexualhormon des anderen Geschlechts im eigenen Körper. Wie sich dieses Prinzip beim Gegensatz von männlich und weiblich beobachten läßt, findet es sich auch in allen anderen Erscheinungsformen der Natur.

Etwa der Gegensatz hell/dunkel. So scheinen in der Nacht Mond und Sterne, während am Tage dort, wo viel Licht, auch Schatten ist. Oder der Gegensatz warm/kalt: Es gibt den Begriff der Verdunstungskälte, und kaltes Eis kann bei Berührung durchaus das Gefühl des sich Verbrennens entstehen lassen. In jedem Yin ist ein Yang enthalten und umgekehrt. Das eine kann ohne das andere nicht sein.

Für das Thema Liebe hat dies eigentlich eine ganz grundlegende Bedeutung. Denn dadurch, daß ein Mann es zum Beispiel lernt, seine weiblichen Anteile mehr zu integrieren, und eine Frau es schafft, auch ihre männliche Seite mehr zu leben, zeigt man sich nicht nur realistisch, sondern verhält sich bestimmt auch im Sinne des TAO, das jedoch auch immer vor Übertreibungen warnen würde. Denn es ist ein Weg der Mitte und des Ausgleichs. I Ging lädt so auch mehr dazu ein, das Rollenverständnis – je nach Situation – etwas origineller und umfassender zu gestalten. Es kann auf der anderen Seite aber auch zu einer eher konservativen oder traditionellen Rollenauffassung raten, wenn die Lage es erfordert. Das sollte man jedoch nicht im Sinne einer patriarchalischen Gesellschaftsordnung auffassen, auch wenn das alte China sicher so geprägt gewesen ist. I Ging ist zu umfassend, als daß es sich in einem so engen Verständnis eingrenzen ließe.

Eine Betonung des Traditionellen, wie sie sich an manchen Stellen im ›Buch der Wandlungen‹ findet, weist hier auf die Dauer im Wandel hin. Und wenn es der Höhe der Zeit entspricht, sollte Yin sich vermutlich einfach wie Yin und Yang in solch einem Moment typisch wie Yang verhalten. Ganz einfach und ohne Übertreibungen. Gleichwohl gibt es auch den Wandel in der Dauer, und so mögen wir dazu neigen, manche Linie heute etwas anders zu interpretieren, als dies etwa während eher patriarchalischer Zeiten des alten China der Fall gewesen ist und wie es auch noch bei R. Wilhelm, dem Klassiker unter den I-Ging-Kommentatoren, in der Original-Übersetzung nachgelesen werden kann.

Wie der ganze Kosmos im übrigen als Lied der Liebe zwischen Yin und Yang verstanden werden kann, ist alle Existenz – so gesehen – als liebevolle Begegnung und Durchdringung der beiden Urschwingungen aufzufassen, die sich in allem, was ist, lebt und gedeiht, widerspiegeln und ausdrücken.

Im I Ging wird das Yang als eine durchgehende, also nicht durchbrochene Linie dargestellt, der sogenannte Firstbalken. ⚊

Demgegenüber wird das Yin durch eine durchbrochene Linie ausgedrückt, die sozusagen das potentielle oder tatsächliche Einströmen von Energie symbolisiert.

⚋

Zwar handelt es sich in beiden Fällen um Energien, jedoch bedeutet der Yang-Strich selbst mehr den Impuls, das Yin ist eher die Leitung.

Jeweils drei Linien aus durchgehenden oder unterbrochenen Strichen bilden ein sogenanntes Trigramm, die Grundinformation im Orakel.

Die Trigramme – jeweils aus drei durchgehenden oder durchbrochenen Linien gebildet – sind Grundelemente des Lebens, die von den Chinesen in intuitiver Beobachtung als allgemeingültige Charakteristika des Kosmos erkannt wurden. Sozusagen lassen sie sich – hier symbolisch in Strichen verschlüsselt – als kosmische Muster überall finden und wiedererkennen. Zwei Trigramme sind dabei von besonderer Bedeutung:

Kien, das Schöpferische,

☰

und

Kun, das Empfangende

☷

Kien, das Schöpferische, steht für den ersten Impuls, die schöpferische Energie, die Kun das Empfangende befruchtet. Sie verhalten sich nach chinesischer Auffassung zueinander wie Himmel und Erde, und entsprechend drücken sie symbolisch das eine wie das andere aus. So bedarf der Boden, der Früchte tragen soll, des Regens, der vom Himmel kommt, um fruchtbar zu sein. Und er muß den Samen empfangen, der ihm aus der Luft (dem Himmel) vom Wind oder von nützlichen Insekten zugetragen wird. Dann geht die Krume auf, und die Erde bringt das Leben hervor, das sie empfangen hat. Genauso entwickelt sich das Wetter in der atmosphärischen Spannung zwischen Erdoberfläche und höher gelegenen Luftmassen im Himmel. Auch das Leben selbst, die erste kosmische Aussaat, kam nach moderner naturwissenschaftlicher Auffassung – wenn man so will – von oben. Denn es sind Kerne jener Aminosäuren, die die Grundbausteine für die DNS-Spirale, der Erbinformation allen Lebens, bilden, die sich nachweislich auf Partikeln aus dem Kosmos, etwa Meteoriten usw., finden lassen. So nimmt man an, daß sie überall im Universum vorhanden sind und in der Frühzeit der Erde auch auf unseren Globus gelangten und hier gleichsam den Samen für die Entstehung des Lebens gelegt haben. Himmel und Erde sind sich in liebender Berührung begegnet und haben unsere wundervolle Natur mit der Vielfalt der Arten entstehen lassen.

Sie zu schützen, zu hegen und zu pflegen, wo immer wir dazu aufgerufen sind und wie immer wir das vollbringen mögen, gehört ganz sicher zur inneren Natur der Liebe, wie sie sich auch in der gegenseitigen Hinwendung von Mann und Frau ausdrückt. Das heißt, sensibel zu werden für das Wunder der Schöpfung als ein großes Geschenk ans Leben, die Vereinigung des Schöpferischen mit dem Empfangenden, aus dem alles geboren ist, was uns umgibt.

Es ist wahrscheinlich nicht verkehrt zu sagen, daß Kien, das Schöpferische, auch das geistige Prinzip ist, das in Kun, dem Empfangenden, alle Materie beseelt, ihr den Hauch des schöpferischen Atems gibt, wie wir es in der Genesis, der biblischen Überlieferung von der Schöpfung der Welt, nachvollziehen können. Dieser bewirkende und bewegende Impuls läßt sich in allen Lebenssituationen immer wieder neu entdecken, genauso wie wir überall der empfangenden und sich hingebenden Energie begegnen.

Das ist so zwischen Lehrer und Schüler, zwischen Künstler und Material, das er bearbeitet oder anders gesagt, das er beseelt. Es ist so zwischen einer Idee und ihrer Ausführung, zwischen Magnet und Metall, zwischen Wille und Resonanz im zwischenmenschlichen Bereich. Dabei sind beide, das Schöpferische und das Empfangende, ursächliche Energien, im Grunde genommen gleichwertig und polare Entsprechungen ein und desselben Schöpfungsprinzips. Aus beidem entsteht die Vielfalt der Dinge, treten die Ereignisse ins Leben und verwandeln sich nach dem Gesetz des TAO.

Alles, was an weiteren Energien folgt, ist aus diesem Zusammenwirken von Kien und Kun geboren, entwickelt sich als logische Weiterfolge von Grundenergien oder Grundmustern aus diesen ersten ursächlichen Prinzipien. Daher wird die Gesamtheit der acht grundlegenden Muster oder Trigramme auch als ideale Familie betrachtet, zu der drei Söhne und drei Töchter gehören. Diese sind nachfolgende Situationen, Muster, Entsprechungen, die sich als logische Strukturen bzw. als Ursymbole ebenfalls im ganzen Weltgeschehen wiederfinden lassen und uns in vielfältigster Gestalt in unseren realen Lebensabläufen begegnen.

So heißt es, Kien, das Schöpferische, ist stark, ist der Himmel, ist der Vater. Kun, das Empfangende, ist hingebend, ist die Erde, ist die Mutter.

Daraus entsteht Dschen, das Erregende, die Bewegung – auch Donner oder Holz. Es ist der älteste Sohn. Es handelt sich um die erste Form von Bewegung, die aus dem Zusammenwirken von Kien und Kun hervorgebracht wird. Wie im Frühjahr die Dinge sich regen, oft von Gewittern begleitet, und die ersten Triebe erwachen, die Bäume knospen – daher der Bezug zum Holz –, handelt es sich hier um einen starken Impuls am Anfang. Zu seinem Gelingen bedarf es der erregenden, forttragenden und begeisternden Antriebskraft. Das Stürmische und Impulsive muß sich durchsetzen. Es ist die Anfangsenergie, die aus den beiden ursächlichen Prinzipien entstanden ist. Wir finden sie zum Beispiel, wenn wir mit Elan eine Sache beginnen oder wenn wir in der Liebe die erste Erregung spüren, jenes Gefühl, das durch den Körper geht und Leidenschaft erweckt. Um dauerhafte Nähe zwischen zwei Menschen zu ermöglichen, bedarf es eines solchen ersten begeisternden Impulses. Er ist auch vergleichbar mit dem Erwachen der Liebeskraft im Menschen, während der Phase, in der sich die Geschlechtsreife entwickelt. Alles ist unruhig, triebhaft geprägt, erfährt eine Erschütterung im Körper: Hormone werden ausgeschüttet, die Aufmerksamkeit wird mit Neugier und Sehnsucht erfüllt. Dieses Erregende, das sich in Dschen, dem ersten Sohn, ausdrückt, findet sich auch, wenn eine alte Liebe mit neuer Glut erfüllt wird oder wenn man plötzlich auf der Spur ist, wie sich Fehler in der Partnerschaft beseitigen lassen. Es geht um neue Erfahrungen, die mit einer gewissen Erregung verbunden sein müssen, um sich in der Realität durchzusetzen. Das Herz muß klopfen oder ein Kitzel in der Magengrube spürbar sein. Wie bei einem Frühjahrsgewitter – siehe auch die Verbindung zum Donner – kann da manches zunächst auch durcheinandergeraten. So ist es mit allem Neuen: Es ist aufregend und bereitet oft Aufruhr.

Als Trigramm wird Dschen, das Erregende, in folgender Weise gebildet:

☳

Allerdings kann eine solche Phase, wie sie das Erregende bezeichnet, nicht fortwährend bestehen. Es sind weitere Energien erforderlich, die am Ablauf der Dinge in der Welt mitwirken. Also entsteht aus erneuter Begegnung des Schöpferischen und des Empfangenden die erste Tochter. Es ist Sun, das Sanfte, das Eindringen, der Wind und ebenfalls das Holz; symbolisch als Trigramm so ausgedrückt:

☴

Hier geht es um den beständigen Einfluß, der in seiner Hingabe sanft, aber dauernd wirkt. Es sind die unablässigen Bemühungen, wie sie der Wind veranschaulicht, der unter anderem auf den Wuchs der Bäume einwirkt und ihnen eine Richtung gibt. Wie das Holz langsam, aber stetig weiterwächst, so muß in bestimmten Situationen auch unser Einfluß sein, damit er Früchte trägt. Etwa dann, wenn wir um einen Menschen werben, damit er sich uns zuwendet. Oder es geht um die Geduld, mit der wir an unserer Partnerschaft arbeiten, damit wir Achtung und Verständnis vertiefen und Konflikte mit der Zeit immer wieder überwinden.

Wenn sich eine Entwicklung aber in einer weiteren Phase befindet, treten oft Spannungen auf. Es ist wie bei einem großen Vorhaben, sei es, daß es um ein gesellschaftliches Projekt geht, zu dem Menschen zusammentreten, oder sei es die Ehe: Gelegentlich kommt es zur Krise. In dem Zusammenhang lernen wir ein weiteres Symbol kennen, Kan, das Abgründige. Es bedeutet Gefahr, Wasser oder Wolken und ist der mittlere Sohn.

☵

Die gedankliche Verbindung von Gefahr und Wasser ist sehr naheliegend, bedeuten die Wellen des Meeres doch seit altersher auch die Flut, in der man ertrinken kann. Und auch in der modernen Psychologie – die Chinesen wußten das eben schon viel eher – besteht ein Zusammenhang zwischen Wasser und dem Abgründigen, ist es hier doch ganz einfach das Unbewußte und seine Tiefe. Hier wird von den Ängsten der Seele gekündet und von den Abgründen, in denen man sich verlieren kann. Kan, der mittlere Sohn, bedeutet als Symbol des Abgründigen aber auch das Geheimnisvolle und Tiefgründige, das wir zu deuten und enträtseln versuchen.

Dies gelingt meist durch intelligente Leistung, den klaren Durchblick und ordnenden Verstand, der in der Lage ist, Bezüge herzustellen, zu analysieren und zu hinterfragen. So begegnet uns nun Li, das Haftende oder die mittlere Tochter. Sie ist leuchtend, ist wie die Sonne, der Blitz oder das Feuer.

Diese Energie entspricht im Grunde dem erwachsenen Ich, das unter Eindrücken auswählen kann und in der Partnerschaft etwa bedeutet, daß man Probleme sachlich miteinander bespricht, emotionales Durcheinander aufzuklären in der Lage ist. Jedoch ist es auch Intelligenz, die über die reine Ratio, die Arbeit und Leistung des Kopfes, hinausgeht. Es ist die umfassende Kraft von Einsicht, Intelligenz, Talent und Fähigkeit, wie sie dem seelisch entwickelten Bewußtsein entsprechen. Im übertragenen Sinne könnte man hier auch von der entwickelten Demokratie sprechen, in der Menschen in erwachsener Weise ihre Dinge miteinander austragen. Sie wiederum bildet das Vorbild für ein kultiviertes Zusammenleben von Mann und Frau, wie überhaupt für die ganze Familie.

Es ist die Energie des Lichtes und des Feuers, die mit ihrem Schein die Gegenstände erhellt, welche das Auge wahrnehmen kann. Damit ist es jene Kraft, an deren Eindrücken der Blick haften bleibt, und es ist der Glanz, der den von der Sonne erleuchteten Dingen anhaftet. Darum heißt die mittlere Tochter auch das Haftende. Es ist die Dauer und Intensität des Leuchtenden und Strahlenden, die Hingabe an jenes Prinzip schöpferischen Lichtes, das von Anbeginn der Dinge an wirkt.

Wenn nun später eine Entwicklung insgesamt zum Abschluß gelangt, so kehrt die Ruhe des Stillhaltens ein.

Es ist Gen, der jüngste Sohn oder der Berg. Somit steht das folgende Trigramm auch für den Vorgang der Meditation, der Einkehr, aber auch für Hindernis und Begrenzung, so wie ein Berg in seiner Majestät ein Bild der Ruhe bietet, gleichsam dem Blick des Betrachters oder dem Wehen des Windes Begrenzung bietet. Etwas kommt zum Abschluß, wird zur Ruhe gebracht.

☶

Auf Partnerschaft und Liebe übertragen, kann man hier etwa vom ruhevollen Verweilen beieinander sprechen. Es ist die reife Beziehung, die schon viele Stürme hinter sich gebracht hat, und die stille Zärtlichkeit, die sich in einem stummen Begreifen des anderen ausdrücken kann. Oft ist es aber auch der Rückzug nach innen, Abgeschiedenheit, die zur Besinnung führt, der ruhende Pol oder der feste Bezugspunkt.

Schließlich erwächst aus erneuter Begegnung des Schöpferischen mit dem Empfangenden Dui, die jüngste Tochter, gleichzeitig die Freude oder der See. Sie gibt dem Abschluß den Glanz.

☱

Wie überall zeigt sich die meisterhafte Poesie der chinesischen Naturbeobachtung auch hier. Denn was kann mehr die Freude des Betrachters widerspiegeln als die anmutige Schönheit eines Sees, der in der Philosophie des I Ging auch für jene heitere Gelassenheit steht, die im Laufe eines an Erfahrungen reichen und vielseitigen Lebens zu erlangen ist. Sie erwächst aus freudiger und heiterer Hingabe an die ganze Schöpfung. Je mehr man mit der Orakelpraxis des I Ging vertraut ist, wird man wissen, daß vor oberflächlicher und nur auf vordergründigen Genuß ausgerichteter Freude gewarnt wird. Es ist eben so: Nur wenn man die ganze Schöpfung liebt, sich einzusetzen bereit ist, für das Gedeihen aller ihrer Kreaturen, für die Liebe und Schönheit in ihrer ganzen Vielfalt Verpflichtung übernimmt – und damit auch konkret ein bestimmtes Maß an Verantwortung für den einzelnen, wie er uns etwa in Gestalt eines geliebten Menschen begegnet –, wird man jene heitere Gelassenheit empfangen, wie sie sich nach reichlicher Zwiesprache mit dem Leben einstellt. Geben wir uns also der Schöpfung hin, wie sie sich in der tiefen, gütigen und still empfundenen Liebe zu einem anderen Menschen ausdrückt. I Ging als meisterhaftes Werk unbewußter Weisheit von Mensch und Kosmos, gleichzeitig formelhaft-logischer Ausdruck des Lebens mit all seinen Situationen und Erscheinungen, wird uns zu einem instinktsicheren Gespür führen, uns möglichst so zu verhalten, daß wir die Idee der Liebe und des Liebens fördern, von deren Wesen die ganze Schöpfung durchdrungen ist und die in jedem einzelnen immer wieder Berechtigung für Hoffnung, Zuneigung und Urvertrauen begründet.

Die acht grundlegenden Trigramme, wie wir sie in diesem Abschnitt kennengelernt haben, werden im ursprünglichen I-Ging-Text, wie er etwa von Richard Wilhelm aus dem Chinesischen übersetzt wurde,* aber auch in weiterer Literatur zum I Ging Gegenstand recht umfangreicher, tiefgehender und philosophisch bedeutungsvoller Betrachtung. Aus Platzgründen und anderen praktischen Erwägungen wurden die Trigramme hier nur in einem Ausschnitt aus der gesamten weltanschaulichen Bandbreite dargestellt und schließlich in besonderer Weise vor dem alle Menschen immer wieder tief bewegenden Hintergrund der Liebe erörtert. Möge ein erstes Verständnis hiermit möglich geworden sein. Man findet hier natürlich auch Antworten des I Ging zu allen ande-

* Wer diese Zusammenhänge später einmal tiefer verstehen möchte, dem sei der Band ›I Ging, Text und Materialien, übersetzt von Richard Wilhelm‹ aus Diederichs Gelbe Reihe empfohlen.

ren Lebensbereichen, während das vorliegende Buch ein Versuch ist, die Antworten des I Ging speziell zu Fragen der Liebe und des partnerschaftlichen Zusammenlebens zu begreifen.

Während die Übersetzung von Richard Wilhelm allerdings ziemlich anspruchsvoll ist und man sich durch den allgemeinen Teil schon ein wenig ›hindurcharbeiten‹ muß, gewährt ›Das Arbeitsbuch zum I Ging‹ von R.L. Wing, gleichfalls im Diederichs Verlag erschienen, einen besonders allgemeinverständlichen Überblick, der für alle Lebenszusammenhänge anwendbar ist.

An dieser Stelle seien noch einige Zusammenhänge und Entsprechungen erklärt. So wirkt das Schöpferische im Pferd – als Ausdruck der Kraft, während das Empfangende in der Kuh wirkt – als Zeichen weicher, Nahrung spendender Fruchtbarkeit. Das Erregende offenbart sich im Drachen, das Sanfte im Hahn, denn seine Stimme breitet sich aus wie der Wind, der symbolisch mit dem Sanften verbunden wird. Das Abgründige, dessen Element das Wasser ist, wird mit dem Schwein in Verbindung gebracht, denn von allen Haustieren bewegt dieses sich am liebsten in Schlamm und Wasser. Dagegen drückt sich das Haftende, der Schein des Lichtes, im Wesen des Fasans aus, der von den Chinesen als eine Art Feuervogel angesehen wurde, ein Vergleich, der in Anbetracht von Erscheinungsbild und Gefieder bestimmt auch recht gelungen erscheint. Das Stillhalten, der Berg, findet im Hund seine Entsprechung, da dieses Tier als treuer Wächter gilt, der die Ruhe von Haus und Hof bewahrt. Und schließlich das Heitere, der See. Es findet sich im Tierreich wieder im Schaf. Betrachtet man eine Herde von Schafen, hat dies eine fast urbildhaft-symbolische Reaktion von innerer Freude zur Folge. Man denke dabei nur an das Schäfchenzählen, um besser einschlafen zu können. Hier geht es um die gelassene Freude, in unserer Geisteswelt wie etwa der Schlaf des Gerechten.

Die grundlegenden Trigramme wurden von den Chinesen auch mit den Körperteilen des Menschen in Verbindung gebracht. Betrachten wir auch kurz diese symbolischen Zusammenhänge.

Dazu ein Zitat aus der Übersetzung von Richard Wilhelm: »Das Schöpferische wirkt im Haupt, das Empfangende in der Bauchhöhle, das Erregende im Fuß, das Sanfte in den Schenkeln, das Abgründige im Ohr, das Haftende (der Schein) im Auge, das Stillehalten in der Hand, das Heitere im Mund.«

Diese Vergleiche erscheinen plausibel. Auch in unserer Kultur wird dem Kopf eine beherrschende Stellung im ganzen Körper zugesprochen. Die Bauchhöhle dient dem Aufbewahren und der Verdauung empfangener Nahrungsmittel. Der Fuß tritt auf. Er ist insofern Symbol von Bewegung und Erregung. Mancher, der nachts nicht einschlafen kann, wird sich auch daran erinnern, oftmals den Fuß hin und her bewegt zu haben. Dabei mögen etwa verdrängte sexuelle oder aggressive Energien eine Rolle spielen, die sich über einen entsprechenden nervlichen Reiz melden. Auch nimmt man vom Boden her Erregungspotentiale auf, die über den Körper nach oben gen Himmel geleitet werden – das ist der natürliche Energiekreislauf, wie er nach asiatischer Vorstellung wieder über den Körper nach unten zurückgeführt wird.

Wer das Bild zweier sich liebender Menschen vor Augen hat, sieht vielleicht, wie zärtlich und zutraulich die Schenkel aneinandergeschmiegt sind, wenn sie sich im Bett umarmen und gerade miteinander einschlafen möchten. So ist es verständlich, wenn die Chinesen in den Schenkeln den Ausdruck des Sanften sehen. Dagegen wirkt das Abgründige im Ohr. Denken wir nur an die Kraft von Worten, die rein unterschwellig an unser Ohr dringen, an feine Geräusche, die aus der Ferne vernehmbar sind und, besonders bei naturverbundenen Völkern, ein rechtzeitiges Zeichen für Gefahr sein können. Denken wir ferner auch an das Rauschen des Meeres, das wir zu hören glauben, wenn wir eine Muschel ans Ohr halten. Hier wieder: Wasser, Unbewußtes, Gefahr, aber auch Geheimnis und Tiefe.

Ohne weitere Erklärung ist sofort der Zusammenhang zwischen dem Haftenden – dem Schein des Lichtes – und dem Auge verständlich. Nicht viel schwerer zu verstehen ist es bei der Hand. Sie hält fest und ist daher der Ausdruck von Stillhalten und Ruhe, während das Heitere sich im Mund spiegelt – denken wir nur an ein Lächeln, das uns verzaubert.

Mit dem Bisherigen ist einiges über das Wesen der grundlegenden Trigramme und Symbole ausgedrückt, über das sich noch viel mehr sagen ließe. Doch soll dies dem weiteren Studium des I Ging vorbehalten sein. Am Anfang können vielleicht die bisherigen Ausführungen ein wenig verwirrend scheinen, und es kann einige Zeit dauern, bis sich alles geordnet hat. Selbstverständlich brauchen Sie zur Deutung des Orakels das alles nicht zu wissen und ständig im Kopf zu haben. Doch wenn Sie die aufgezeigten Zusammenhänge mit der Zeit immer mehr meditativ verarbeiten und in Ihre Erinnerung eingehen lassen, werden Sie die Aussagen des I Ging viel tiefer verstehen. Ich gebe zu, daß ich selbst lange Zeit brauchte, um die feinen Nuancen und Schattierungen, die das I Ging intuitiv zu offenbaren vermag, einigermaßen zu erfassen. Dabei soll dieses Buch den Weg des Verständnisses nicht unbillig abkürzen. Es ist jedoch bemüht, vor vermeidbaren Irrtümern zu bewahren. Sie lassen sich sehr gut umgehen, wenn man sich mit der Zeit den Sinn der acht grundlegenden Trigramme immer tiefer aneignet.

Denn letztlich ist es so: Es ist nicht die Weisheit des Orakels, die irrt. Es ist der Mensch, dessen Deutungen fehlgehen. Doch man wird in die eigene Sprache der Symbolik und dessen, was zwischen den Zeilen steht, mit zunehmender Praxis immer mehr Einblick erlangen. Man wird etwas kritischer gegenüber seinen eigenen Interpretationen, gewinnt aber ein um so sichereres Gespür dafür, wo der Sinn einer Orakel-Aussage sofort überkommt. Es ist das, was unmittelbar einleuchtet. Man hat dabei ein rundum stimmiges Gefühl. Ja, genau! So muß es zu verstehen sein.

Werden jeweils zwei von den insgesamt acht vorhandenen Trigrammen zu Mustern von sechs Linien kombiniert, entstehen die eigentlichen Orakelformen des I Ging, die jetzt aussagefähige Situationsbeurteilungen bilden. Wie wir aus der Einleitung wissen, setzen sich diese Hexagramme aus sogenannten bewegten, das heißt veränderlichen, und unbewegten, also nicht veränderlichen Linien zusammen.

Aus den veränderlichen Strichen ergeben sich auch zusätzliche Aussagen. Zunächst soll jedoch die Tatsache interessieren, daß sich durch wechselseitige Kombination der ursprünglich acht grundlegenden Trigramme insgesamt 64 mögliche Hexagramme ergeben. Zu jeder gestellten Frage erhält der Orakelnehmer als Antwort eine dieser 64 Möglichkeiten, mit entweder bewegten oder unbewegten Linien. Und sofern er auf seine Frage ein Hexagramm mit bewegten Linien erhalten hat, ergibt sich daraus ein neues Hexagramm, also eine völlig neue Aussage, was unter anderem als Dynamik einer Situation verstanden werden kann – etwa wie sich die Entwicklungstendenzen aus der Gegenwart in die Zukunft ergeben.

Das Vorhandensein von 64 Hexagrammen ebenso wie deren Aufbau weist auf interessante Zusammenhänge mit den Computersprachen hin, wie sie vom Prinzip ähnlich auch bei der Datenverarbeitung Verwendung finden. Logische Aussagen in Form von Ja/Nein-Antworten (z.B. Yin oder Yang als Ja oder Nein) sind auch die grundlegenden Elemente, aus denen sich die ›Buchstaben‹ von Computersprachen zusammensetzen. Diese kommen zum Beispiel durch Kombinationsformen der Zahlen 1 (Ja) und 0 (Nein) zustande, so etwa 000001 für A, 000010 für B oder 000011 für C. Das heißt also fünfmal Nein und ein Ja ergeben ein A. Da solche Computersprachen durch Verbindung von nur zwei Ziffern (0 und 1) gebildet werden, heißen sie auch binäre Sprachen (binär = aus zwei Teilen bestehend).

Die älteste binäre Sprache, die im Abendland bekannt ist, stammt von dem Philosophen Leibniz. Interessanterweise besteht sie (ähnlich dem I Ging) aus insgesamt 64 logischen Zeichen. Dabei ist bemerkenswert, daß Leibniz seine ›Computersprache‹ zusammenstellte, nachdem er sich sehr stark mit dem I Ging auseinandergesetzt hatte.

Doch es gibt noch merkwürdigere und interessantere Zusammenhänge. Denkt man daran, daß der genetische Code, die Erbinformation des Lebens, als Kettenmolekül aus 64 möglichen Anordnungsmustern von Einzelmolekülen besteht, läßt sich hierin eine besonders überraschende Parallele erkennen. Denn ist es nicht letztlich so: Als biologischer Computer gesteuert, entsteht ein Organismus – zunächst ohne seine Seele – nach den Anweisungen der Erbinformation, und nach demselben Prinzip erneuert er auch mit jedem Moment die Struktur seiner Zellen. Es ist ein Verdienst des deutschen Arztes Dr. Martin Schönberger, auf diesen Zusammenhang hingewiesen zu haben.*

Moderne I-Ging-Autoren stellen sich das Funktionieren des Orakels nun auch so vor, daß die Antworten des I Ging jeweils in einem ganz bestimmten Schwingungsverhältnis zur DNS/RNS-Spirale stehen. Darüber hinaus sind in dieser Wechselbeziehung wahrscheinlich alle Zusammenhänge der Welt wie in einer Momentaufnahme abgebildet – vom kleinsten Atom bis zur größten Galaxie. Mit anderen Worten: Es spiegeln sich in der individuellen Resonanz zwischen Psyche und DNS die großen Vorgänge im Kosmos.

---

* Martin Schönberger, Verborgener Schlüssel zum Leben, Weltformel des I-Ging im genetischen Code, Otto Wilhelm Barth Verlag

Für den Anfang gibt es ein paar einfache, aber wichtige Gesichtspunkte, die beim Befragen des I Ging beachtet werden sollten. Wichtig ist zum Beispiel, nur dann zu fragen, wenn man ein wirkliches und echtes Anliegen hat. Das Orakel sollte also in ernsthafter Absicht angesprochen werden, und es empfiehlt sich auch, daß man sich dabei ein kleines Ritual zu eigen macht. Jedoch muß das nicht starr und in seiner Form festgelegt sein.

Wie das Buch der Wandlungen von seiner Grundstruktur nicht statisch ist, sondern Wechsel und Entwicklung beinhaltet, können auch die Gewohnheiten, die man beim Orakelnehmen als inneren und äußeren Rahmen anwendet, sich mit der seelischen Entwicklung verändern. So hatte der Autor dieses Buches lange Zeit Sätze wie folgende in seine Konzentrationsformel aufgenommen: »Ich fühle, wie meine Beine übereinandergeschlagen sind... und spüre, wie mein rechter Fuß auf dem Teppich ruht. ... merke die Belastung, das Gewicht mehr auf der Fußinnenkante. Dabei spüre ich jetzt ganz den Bodenkontakt. Auch die Berührung, die mein Gesäß zum Stuhl hat, wird mir bewußt. Mein linker Ellenbogen ist auf das rechte Knie gestützt, und meine rechte Hand liegt auf dem linken Unterarm. Von der Straße her höre ich Verkehrsgeräusche. Ein Laster fährt gerade vorbei. Und während ich das höre, halte ich mir meine Frage vor Augen. Ich denke daran, daß die Person XY gestern das und jenes gemacht hat. Das ließe sich eigentlich so deuten, wie ich gestern nachmittag vermutete. Aber, halt! Ich hatte heute morgen doch einen merkwürdigen Traum. Ließe der sich vielleicht darauf beziehen? ... etwa eine Warnung? Und so frage ich, o hohes I Ging ...«

Solche innerlich gesprochenen Gedanken bringen die Konzentration ganz auf den gegenwärtigen Moment, machen aber auch alle Kanäle für Vergangenheit und Zukunft offen. Gleichzeitig werden Störgeräusche und andere Reize aus der Umgebung bewußt in den gesamten Wahrnehmungsprozeß aufgenommen, wodurch sie meist auch ihre störende Qualität verlieren.

Oft hat man jedoch nicht die Ruhe zu einer so umfangreichen Vorbereitung seiner Frage. Vielleicht ist man zum Beispiel genötigt, ganz kurzfristig zwischen zwei Telefonaten eine relativ wichtige Entscheidung zu fällen und möchte nun wissen, was I Ging dazu raten würde. Wenn man also etwa davon ausgehen muß, daß das Telefon in fünf Minuten wieder klingeln wird oder daß man gleich aus dem Haus gehen muß, dann bleibt einfach nicht so viel Zeit, um sich in aller Ruhe auf den Gegenstand der Frage zu konzentrieren. Gleichwohl sollte immer ein gewisses Maß an Ruhe und Zeit gegeben sein, um sich meditativ und in aller Stille mit dem I Ging zu beschäftigen. In Hast und Eile läßt sich das Orakel nicht bemühen, höchstens einmal im Ausnahmefall, und auch dann sollte man innerlich einfach abschalten, sich so sammeln und in Ruhe versetzen, als hätte man immens viel Zeit. Allerdings wird man dann nicht darüber nachdenken können, was man gerade alles spürt, hört, empfindet und welche vielen Gedanken einem durch den Kopf gehen. Man wird sein kleines Ritual etwas abkürzen und es eher wie einen kurzen, andächtigen Moment erleben.

Wichtig ist es, daß sich eine innige, irgendwie persönliche Beziehung zwischen Ihnen und Ihrem Orakel einstellt. Am besten wäre es sogar, wenn I Ging zu einer festen Einrichtung in Ihrem Leben werden würde. So etwas wie ein innerer Therapeut, ein enger Vertrauter oder ein großer Weiser, den man immer wieder befragen darf.

Allerdings sind der Häufigkeit, Fragen zu stellen, auch sinnvolle Grenzen gesetzt. So sollte man sich mit ein und derselben Fragestellung nur dann an I Ging wenden, wenn inzwischen Bewegung ins Leben getreten ist, Dinge sich verändert haben und die Situation insgesamt eine neue Bewertung zuläßt. Dann kann dies sogar sehr sinnvoll sein. Denn nichts ist statisch, und so verändert sich die Basis, von der aus Entwicklungstendenzen beurteilt werden, ständig. Was heute richtig ist, kann demnach morgen falsch sein und umgekehrt.

Andererseits wirken über längere Zeitläufe hinaus manchmal recht unbeirrbar bestimmte Antriebe und Lebensdynamiken in der gleichen Richtung. Auch zeigen bestimmte Strukturen oder Situationsbilder oft eine erstaunliche Langlebigkeit. Währenddessen sollte man sich hüten, eine genau in der Form schon einmal geäußerte Frage so noch einmal zu stellen. Sonst kann es einem passieren, daß man etwa durch das Thema ›die Jugend‹ bzw. ›die Unerfahrenheit‹ den Hinweis erhält:

»Nicht ich suche ihn,
der Jugendliche sucht mich.
Fragt er einmal, so antworte ich;
doch fragt er immer wieder,
so ist das Belästigung: keine Antwort.
Nutzen durch Beharrlichkeit (im Suchen nach Weisheit).«

Inzwischen kann es sinnvoll und richtig sein, durch Zusatzfragen, die auf einen anderen Akzent hinauslaufen oder die Teilaspekte beleuchten wollen, weitere Information im Gesamtzusammenhang eines Problems in Erfahrung zu bringen.

Das bedeutet natürlich auch, daß man Fragen, die zwar um den selben oder gleichen Gegenstand kreisen, aber qualitativ doch eine irgendwie andere Bedeutung haben, auch in kürzeren Abständen hintereinander stellen kann. Oder es mag einem einfach darum gehen, eine Unruhe aufgrund neu hinzugekommener Daten und Ereignisse mehr zu verstehen, sozusagen den neuen Ereignishorizont mit vorhergehenden Orakelaussagen in Berührung zu bringen.

Wer mit Computern zu tun hat, weiß, daß die Ergebnisse eines kybernetischen (datenverarbeitenden) Prozesses immer so zuverlässig sind wie die eingegebenen Daten. Überträgt man diese Erkenntnis auf den ›persönlichen Computer‹, den das I Ging in gewisser Weise genauso bildet, wie es ein direkt ansprechbarer innerer Therapeut oder Freund ist, so sind neue Ereignisse neue Daten. Man bedenke auch, daß I Ging ein Orakel des Wandels und der Bewegung ist. Folglich sind veränderte Daten und Situationen als Elemente der Wandlung – so die persönliche Auffassung des Autors – in den ständig weitergehenden Bewußtseinsprozeß zu innerem Wachstum einzuspeisen. Daraus wird sich allgemein die Berechtigung ergeben, entweder leicht veränderte Fragen oder schon einmal gestellte Fragen aufgrund der neuen Situation nun noch einmal zu stellen.

Grundsätzlich denken wir aber daran, daß mit Ernst an die Sache herangegangen werden sollte und daß folglich eine bestimmte Frage auch nicht jeden Augenblick wieder zu stellen ist. Denn daraus würden sich nur Unruhe und Unklarheit ergeben. Wird I Ging hingegen richtig angewandt, stellt sich mit der Zeit immer mehr Ruhe und Besonnenheit ein. Um diesem Vorgang zu entsprechen, sollte man sich vor der Befragung innerlich sammeln und die Ansprache als kleine meditative Besinnung empfinden. Genaugenommen wird man I Ging wie einen persönlichen Ratgeber ansprechen und sollte dies in einen eigenen Brauch kleiden, in dem bestimmte Handlungsweisen weitgehend immer gleich sind.

Da Liu, Autor des Buches ›Das Münzorakel des I Ging‹, rät dazu, seinen Namen und Wohnort zu nennen, eine Übung, die viel für sich hat, da man sich hierbei richtiggehend meldet. Man kann das I Ging etwa in folgender Weise ansprechen:

So frage ich, o hohes I Ging, Bernd Mayer, Osterstr. 25, 2000 Hamburg 20: Werde ich die Chance haben, jene nette Frau, die mir gestern geschäftlich begegnet ist, näher kennenzulernen? Ich denke daran, daß wir bei dem ganz gewöhnlichen Anlaß eigentlich doch ein recht tiefes Gespräch hatten. Und ich halte mir noch einmal ganz deutlich den Moment vor Augen, als wir uns verabschiedet haben, ihr Lächeln, ihr Blick, als wir uns die Hände gegeben haben ... Dabei überlege ich auch, o hohes I Ging, ob ich mir nicht etwas vormache. Vielleicht war es ja einfach nur Sympathie, und ich verspreche mir jetzt irgendwie viel mehr davon. Andererseits habe ich ein positives Gefühl, wenn ich in meinen Körper hineinfühle. Und ich spürte eben gerade ein angenehmes Kitzeln im Bauch, ich fühle, wie Rücken und Gesäß einen guten Kontakt zum Sessel haben, aber im Nacken ist ein wenig Verspannung...

Zum Abschluß dieses kleinen Rituals bzw. Konzentrationsvorgangs wiederholt man noch einmal ganz präzise die Frage und spricht das I Ging dabei noch einmal an. Selbstverständlich können Sie für sich das alles noch etwas variieren. Wichtig ist nur, daß etwas immer gleich und vertraut sein soll, wenn Sie Ihr Orakel befragen. Dabei mögen sich Einzelheiten ändern, z. B. Empfindungen, die Sie in dieser Ansprache innerlich durchgehen – denn die sind ja immer anders. Auch werden Sie manchmal bestimmte Formulierungen weglassen oder irgend etwas vergessen. Denken Sie nur daran, immer einen vertrauten Rahmen zu haben, wie Sie sich ans I Ging wenden.

Ein wenig Beachtung sollten Sie noch der Art und Weise schenken, wie Sie Ihre Fragen stellen. Denken Sie, wie erwähnt, zum Beispiel daran, nicht zuviel in eine Frage hineinzupacken. Sonst wird sie unklar und kann zu keinen eindeutigen Antworten führen. Fragen Sie also nicht: Werden wir uns näher kennenlernen, und wird es eine sehr tiefe Beziehung, die obendrein die Chance hat, sehr lange zu dauern? Sollten Sie sich für alle drei Einzelfragen interessieren, dann stellen sie jede Frage gesondert.

Welche Form eine Fragestellung haben soll, wird im übrigen von verschiedenen I-Ging-Kommentatoren unterschiedlich beurteilt. Einige empfehlen, wie der Autor dieses Buches, die Fragen so zu stellen, daß sie mit ja oder nein beantwortet werden können. Zum Beispiel: Werden Roswitha und ich uns bald wieder vertragen? Könnte es für uns nützlich sein, eine Partnerberatung zu beanspruchen? Sollte ich mit meinem Ehemann ganz offen darüber sprechen, daß meine Gefühle in letzter Zeit doch etwas nachgelassen haben – auch jetzt, wo er beruflich so angespannt ist?

Von anderen Autoren werden eher offene Fragen vorgeschlagen. Etwa in folgender Art: Was ist die Ursache für unsere Krise? Wie finde ich einen Weg, daß meine Kollegin sich mehr für mich als Mann interessiert? Worin mag wohl der eigentliche Grund für Susannes Gereiztheit liegen? Oder: Was könnte ich in meiner Ehe anders und besser machen?

Im Grunde sind beide Arten von Fragen brauchbar – jene, die mit ja oder nein beantwortet werden können genauso wie die offenen Fragen, die etwa mit warum, wie oder worin beginnen. Bei letzteren wird man vom I Ging auf eine Spur gebracht, während man bei ersteren intuitiv schon in eine bestimmte Richtung gesucht hat.

Nicht brauchbar sind, wie nochmals zu betonen ist, durch ›oder‹ verknüpfte Fragestellungen, also: Soll ich den ersten Schritt machen oder lieber abwarten, bis er sich mir nähert? Hierauf kann es keine sinnvolle Antwort geben. Hingegen kann es manchmal richtig sein, eine Frage nach erhaltener Antwort noch einmal andersherum zu stellen, und zwar dann, wenn man sie nicht klar genug deuten kann. Andersherum gefragt, gibt I Ging dann oft einen zusätzlichen Hinweis, der die Richtung, die für Sie gut wäre, klarer macht und bestimmte Aspekte oder Zusammenhänge unterstreicht.

Doch wie könnte nun der Frage-Antwort-Ablauf ganz generell aussehen? Hierzu ein einfaches Deutungsbeispiel. Jemand stellt die Frage, ob er den ersten Schritt zur Versöhnung nach einem Streit machen sollte. Als Antwort erhält er das Hexagramm 12 – ›die Stockung‹ mit einer beweglichen Linie an fünfter Stelle. Das bedeutet, grundsätzlich besteht etwas Hemmendes zwischen den Partnern, die ganze Beziehung stagniert zur Zeit. Doch der Entschluß, auf den anderen zuzugehen, könnte einen ersten Schritt bedeuten, damit alles etwas besser wird. Denn im Text zur fünften Linie heißt es unter anderem: »Die Stagnation findet ein Ende. Der große Mann findet Glück. Wird es mißlingen, wird es mißlingen? Er bindet es an Maulbeerschößlinge.« Man darf sich seiner Sache auch bei eigener Versöhnungsbereitschaft noch nicht zu sicher sein. Daher der Hinweis: »Wird es mißlingen, wird es mißlingen?« Wahrscheinlich kommt es jetzt sehr auf die innere Haltung an und auf das, was man sagt. Daher wird man eventuell die Frage anschließen: »Soll ich Friedenssignale geben, gleichzeitig meine eigenen Standpunkte ruhig und klar vertreten, vielleicht ein paar genaue Abmachungen vorschlagen?«

Es sieht zwar so aus, als ob man hier Inhalte nicht ganz zulässig miteinander verkoppelt hat, jedoch liegen die Gedanken in diesem Fall so dicht beieinander, da sie eine Gesamthaltung charakterisieren, daß es sinnvoll ist. Bevor man nun die zweite Frage stellt, wird man noch einen Blick auf das veränderte Hexagramm werfen, das man aus seiner ersten Frage erhalten hat. Aus dem Zeichen ›Die Stockung‹ ergab sich durch eine veränderliche Linie an fünfter Stelle ›Der Fortschritt‹ – eine Ermutigung, die auch den Hintergrund für die sich anschließende Frage ergeben wird.

Die Antwort auf diese nächste Frage ist eventuell Hexagramm 61 – ›die innere Wahrhaftigkeit‹, was beinhaltet, daß man hier mit einer sehr offenen und ehrlichen Aussprache rechnen darf, für die einige Regeln in der Aussage des Hexagramms anklingen. Manchmal wird man es schwer haben, die Antworten des I Ging immer ganz wörtlich zu verstehen, so wie sie im Text stehen. Dann muß man sie auf seine besondere Situation mit etwas Phantasie übertragen, sich hineinfühlen und überlegen, was vom Sinn her dahintersteht.

Sind mehrere veränderliche Linien in einem Hexagramm enthalten, wird man die Teilaussagen zunächst in einer Aufeinanderfolge von unten nach oben verstehen. Es kann sich aber auch um ein Spannungsverhältnis in einem selbst handeln, wenn die Tendenz sehr widersprüchlich erscheint. Dann können darin etwa verschiedene Anteile der eigenen Persönlichkeit repräsentiert sein. Der fortgeschrittene I-Ging-Leser wird eventuell auch eine Möglichkeit nutzen, die in der Literatur sonst so nicht beschrieben wird, auf die der Autor dieses Buches im Laufe seiner eigenen Praxis aber gekommen ist.

Es ist ja immerhin möglich, daß verschiedene Linien manchmal ein unterschiedliches Wahrscheinlichkeitspotential haben. Dann ist zu überprüfen, was eintrifft, wenn sich die Tendenz einer Linie im Hexagramm nicht oder nur schwach realisiert (vielleicht weil man sie als Warnung ernst nimmt und vorbeugt). In diesem Fall wird eventuell eine andere Linie mehr zum Tragen kommen, die man geworfen hat. So ergeben sich ggf. alternative Zukunftsmöglichkeiten oder Zwischenstadien, aus denen das Hexagramm, das sich aufgrund der veränderlichen Linien in verschiedenen Etappen entwickelt, schließlich als finales Ergebnis (doch noch) hervortritt. Dann könnten als angenommene Zwischenstufen auch die Aussagen zu weiteren, in der Linienfolge angedeuteten Hexagrammen in Frage kommen.

1. Kien

Das Schöpferische

Sechs durchgehende Linien stehen hier für Licht, Kraft und Aktivität. Sie symbolisieren Himmel und Vater, auch das Göttliche, die Kraft, die am Anfang steht. Sie ist ganz und gar Yang und bildet das stärkste Hexagramm. Es ist die schöpferische Energie schlechthin. Dies bedeutet große Chancen, aber auch viel Verantwortung, denn je stärker die kosmischen Kräfte sind, desto umsichtiger sollte man mit ihnen umgehen. Hier geht es denn auch um Führung und Initiative. Man inspiriert und wird selbst inspiriert, zum Beispiel Kraft, Engagement und Gefühle zu investieren.

In der Liebe bezeichnet es denjenigen, der kreativ und schöpferisch auf den Moment einwirkt. Das hat damit zu tun, daß etwas in Bewegung gebracht wird. Denn hier geht es um starke Energien, die zu nutzen sind, um das Wesen der anderen Menschen zum Strahlen zu bringen, damit Weisheit und gegenseitiges Verstehen in der Welt zunehmen. Man ist zu hohen Idealen und edlen Motiven aufgerufen.

Wer dieses Hexagramm erhält, befindet sich in bezug auf seine Frage allgemein in einer günstigen Situation. Meist ist der Mensch, den man mag, der Richtige, es gibt gute Hinweise dafür, daß die eigenen Gefühle auf eine sehr positive Resonanz stoßen, aber auch, daß man gemeinsam zu einer inneren Höherentwicklung gelangen kann. Hier kommt es darauf an, die eigene Stärke sinnvoll zu gebrauchen und dem anderen etwas zu geben. Denn man befindet sich in einer vorteilhaften Situation, kann also auch Energie abgeben.

Steht man vor schweren Entscheidungen oder muß man durch eine Krise hindurch, liegt im Augenblick oder in einem selbst sehr viel Kraft, um hiermit fertig zu werden. Der Tendenz nach geht es jedenfalls um Stärke und schöpferisches Tun, was immer Sie auch bewegt. Anliegen und Wünsche haben ein positives Vorzeichen, ganz besonders dann, wenn das Hexagramm ohne bewegte Linien erscheint. Manchmal ist es aber mehr noch als ein Zeichen für die Besonderheit des Moments zu deuten, für das Außergewöhnliche der Stunde.

Lautet das Orakel genau umgekehrt, sind also alle Linien bewegt, so verspricht dies ebenfalls großes Heil. Das Zeichen wandelt sich in ›Das Empfangende‹, so daß Stärke des Entschlusses und mildes Walten im Umgang miteinander verbunden sind.

Das Urteil

Das Schöpferische bringt erhabenes Gelingen.
Durch Ausdauer bringt es Erfolg.

Hiermit ist unter anderem gemeint, daß Ihre Ziele als gestaltende Ideen wirksam sind und nun nur noch in die Realität umgesetzt werden müssen. Beharrlichkeit zeigt sich hierbei darin, daß das Schöpferische unentwegt dabei ist, jedem Wesen – wie R. Wilhelm es formuliert – »seine rechte, ihm bestimmte Natur« zu geben, damit es sie »in Übereinstimmung mit dem großen Gleichmaß« bewahrt. Das bedeutet also: Nutzen Sie Ihre Stunde, wann immer diese für Sie kommen wird. Denn die Liebe und Selbstvertrauen spendenden Kräfte des Schöpferischen sind in dieser Situation mit Ihnen.

Das Bild

Der Himmel bewegt sich voller Kraft.
So macht der Edle sich stark und unermüdlich.

Einleuchtend kommentiert R. Wilhelm hierzu: »Die Verdoppelung des Zeichens Kien, dessen Bild der Himmel ist, deutet, da es nur einen Himmel gibt, auf die *Bewegung* des Himmels.« Dabei ist an die Aufeinanderfolge von Tag und Nacht, auch von Sonne, Mond und den anderen Himmelskörpern zu denken, die hier den Weg der Zeit ausdrücken. Das Schöpferische gewinnt seine Kraft also aus der Dauer in der Zeit, was der Edle sich zum Vorbild machen sollte, um den Partner oder ganz einfach die Seinen zu überzeugen, eine hier anstehende Situation zu meistern. Das Wesentliche ist Beständigkeit und Charakterstärke im Wandel der Zeit.

Erste Linie

Der Drache im Winterschlaf oder der verdeckte Drache.
Keine günstige Zeit, um zu handeln, sondern eine Phase der Vorbereitung, zum Beispiel geduldiges Abwarten der kommenden Stunde, dabei innerlich Kraft sammeln, mit Selbstvertrauen in die Zukunft sehen. Denn im alten China bedeutete der Drache die bioelektrische Energie, die zur Winterzeit in der Erde ruht und sich während des Sommers als Blitz und Donner am Himmel zeigt. Das ist der Funke, der in Ihrer Liebe noch überspringen solle, oder die zündende Idee, die Ihre Situation verändern wird. Noch ist es aber nicht soweit. FAssen Sie sich also in Geduld.

Zweite Linie

Der Drache erscheint auf dem Feld. Von Nutzen ist es jetzt, den großen Mann zu sehen.

Die lichten Kräfte werden stärker. Und so erscheint der große Mann auf dem Felde seiner Tätigkeiten und Angelegenheiten. Noch hat er zwar keine vorherrschende Stellung inne. Doch sein Lebensernst, seine festen Charaktergrundsätze und die innere Gradlinigkeit geben ein persönliches Fluidum ab, dessen Verkörperung der Drache ist. Es liegt etwas im Wesen eines solchen Menschen, ohne bewußte Anstrengung einen wohltuenden Einfluß auf seine Umwelt auszuüben. Und daher ist es fördernd, den großen Mann zu sehen.

Hier geht es folglich um eine Zeit der Entwicklung, wobei man mit der Gunst des Augenblicks durchaus rechnen kann. In Ihrem Liebesleben haben Sie jetzt eine Chance. Wie es nicht immer darauf ankommt, gesellschaftlichen Status, sondern einen bestimmten ›Energiestatus‹ zu erringen, eröffnet sich Ihnen eine gute seelische Position. Nehmen Sie den Moment also als Möglichkeit zum Lernen. Dann erhalten Sie vom Leben gute Zensuren. Und von Frauen heißt es, sie könnten damit rechnen, einen reichen Mann zu heiraten oder selbst reich zu werden. Dabei ist im Sinne des Taoismus an den inneren, seelischen Reichtum zu denken.

Dritte Linie

Der Edle arbeitet den ganzen Tag über schöpferisch. Und er ist auch am Abend vorsichtig. Gefahr. Kein Tadel.

Am Übergang aus der Niedrigkeit in die Höhe wird ein kritischer Punkt erreicht. Es gilt jetzt, standfest zu sein, da Entgegenkommen und Unterstützung einem allenthalben zufallen, während sich eine Schwingung von persönlicher Ausstrahlung und guten Einflußmöglichkeiten ausbreitet. Es geht hier um den Ruhm, der einem zu Kopfe steigen kann. Geschichte und Politik bieten hierfür genügend Beispiele. Das läßt sich auch auf Liebe und Partnerschaft übertragen, wo die Gefahr darin liegt, zu selbstsicher zu werden und womöglich eine persönliche Machtstellung in der Beziehung zum anderen Menschen auszunutzen. Wahre Größe und Stärke beweist sich darin, dieser Versuchung standzuhalten. Und während andere nach dem Tageswerk entspannen, sinnt der Edle weiter über den Fortgang der Dinge nach, ruht sich also nicht auf seinen Lorbeeren aus, läßt sich in der Partnerschaft nicht gehen. Mit dieser rechten Einstellung begegnet man der Gefahr der Situation sinnvoll und bleibt ohne Makel. Somit *kein Tadel.*

Vierte Linie

Der Drache entspringt dem Abgrund.
Was bedeutet: schwankender Aufschwung über der Tiefe (des Unbewußten). Kein Makel.
Die Bedeutung dieser Worte ist einfach: Hier wird eine Stelle des Übergangs zum Höheren erreicht, wo man vor einer Wahlmöglichkeit steht. Und zwar: Soll man sich (mehr) für die gemeinsamen und übergeordneten Dinge einsetzen, vielleicht also mehr Verantwortung in einer Beziehung oder Partnerschaft tragen? Oder soll man sich zurückziehen, um in innerer Abgeschiedenheit gleichsam dem Weg der Weisen und Heiligen nachzufolgen, sich somit im Moment mehr mit seiner Seele auseinanderzusetzen, innere Klarheit suchen, sich auf das eigene Selbst konzentrieren? Das ist mit dem *Aufschwung über der Tiefe* gemeint, wo man noch schwankt, für welche Richtung man sich letztlich entscheiden soll. Die schöpferische Kraft hat sich an diesem Punkt soweit vermehrt, daß man die Wahl hat, sich für das eine oder für das andere tatkräftig zu engagieren. Man höre auf seine innere Stimme und achte darauf, was im eigenen Lebensgefüge die größere Harmonie gewährt.

Fünfte Linie

Der Drache befliegt die Himmel. Fördernd ist es, den großen Mann zu sehen.
Hier ist man entweder selbst zu seinem eigenen Höhepunkt gelangt oder eine Situation bietet wahrhaftige Souveränität. Mit anderen Worten: *Der große Mann* hat den Himmel erreicht, und seine Energie breitet sich im ganzen Umkreis aus. Was zusammengehört und von gleicher Art ist, so sagt Kung Tse (Konfuzius), das zieht sich an. Hier wird man gefördert, und Gefühle fallen auf fruchtbaren Boden. Hoffnungen und Ambitionen werden auf gute Weise genährt. Dabei ist es auch richtig, *den großen Mann* (sein höheres Selbst) zu sehen (in sich zu erkennen). Damit innerlich Kontakt zu haben, ist förderlich und läßt den schönsten Hoffnungen Flügel wachsen.

Sechste Linie

Der hochmütige Drache wird zu bereuen haben.
Wie im übrigen Leben ist auch zwischen zwei Menschen, die sich mögen, achten oder lieben, jener Ehrgeiz zu meiden, der einsam macht. Der Drache, die bioelektrische Energie des Menschen, setzt hier zum Höhenflug an. Das, was einen mit den anderen verbindet, geht verloren. Die fördernde Nähe zu Mensch, Gefühlsklima, instinktsicheres Verhalten in der Gemeinschaft kommen zum Erliegen. Da ist der Sturz von ganz oben nur zu plausibel. Diese Linie ist als Warnung zu verstehen, nicht zuviel, vor allem nicht zuviel auf einmal zu wollen. Kraftakte und Selbstüberschätzungen sind zu vermeiden.

2. Kun ䷁

Das Empfangende

Während Kien Himmel und Vater gleichkommt, läßt Kun an Erde und Mutter denken. Gemeinsam bilden sie die große kosmische Einheit jener Energien, die von Anfang an bestehen. Darüber hinaus sind sie Wirkprinzipien, die in jedem Menschen vorhanden sind, unabhängig vom Geschlecht. Sieht man es so, dann sollte ein Mensch, dessen Potentiale gerade mehr empfangende Qualität besitzen, sich hingebend verhalten und nicht die Führung an sich reißen. Insofern steht das Empfangende unter Anleitung des Schöpferischen, auch wenn beide Energien im Grunde gleichwertig sind.

Wenn das Urteil im Falle des Empfangenden ebenfalls von »erhabenem Gelingen« spricht, so deutet dies auf die Ebenbürtigkeit gegenüber dem Schöpferischen hin. Das Empfangende wirkt fördernd durch die Ausdauer der Stute. Hierin verbindet sich die Yang-Kraft des Pferdes mit dem milden Wesen der Kuh. Es ist die Stute, die sich über die Erde bewegt, auf der sie das mütterliche Prinzip vertritt. Und wie aus dem Schoß der Erde alles geboren wird, nimmt diese auch alles auf – wie Da Liu schreibt ». . . auch das, was wir als häßlich und schmutzig ansehen. Die Erde trägt die Berge und wiegt die Meere, und nie hat sie das Gefühl, es nicht länger ertragen zu können; sie klagt weder, noch sonnt sie sich in ihrem Glanze.«

Ist für Sie, liebe Leser, ein Augenblick vom Empfangenden geprägt, dann geht es also darum, empfänglich zu sein sowohl für das Glück, das Ihnen bestimmt ist, als auch für die großen und kleinen Sorgen des Partners. Seien Sie auf starke Weise sensibel. Schärfen Sie Ihre Sinne – wozu sicher auch Ihre Intuition gehört –, damit Sie eine möglichst große Vielfalt von Eindrücken als Summe Ihrer momentanen Erfahrung verarbeiten können. Lassen Sie die Zeit für sich arbeiten. Seien Sie offen und lassen Sie sich vom Partner oder von der Umwelt eher behutsam leiten. Stellen Sie eine beständige Kommunikation her, damit das gewährleistet ist. Nur durch einen ununterbrochenen Informationsfluß können Sie in dieser Situation wirklich mit Hingabe dem Impuls der schöpferischen Kraft dienen. Stellen Sie für die nächste Zeit dauerhaften Kontakt mit den Seiten Ihres Partners oder Ihres geliebten oder angebeteten, vielleicht auch einfach verehrten Menschen her, die Ihnen Eigenschaften wirklicher Führung versprechen. Wo können Sie hier vertrauensvoll folgen, um dem Zusammenwirken von Himmel und Erde zu entsprechen? Stellen Sie es durch Frage und Antwort, durch gegenseitiges Erforschen des Seelischen fest.

Ist aber Ihr Zutrauen durch eine Krise erschüttert, so wird dies, wenn überhaupt, nur ansatzweise möglich sein. Haben Sie, wenn es irgendwie geht, dennoch den Mut dazu, damit Impulse möglich sind, die Sie aufnehmen können, um das Zusammenspiel zwischen Ihnen wieder in Gang zu bringen. Ansonsten sollten Sie sich mittels Ihrer Intuition und Einfühlung von hohen inneren Idealen, vielleicht auch solchen philosophischer oder religiöser Natur leiten lassen. Stellen Sie sich dann ganz darauf ein und hören Sie gewissenhaft darauf, was Ihre innere Stimme Ihnen wirklich sagt. Auch ein guter Freund oder ein seelischer Berater mit erprobter Autorität kann in solch einer Situation im Sinne des Schöpferischen auf Sie einwirken. Machen Sie sich dafür sensibel und seien Sie auf starke Weise empfangend.

Sind alle Linien unbewegt, so gilt die Tatsache, daß Sie von einer empfangenden Energie in bezug auf Ihre Frage geprägt sind – in verstärkter Form und wahrscheinlich auch für längere Zeit. Wachsen Sie dann, indem Sie sich von einer für Sie geeigneten inneren oder äußeren Führung leiten lassen. Seien Sie dabei besonders empfänglich und aufmerksam. Jedoch ist damit keine blinde Unterordnung gemeint – vielmehr eine Aufgabenverteilung in einem bestimmten Lernprozeß.

Sind alle Linien bewegt, so heißt es dazu »fördernd ist dauernde Beharrlichkeit«. Hier wird auf Stärke durch Dauer und Festigkeit im Wandel der Zeit angespielt. Mit korrekten Grundsätzen und einem klaren Bild dessen, was man will, läßt sich der Gegenstand Ihrer Frage durch so etwas wie kraftvolle Hingabe positiv beeinflussen.

Das Urteil

Das Empfangende: erhabenes Gelingen. Es wirkt fördernd durch die Beharrlichkeit der Stute. Der Edle plant etwas zu unternehmen. Am Anfang wird er irregehen. Doch später wird ihm Führung zuteil werden. Im Westen und Süden kann man Freunde finden. Im Norden und Osten wird man auf Freunde verzichten. Friedfertigkeit und Beharrlichkeit bringen Glück.

Süden und Westen drücken den Ort aus, an dem man für das Schöpferische im Leben arbeitet. Norden und Osten hingegen haben einen Bezug zur Abgeschiedenheit, in der man seinem Herrn und Schöpfer Rechenschaft ablegt. Da gilt es gleichsam, andächtig mit sich allein zu sein und in dem Moment auf Freunde zu verzichten.

Das Bild

Art und Zustand der Erde ist gleich dem Empfangenden.
Und so besitzt der Edle die Größe, alles auf der Welt
zu ertragen.

Zweifach Himmel bedeutet Bewegung, nämlich den Wandel in der Zeit. Hingegen verweist zweifach Erde auf die Festigkeit der Erde, die alles – ob gut oder böse – trägt (bzw. erträgt). So ist das Wesen der Hingabe.

Erste Linie

Rauhreif unter den Füßen. Bald naht das feste Eis.
Winter und Eis sind hier symbolische Bilder von Erstarrung und Absterben der Lebenskraft. Im ersten *Rauhreif unter den Füßen* zeigen sich frühe Anzeichen schwindender Lichtenergie. Wenn man dies rechtzeitig erkennt, läßt sich der Verfall verhindern. Lassen Sie also die Zeichen der Zeit auf sich wirken und beobachten Sie genau (ordnende Intelligenz als Ausdruck persönlicher Reife – ›Ich-Instanz‹), worin sich in der vorliegenden Situation Merkmale des Niedergangs deutlich machen. Versuchen Sie somit, diese Antwort rational nachzuvollziehen, und handeln Sie dann entschieden. Werfen Sie das Steuer in Ihrem Gefühlsleben herum. Dabei gilt: Gefahr rechtzeitig erkannt, Gefahr gebannt.

Zweite Linie

Gerade, quadratisch, groß.
Ohne Absicht bleibt doch nichts umsonst.
Während der Kreis das Symbol des Himmels ist, stellt das Quadrat oder Rechteck die Erde dar. Hierin sind die Linien, aus denen es besteht, ebenso wie die Größe wiederum Eigenschaften des Schöpferischen. Ohne etwas zu wollen, nimmt das Empfangende also in natürlicher Weise Wesenszüge des Schöpferischen auf und wird somit gefördert. So wirken Sie als Mensch auch dann produktiv, wenn Sie sich eher empfangend verhalten. Etwas wie eine schützende Hand oder ein wohlmeinender Förderer unterstützt als unbewußte Kraft Ihre Motive. Nehmen Sie das Gestaltende dieser Energie in sich auf, und lassen Sie sich dankbar davon leiten. Sie wird bei Ihnen sein, wenn Sie sich die Natur zum Vorbild nehmen, die in Ihrer Geradheit ohne Falsch ist, und deren quadratisch-rechtwinkliges Wesen ganz natürlich, still und ruhig wirkt – dabei tolerant und duldsam ist – und so das Rechte erreicht, ohne viel zu machen und zu wollen.

Dritte Linie

Verborgene Entwicklungen.
Dabei kann man beharrlich bleiben.
Steht man in königlichen Diensten,
dann geht es nicht um Ruhm und große Werke,
sondern darum, zu wirken und zu vollenden.

Hier ist gleichsam derjenige gemeint, der still und unauffällig im Hintergrund die Fäden knüpft, zum Wohle der Menschen. Der Ausdruck *königliche Dienste* ist eine Umschreibung für Öffentlichkeit oder soziale Gemeinschaft. Es geht also um das unauffällige Tun, das für die von Ihnen geliebte Person, für Sie selbst, wie auch darüber hinaus für Ihre gesamte Umgebung, von Nutzen sein kann.

Jetzt ist nicht die Zeit, Ehre und Anerkennung nachzustreben. Das können Sie nun getrost anderen überlassen. Es hat nicht zuletzt den Vorteil, daß Pläne und Gedanken im stillen reifen dürfen, ohne daß sie im Lichte der Öffentlichkeit gleich kritischer Begutachtung standhalten müssen oder in Gefahr geraten, zunichte gemacht zu werden. Sie vermögen sich im Verborgenen zu entwikkeln. Jedoch muß man in der Hinsicht ohne Eitelkeit sein, nur dann wird es möglich. Wenn man die innere Stärke zu einer solchen Haltung besitzt, werden die Dinge auf ganz natürliche Art wachsen und voranschreiten. Warten Sie also: Die Gelegenheit mag noch kommen, wenn es an der Zeit ist, Ihre Stärke in bezug auf Ihre Frage zu erkennen und einzusetzen. Zunächst ist es viel wichtiger, auf einer tiefen Ebene sehr feiner Energieprozesse Samen zu legen, die später einmal aufgehen können.

Vierte Linie

Zugebundener Sack, Keine Anerkennung. Kein Tadel.
Es gilt jetzt, ruhig und untätig eine passende Gelegenheit abzuwarten, um sich wieder zu engagieren. Zur Zeit würde man nur Schwierigkeiten mit Stärkeren bekommen oder zweifelhaftes Lob ernten, vielleicht auch unerwünschte Verpflichtungen eingehen. Da soll man sich lieber den Dingen gegenüber verschließen – wie ein *zugebundener Sack.* Das kann man sowohl in Gesellschaft anderer als auch im stillen Winkel. Kurzum keine Zeit großer Amouren oder partnerschaftlicher Initiative.

Fünfte Linie

Gelbes Untergewand. Das bedeutet erhabenes Glück.
Gelb ist die Farbe der Erde. Sie deutet auf Unverfälschtes und Echtes. Mitte, Maß, aber auch Takt und Feingefühl sind förderlich. Wie der Gedanke an ein einfaches Unterkleid in dieser Situation schlichte Schönheit erwarten läßt, sollte man sich in vornehmer Zurückhaltung üben. Man prahle also nicht mit seinen Fähigkeiten und Vorzügen, trete nicht zu selbstsicher auf und verschnörkle sein Tun und Handeln nicht. Denn es ist so: Man befindet sich hier zwar durchaus in gehobener Stellung, ist jedoch nicht unabhängig.

Sechste Linie

Drachen kämpfen vor dem Dorfe.
Ihr Blut ist schwarz und gelb.
Es geht um Yin (empfangende Energie), das einen für den gegenwärtigen Moment unangebrachten Emanzipationsanspruch entfaltet, eventuell sogar mit der Absicht, einen verzehrenden Kampf mit dem überlegenen Yang zu führen. Hieraus erwächst für beide Seiten kein befriedigendes Resultat. Was bleibt, ist ›verbrannte Erde‹.

3. Dschun

Schwierigkeiten am Anfang

Es geht hier um die hemmenden Kräfte, mit denen man sich oft zu Beginn einer Entwicklung auseinandersetzen muß. Sie werden durch Dschun, das Erregende, ausgedrückt, das auf Kan, das Abgründige, stößt. Die Kraft des Beginns kommt von unten und wird durch die abwärts gerichtete Energie der Irritation zurückgedrängt. Das ist so wie bei jungen Trieben, die bei ihrem Weg durch das Erdreich auf ein Hindernis stoßen. Da Dschun auch Donner ist, während Kan auch Regen bedeutet, hängt eine neblige und gewittrige Stimmung in der Luft. Eine Dampfkesselatmosphäre, in der zunächst alles gestaut ist. Wenn sich jedoch das Wasser abgeregnet und der Donner ausgetobt hat, ist die Luft wieder klar. Nach dem reinigenden Gewitter ist die Entwicklung befreit. Die Schwierigkeit am Anfang ist überwunden.

Das jahreszeitliche Stimmungsbild wird von Kan geprägt, was hier Winter bedeutet, Eis und Schnee, während Dschun der kommende Frühling ist. Durch den gefrorenen Boden haben es die jungen Pflanzen schwer hindurchzukommen. So ist es auch mit der zarten Pflanze ihrer Liebe. Jetzt ist eine schwierige Zeit, die dem Handeln nicht günstig ist. Warten Sie darauf, bis sozusagen ›der Frühling‹ sich einstellt und die Kräfte der Erstarrung auftauen. Wenn erst einmal wieder alles atmet und sich bewegt, wird auch die Stunde für Ihre Gefühle kommen. Dann breiten Poesie und Anregung sich aus, und das Leben wird wieder leuchten. Aller Winter geht einmal vorbei.

Das Urteil

Die Schwierigkeit am Anfang hat großes Gelingen zur Folge.
Durch fördernde Beharrlichkeit.
Man sollte jetzt nichts unternehmen.
Doch fördernd ist es, Helfer zu finden.

Das bedeutet, jeder Anfang ist zwar schwer, tröstlicherweise aber nur deshalb, weil die zur Gestaltung drängenden Kräfte sich in ihrer Üppigkeit (Regen, Nebel, Wetterleuchten) gegenseitig selbst beschränken. Da heißt es beharrlich sein und warten, bis die Dinge sich geordnet haben. Inzwischen ist es gut, hilfreiche Entwicklungen in seinem Umfeld zu nutzen oder Menschen zu finden, die einen unterstützen. Denn aus dem Hintergrund kann man gut als Motor seiner Sache wirken. Es geht um das innere Engagement, durch das fördernde Kräfte unterstützt werden. Damit lassen sich all jene Elemente motivieren, die in der gegenwärtigen Situation das kommende Frühlingserwachen mit vorbereiten.

Das Bild

Wolken und Donner symbolisieren Schwierigkeiten am Anfang.
So schafft der Edle Ordnung aus der Unordnung.

In jedem Gewitter wirken die atmosphärischen Kräfte so aufeinander ein, daß die Naturgewalten sich zwar austoben, doch in allem Chaos sind die Gesetze der Meteorologie gültig. Gleich den Linien auf der Wetterkarte gibt es auch in allen Anfangsschwierigkeiten eine Struktur, die man nur erkennen muß. Das heißt, in der Unordnung ist die spätere Ordnung bereits angelegt. Sie gilt es zu schaffen, so wie man geduldig ein Knäuel entwirrt.

Erste Linie

Zögern, Bedenken, Hemmung. Fördernd ist es, in der richtigen Weise Beharrlichkeit zu zeigen. Man sollte Hilfe finden.

Begegnen einem gleich zu Anfang Schwierigkeiten, sollte man nichts erzwingen. Vielmehr gilt es innezuhalten. Und so melden sich tatsächlich auch Bedenken. Doch wenn man einerseits nichts überstürzen soll, kommt es andererseits darauf an, sich nicht irre machen zu lassen. Halten Sie also an Ihrem Ziel fest. Suchen Sie dafür die geeignete Unterstützung, die Sie aber nur finden werden, wenn Sie sich Ihrer Umgebung gegenüber positiv und verbindlich verhalten. Die Menschen werden das honorieren und ihnen sichtbar oder unsichtbar Hilfe zuteil werden lassen. Das bedeutet auch: In Gefühlsdingen gilt es jetzt nicht zu drängen, sondern darauf zu achten, daß sich eins zum anderen fügt. Hören oder fühlen Sie ganz in sich hinein. Dann vernehmen Sie vielleicht eine innere Stimme, die Ihnen sagt, von wo die richtige Hilfe kommt, welche Vorgänge und Ereignisse hoffnungsvolle Vorzeichen bedeuten und somit Anlaß bieten, in dieser Richtung weiterzusuchen.

Zweite Linie

Die Schwierigkeiten türmen sich. Pferd und Wagen trennen sich.
Er will heiraten zur Frist. Doch das Mädchen will sich nicht verloben, sie ist keusch. Zehn Jahre später verspricht sie sich. Nun will sie es.

Als ob man gerade einen Weg eingeschlagen hätte, auf dem nur noch Unebenheiten, Dickicht und Schwierigkeiten vor einem liegen, ist die Straße verstellt. Da kommt einer vorbei, spannt sofort aus *(Pferd und Wagen trennen sich)* und bietet Hilfe an. Doch das Mädchen ist keusch, denkt, es könnte ein Räuber sein, jemand, der sie vielleicht nur ausnutzen will. Denn warum dies überraschende Hilfsangebot? Also wartet sie. *Zehn Jahre* (symbolisch zu verstehen) sind eine runde Zahl. Sie bilden die angemessene Frist. Und folglich wird das Mädchen nach Ablauf dieser Zeit bereit sein, sich zu verloben bzw. Hilfe anzunehmen, eine Verbindung einzugehen. Sie können das entweder auf sich selbst beziehen oder auf Ihren Partner.

Dritte Linie

Man jagt das Wild ohne den Förster. Deshalb verirrt man sich im Wald. Da der Edle das erkennt, gibt er die Jagd lieber auf. Weitermachen würde zur Beschämung führen.
Wer ohne Führung ist, sollte nichts erzwingen, sich aber auch nicht klammheimlich aus dem Staube machen. Das Unbewußte vergißt nicht, und das Schicksal läßt sich nicht betrügen. Eher wird der Edle daher auf einen Wunsch verzichten, wenn er die Tendenz des Zukünftigen erkennt, als sich Beschämung zuzuziehen. Auch sollte man sich davor hüten, von anderen Leuten in deren Schwierigkeiten verwickelt oder innerlich von ihnen herabgezogen zu werden. So gilt es, erst einmal innere Führung zu erlangen und Ordnung in die eigenen Dinge zu bringen. Voreiliges Streben ist aufzugeben.

Vierte Linie

Pferd und Wagen trennen sich. Streben nach Vereinigung.
Wenn man die Hochzeit plant, wirkt alles fördernd.
Hingehen bringt Nutzen.
Man steht in einer Situation der Verantwortung (sich selbst oder anderen gegenüber). Daher hätte man die Pflicht, Initiative zu ergreifen. Indes reicht die eigene Kraft dazu nicht aus. Jedoch wird sich Gelegenheit ergeben, Unterstützung und Anschluß zu finden. Jetzt gilt es, falschen Stolz hintanzustellen und sich helfen zu lassen – selbst wenn dies bedeuten mag, daß das Selbstgefühl dabei etwas leidet.

Fünfte Linie

Schwierigkeiten im Segen. Glück im Kleinen. Unglück im Großen.

Es geht hier um eine Situation, in der man vom Leben zwar gesegnet ist, jedoch mangelt es an Gelegenheiten, seine Fähigkeiten und guten Eigenschaften erkennen zu lassen. Ungünstige Einflüsse schieben sich dazwischen und verstellen die Ansätze zum Talent. Da muß man Vorsicht und Umsicht walten lassen. Und so ist die Politik der kleinen Schritte angezeigt. Fortschritt gibt es im Kleinen, nicht im Großen. Daher ist auch nichts gewaltsam in Angriff zu nehmen. Denn so etwas würde nur gelingen, wenn man schon das allgemeine Vertrauen besäße, bzw. von allen Seiten Unterstützung bekommen würde. Zu beidem ist es jedoch noch ein langer Weg, und man muß ihn mit Gründlichkeit und Zuverlässigkeit gehen.

Sechste Linie

Auf dem Pferde eilt er hin und her. Blutige Tränen werden vergossen.

In diesem Fall wird eine Lage beschrieben, in der jemand vor den Anfangsschwierigkeiten resigniert. Man läßt den Kopf hängen und gibt den Kampf auf. Dazu heißt es: *Blutige Tränen ergießen sich.* Dies darf nicht dauernd währen. Kapitulieren Sie also nicht vor den Herausforderungen, die sich Ihnen in Liebe und Ehe stellen. Zwar gibt es Ausnahmezustände, wo man sich einfach einmal ausweinen muß. Doch irgendwann sollte man zu einer aufrechten Haltung zurückfinden und sich fassen.

4. Mong

Die Jugend

Mong ist Sinnbild von Jugend und Unerfahrenheit. Oben Gen, der Berg, unten Kan, das Wasser oder die Quelle. Also eine Quelle, die unten am Berg entspringt, ein Hinweis auf die Jugend. Dabei bedeutet Jugend auch Torheit oder Unerfahrenheit. Das heißt für Sie persönlich, Sie mögen in vielen Bereichen des Lebens bereits Fortschritte gemacht haben und Erfahrungen besitzen. Doch hinsichtlich Ihrer Frage können Sie auf keinen gültigen Erfahrungsschatz zurückgreifen.

Doch die Situation ist auch tröstlich: Indem das Hexagramm von der Quelle spricht, enthält es eine Anspielung, was aus dem Zustand der Unerfahrenheit herausführt. Zunächst ist das Wasser zwar ohne Ziel. Doch dann steigt es so lange an, bis es die Vertiefungen ausfüllt, die auf seinem Weg liegen, und bis es die Hindernisse überwindet, die sich ihm entgegenstellen. Auf diese Weise gewinnt es Richtung und folgt seiner Bestimmung.

In der Beziehung zu einem anderen Menschen kann das Hexagramm andeuten, daß es sich hier um ein Verhältnis handelt, in dem wichtige Lernprozesse anstehen, vielleicht gerade von Ihrer Seite aus. Dabei verspricht es durchaus, Bestand zu haben, wenn Sie sich der Lektion bereitwillig unterziehen. Im Miteinander könnte sich günstigenfalls sogar so etwas wie Weisheit einstellen. Seien Sie also aufgeschlossen, etwas über sich und das Leben zu lernen. Übrigens kann das gerade dann wichtig sein, wenn Sie vor dem Scherbenhaufen zerbrochener Gefühle stehen sollten. In dem Fall wäre es gut, wenn Sie in Zukunft einfach hellhöriger sind, was das Schicksal oder erfahrene Menschen Ihnen zu sagen haben. Wie auch immer: Wenn Sie bereit sind, Ihrer Umgebung die erforderliche Lernbereitschaft zu signalisieren, wird dem

Gegenstand Ihrer Frage bestimmt eine Wendung zum Günstigen beschieden sein. Es wird jedoch auch erforderlich sein, Beharrlichkeit darin zu zeigen, sich Weisheit und Erfahrung anzueignen. Das gilt besonders dann, wenn Ihnen das Hexagramm in seiner unbewegten Form erscheint. In diesem Fall gewinnen Sie möglicherweise auch Kenntnis von einem Ihnen bisher noch nicht bewußten Wesenszug Ihrer Persönlichkeit. Gehen Sie ihm nach und erforschen Sie Ihr Dasein.

Das Urteil

Jugendtorheit. Doch dann Gelingen.
Nicht ich suche ihn,
der Jugendliche sucht mich.
Fragt er einmal, antworte ich ihm;
doch fragt er immer wieder,
so ist das Belästigung. Keine Antwort.
Nutzen durch Beharrlichkeit (im Suchen nach Weisheit).

An sich ist die Unerfahrenheit nichts Schlimmes. Sie kann überwunden werden. Und hinterher stellt sich dann Gelingen ein. Doch man muß dafür seinen Meister finden – entweder eine fachlich autorisierte Persönlichkeit, den Rat des I Ging oder auch einen erfahrenen und lebensklugen Menschen, dessen Urteilskraft sich bereits in bestimmten Situationen bewährt hat. Welchen Bezugspunkt man auch immer sucht, um im Hinblick auf die gestellte Frage reifer zu werden, wichtig ist, daß man die eigene Unerfahrenheit sich selbst eingesteht, der Erfahrung eines anderen vertraut und ihn nicht durch immer wieder neue und zweifelnde Fragen beansprucht. Dies gilt besonders dann, wenn man I Ging selbst zu seinem Meister auserkoren hat. Denn einmal gibt es Auskunft. Erfolgt dann eine Antwort, mit der man nicht zurechtkommt, ist es am besten, darauf nicht weiter einzugehen, da es, wenn es gleich erneut befragt wird, schweigen, das heißt, nicht klar antworten wird.

Umgekehrt sollte der Lehrer warten, bis er aufgesucht wird. Er sollte sich nicht von sich aus anbieten. Daraus erfolgt das Lernen im richtigen Moment. Der Schüler ist reif für die Botschaft.

Das Bild

Unten am Berg eine Quelle:
das Symbol der Jugend.
So nährt der Edle durch gründliches Handeln
seinen Charakter.

Erste Linie

Um den Unerfahrenen reifen zu lassen, ist es fördernd (von Nutzen), die Jugend in Zucht zu nehmen. Man soll nachher aber die Fesseln abnehmen. So weiterzumachen, würde zur Beschämung führen.

Man will der Jugend Einsicht geben. Dazu bedarf es ordnender Zucht, und geistige Hindernisse sind zu entfernen. Sonst droht Demütigung. Gehen Sie also ernsthafter als bisher an Ihre Probleme. Bedenken Sie, daß Liebe auch Arbeit bedeutet und daß man sich mit den diesbezüglichen Zusammenhängen gewissenhaft auseinanderzusetzen hat. Andererseits sollten Sie bedenken, daß zu viele Vorschriften die innere Kreativität bremsen können. Daher finden Sie gerade zu soviel Strenge, daß sinnvolle Richtlinien entstehen, die den Charakter formen.

Zweite Linie

Sich gegenüber der Jugend großmütig zu verhalten, bringt Heil.
Zu heiraten (eine Frau zu nehmen zu wissen) bringt Glück.
Der Sohn ist herangereift. Er übernimmt den Hausstand.
Zwar besitzen Sie keine Macht und keinen Einfluß in der betreffenden Lage. Doch verfügen Sie über die geistige Ausstattung, die Ihnen dazu verhilft, menschliche Schwächen großzügig zu ertragen und entsprechend milde und nachsichtig zu richtigem Verhalten anzuleiten. Eine solche großmütige Haltung wird hier übrigens besonders gegenüber dem schwächeren Teil in der Beziehung verlangt. Das war im alten China traditionsgemäß die Frau, im übertragenen Sinne ist wohl der Partner gemeint, der gerade weniger das Yang, die schöpferische Kraft verkörpert. Generell eine Situation, in der bei genügender Großzügigkeit gemeinsame Pläne und Absichten heranreifen und zu gedeihen versprechen. *(Der Sohn übernimmt den Hausstand.)*

Dritte Linie

Nimm kein Mädchen, das sich vergißt,
wenn es einen starken Mann sieht.
Nichts wäre fördernd.
Wer unerfahren ist, verliert leicht seine Persönlichkeit und Eigenart, wenn er im Zuge seiner Weiterentwicklung mit einem starken Menschen zu tun hat, den er nun anhimmelt. Dann geht es einem wie einem *Mädchen, das sich vergißt,* wenn es einen starken (gelegentlich heißt es auch: einen reichen) Mann sieht. Einer solchen Annäherung darf man sich nicht einfach öffnen. Es könnte zur Abhängigkeit kommen, und auch sonst ist die Situation nicht förderlich, wenn einer so idealisiert wird.

Vierte Linie

Jugend mit beschränkter Auffassung bringt Beschämung.
Es geht hierbei um Vorgänge, bei denen man sich in seine Illusionen und Wunschträume verrennt. Uneinsichtig besteht man auf dem einmal eingeschlagenen Weg. Und so bleibt dem Leben als Lehrmeister oft nichts anderes übrig, als den Menschen durch eine beschämende Erfahrung lernen zu lassen.

Fünfte Linie

Unschuldige Jugend bringt Heil.
Ein junger (unerfahrener) Mensch, der ganz unschuldig und zutraulich Belehrung sucht, ist gut dran, denn er zeigt sich motiviert. Seine anspruchslose Haltung unterstützt den Lernvorgang. Willig und ohne Hochmut akzeptiert er, daß er ›Nachhilfe‹ braucht.

Sechste Linie

Straft man die Jugend, so sollte man dabei keine Übertretungen begehen. Fördernd ist es nur, Übergriffe zu verhindern.
In dieser Linie geht es um die Verhältnismäßigkeit der Mittel, wie sie etwa auch von der Polizei zur Aufrechterhaltung der öffentlichen Sicherheit verlangt wird. Das bedeutet: Strafe soll nie zum Selbstzweck werden, sondern nur unerlaubte Übergriffe der Unerfahrenen abwehren, um sie wieder auf den rechten Weg zu bringen.

5. Sü

Das Warten

Wolken am Himmel. So wartet der Mensch auf Regen, der ihn wie alle Wesen ernährt. Die ganze Situation ist auf den Grundsatz ausgerichtet, in überlegener Weise das abzuwarten, was einem Nahrung gibt. Das gilt auch für den geistigen oder gefühlsmäßigen Bereich. Geduldig sein, bis eigene Zuneigung mehr erwidert wird; warten können, bis man sich nach einem Streit wieder annähert; auf die passenden Worte vom Partner warten, die Sie aufrichten und Ihnen Mut geben sollen; auf seine Unterstützung und Hilfe bei Ihren Absichten warten können. Es ist zwar nicht immer leicht, aber gerade dadurch zeichnet sich der starke Mensch aus. Denn er ist in der Lage, gewisse Spannungen und vorübergehende Frustrationen zu ertragen, während Schwäche gleich den Ausgleich von Unlust herbeiführen will – so wie das Baby sofort danach verlangt, gestillt zu werden.

So bedeutet das Hexagramm denn auch Kien, also Stärke, vor Kan, der Gefahr. In der I-Ging-Übersetzung von R. Wilhelm heißt es dazu: »Stärke vor Gefahr überstürzt sich nicht, sondern kann warten, während Schwäche vor Gefahr in Aufregung gerät und nicht die Geduld zum Warten hat.« Sich dieser Einsicht zu öffnen, heißt jedoch nicht, die Zeit bis die Dinge sich günstig wenden mögen, mit Nichtstun zu verbringen. Vielmehr kann man inzwischen an all den charakterlichen Veranlagungen, Fähigkeiten und nutzbaren Talenten arbeiten, die die eigenen Ziele und Wünsche unterstützen.

Warten Sie zum Beispiel darauf, daß Ihr Partner Ihnen mehr Zeit und Zuwendung schenkt, so versuchen Sie, die Energien in sich selbst zu stärken, mit denen Sie ihm etwas geben können – an Gefühl, Liebe, Phantasie oder guten Einfällen, vielleicht auch an interessantem

Gesprächsstoff, der Sie beide anzuregen vermag. Fordern Sie in der Hinsicht etwas von sich, und das Warten wird nicht umsonst gewesen sein. Dazu sind nicht immer große Anstrengungen erforderlich. Manchmal genügt es auch, daß inzwischen der innere Glaube gestärkt wird. Das kommt ganz darauf an, wie existenziell wichtig die gestellte Frage für Sie ist. In seiner unbewegten Form enthält das Hexagramm einen Hinweis darauf, daß die Dinge von Ihnen nur schwerlich direkt zu beeinflussen sind. Gerade dann sind Glaube und innere Überzeugung nötig. Doch einstweilen können Sie nicht mehr tun, als aus der ganzen Situation zu lernen und die eigenen Anlagen zu stärken.

Das Urteil

Warten. Wenn du aufrichtig (wahrhaftig) bist,
wirst du das Licht und den Erfolg ernten.
Beharrlichkeit bringt Glück.
Es ist von Nutzen, das große Wasser zu überqueren.

Es heißt hier: ohne Illusionen und Selbsttäuschungen den Dingen so in die Augen sehen, wie sie wirklich sind. Dann aber Entschlossenheit und innere Stärke zeigen. So ist das Warten kein schwaches Hoffen, sondern entspringt einer inneren Gewißheit. Daraus muß jenes beharrliche Handeln folgen, das ruhig und unbeirrbar sein Ziel vor Augen hat. Dann ist es fördernd, *das große Wasser zu überqueren,* das bedeutet, sich zu entscheiden und die Gefahr – Kan, das Wasser oder das Abgründige – zu überstehen.

Das Bild

Wolken steigen am Himmel auf:
ein Bild des Wartens.
So genießt der Edle Speise und Trank.
Er bleibt gelassen und glücklich.

Erste Linie

Warten auf dem Land.
Fördernd ist es, im Dauernden (im Gleichmaß der Dinge) zu bleiben.
Kein Makel.
Man wartet auf weiter, übersichtlicher Ebene. Alles ist bis jetzt ganz einfach und überschaubar. Daher sollte man sich nicht durch irgendwelche dunklen Vorahnungen irremachen lassen. Denn wenn wirklich Probleme auftreten sollten, würde man davon nur geschwächt werden. Also gilt es, seine üblichen und regelmäßigen Gewohnheiten beizubehalten. Nur dadurch bewahrt man sich vor Vergeudung der Kräfte, die man in einer eventuell möglichen Krise noch brauchen könnte.

Zweite Linie

Warten auf dem Sand führt zu Gerede. Am Ende Glück.
Sand steht in dieser Linie für Küste oder Flußufer, da doch Kan – das Wasser, das Abgründige, die Gefahr – näher rückt. Dabei zeigen sich erste Verstimmungserscheinungen. Und so ist es jetzt wichtig, gelassen und ruhig zu bleiben. Denn aus dem Pingpong-Spiel von Rede und Gegenrede würde nur ein Zustand entstehen, in dem man sich gegenseitig die Schuld für kommende Gefahr vorwirft. Doch wenn man dem Partner oder geliebten Menschen mit Großmut entgegentritt, muß das Streiten verstummen. Dann wird sich alles lösen.

Dritte Linie

Warten im Schlamm führt zum Kommen des Feindes.
Man sitzt im *Schlamm*, der schon vom Wasser des Flusses bespült wird. Das ist natürlich kein günstiger Ort zum Warten. Man hat nicht gewartet, um Kraft zu sammeln, mit der man den Strom in einem Anlauf hätte durchschwimmen können. So reichte es nur bis zum Schlamm. Das ist eine bedenkliche Situation, die gleich auch von außen her Feinde anzieht, da man wehrlos ist und sich in einer ungünstigen Position befindet. Setzt man für *Feinde* das Wort Feindschaft ein, wird klar, daß hier eine Lage entsteht, in der man sich leicht Ärger einhandelt.

Vierte Linie

Warten im Blut. Rauskommen aus dem Loch.
Die Situation ist jetzt sehr gefährlich. Denn inzwischen ist es ernst geworden. Kan, die Gefahr, ist ganz nahe. Man befindet sich sozusagen im Zentrum des Chaos. Dabei ist man auch noch von jeglicher Hilfe abgeschnitten – wie in einem *Loch*. In dieser Situation sollte man sich ganz unauffällig verhalten und auf keinen Fall handeln. Denn das würde alles nur noch schlimmer machen. Statt dessen soll man, sobald es geht, die Gelegenheit nutzen, um sich ohne Aufsehen aus dieser Situation zu befreien. Ruhe ist hier also der einzige Weg, um aus dem Loch wieder herauszukommen.

Fünfte Linie

Warten bei Speise und Wein.
Beharrlichkeit bringt Glück.
Auch wenn die Gefahr noch nicht ganz abgeklungen ist, gibt es zwischendurch doch schon Situationen, in denen man sich einigermaßen sicher fühlen darf. Sie gilt es zu nutzen, um sich zu entspannen. So darf man gelassen sein, bei *Speise und Trank* den Augenblick genießen und braucht sich dabei nur etwas zu besinnen, daß noch Aufgaben vor einem liegen, um die eigenen Ziele zu erreichen. Man stärke sich also für kommende Herausforderungen, ohne sich beim Feiern einzig dem Genuß hinzugeben. Denn nur weitere *Beharrlichkeit bringt Glück.* Trotzdem liegt das Wesentliche des Zeichens in der inneren Gewißheit eines guten Ausgangs.

Sechste Linie

Sitzt man in der Grube (im Loch), so kommen
drei unerwartete Gäste. Man behandle sie höflich.
Glück am Ende.
Das Warten ist vorüber. Nun ist Kan, die Gefahr, unausweichlich geworden. Doch die Sache nimmt eine unerwartete Wendung. Es nahen drei Gestalten (gestaltende Einflüsse), bei denen man anfangs im Zweifel sein mag, ob sie Rettung in der Not der Gefühle bringen oder ob sie das Herz zerreißen lassen werden. Doch nun gilt es, innerlich beweglich zu sein. Man sollte sich nicht verschließen, sich vielmehr öffnen für das, was an heilsamer Möglichkeit auf einen zukommt. Manches, was hilft, nähert sich oft in einer Form, die uns zunächst fremd erscheint, vielleicht sogar Angst bereitet. Hier sollte man also unvoreingenommen und aufgeschlossen sein. So wird zum Schluß noch alles gut.

6. Sung

Der Streit

Oben Kien, das Schöpferische, unten Kan, das Abgründige. Aus dieser Symbolik folgen drei Deutungsmöglichkeiten, die allesamt auf Streit oder Konflikt hindeuten.

Zum einen: Kien, in der Bedeutung von Himmel, hat die Bewegungsrichtung nach oben. Kan, im Sinne von Wasser, bewegt sich nach unten. Hier wird also von innerem Gegensatz, dem Widerspruch in sich selbst oder von der Wesensverschiedenheit draußen im Kontakt der Menschen untereinander berichtet.

Zum zweiten: Das Schöpferische beinhaltet Stärke. Hingegen hat das Abgründige etwas von List und Finte an sich. Der eine setzt sich offen auseinander, der andere arbeitet mit Falltüren und fein gesponnenen Netzen, in denen man sich verfängt. Auch hieraus wird Streit resultieren.

Und zum dritten: In einem Menschen vereinigen sich inneres Raffinement und äußere Stärke. Letztere besitzt normalerweise jedoch die Eigenschaften des Geraden und Offenen. Ist der Stärke ein Hintergedanke beigegeben, den sie im Grunde nicht nötig hat, so zieht auch dies den Konflikt herbei.

In diesem Hexagramm geht es darum, ob man voll von seinem Recht überzeugt ist und folglich auch dahinterstehen kann oder ob man sich selbst in Frage stellt und Aggressionen deswegen ›hintenherum‹ anbringt. Auch geht es darum, wie ›vergleichsfähig‹ man ist. Das heißt: Wie weit man in der Lage ist, auch dann, wenn man recht hat, sich mit der anderen Partei zu vergleichen. Spielen Sie also in einer Auseinandersetzung mit dem Partner Michael Kohlhaas oder können Sie sich mit ihm so weit gütlich einigen, daß bei Ihnen zwar kein schales Gefühl entsteht, Sie aber doch etwas nachgeben, vor allem damit keine Feindschaft ›bis aufs Messer‹ entsteht. In seiner unbewegten Form beinhaltet das Hexagramm eine besondere Warnung vor Konflikten – sei es ein innerer Widerspruch in Ihren Wünschen und Zielen oder eine äußere Auseinandersetzung. Überprüfen Sie noch einmal die Berechtigung Ihrer Ansprüche, damit Sie sichergehen können, daß Sie der Sache auch gewachsen sind.

Das Urteil

Der Streit: Deinem Wesen entspricht Wahrhaftigkeit.
Halte daran fest, auch in der Auseinandersetzung.
Umsichtiges Innehalten auf halbem Wege: Heil (Glück).
Zu-Ende-Gehen: Unheil
Fördernd (von Nutzen) ist es,
den großen Mann aufzusuchen.
Nicht fördernd ist es, das große Wasser zu durchqueren.

Das Bild

Himmel und Wasser suchen verschiedene Richtungen.
Ein Bild der Auseinandersetzung.
So überlegt der Edle bei allem, was er tut, den Anfang.

Da Himmel die Richtung nach oben bedeutet, das Wasser aber die Richtung nach unten, geht es hierbei darum, sich von vornherein alles genau zu überlegen. Wenn man stets im Auge hat, was zusammenpaßt, was dem anderen gemäß ist, läßt sich oft ein Streit vermeiden: Rechte und Pflichten sollen ausgewogen und genau festgelegt sein. Sie müssen sich ergänzen und ein Ganzes bilden. Die geistigen Richtungen der Menschen werden dann um so reibungsloser zusammenwirken, wenn sie ähnlicher oder gleicher Natur sind. Dies bedenke man möglichst immer von Anfang an.

Erste Linie

Wenn man die Sache nicht (bis zum letzten) fortsetzt,
sie nicht verewigt, so gibt es ein klein wenig Gerede.
Doch am Ende kommt Heil (kommt Glück).

Solange eine Angelegenheit sich noch in ihren Anfängen befindet, kann man ohne großen Gesichtsverlust alles auf sich beruhen lassen. Zwar mag es zu einem kleinen Wortwechsel – *Gerede* – kommen. Doch am Ende wird alles gut. Dies gilt besonders dann, wenn der Gegner (etwa Ihr Partner oder die Schwiegermutter) in diesem Fall der Stärkere ist, das heißt, momentan durch irgendwelche Umstände die besseren Trümpfe in der Hand hat.

Zweite Linie

Man kann den Streit nicht fortsetzen,
weicht aus und kehrt heim.
Dreihundert Familien des Ortes (Häuser der Stadt)
werden dem Unheil entgehen.
Sie bleiben frei von Schuld.

Auch hier wieder: Es ist keine Schande, die Auseinandersetzung mit einem überlegenen Gegner zu meiden. Falsches Ehrgefühl wäre es, mit dem anderen, der im Moment am längeren Hebel sitzt, einen Streit zu beginnen oder fortzusetzen. Ziehen Sie sich also aus einem Geplänkel noch möglichst unauffällig zurück, weichen Sie der Konfrontation am heimischen Herd oder vor fremder Kulisse möglichst geschickt und elegant aus. Dann fällt es kaum auf, und vor allem: Es werden andere nicht mit hineingezogen, die direkt an der Sache beteiligt werden könnten oder in einer unbewußten Beziehung zu all dem stehen. Das sind die *dreihundert Familien des Ortes,* von denen hier die Rede ist, Ihre Umgebung, auch die Atmosphäre, in der man gemeinschaftlich lebt.

Dritte Linie

Auf alte Tugenden bauen, gibt Beharrlichkeit.
Gefahr. Glück am Ende.
Stehst du in eines Königs Diensten,
so suche für dich keine Werke zu vollbringen.

Im Leben eines jeden Menschen gibt es Dinge, die irgendwie organisch gewachsen sind. Es handelt sich hierbei um die inneren Traditionen, das, was dem eigenen Wesen Persönlichkeit und Bestand gibt. Was man sich dermaßen erarbeitet hat, daß es seelischer Besitz geworden ist, kann einem niemand mehr nehmen. Und so bleibt das Echte, das Wahrhaftige in jeder Situation – sei sie auch noch so brenzlig. Da mögen Reibungspunkte vorhanden sein, doch die innere Substanz bleibt, wenn sie *auf alten Tugenden* gegründet ist, auf dem, was ursprünglich zu einem gehört. Deswegen sollte man sich andererseits auch nicht herausstellen, wenn man Aufgaben in seiner Partnerschaft oder im darüberhinausgehenden sozialen Umfeld wahrnimmt. Also: Nicht den Anspruch haben, sich selbst ein Denkmal zu setzen, sondern bescheiden Gutes tun. Das wirkt aus sich heraus. Man braucht nicht drüber zu reden. Im Zweifelsfall mag sogar der andere die Ehre für sich einstreichen. Die edle und wahrhaftige Gesinnung wird sich dennoch durchsetzen. Man weiß dann im stillen schon, was man an Ihnen hat.

Vierte Linie

Man kann den Streit nicht fortführen.
Rückkehr und Änderung der Haltung bringen Glück.
Es ist gut, sich den dauernden Gesetzen zu fügen.
So findet man Frieden in beharrlich
angewandter Tugend.

Innere Zwiespälte, kleine Frustrationen des Alltags suchen sich oft ein Ventil im Streit. Und wie es der Zufall will, befindet sich der Partner in einer schwächeren Verfassung. Das könnte man ausnutzen. Doch man besinnt sich und hält an seelischer Tugend (innerer Reife) fest. Darin findet man schließlich seinen Frieden und kann sich anderweitig Luft verschaffen.

Was hier gesagt ist, läßt sich natürlich auch auf Situationen übertragen, die mit einem partnerschaftlichen Streit so direkt und offensichtlich nichts zu tun haben. Etwa dann, wenn Sie sich an einem anderen Menschen (bei einem amourösen Abenteuer) für eigene innere Spannungen schadlos halten, ohne ihm wirklich etwas zu geben. Oder eine Seite in Ihnen hat den Drang, die andere einfach zu unterdrücken, ohne eine Entscheidung innerlich ›demokratisch‹ reifen zu lassen. In beiden Fällen werden Sie sich aber schließlich eines Besseren besinnen. Und das ist gut so.

Fünfte Linie

Den Streit vor einen großen Mann zu tragen,
bringt Glück (erhabenes Heil).

Es geht in diesem Fall um den inneren oder äußeren Schlichter, dem man die Sache vortragen kann. Dabei sollte es sich um eine echte moralische Autorität handeln. Das kann eine Erinnerung an einen sehr reifen und unvoreingenommenen Menschen sein, indem man sich fragt, wie hätte er jetzt wohl gehandelt oder was hätte er geraten? Fragen Sie sich das gründlich. Hören Sie auf seine Stimme. Fühlen und empfinden Sie, ob Ihre Vermutung hinsichtlich seines Urteils oder Ratschlags wohl echt und wahrhaftig ist. Lassen Sie diesen inneren Schiedsrichter mit Ihrer Phantasie und Vorstellungskraft zusammenwirken, damit eine möglichst kreative und für alle Teile vielleicht überraschende Lösung herauskommt. Das kann sich auf einen Streit wegen des Haushaltsgeldes oder wegen der unordentlichen Wohnung ebenso beziehen, wie auf einen inneren Konflikt, den Sie mit sich selbst auszumachen haben. Übrigens kann die unparteiische Instanz auch I Ging sein, an das Sie sich vielleicht mit noch spezielleren oder weiterführenden Fragen wenden. Oder es ist ein Psychologe oder eine Partnerberatungsstelle. Kurzum – innere oder äußere Ratgeber sind hier angesprochen, denen man die Sache vortragen sollte. Das wird sich sehr heilsam auswirken.

Sechste Linie

Auch wenn er einen Schmuckgürtel erhält.
Am Ende eines Morgens wird er ihm dreimal entrissen.
Die ist die Situation, in der jemand einen Streit bis zum – oft bitteren – Ende geführt hat. Nun gut, er hat Recht bekommen, doch er kann sich dieses Umstands nicht wirklich erfreuen. Denn er erhält keine Anerkennung dafür, seine Position wird immer wieder angefochten. *Der Schmuckgürtel wird ihm* gleich *dreimal entrissen.*

7. Shih

Das Heer

Ein Hexagramm, das auch dem Pazifisten in Ehe oder Freundschaft nicht unbehaglich sein muß. Gemeint ist hier einfach die Möglichkeit, sich angemessen und ohne Übertreibungen wehren zu können, wenn man angegriffen wird – welche Möglichkeiten einem dann zur Verfügung stehen, und wie sie sinnvoll zu nutzen sind. Dies geht vor allem aus den beiden Teiltrigrammen hervor: oben Kun (das Empfangende), unten Kan (das Abgründige). Einerseits muß etwas Williges, Diszipliniertes vorhanden sein (empfangend gegenüber den eigenen Direktiven oder gegenüber dem sich gemeinsam gegebenem Partnerschaftskodex), doch andererseits herrscht in diesem Moment etwas Abgründig-Gefährliches, dessen man sich gegebenenfalls bedienen kann, um eine Gefahrensituation abzuwehren.

Es entspricht dem Ursymbol des Heeres – aus alten Zeiten überliefert –, wie es sein sollte: innerlich gehorsam auf ein moralisch verpflichtendes Ziel eingeschworen (Treueeid), diszipliniert in seiner inneren Organisation, aber eine Gefahr für den Gegner, wenn er die Konfrontation suchte. Dies wird durch das Grundwasser (oder die Vitalkraft) symbolisiert, wie sie sich in der Tiefe der Erde, das heißt im eigenen Inneren, ansammelt. Die entsprechenden Kräfte sollten sich loyal gegenüber der Gesamtpersönlichkeit, gegenüber der partnerschaftlichen Gemeinschaft oder gegenüber dem integrierenden Freundeskreis verhalten – je nachdem, wo man sich gerade bewegt. Innere Antriebe sollen nicht chaotisch durcheinanderwirken, sich nicht gegenüber gewachsene innere Wertprinzipien oder gegen die von einem selbst als natürlich empfundene Ordnung des Zusammenlebens stellen. Auch hier kommt es, wie so oft im Sinne des TAO, auf das harmonische Zusammenwirken der Kräfte in einem größeren Ganzen an. Nur dann werden Sie sich mit berechtigtem Anspruch zur Wehr setzen können – gleichgültig, ob Ihnen Ihr Mann (oder Ihre Frau) ständig über den Mund fährt, ob man Sie immer wieder zu einer quasi hilflosen Person degradiert oder Ihnen gar Vorschriften machen will, als seien Sie ein Kind. Vielleicht geht es darum, einem Konkurrenten den Wind aus den Segeln zu nehmen, der sich zwischen Sie und Ihren geliebten Menschen drängen will. Vielleicht aber auch um die Abwehr geistiger Gefahren, die Ihre Partnerschaft oder Ihre Liebe bedrohen können. Immer werden hier innere Ordnung und übergeordnete Ziele wichtig sein, die Ihre ›Kampfmoral‹ stärken, ebenso die Verhältnismäßigkeit in der Wahl ihrer Mittel.

Übrigens kann das Hexagramm in seiner unbewegten Form all diese Gesichtspunkte wie ein Ausrufungszeichen in seiner Bedeutung verstärken. Seien Sie dabei immer auch offen (empfänglich, empfangend, Kun = das Empfangende) für die Erfordernisse von Moral und übergeordneter Gerechtigkeit. Auf diese Weise stärken Sie Ihre inneren Kräfte und Abwehrmöglichkeiten gegen alles, was Sie bedroht (Kan, das Abgründige, Geheimnisvolle, Gefährliche), auch als Schutz nach außen. So wird manche ›Grippe‹, die der Liebe zu schaffen machen könnte, durch Ihre seelischen ›Immunkräfte‹ abgeblockt oder überwunden.

Das Urteil

Das Heer braucht Ausdauer (Beharrlichkeit).
Und einen starken Mann – einen Führer.
Glück. Voll Heil ohne Makel.

Das Heer ist eine große, ungelenke oder von Emotionen hin und her gezogene Masse, solange es keinen Führer hat. Dies ist der *starke Mann* in einem selber, die innere Autorität, die einer hat, um – vielleicht für ein gemeinsames Ziel von *ihr* und *ihm* – im Zusammenleben etwas durchzufechten. Auch höhere Wertvorstellungen oder moralische Prinzipien können innere Instanzen in Ihnen selbst autorisieren, etwas durchzukämpfen. Das ist das Vertrauen des Herrschers, das ein guter Heerführer besitzen muß. Für die Zeit der Auseinandersetzung hat diese Befehlsstelle – z. B. eine innere Stimme, eine bestimmte Methode, die Sie gelernt haben, mit Dingen umzugehen – dann unbedingte ›Kommandogewalt‹. Doch nach sinnvoller Bereinigung des Konflikts darf der ›Krieg‹, das ›Soldatenhandwerk‹ nicht zum Selbstzweck werden, wie es so oft und viel in unrühmlichen Beispielen der Geschichte zu beobachten ist. Vielmehr wird man den Triumph nicht unklug auf Kosten des anderen genießen. Denn dies erzeugt ja immer nur Revanchegelüste. Der kriegerische und gefährliche Persönlichkeitsausdruck hat nur zu leicht verheerende Wirkung. Unnötige und unbillige Manöver verwüsten (verheeren) die Felder der Bauern. Demonstrieren Sie also nicht ständig Stärke, sondern bewahren Sie sich ein Gefühl dafür, wo dies im Ausnahmefall wirklich einmal erforderlich ist. Denn Waffenschau und Säbelrasseln sollten nie der Normalfall, sondern stets das allerletzte Mittel sein, zu dem man Zuflucht ergreift. Was nicht bedeutet, man könne durchweg nicht stark und konsequent in Erscheinung treten. Eins hat mit dem anderen nichts zu tun.

So sehr es bei diesem Hexagramm auch um den ›Ausnahmefall‹ geht, kommt es gleichzeitig darauf an, zu wissen, daß man für eine gerechte Sache einsteht. Nur dann wird man sich wirklich – ohne Zweifel – durchsetzen können. Hieraus erwächst jene natürliche Stärke, die sich mit Mut und gesundem Empfinden durchsetzt – einfach, weil Kraft und Dampf hinter den Worten stecken.

Das Bild

Wasser in der Erde, so ist das Bild des Heeres.
Der Edle (überlegene Mann) mehrt seine Gefolgschaft durch Güte gegenüber dem Volke.

Nicht sichtbar für unser Auge ist das Grundwasser in der Erde vorhanden. Genauso für die Sinne nicht wahrnehmbar sollte die (potentielle!) Kriegsmacht des Volkes sein, so daß sie erst auf den Plan tritt, wenn eine unabwendbare Gefahr besteht. Um es in einem alten Sinnbild auszudrücken: In frühen Kulturen war der Bauer auch Soldat, wenn fremde Mächte sein Land zu überfallen drohten. War der Krieg jedoch zu Ende, kehrte der Landmann zu Pflugschar und Egge zurück. Damit man sich jedoch überhaupt gegenüber äußere Feinde erwehren kann, bedarf es des wirtschaftlichen und sozialen Wohlergehens eines Volkes. Darum verhalte sich ein Herrscher in Weitherzigkeit, Liebe und Freundlichkeit zu den Menschen in seinem Lande. Dies wird ihm die gesammelten Sympathien der Massen einbringen, seine Kräfte des Widerstands (und damit die der Gesellschaft oder Gruppe) mehren. Analoge Zusammenhänge, sinnbildliche Bedeutungen, lassen sich auf die verschiedensten Situationen und Daseinsebenen übertragen. So ist man dann am widerstandsfähigsten, wenn die vitalen Energien tief im Inneren eines Menschen oder einer Partnerschaft geborgen sind wie das Wasser in der Erde. Das erfordert menschenfreundliche

Ideale und liberale Verhaltensweisen, ›demokratischen‹ und wohlmeinenden Umgang mit sich selbst, mit den eigenen – und oft widersprüchlichen – Regungen, wie auch mit denen des anderen.

Erste Linie

Ein Herr muß einer rechten Ordnung gehorchen.
Wenn sie nicht zugrunde liegt, droht Unheil.

Zu Beginn einer kämpferischen Auseinandersetzung muß Ordnung herrschen, sowohl was die innere Disziplin anbelangt, als auch was die Übereinstimmung mit den großen ordnenden Prinzipien des Kosmos betrifft. Das bedeutet auch: Es muß ein wirklich triftiger Grund sein, daß man sich überhaupt auf einen echten Konflikt einläßt. Innerlich müssen die verschiedenen Regungen und Antriebe zur Ruhe gebracht werden und der ordnenden Ich-Instanz gehorchen lernen. Ähnliches gilt auch, wenn man seine Liebe oder Partnerschaft nach außen hin verteidigen will. Dann wird es darauf ankommen, eine gewisse Ruhe und Ordnung nach innen hin zu verwirklichen. Klärende Aussprachen können hierfür von Bedeutung sein oder das intuitive Erfassen, wer vom psychischen Einfluß und von der seelischen Macht her gerade wo steht. Man nennt dies landläufig ja auch ›Fronten klären‹.

Ein klares Bild davon, wo die Stärken und die Schwächen des einen wie des anderen liegen, wird Ordnung auch in eine konflikthafte Situation hineinbringen, von der Ihre Partnerschaft selbst betroffen sein mag. Eventuell hilft in der Hinsicht auch ein nüchternes und sachliches Gespräch, in dem man sich und den anderen ganz leidenschaftslos einschätzt. Hierdurch werden wesentliche Voraussetzungen für eine faire Auseinandersetzung geschaffen – und nur die wird produktiv sein und Ihnen wie Ihrem Partner etwas bringen. Denn oft ist nicht das eigentliche ›Gewinnen‹ im häuslichen ›Kleinkrieg‹ wichtig, sondern der gegenseitige soziale Lerneffekt. Und noch einmal: Das geht nur in einer gewissen inneren wie äußeren Ordnung. Schaffen Sie daher auch die Atmosphäre und den Rahmen, die Ihnen die notwendige Ruhe geben können. Das kann zum Beispiel bedeuten, daß Sie aufräumen oder Kerzen auf den Tisch stellen, selbst wenn eine Auseinandersetzung zu erwarten ist. Ähnlich kann man auch Ordnung in sich selbst schaffen, etwa durch Meditation oder indem man in den Widerstand hineinatmet, neugierig spürt, wie das ist, wenn man seine Angst oder Aufregung einmal ganz ruhig, wie von außen, anschaut – also einfach atmet und sich wahrnimmt. Dies gilt übrigens auch für alle anderen Situationen, die in dieser Linie gemeint sind und nicht unbedingt etwas mit Streit mit anderen Menschen zu tun haben – zum Beispiel der innere Widerstreit.

Zweite Linie

Der General kämpft inmitten des Heeres.
Das bedeutet Heil. Kein Makel.
Ihm verleiht der König dreifache Auszeichnung.
Für Ihre momentane Situation zeichnet I Ging ein Vorbild, wie man sich optimal verhält – und wie Sie es wahrscheinlich intuitiv bereits irgendwie anstreben. Dabei ist von einem Heerführer die Rede, inmitten seiner Truppen. Er sollte sich also nicht irgendwo im sicheren Unterstand weit hinter den Frontlinien aufhalten, sondern Erfolg und Mißlingen mit den Seinen teilen. Mit anderen Worten geht es hier um Solidarität im zwischenmenschlichen Bereich. Nur damit sind Sie den schweren Herausforderungen gewachsen, die sich Ihnen in der gegenwärtigen Situation stellen und auch irgendwie Verantwortung bedeuten. Wenn Sie dabei ein gutes Gefühl haben, von höheren Instanzen der Moral oder kosmischer Ordnung legitimiert zu sein glauben, werden Sie für die gezeigte Verantwortlichkeit einmal geehrt werden. Diese

Gunst bedeutet dann nicht, Ihnen vom Schicksal her Vorteile zuzuschanzen. Vielmehr wird durch den *Heerführer* hier das ganze *Heer* geehrt. So sollten Sie auch mit den Anerkennungen umgehen, die Ihnen in einem inneren oder äußeren Konflikt zuteil werden. Rühmen Sie sich nicht selbst, sondern sehen Sie in Lob und Zuspruch die Sache geehrt, um die es Ihnen geht.

Dritte Linie

Das Heer führt Leichen mit. Somit Unheil.
Trauer wird plötzlich hereinbrechen.
Wer aber im zwölften Monat (Januar) geboren ist
(über die entsprechende Reife verfügt),
wird schließlich doch noch die glückliche Wendung
herbeiführen können.

Im alten China – so eine Deutung dieser Linie – wurde an Stelle eines Verstorbenen für diesen ein Knabe aus seiner Familie geehrt, dem man opferte. So weist dies auf die falsche Autorität – den Leichenjungen hin – der die Stelle des eigentlich Berufenen einnimmt.

Abgesehen von dem Hinweis auf traditionelle Bestattungssitten ist in dieser Linie auch sonst eine ungute Entwicklung angedeutet, die von Opfern *(Leichen)* spricht, die zu verzeichnen sind, weil nicht autorisierte Bestrebungen, Kräfte und Neigungen (zum Beispiel in einem selbst) die Führung innehaben. Wer die Reife besitzt, dies einzusehen und über wirkliches Berufensein nachzusinnen, wird in allem doch noch eine glückliche Wendung erwarten dürfen. Man gibt dann die Initiative an die richtige Instanz oder den rechten Augenblick ab – überläßt sich sozusagen kosmischer Führung.

Vierte Linie

Das Heer zieht sich zur rechten Zeit zurück.
Kein Makel.
Wie in den großen Bildern der Weltgeschichte, in den Epen heerführender Männer oder auch in Situationen von Handel und Wandel, Management und Politik – im Kleinen, in der Partnerschaft, im Erhalt des häuslichen Friedens ist es genauso. Sieht man sich in aussichtslosem Moment einer großen Übermacht (des Geschicks und der Umstände) gegenüber, ist es nicht heldenhaft und schon gar nicht klug, eine Auseinandersetzung anzunehmen oder zu Ende bringen zu wollen. Weise Heerführer haben dafür den (rechtzeitigen!) Instinkt und sorgen für einen geordneten Rückzug, bei dem die Kampfkraft des Heeres erhalten bleibt, dieses nicht aufgerieben und vernichtet wird. Man ziehe für die bescheidenen Ansprüche des eigenen Glücks seine Schlüsse und lasse sich von entsprechender Lebensklugheit leiten.

Fünfte Linie

Im Feld ist Wild.
Es zu fangen ist fördernd und von Nutzen.
Kein Makel. Das Heer wird vom ältesten Sohn geführt,
der jüngste Sohn trägt die Leichen.
Sonst bringt Beharrlichkeit Unheil.
Symbolisch geht es um Wild, das in Äcker und Felder einbricht, also Flurschaden anrichtet. Dies ist gleichbedeutend mit Übergriffen eines Gegners, die zurückgewiesen werden müssen. Doch hat auch das diszipliniert und nach Regeln der Fairneß zu geschehen. Wildes Drauflosschlagen einer führungslosen Masse (wilde Emotionen) wäre von Übel und würde Unrecht bedeuten. Der eigentlich sinnvolle und wichtige Kampf würde sich dann selbst ad absurdum führen, die eigenen Heerscharen (Bemühungen) müßten untergehen und ein ernsthaftes Anliegen würde Unheil erleiden.

Sechste Linie

Der König erteilt Befehle, gründet Staaten
und belohnt bestimmte Familien mit fürstlichen Lehen.
Minderen Menschen sollte in diesen Zeiten keine
Macht übertragen werden.

Der Konflikt ist ›siegreich beendet‹, in den Fügungen des Schicksals belohnen die kosmischen Kräfte eine gerechte Sache und die, die dafür eingetreten sind, mit Wohlwollen, vielleicht auch mit geistigen und irdischen Gaben *(fürstliche Lehen)*. Dabei ist es jedoch wichtig, daß *mindere Menschen*, das sind zum Beispiel die niederen Instinkte in einem selbst, nicht zu Macht und Einfluß gelangen. Man möge sie im übertragenen Sinne ›mit Geld‹ abfinden (ihnen etwa im Scherz, im befreienden Lachen danach, eine gewisse Befriedigung geben »Hab' ich's dir nun endlich mal gegeben?« Augenzwinkern, Lächeln – oder was der Möglichkeiten mehr sind, um einen leichten Triumph zu schmecken, ohne damit wirklich dominieren zu wollen).

Landgebiete und Herrschaftsrechte (in Ihrer Ehe, in Ihrer Beziehung oder in Ihrem Innenleben) dürfen gewöhnliche Instinkte jedoch nicht bekommen, wenn sie Ihnen auch geholfen haben mögen, sich durchzusetzen – etwa durch Ihre aggressive Gestik oder Wortwahl. Nach dem Versöhnungskuß oder nach dem verzeihenden Händedruck haben die Waffen zu schweigen.

8. Pi

Das Zusammenhalten (Die Vereinigung)

Wenn oben Kan, das Wasser oder Abgründige, steht und unten Kun, die Erde oder das Empfangende, so bedeutet dies hier: Wasser vereinigt sich auf der Erdoberfläche zu Seen, Flüssen und Meeren. Das heißt auf Ihre Situation bezogen: Es vereinigen sich Partner zur Liebe oder entzweite Gatten, um sich wieder zu versöhnen.

Die Verbindung wird geprägt durch das starke Yang (an fünfter Stelle). Es ist der Mittelpunkt des Zusammenhaltens – manchmal wie eine Insel in der Brandung des Schicksals. Die weichen, nachgebenden Strukturen (Anteile Ihrer Seele oder Teile einer Gemeinschaft, Gesichtspunkte eines Vorhabens, eines Plans) vereinigen sich, indem sie von einem festen Willen bzw. starken Impuls an leitender Stelle zusammengehalten werden. Andererseits hält dieser auch mit ihnen zusammen, da hierdurch sein eigener starker Charakter ergänzt und abgerundet wird. Somit handelt es sich in diesem Hexagramm um ein Symbol, in dem weiche Eigenschaften und Persönlichkeitsmerkmale mit einem entschiedenen und konsequenten Ich (der reife und gefestigte Mensch in mir) sinnvoll zusammenwirken sollen. Beide Wesenszüge haben also ihren Platz, ihre Gültigkeit und Berechtigung. Lediglich durch die Frage von Führung und Gefolgschaft kommt es zu einer Art ›Rollenaufteilung‹ Ihrer weichen und starken Anteile. Im übertragenen Sinne gilt dieses gleichermaßen zwischen den Menschen in einer Partnerschaft oder auch zwischen den Mitgliedern einer Familie oder den Personen im Freundeskreis.

Wichtig ist das Prinzip, auf eine Einheit in Ihnen selbst oder in der Gemeinschaft hinzuwirken. Entwickeln Sie

Gespür dafür, wann der rechte Moment gekommen ist, diesen Gedanken umzusetzen und zu realisieren. Ist es soweit, kommt dies innerlich irgendwie über, ein untrügliches Gefühl: Ja, jetzt sollte ich Initiative ergreifen. Eine Einheit ist greifbar nahe.

Das Hexagramm erinnert auch an einen Führer, der für die von ihm Geführten Verantwortung übernimmt. In seiner unbewegten Form kann es bedeuten, daß man innere und äußere Führung nur im engen Kontakt mit der Bezugsgruppe oder mit dem Partner wird verwirklichen können. Also: immer wieder Absprachen herbeiführen und Rückmeldungen einholen. Wie empfindet und sieht der andere mich, wenn ich gerade Initiative ausübe? Was hält er von meinen Entschlüssen, und wie willig ist er bereit, mir weiter zu folgen?

Das Urteil

Voll Heil ist das Zusammenhalten. Prüfe, ob du Größe, Ausdauer und Beständigkeit besitzt, um Verantwortung an zentraler Stelle übernehmen zu können.
Dann wirst du ohne Makel sein.
Die Unsicheren und Unentschiedenen kommen allmählich nach.
Doch wenn man zu lange zögert: Unheil.

Hat man dieses Hexagramm erhalten, dann prüfe man seine ›Führungseigenschaften‹. Inwieweit halten hier Anspruch und Wirklichkeit einander stand? Um dies genau zu ergründen, könnte es sinnvoll sein, I Ging dazu noch einmal extra nach der Führungsfähigkeit zu befragen. Erst wenn man ganz sicher ist, sollte man voranschreiten – dann aber beherzt und von einem klaren, starken Willen geleitet.

Wo eine echte Führungsnatur, ganz allgemein oder in einem speziellen Sinne, vorhanden ist, stellt sich Gefolgschaft meist nach und nach von selbst ein. Erst sind es die Aufgeschlossenen, dann die Unsicheren und Unentschiedenen. Doch warte man nie zu lange. Sonst steht man draußen vor der Tür.

Sie werden also ganz gewissenhaft überlegen, ob Sie der Verantwortung gewachsen sind, selbst ein Mittelpunkt zu sein. Wenn ja, gilt es bald entschieden zu handeln. Wenn nicht, sollte man sich lieber einem anderen anschließen und ihm die Führung überlassen. Auch dann gilt es, nicht zu lange zu zögern.

Das Bild

Wasser auf der Erde.
Ein Symbol des Zusammenhaltens.
So haben die alten Könige viele Staaten gegründet und sie haben mit den Lehnsherren auf freundlichem Fuße gestanden.

Wasser bedeckt die Erde, wo es kann, und es ist mit ihr eng verbunden. Hierin entdeckten die Chinesen ein Bild des Zusammenhaltens, so wie ein Strom sein festes Flußbett hat im Erdreich, in dem er immerfort fließt. Dabei strömt das Wasser von selbst zusammen, unterliegt es an allen Stellen doch den selben Gesetzen.

Auf entsprechende Weise muß die menschliche Gemeinschaft verbunden sein, und zwar in dem Sinne, daß ein übergeordnetes Interesse gemeinsam verpflichtet und bindet.

Das ist zum Beispiel auch in der Ehe gegeben oder im eheähnlichen Zusammenleben unserer Tage. Denn auch eine gute Ehe oder sonstige Partnerschaft wird sicher immer wieder auf die Probe gestellt. Doch sie erweist ihren Wert u.a. darin, daß sie ein Bündnis ist, in dem man wechselseitig auch mal schwach sein darf – wobei jeweils der Partner, der sich gerade stärker fühlt, für den anderen mit Verantwortung übernehmen wird.

Im Bild des Zusammenhaltens – oder der Vereinigung – sahen die Chinesen übrigens auch Parallelen zur Zentralgewalt starker Königreiche, die sich gegenüber den Lehnsherren in den Provinzen freundlich verhielten und sie und das Volk nicht unterdrückten. So war eine starke Autoritätsordnung väterlichen Schutzes und gegenseitiger Ergänzung gegeben. Das Ganze, der Zusammenhalt der Gemeinschaft, zählte hier mehr als der einzelne.

Erste Linie

Zusammenhalten voll Vertrauen. Sei wahr und treu.
Dann wirst du ohne Makel sein.
Wahrheit ist wie eine Schüssel voll Wasser.
Sie bringt schließlich das Glück von außen.

Eine mit Wasser gefüllte Tonschüssel galt den Menschen in China als reiner Inhalt, wobei das Wesen der Form zurücktrat. Das will für diese Linie heißen: Auf Schmuck und Verzierungen kann es hier überhaupt nicht ankommen, was einzig zählt, ist die Substanz. Da sei man aufrichtig, wahr und zuverlässig. Wirbt man um einen Menschen, dann soll man auf Ausschmückungen verzichten und ihm lieber etwas Bleibendes geben. Das gilt natürlich auch, wenn man ihn zurückhaben will, wenn man Verständigung oder neue Impulse für die Beziehung sucht. Echtes Zusammenhalten, das vom Herzen her kommt, wird schließlich Glück bringen.

Zweite Linie

Halte zu ihm von innen her, aber erniedrige dich nicht. Dann bringt Beharrlichkeit Glück und heilsame Entwicklung.
Wenn man in aufrechter Haltung und edler Gesinnung einem anderen entgegenkommt, so hat die Beziehung vor allem einen inneren Wert. Anbiedern und Unterwürfigkeit, Berechnung und Vorteil erheischen entfallen dabei ganz natürlich. Man zeige sich dem Partner oder geliebten Menschen also in innerer Würde und ruhiger Zuversicht. In dem Fall verliert man sich nicht und wirft sich nicht weg. Die Beziehung basiert vielmehr auf gegenseitiger Achtung.

Dritte Linie

Zusammenhalten mit falschen Leuten (Einflüssen). Das führt zu traurigen Entwicklungen.
Hier geht es um Kontakte, Ausschnitte aus Ihrer Beziehung oder seelische Einflüsse, die nicht wirklich zu Ihnen passen. Da mag man in solch einem Zusammenhang sich gesellig geben oder aufkommende Gedanken freundlich betrachten, ohne aber innere Intimität zu den Dingen herzustellen. So zieht man sich am besten aus der Affäre und vermeidet ungünstige Tendenzen.

Vierte Linie

Auch äußerlich zusammenhalten. Beharrlichkeit ist voll Heil und bringt Glück.
Sie haben sich eigentlich für einen Menschen oder für ein bestimmtes Prinzip im Leben bereits entschieden. Er oder die betreffende Angelegenheit spielen zumindest hier und jetzt eine zentrale Rolle. Auch bei wem der Mittelpunkt des Zusammenhaltens in der gegebenen Situation liegt, ist im Grunde schon geregelt. Man sollte sich endlich auch äußerlich dazu bekennen.

Fünfte Linie

Zusammenhalten wird ausgezeichnet.
Der König jagt von drei Seiten und verzichtet auf das Wild, das vorne entkommt. Niemand braucht eine Warnung.
Glück und Heil.

In alten Zeiten war es so, daß die königlichen Herrscher das Wild auf ihren großen Treibjagden nur von drei Seiten zusammentreiben ließen. Diejenigen Tiere, die vorne abbogen, konnten demnach entkommen. Darin zeigte sich eine edle Gesinnung, sozusagen nur das Wild zu erlegen, das sich dem König freiwillig stellte. Im übertragenen Sinne gilt das Prinzip auch für das Zusammenhalten der Menschen. Nur, wer freiwillig kommt, ist in dem Fall ein brauchbarer Anhänger. Er ist willkommen, doch niemand wird zu seinem Glück gezwungen. Daher ist auch keine Warnung erforderlich.

Sechste Linie

Zusammenhalten ohne Kopf (Führung).
Zögern bringt Unglück.

Eine Entwicklung vollzieht sich normalerweise Kopf voran. Es ist also irgendeine Führung vorhanden, sich einer Situation oder einem Menschen anzuschließen. Von irgendwoher kommt die Initiative. Doch wo zu lange gezögert wird, fehlt das Haupt der Bewegung (gemeint ist der starke Yang-Strich an fünfter Stelle). Aus Unsicherheit wird hier der Anschluß verpaßt. Sich immer vor wahrer Hingabe zu scheuen, wird man einmal zu bereuen haben. Es wird hier eine gewisse Bindungsunfähigkeit gezeichnet, die es zu vermeiden gilt. Sie macht letztlich mit Sicherheit einsam.

9. Hsiao Ch'u

Zähmung der kleinen Kräfte (Des Kleinen Zähmungskraft)

An vierter (in diesem Falle starker) Stelle befindet sich ein schwaches Yin. Es hemmt die starke schöpferische Kraft des unteren Trigramms. So ist es wie mit den Urgewalten des Wetters: Schöpferischer Atem treibt gleichsam die Wolken zusammen, und es wird regnen. Doch nicht gleich. Denn etwas wie ein schwacher, aber wirksamer Widerstand setzt sich dem feinen Nieseln, das gerade beginnen will, entgegen. Doch bald wird die Erde befruchtet werden.

Es ist der Wind (im Buch der Wandlungen eine sanfte Energie), der die Wolken zunächst wieder auseinandertreibt. Jene kleinen Kräfte und Ursachen, die auf diese Weise symbolisch umschrieben werden, gilt es meistern zu lernen. Umgekehrt kann es bedeuten, das Lenken großer Dinge mit kleinem Aufwand zu üben.

Auf Beziehungen zwischen Mann und Frau übertragen heißt es, daß der Fragende in dieser Situation zunächst der schwächere Teil ist, aber durch sanften und gleichzeitig beharrlichen Einfluß – wie ein leichter Luftzug, der kontinuierlich in die gleiche Richtung weht – im Hinblick auf die gesamte Situation stärker zu werden vermag.

Das heißt zum Beispiel, durch umsichtiges und behutsames Verhalten kann man bei unaufhaltsamen Bemühungen sein Ziel irgendwann erreichen und dabei meist auch etwas vollkommener und seiner Sache sicherer werden. Andersherum gilt es, gerade der kleinen Stolpersteine gewahr zu werden und durch sorgsame Aufmerksamkeit fürs Detail der äußerlich unscheinbaren, dafür aber gelegentlich besonders einflußreichen Ursachen im

Leben Herr zu werden. Unbewegt kann das Hexagramm auf kleine, dafür aber um so zähere Hindernisse hindeuten. Positiverweise läßt es sich dann auch noch ganz einfach als Vorbereitungszeit für spätere durchgreifende Reformen verstehen. Zunächst gilt es indes, Ihren Willen zu stärken und auf Kleinigkeiten zu achten, die für Ihre Ziele bedeutsam werden könnten.

Das Urteil

Erfolg und Gelingen in der Zähmungskraft des Kleinen. Dichte Wolken, aber es gibt (noch) keinen Regen vom westlichen Gebiet.

Ein Gleichnis aus der Zeit des Königs Wen, als er sich gegen den tyrannischen Herrscher Dschou im Osten wehrte. Er tat dies zunächst nur im kleinen und hielt den Despoten durch freundliche Worte im Zaum. Auch wenn sich die großen bewegenden Kräfte bereits im Hinblick auf eine künftige Wandlung der Verhältnisse formten – symbolisiert durch Wolken, die bald Fruchtbarkeit bringenden Regen erwarten ließen –, war die Zeit zum Durchgreifen im großen noch nicht gekommen.

In beschränktem Umfang konnte der Tyrann durch geschicktes Taktieren im Zaum gehalten werden. Will jemand so verfahren, müssen sanfter Einfluß nach außen und Entschlossenheit im Willen gepaart sein. Das gilt in unserem Sinne auch für Konfliktsituationen, wie sie im Moment anstehen oder zu erwarten sein mögen, z.B.: Streit mit zu dominanten Partnern, auch Menschen im weiteren Umfeld und alle möglichen Dinge, die einfach nicht so leicht zu handhaben sind, schwere Entscheidungen und Gewissenskonflikte.

Das Bild

Wind zieht über den Himmel.
Ein Bild der Zähmungskraft im Kleinen.
So entwickelt der Edle seine Fähigkeiten und Tugenden.

Persönliche Entwicklung, Stärkung eigener Fähigkeiten und Kompetenzerweiterung auf längere Sicht sind hier angesprochen. Durch andauernde Bemühungen in dieser Hinsicht bereitet man die Möglichkeiten für sich vor und gleicht in der Weise dem Wind, der beständig in eine Richtung weht und dadurch mit sanftem Einfluß etwa die Gestalt von Bäumen oder Erdverwerfungen in der Landschaft formt.

Erste Linie

Wiederkehr auf den rechten Weg.
Wie bliebe da noch ein Makel. Glück.

Es entspricht der natürlichen Veranlagung alles Starken, vorwärts zu drängen. Automatisch begibt es sich damit aber auch in den Bereich hemmender Einflüsse, von Widerständen, die sich ihm entgegensetzen. Dies rechtzeitig erkennend, kehrt man auf sicheres Gebiet zurück, wie es der Lage gemäß ist.

Damit ist man im Hinblick auf künftige Perspektiven frei, sich für weiteren Rückzug oder erneutes Vorangehen zu entscheiden. Die Situation gleicht insofern einer regenerierenden Besinnungspause. Damit halten Sie sich in kleinen Gefechten des Alltags oder in amourösen ›Feldzügen‹ alle Möglichkeiten offen. Nötigenfalls können Sie unmerklich zum eleganten Rückzug antreten oder auch einfach geschmeidig zur Seite treten. Wenn Sie auf diese Weise nichts mit Gewalt zu erzwingen versuchen, wird Ihr Verhalten aus der Natur der Sache Glück und Heil bringen.

Zweite Linie

Läßt sich auf den Weg der Rückkehr bewegen. Voll Heil.
Man erkennt den Trend der Zeit, sieht, wohin die Dinge laufen. Man weiß, andere, die blind vorwärtsdrängen, mußten sich doch wieder zurückziehen. Aus ihrem Beispiel zieht man heute seine Lehren und wird sich erst gar keine unnötige Zurückweisung einholen. Auf diese Weise läßt sich eine mögliche seelische Gefahrensituation noch rechtzeitig vermeiden.

Dritte Linie

Die Speichen lösen sich vom Wagen.
Mann und Frau sind uneins.
Ein hemmender Einfluß in der Situation scheint nur gering zu sein, und so wird der Versuch gemacht, komme, was da wolle, voranzugehen. Im Moment hat jedoch das eigentlich Schwache einen viel zu großen Einfluß (kleine Ursache, riesige Wirkung). Also sollte man tunlichst auf Sand im Getriebe achten. Denn wie bei einem Rad, dem die Speichen abspringen, weist das Schicksal auf ›schlechte Wegstrecke‹ hin.

Allem Anschein nach ist man jedoch geneigt, innere Signale zu übergehen. Als Folge davon sind Streitigkeiten zu erwarten (Mann und Frau sind uneins). Es liegt auch der Gedanke an verschleißende Konflikte nahe. Haben in diesem Falle gerade schwache Charakterelemente eine Chance, sich durchzusetzen, ist die Situation auf jeden Fall unbefriedigend. Den starken Anteilen ist es somit verwehrt, ihre Vorzüge zu entfalten und zur Geltung zu bringen. Und auf Sie persönlich bezogen: Wo man einen schnellen Sieg erhofft, erhält man unerwartete Zurückweisung. So etwas schmerzt immer!

Vierte Linie

Wenn du wahrhaftig bist,
verschwinden Angst und Blutvergießen.
So besteht kein Makel.

Es ist wie mit einem treuen und zuverlässigen Adjutanten eines hohen Offiziers: Da übt jemand eine verantwortungsvolle Funktion aus. Manchmal ist sie auch schwer, da der mächtige Vorgesetzte zuweilen unkontrolliert und heftig werden kann. Hier muß das Kleine (also Untergeordnete) einen positiven (beruhigenden) Einfluß auf das Große haben. Gelegentlich wird da sogar ein recht offenes und ungeschminktes Wort erforderlich sein. Das kann einen durchaus in Gefahr bringen, jedoch sollte man das Risiko hier eingehen. Wahrheit um der Sache willen muß den Partner oder Kontrahenten einfach verstummen lassen. So darf man darauf vertrauen, daß *Angst und Blutvergießen* vergehen.

Fünfte Linie

Wenn du wahrhaftig und treu verbunden bist,
so wird dich dein Nachbar (dein Nächster) bereichern.

Eine aufrechte Beziehung drückt sich in einem gegenseitigen Treueverhältnis aus. Dabei zeichnet sich der stärkere Partner durch Zuverlässigkeit aus, ist immer da und zur Stelle, selbst wenn er nicht gerufen wird. Dafür beweist der schwächere Teil auf Dauer schließlich seine Anhänglichkeit (Hingabe). Hieraus erwächst mit der Zeit eine starke Verbundenheit beider Seiten, die so manches gemeinsam erlebte Auf und Ab überstehen wird.

Sechste Linie

Es regnet. Vom anderen wegen dauernder Charakterstärke geachtet, kann man jetzt etwas ausruhen. Doch als ›schwaches Geschlecht‹ (der gerade schwächere Teil in der Beziehung) Beharrlichkeit zu zeigen, bringt Gefahr.
Es ist fast Vollmond. Bricht der Edle auf, ohne daß seine Zeit gekommen ist, so kommt Unheil.
Mit Mühe, Liebe und Kraft hat man sich die Anerkennung des Partners erarbeitet. Vielleicht hat man lange um seine Liebe gekämpft oder war bemüht, ihn in ganz bestimmter Hinsicht zu überzeugen, was einem Respekt eingetragen hat. Darüber darf man sich freuen und kann ruhig auch etwas entspannen.

Die Situation ließe sich auch so umschreiben: Der Wind hat die Wolken bereits so weit zusammengetrieben, daß es Fruchtbarkeit spendend regnet. Die Situation ist also günstig, doch künftig auf das einmal Erreichte zu pochen, entspricht nicht der Rolle des (momentan) schwächeren Teils. Bei einem mühsam errungenen Erfolg wie in Ihrem Fall gilt es vielmehr, weiterhin vorsichtig zu sein und nicht nachzulassen. Man braucht nur einen Blick in die Natur zu werfen. Denn wenn der Mond fast voll ist, steht er der Sonne schon direkt gegenüber, so daß er bald unvermeidlich abnehmen wird (Mond, das schwache, empfangende Prinzip, Sonne, das starke, gebende Moment). Warten Sie also Ihre Zeit ab, und beanspruchen Sie erst dann eine unabhängigere Position.

10. Lü

Das Auftreten

Hier steht Kien, das Schöpferische (der Vater), oben. Unten befindet sich Dui, das Heitere (die jüngste Tochter). Es wird damit das Auftreten des Schwächeren gegenüber dem Stärkeren in der Gesellschaft bezeichnet. Dabei geht es darum, Takt und entwaffnende Freundlichkeit zu entwickeln. Ein zentraler Gesichtspunkt ist ferner durch die Notwendigkeit von Vorsicht und Umsicht gegeben, geradeso, als würde man sich einem Tiger nähern.

Er ist gefährlich, aber in diesem Fall beißt er nicht, denn das Auftreten ist der Situation angemessen. Man entwickelt in ihr den notwendigen Respekt vor der Gefahr und hält die erforderliche Distanz.

Im Umgang der Menschen untereinander sollte man sich in untergeordneter Stellung am besten wie die jüngste Tochter gegenüber dem Vater verhalten. Mit einem besänftigenden Augenzwinkern oder einem das Herz gewinnenden Lachen wird sie ihm den Ärger nehmen, wenn sie ihre Grenzen überschritten hat, aber auch wenn er schlecht gelaunt ist. Ihre Stärke ist das Heitere.

›Auftreten auf etwas‹ (des Tigers Schwanz nämlich), ist ein Sonderfall, bei dem das Schwächere, wenn es auf das Stärkere trifft, sich zudem vorsichtig umsieht und sehr besonnen handelt, um dem Mißgeschick zu entgehen.

Für Ehe und Partnerschaft lassen sich aus diesen Zusammenhängen einige Schlüsse ziehen. Gehen wir zum Beispiel davon aus, daß jeder mal mit einem falschen Bein aufgestanden ist und daß man gegen schlechtgelaunte Menschen oft nur schwer ankommt. Nehmen wir unsere Launen dann nach Möglichkeit mit etwas Humor und Diplomatie. Auch immer dann, wenn wir in irgendwelchen Situationen einfach die schlechteren Karten haben, empfiehlt sich so zu reagieren.

Ist man dem durchsetzungsstärkeren Teil in der Beziehung zudem womöglich unnötig auf den Fuß getreten, zeigt man sich klug, die Situation nicht weiter zu eskalieren. Andererseits mag sich hieraus auch eine Verhaltensrichtlinie für denjenigen ergeben, der im sozialen Verkehr momentan die überlegene Rolle spielt: aus einer Sache kein Thema machen, sie vielmehr auf sich beruhen lassen, wenn man humorvolles Einlenken oder einen Ansatz zum geschickten Rückzug registriert.

In seiner unbewegten Form wird das Hexagramm übrigens immer ein Hinweis sein, seine eigene Machtposition zu überprüfen. Wann und in welchem Zusammenhang ist man überlegen, wo unterlegen? In welchen Fällen gleichrangig? Worin liegen die inneren Qualitäten und äußeren Anlässe für das eine oder das andere? Und vor allem: Könnte man sich in einem zu erwartenden oder bereits eingetroffenen Konflikt wirklich durchsetzen? All das wäre ganz kritisch und unvoreingenommen zu prüfen, bevor man sich auf etwas einläßt. Meist ist das unbewegte Erscheinen des Hexagramms ein Hinweis, eigene Möglichkeiten nicht zu überschätzen. Gelingt es Ihnen, im Zweifelsfall die Situation mit einem Lächeln aufzufangen, werden Sie Schaden verhüten. So ist man auf jeden Fall noch einmal davongekommen.

Das Urteil

Man tritt dem Tiger auf den Schwanz.
Aber er beißt den Menschen nicht. Gelingen.

Das Bild

Oben der Himmel, unten der See: ein Bild des Auftretens.
So unterscheidet der Edle hoch und niedrig.
Auf diese Weise bestimmt er den Sinn der Menschen.

Erste Linie

Einfaches Auftreten. Fahre darin fort.
Kein Makel.

Wie so oft im I Ging wird hier davon gesprochen, daß nur das Echte zählt, und zwar ist man ganz besonders gut beraten, sich daran zu orientieren, wenn man ganz am Anfang steht. Dazu gehört auch eine gewisse Schlichtheit: nicht anspruchsvoll sein, unkompliziert und unvoreingenommen den Augenblick als solchen annehmen.

Auf unser Thema bezogen ergibt sich daraus folgendes: Was Sie mit dem Partner abzumachen haben, hat noch keine gegenseitigen Ansprüche ergeben. Das Denken kommt ganz ursprünglich aus der Liebe heraus. Das liegt nicht zuletzt daran, daß Sie selbst nicht zuviel wollen, sondern gerade nur das anstreben, was in der Situation drinliegt. Im Zusammenleben bemühen Sie sich, Ihre Sache gut zu machen. Lassen Sie dieses Schlichte und Einfache weiter Ihre Gespräche, Erwartungen und Verhaltensweisen bestimmen.

Denn wer die Etappen des Zusammenwachsens und zu größerer gegenseitiger Einflußnahme abkürzen will, wird leicht zum seelischen ›Emporkömmling‹. Schnell erwächst daraus etwas Forderndes und Anmaßendes. Allein: Es liegt ganz an Ihnen, so weiterzumachen wie bisher. Da Sie sich Ihrer Fragestellung in der Situation gleichsam *von unten herauf* nähern, sollten Sie niemanden verpflichten und sich auch selbst zu nichts verpflichten lassen, was über das Normale hinausgeht.

Zweite Linie

Auf sichere und friedfertige Weise auftreten,
gleicht einer schlichten, ebenen Bahn.
Der zurückgezogen lebende Mann läßt nicht nach.
Das verheißt Glück.
Man gleicht in diesem Fall ein Stück einem Weisen oder Einsiedler, dessen Lebenswandel zurückgezogen und bescheiden ist. Hier ist also ein ernster Mensch symbolisiert, der sich durch keine Äußerlichkeiten verirren oder blenden läßt. Er geht unangefochten seinen Weg und bleibt sich in seinem Innersten treu. Da man das Leben auf diese Weise nicht zu schmerzlichen Lernprozessen herausfordert, die beinhalten könnten, nur um so mehr zur Einkehr zu kommen, findet man in freiwilliger Entscheidung für die bedeutungsvollen und ernsten Dinge des Daseins zu einem höheren Glück, als Äußerlichkeiten es einem bieten könnten. Hier kommt einmal mehr zum Ausdruck, daß es immer das Wahre und Echte ist, das eine Verbindung, wie etwa eine gute Ehe, ausmacht. Darin ist für Sie auch eine Aufforderung enthalten, in Ihrem ernsthaften Bestreben weiterzumachen.

Dritte Linie

Ein Einäugiger kann sehen, ein Lahmer kann gehen.
Er tritt auf den Schwanz eines Tigers.
Dieser beißt den Menschen.
Unheil.
So handelt nur ein Krieger für einen großen Fürsten.
Wohl kann ein Einäugiger sehen, doch er nimmt die Dinge nicht so deutlich wahr wie ein anderer. Genauso kann ein Lahmer gehen, doch er sollte sich nicht zumuten, mit körperlich Unversehrten in Wettstreit zu treten. In der vorliegenden Linie wird also das Problem der Selbstüberforderung angesprochen. Wahrscheinlich hat man recht hochfliegende Pläne und steuert einen Status

an, der zumindest zum Teil über die eigenen Kräfte hinausgeht. Hier beharrlich sein Ziel zu verfolgen und gegen den Strom zu schwimmen, macht nur dann einen Sinn, wenn man ein großes Opfer für die gemeinsame Sache oder für übergeordnete Werte bringen will. Dann handelt man wie ein Soldat, der bis zum letzten für die Sache seines Fürsten kämpft.

Prüfen Sie also, ob sich der Streß wirklich lohnt. Ist das, was Sie vorhaben oder erreichen möchten, den Aufwand wert? Oder reiben Sie sich womöglich für übersteigerte Ansprüche auf, die Sie an sich stellen? Bedenken Sie die Sache. Es könnte ein erhebliches Opfer auf dem Spiel stehen.

Vierte Linie

Er tritt dem Tiger auf den Schwanz.
Vorsicht und Beharrlichkeit führen endlich zum Heil (Glück).

Das Lebensschiff könnte im Moment in gefährliche Wasser geraten. Immerhin sind Strudel und Stürme vorhanden, die in ihrer Bedeutung gebührend einzuschätzen sind. Manche Turbulenz könnte eine Partnerschaft ergreifen oder auch die erst zart keimende Pflanze der Liebe am weiteren Wachstum hindern. Doch Sie wissen instinktiv ziemlich genau, daß Ihr Vorhaben Gefahren beinhaltet. Daher werden Sie Vorsicht walten lassen, auch wenn Sie von Ihren Fähigkeiten und Kräften her allgemein gut für das Anstehende ausgestattet sind.

Damit ist ein Gegensatz zur mangelnden Vorsicht in der vorhergehenden Linie umschrieben, der dort zu geringe Mittel und Möglichkeiten gegenüberstanden. Behutsamkeit und Vorsicht sollten also weiterhin der Kompaß für Ihr Auftreten, besonders im Hinblilck auf Ihre Fragestellung, sein. Damit ist Erfolg schließlich doch recht wahrscheinlich, und man überwindet im aufmerksamen Voranschreiten die Gefahr.

Fünfte Linie

Entschiedenes Auftreten.
Beharrliches Voranschreiten im Bewußtsein der Gefahr.
Die hohe Handlungsinstanz an fünfter Stelle des Hexagramms zeigt sich entschlossen im Auftreten. Sie kann dies aber nur, indem sie sich ganz der Gefahr bewußt ist, die einem hier begegnen könnte. Nicht umsonst spricht die Gesamtsymbolik des Zeichens von einem Tiger, dem man über den Weg läuft. Nur wenn man diese Lage voll bedenkt, wird Gelingen ermöglicht. Das Erfordernis der Achtsamkeit gilt um so mehr, je entschiedener das Handeln ist, und je mehr man sich bereit zeigt, darin fortzufahren. Sichern Sie jeden weiteren Schritt wie ein Karatekämpfer, der im Augenwinkel seine ganze Umgebung unter Kontrolle hat und guten Kontakt zum Boden besitzt, worauf er steht.

Sechste Linie

Vergewissere dich deiner zurückliegenden Schritte
und prüfe die Zeichen.
Damit ist großes Glück möglich.
Es hat eine Begegnung mit übermäßiger Stärke stattgefunden. Die Auseinandersetzung hiermit ist geschehen, die geistige und seelische Arbeit getan. Nun möchte man wissen, ob sie gut war und ob man den Weg so weitergehen soll. Dabei kommt es nicht auf widerstreitende Gefühle oder Meinungen an, sondern auf die Wirkung, die man in seinem Umfeld hinterlassen hat. Darin wird man sich wiederfinden. Ist sie gut, so läßt sich hierin Bestätigung und Ermunterung erkennen.

Kaum einer kennt sich selbst in jeder Hinsicht so ganz richtig. Deswegen ist es gut und wichtig, einen objektiven Maßstab zur Hand zu haben. Insofern ist eben auch der Blick in die Vergangenheit ganz aufschlußreich, der einiges für Gegenwart und Zukunft aussagen wird.

11. Tai

Der Friede

Yin und Yang – die beiden Grundpole und Urschwingungen des Lebens – oft mit ›weiblich‹ und ›männlich‹, ›negativ‹ und ›positiv‹ im Sinne elektrischer Ladungen übersetzt, sind hier im idealen Gleichgewicht. So symbolisiert ›der Friede‹ auch die vollkommene Ehe, das Prinzip der Harmonie zwischen den Geschlechtern. Es ist die Balance der Kräfte. Sie sind ausgewogen und ergänzen sich. Das erdhafte Yin, die empfangende Kraft des Lebens, ist nach unten gerichtet, während das schöpferische Yang nach oben aufsteigen will. So begegnen sie einander auf ihrem natürlichen Weg und durchdringen sich.

Das kann etwa bedeuten: Feine Fäden des Miteinanders sind im Werden begriffen, oder sie lassen sich jetzt wieder neu knüpfen, falls man sich entfremdet hatte. Diplomatie, Verstehen und Zutrauen kommen nun recht gut zur Geltung – eine Zeit, in der die Kultur der Beziehung blühen und gedeihen kann.

In seiner unbewegten Form deutet das Hexagramm auf eine besonders harmonische Entwicklung hin. Man sollte empfänglich sein für die Stärke des anderen und in sich Kraft und Empfindsamkeit ausgewogen vereinigen. Die ideale Ergänzung dieser beiden Seiten wird zudem Aufforderung sein, das Kostbare des Augenblicks zu hüten und das harmonische Gedeihen im Zusammenleben zu pflegen.

Das Urteil

Frieden. So geht das Kleine hin und das Große kommt.
Glück!
Gelingen!

Wie R. Wilhelm es beschreibt, geht es hier um den sprichwörtlichen ›Himmel auf Erden‹. Beides – oben und unten – vereinigt sich gleichsam in inniger Umarmung. Es ist die Hochzeit zwischen Yin und Yang; denn der Himmel hat sich unter die Erde gestellt. In diesem Gleichgewicht befinden sich die Grundantriebe des Lebens – sonst oft gegeneinander gerichtet, im *Frieden,* wie dies auch der Name des Hexagramms ist. Anders ausgedrückt: Hat das elektrisch Positive die Herrschaft inne, kann selbst das moralisch Negative eine neue Qualität erfahren, sich sozusagen zum Besseren hin wandeln. Das Große ist allgemein im Kommen, das Kleine (und Kleinliche, das Enge und Niedrige) ist im Schwinden begriffen. So findet auch die Sinnlichkeit zwischen den Geschlechtern ihre Durchgeistigung und damit ihren kosmisch wohl angeordneten Platz für den Edlen (das heißt: für den geistig hochstehenden, zur Entwicklung bereiten Menschen).

Das Bild

Himmel und Erde vereinigen sich im Bild des Friedens.
So teilt und vollendet der Herrscher den Lauf von
Himmel und Erde.
Er beachtet die jeweils angemessenen Gaben von Himmel
und Erde, um so das Volk zu leiten.

Diesem geistigen Bild liegt folgender Gedanke zugrunde: Kräfte, die zusammenarbeiten, fördern ein Wirken von Intensität, positivem Wachstum und Gedeihen.

Es ist die Natur des Lebendigen, mit der man sich vertrauensvoll verbinden sollte. Chaotische Triebelemente können nun gut reguliert und geordnet werden, wenn man das Rechte zur rechten Zeit und am rechten Platz geschehen läßt. Dazu bringe man sich mit seinem natürlichen Empfinden in Einklang – mit der Instinktnähe für das Angemessene, Ursprüngliche und nicht Neurotische – und lasse die kosmische Ordnung durch erwachsene Entscheidungen mit Herz und Verstand zum Ausdruck kommen.

Erste Linie

Zieht man Bandgras aus, so kommen die Wurzeln mit, denn sie sind von der gleichen Art.
Unternehmungen bringen Glück (Heil und Segen).
Wenn das Zusammenleben der Menschen gedeiht, so zieht rechtschaffenes Tun im Nu ähnliche charakterstarke und förderliche Tugenden in der Umgebung an. Das ist ganz ähnlich wie beim Herausziehen von Gras, wo die Wurzeln gleich bündelweise mitkommen. So liegt der Sinn des Augenblicks darin, gemeinsam etwas zu unternehmen, Ideen tatkräftig zu verwirklichen, die Ihre Beziehung bereichern können. Der Moment ist günstig, und man wird von irgendwoher bestimmt Unterstützung bekommen. Vielleicht sagt sogar Ihr Partner begeistert ja und macht mit.

Zweite Linie

Ertrage den Unvollkommenen in Milde.
Durchschwimme entschlossen den Fluß.
Vernachlässige die Ferne nicht.
Berücksichtige jetzt nicht die Gefährten.
Auf diese Weise läßt sich ein Mittelweg finden.

Wenn alles in Blüte steht, kann man auch die Unvollkommenheit des anderen besser ertragen. In der richtigen Nachsicht liegt dann Größe. Doch gilt es, im gleichen Maße auch konsequent und entschieden zu handeln. Das Notwendige muß getan werden *(entschlossen den Fluß durchschwimmen)*.

Das gelingt besonders dem, der auch irgendwie weitblickend ist. In der Politik würde man in dem Zusammenhang von einem Gefühl fürs Visionäre sprechen, welches über das, was der Alltag fordert, hinausgeht: zukünftige Entwicklungen, Notwendigkeiten von morgen bereits im voraus erkennen, Dinge vorwegnehmen können, sich frühzeitig auf etwas einstellen, Strategien in großen Zügen zur Hand haben. Wieder auf den Beziehungsalltag zwischen Mann und Frau angewandt, bedeutet es, Muff und Enge vermeiden. Ein wenig Frischluft sollte herein – neue Gedanken, Anregungen, Eindrücke werden das Zusammenleben bereichern. Man schmeichle aber nicht den Gefährten, wie es oftmals in einer Cliquenwirtschaft zwischen Menschen vorkommt.

So ist insgesamt ein Mittelweg gezeichnet, Weitherzigkeit und Stärke zu vereinigen, der sich nur mit Weitblick und ohne zu enges Aneinanderklammern bzw. Zusammenklucken (eng gewebte Denkmuster) verwirklichen läßt.

Dritte Linie

Keine Ebene ohne Abhang.
Kein Abschied ohne Wiederkehr.
Bleibe beharrlich, auch in der Gefahr.
Dann bist du ohne Makel.
Fürchtest du dich nicht vor dieser Wahrheit,
so wirst du Wohltaten empfangen.

In dieser Linie ist das Auf und Ab des Lebens angesprochen, die Vergänglichkeit des Augenblicks. Da man zum Beispiel bemüht ist, das Schlechte im Leben zu überwinden, das sich aber nie ganz beseitigen läßt, sei man weise und stelle sich auf die großen Zyklen von Hell und Dunkel ein, wie sie sich auch im Zusammenleben der Geschlechter zeigen.

Man genieße das Glück, das einem im Moment zuteil wird und denke daran: Wer innerlich ausdauernd an dem Wahren und Echten festhält, macht sich ein ganzes Stück unabhängig vom Werden und Wandel der Zeiten. Glück, das wirklich zählt, kommt von innen. Wenn das innere Wesen stärker ist als alles, woran man sich äußerlich klammert, bleibt auf Dauer auch das Glück einem treu.

Vierte Linie

Man macht sich gemeinsam, ohne sich des Reichtums den Nachbarn gegenüber zu brüsten. Ohne Argwohn ist man ganz wahrhaftig.

Das Starke kommt von oben herunter zum Schwachen – so wie man im hergebrachten Sinn von einer ritterlichen Geste sprechen würde, nur daß sich so etwas aus heutiger Sicht auch mit eher weiblichen Tugenden in Verbindung bringen läßt. Dabei passiert alles völlig natürlich und einfach. Nichts ist daran anmaßend oder herablassend. Es entspricht genausowenig irgendeiner Anbiederung, um Vorteile zu erreichen, sondern ist zwanglos, echt und unvoreingenommen.

Fünfte Linie

Kaiser I gibt seine Tochter in die Ehe.
Das bringt Segen und erhabenes Heil (großes Glück).
Nach R. Wilhelm geht diese Linie auf einen alten chinesischen Herrscher zurück, und zwar auf Tang, den Vollender, ein Kaiser, der bestimmt hatte, daß die hochfeinen Prinzessinnen sich auch dann in die eheliche Gemeinschaft zu fügen hatten, wenn sie eine Verbindung mit einem Mann unter ihrem Stand eingingen.

Auf heute bezogen: Wer gewöhnlich mehr zu sagen hat, vielleicht auch mehr weiß und eventuell auch über den größeren sozialen Background verfügt, sollte sich dennoch anpassungsfähig zeigen. Man beachte das im Hinblick auf die gestellte Frage, wenn man selbst in der Position ist. Dann erwarten einen großes Glück und Heil.

Sechste Linie

Der aufgehäufte Wall fällt in den Graben.
Darum gebrauche jetzt keine Gewalt.
Verkünde in der eigenen Stadt deine Worte.
Doch bedenke: Ausdauer führt zur Demütigung.
Die Umkehr der Dinge, wie sie sich bereits in der dritten Linie als Entwicklung angedeutet hat, ist jetzt eingetreten: Eine besonders schöne und erfreuliche Zeit scheint vorerst zu Ende zu gehen. Es hat irgend etwas merkwürdig Verhängnisvolles, so als würden die Stadtmauern oder ein aufgehäufter Wall in den Graben fallen. Im übertragenen Sinne: Unsere Selbstschutzmaßnahmen müssen hier gewöhnlich versagen. Da bewahre man, was man von der alten Harmonie noch erhalten kann und nehmen es in die neue Entwicklung mit hinüber. Doch fordere man dies vom Schicksal oder seiner Umgebung nicht mit großen Worten ein. Sich den Zeichen der Zeit trotzig entgegenzustellen, würde nur Frust und Spannung bedeuten. Retten Sie also, was an ›Porzellan‹ zu retten ist. Mehr kann im Moment nicht getan werden.

12. Pi

Die Stockung

Im vorhergehenden Zeichen, ›der Friede‹ kommt das Zueinanderfinden von Stark und Schwach, Hart und Nachgiebig zum Ausdruck. Hier nun, in der ›Stockung‹, liegt das Auseinandergehen dieser Grundkräfte vor. Der Himmel rückt in ungreifbare Ferne, während das Erdhafte im Boden versinkt. Es entspricht dieser Vorgang der Jahreszeit, in der die Sonnenenergie von oben nicht mehr Felder und Wälder mit Lebenskraft versieht, sondern langsam gegenüber der herbstlichen Dämmerung nachläßt. Die vitalen Energien ziehen sich nun allmählich in das Erdreich zurück, um sich auf den kommenden Winter vorzubereiten.

In der Partnerschaft drückt sich das Zeichen ›Stockung‹ dementsprechend in einem Nachlassen der Kommunikation aus. Kontakt und Nähe lassen nach. Doch muß sich dieser Vorgang nicht auf Ihre Beziehung im ganzen erstrecken. Eventuell bezieht Ihre Frage sich ja auf einen Teilausschnitt. Und nur soweit, wie hier der Umfang der Problematik gefaßt ist, müssen Sie normalerweise mit einem Absinken des Gefühlsbarometers rechnen. Fühlen Sie also in sich hinein, wieviel allgemeine Aussagekraft in Frage und Antwort mitschwingen, um sich darauf entsprechend einzustellen.

In seiner unbewegten Form deutet das Hexagramm darauf hin, daß im Gegenstand Ihrer Frage etwas grundsätzlich blockiert ist. Entweder ist es nicht die richtige Zeit für eine Sache, oder Liebe und Begegnung können sich wegen innerer, vielleicht aber auch äußerer Widerstände nicht entfalten.

Das Urteil

Die Stockung. Schlechte Grundsätze sind nicht fördernd. Beharrlichkeit der Edlen.
Das Große geht, das Kleine kommt.

Wenn die Lebenskräfte, Liebe, Verbindung und Gemeinsamkeiten erlahmen, in irgendeiner Weise ins Stocken geraten, ist dies auch eine Zeit der Unordnung. Das Schwache wird nicht mehr richtig geführt.

Innen herrscht Dunkelheit, in der nichts gedeihen will, und außen herrscht Licht, an dem man sich verbrennen kann. Im Zentrum stehen jetzt gemeine und niedrige Antriebe, während das Edle draußen bleiben muß. Dabei soll man sich in seinem Wesen aber nicht beirren lassen. So zieht *der Edle* sich zurück, wenn er keinen Einfluß hat, bleibt aber dennoch seinen Grundsätzen treu.

Folglich: Nehmen Sie in Partnerschaftskrisen, wie sie hier angedeutet sind, eine meditative Haltung ein, besinnen Sie sich auf die Wertvorstellungen, die Ihnen etwas bedeuten und warten Sie auf Zeiten, die Ihren gefühlsmäßigen Amibitonen mehr entgegenkommen. Vielleicht aber sollten Sie Ihre Vorhaben und Absichten im Einzelfall auch grundsätzlich überdenken, liegt, aus welchem Grund auch immer, doch eine Richtung vor, die nacheinander recht vieles ins Stocken bringen kann.

Das Bild

Himmel und Erde ohne Vereinigung:
ein Bild der Stockung.
So hält der Edle Einkehr, um Probleme zu vermeiden.
Er erwartet nicht Reichtum, noch Ehre.

In dieser Zeit heißt die richtige Grundeinstellung, einfach abwarten. Solange niedere Impulse alles blockieren, sollte man sich auf seine Wertvorstellungen besinnen und sich soweit zurückziehen, daß die hemmenden Einflüsse nicht schädigen können. Gesellschaftliche Anerkennung wird im Moment ausbleiben. Wollte man danach streben, würden nur triviale Regungen belohnt, worin man keine Befriedigung finden würde. Also bleibt man unbestechlich und besinnt sich auf seine eigenen Grundlagen.

Erste Linie

Zieht man Bandgras aus, so gehen die Wurzeln mit,
denn sie sind von der gleichenArt.
Beharrlichkeit bringt Heil und Gelingen
(Glück und Erfolg).

Die Übereinstimmung im Wortlaut mit der ersten Linie des vorherigen Zeichens fällt auf, wenn man beide kennt. Ging es dort jedoch darum, daß andere sich anschließen, um bei einer Sache gemeinsam voranzugehen, so findet man hier Unterstützung oder Gefolgschaft im Rückzug. Da sich für den Edlen auf der äußeren Lebensbühne im Moment keine Wirkungsmöglichkeiten ergeben, bewahrt er seinen Stolz, indem er sich auf seine inneren Qualitäten besinnt und Beschaulichkeit sowie Einkehr sucht.

Zweite Linie

Tragen und Erdulden der Stockung.
Das bringt dem gewöhnlichen Menschen Gewinn in der Not.
Doch der Edle hält inne und überwindet von innen die Stockung (lernt daraus fürs künftige Leben).

Teils unterwürfig, teils raffiniert sucht alles Primitive und Gewöhnliche sich zu bereichern, wo es nur kann – selbst in und an der Stockung. Wenn's denn sein müßte, würden die niederen Antriebe des Lebens selbst dem Edlen dienen.Doch die hohen Traditionen der Persönlichkeit werden sich tunlichst hiervon nicht bestechen lassen.

Unbeabsichtigt mag man zwar manchem gewöhnlichen Einfluß zum Aufschwung verhelfen, hiermit zufällige Verbindung bekommen. Läßt man sich jedoch auf keine Intimität mit diesen Seelenseiten (von sich selbst oder von anderen Menschen) ein, so hält man natürliche Distanz zum Geschehen.

Niedere Tendenzen können mithin den Gesamtcharakter – das eigentliche Wesen – eines positiv ausgerichteten Menschen kaum ergreifen. Aus diesem Grunde beachte man die Konsequenzen seines Verhaltens im Guten und im Schlechten und denke daran, an der Situation innerlich zu wachsen. Auf diese Weise wird einem dann doch Glück zuteil.

Dritte Linie

Sie erleben Scham.

Die Haltung unrechtmäßiger Bereicherung läßt sich in der Gesellschaft von niederen Instinkten oder Personen nicht mehr recht durchstehen. Die verantwortlichen Kräfte waren den selbst ins Leben gerufenen Konsequenzen nicht gewachsen (kein qualifiziertes Management der Situation).

Wer oder was ursprünglich für allgemein vorherrschende Bestechlichkeit die Ursache getragen haben mag, in der Tiefe der Dinge melden sich nun Zeichen, daß eine Neuorientierung stattfindet. Charakterliche Werte mögen wieder an Einfluß gewinnen. Kommunikation und Miteinander, gemeinschaftliche Verantwortung und Solidarität, könnten in Zukunft auch mehr Gewicht bekommen. Denn es findet etwas wie eine Klärung statt. Im Zentrum bisheriger Korruption bildet sich ein Gefühl für Scham, zeigen sich die niederen Kräfte doch nicht in der Lage, effizient zu handeln.

Vierte Linie

Wer auf Befehl des Höchsten handelt,
bleibt ohne Makel.
Alles Gleichgesonnene genießt gleichfalls den Segen.

Je weiter der Zug der Zeit in der nun stattfindenden Regeneration zum Tragen kommt, setzt sich das Prinzip Hoffnung durch – auch im Kleinen und in den bescheidenen Verhältnissen privaten Glücks. Wer sich jetzt im Einklang mit dem Kosmos weiß, kann in manch unklarer Situation ein zunehmender Ordnungsfaktor werden. Doch muß diese Führung – sozusagen von höchster seelischer Instanz legitimiert – auch wirklich vorhanden sein. Wer sich hier lediglich als Ruhestifter aufdrängen würde, könnte womöglich mehr Verwirrung anrichten, als ohnehin vorhanden ist. Lebt man aber in Einklang mit den bewegenden Kräften der Zeit, positiven Schwingungen und Entwicklungen des Lebens, dann spüren alle, die ähnlich denken, Erleichterung über das Eingreifen. Alle können dann profitieren (genießen gleichfalls den Segen). Man prüfe hier also Zuständigkeit und inneren Auftrag.

Fünfte Linie

Die Stagnation findet ein Ende.
Der große Mann findet Glück.
Wird es mißlingen, wird es mißlingen?
Er bindet es an Maulbeerschößlinge.
Hier ist ein echter Umkehrpunkt erreicht. Doch noch muß man vorsichtig sein. Auch wenn vieles ganz leicht scheinen mag, sollte man immer noch handeln, als wenn alles auf dem Spiel stünde. Erfolg hat in solchen Augenblicken der, der Mißlingen einzukalkulieren weiß und gespannt darüber wacht, daß es nicht eintritt. Um dem Rechnung zu tragen, daß die eigenen Absichten eines guten Einflusses und inneren Engagements bedürfen, das nicht nachlassen darf, *bindet der Edle* es sozusagen *an Maulbeerschößlinge,* deren Keime im alten China als Ausdruck von Beständigkeit und zuversichtlichem Wachstum galten (ganz so, wie sie erneut aus der Wurzel sprießen, wenn man die Äste abgeschnitten hat).

Sechste Linie

Stockung hört auf.
Erst Behinderung, dann Glück.
Ein Grundgedanke spielt in dieser Linie eine Rolle: Alle Stagnation muß einmal zu Ende gehen. Allerdings bedarf es hierzu der rechten Person am rechten Platz. Das heißt: Aktivieren Sie Ihre kreativen Fähigkeiten, damit Sie genau das Richtige machen, was im Moment geleistet werden muß. Ganz ohne Einsatz kommt auch Ihr Glück nicht herbei. Tun Sie, was Sie können.

13. Tung Jen

Gemeinschaft der Menschen

Sehr eindrucksvoll beschreibt R. Wilhelm, wie sich die Hexagramme ›Heer‹ und ›Gemeinschaft‹ zueinander verhalten. Sinngemäß läßt sich dazu folgendes sagen: Das eine ist die Umkehr des anderen. ›Das Heer‹ hat die starke Kraft an zweiter Stelle, die fünf weiche Linien als gehorsame Gefolgschaft um sich sammelt. In ›Gemeinschaft der Menschen‹ steht umgekehrt das eine, das weich und nachgiebig ist, an zweiter Stelle und ist schützend von lauter Starken umgeben. Nur so kann es auch funktionieren. Menschliche Gemeinschaft muß stark im Zusammenhalt nach außen sein, aber sich anpassungsfähig nach innen erweisen, Kompromißfähigkeit als zentrales Gut besitzen.

Kaum schöner kann man das Wesen jener Gemeinschaft ausdrücken, in der Menschen seit jeher etwas vom Sinn des Lebens überhaupt verkörpert sehen als in Ehe und Partnerschaft, die Beziehung zwischen Liebenden. Diese Art von Miteinander erfährt hier eine besondere Bedeutung. Es geht gleichsam um die Freundschaft in der Liebe, auch um das Harmonieren eines Paares mit anderen. Ferner kommen Gesichtspunkte zum Tragen, wie man als einzelner in der Gemeinschaft zurechtkommt und welchen Charakter man in sie hineinträgt, wie man seinen Stil und seine Handschrift im Zusammenleben hinterläßt, schließlich wie jeder seinen Platz und seine Funktion im Ganzen findet bzw. ausfüllt.

In seiner unbewegten Form erfährt die Symbolik im Grunde einen weiteren Akzent: Unten das Feuer, das Licht, Ideal von Brüderlichkeit und Nächstenliebe, strebt gen Himmel (der durch das obere Trigramm dargestellt wird). Folglich gilt es jetzt, sich stark der Gemeinschaft und ihren Anforderungen zu widmen, sich seiner Pflichten und Verantwortungen zu erinnern, sich mit anderen zu verwirklichen und zu ergänzen (brüderliche und geschwisterliche Liebe zu bilden, zu allen, die einem nahestehen oder nahestehen könnten). Man wird sich die Frage stellen, in welcher Hinsicht man persönliche Egoismen zurückstellen sollte und wie man auch seinem Partner im Augenblick ein guter Freund sein kann. Es betrifft die gegenseitige Solidarität, die sich in vielen kleinen und großen Dingen des Alltags immer wieder beweisen läßt. Im übrigen wird aber unabhängig davon auch ausgesagt, daß sich Ihre Wünsche und Vorstellungen im Grunde recht gut in die Gemeinschaft einfügen lassen und mit anderen Zielsetzungen zu harmonieren vermögen.

Das Urteil

Gemeinschaft der Menschen im Freien
(auf dem Lande). Fördernd (von Nutzen) ist es,
das große Wasser zu überqueren.
Dem Edlen ist es von Nutzen,
beharrlich seiner Aufgabe sich zu widmen.

Demokratisches Miteinander, wie es sich auch in der Familie und im Freundeskreis verwirklicht – Achtung und Respekt vor dem anderen, Toleranz und Anteilnahme am Schicksal der Mitmenschen –, beruhen nur zu einem Teil auf den Regeln, die das Zusammenleben ordnen wie zum Beispiel die Verfassung von Staat und Gesellschaft. Wichtiger noch ist der Geist, in dem man zusammentritt, die mentale, innere Verfassung, zum Beispiel ob ein Bewußtsein vorhanden ist, daß jede Gruppe oder menschliche Beziehung eine Einheit ist, gleichzeitig aus selbständigen und für sich eigenverantwortlichen Individuen besteht und sich darüber hinaus als Teil eines noch größeren und umfassenderen Ganzen begreifen kann: Gesellschaft, Menschheit, Erde, Kosmos. Dadurch erwächst ein Teil Mitverantwortung für den anderen, und es entstehen Gemeinschaft und Beziehung zu allem übrigen: Pflanze, Tier und Lebensraum. Sieht man diese Dinge im Ganzen und begreift den Platz von Liebe und Partnerschaft darin, entstehen immer mehr und mehr positive Beziehungen.

Nicht Einzelwünsche und Sonderinteressen sollen den Stil einer Gruppe prägen, sondern eine freie, offene Haltung von Gleichen unter Gleichen, wie es in der Natur unter freiem Himmel gegeben ist, wo der Mensch sich noch ganz nahe bei seinem Ursprung befindet. Diese Einstellung trage man in das Gemeinschaftserlebnis mit anderen hinein und zeige persönliche Charakterstärke. Dann ist jedes Bemühen fördernd, und es lassen sich auch schwierige Dinge lösen *(das große Wasser überqueren).*

Das Bild

Feuer steigt zum Himmel auf:
ein Bild der Gemeinschaft der Menschen.
Der Edle gliedert die ihm nahe (innerlich verwandte)
Gruppe und ordnet sie.

Vielleicht ist die vorliegende Symbolik ursprünglich aus dem Bild eines Lagerfeuers entstanden, um das die Menschen versammelt waren. In dieser Atmosphäre entsteht leicht Nähe zueinander und es kommen Gefühle von Geborgenheit auf. Etwas Warmes, Verbindendes ist da.

Allerdings geht es noch um mehr: Wie Feuer (unteres Trigramm) und Himmel (oberes Trigramm) zwar die gleiche Richtung haben – beide streben aufwärts – sind sie dennoch nicht identisch. Sie besitzen unterschiedliche Eigenschaften und Merkmale. Und auch der Kosmos in seiner Vielfalt ist gegliedert.

Das Feuer (Licht) symbolisiert unter anderem die Sterne am Himmel, deren Stellung im Jahreslauf die Tage, Wochen und Monate markiert. Außerdem geben sie die Himmelsrichtungen an, sind also Wegweiser in Raum und Zeit. Entsprechend soll auch jede Gruppe deutlich gegliedert sein. Das heißt wiederum: Sie hat aus eigenständigen und mündigen Mitgliedern zu bestehen, die unterschiedlich ihre Meinung zum Ausdruck bringen. Hier macht das ›Buch der Wandlungen‹ klar, daß bei aller Harmonie und Zusammengehörigkeit die Kontraste nicht verschwimmen sollen. Die Persönlichkeit muß erkennbar bleiben. In der klar gegliederten Gemeinschaft besteht somit Einheit in Vielfalt und umgekehrt.

Erste Linie

Bruderschaft der Menschen vor dem Tor.
Kein Makel.
Unter anderem liegt ein Hinweis auf die folgende unterbrochene Linie vor, unter der man sich ein Tor vorstellen kann. Hier befindet man sich sozusagen noch ganz am Anfang und somit vor dem Tor. Das bedeutet, kommt man zum Dorf oder zur Stadt herein, so nimmt man ein Stück ursprünglicher und unverfälschter Ordnung des Kosmos mit, wie sie auf dem Lande (im Freien) oft noch spürbar ist. In der Idealvorstellung sind hier alle einander gleich verbunden, Gemeinschaft oder Kollektiv im eigentlichen Sinne.

Sonderabsprachen, Geheimdiplomatie, Ränke und Intrigen haben bislang nicht stattgefunden und sollen auch für die Zukunft unterbleiben. Fazit: Alles befindet sich irgendwie am Anfang, in einem vergleichsweise jungfräulichen, unberührten Zustand und kann – wenn man nur will – in seinem ehrlichen und offenen Ausdruck bewahrt werden. Tun Sie im Hinblick auf die Fragestellung das Ihre dazu.

Zweite Linie

Bruderschaft der Menschen in der verwandten Gruppe (Cliquenbildung) bringt Beschämung.
Exklusivrechte für die einen und Ausschluß für die anderen, Getuschel und Gemunkel, ein Die-Köpfe-Zusammenstecken, kann im Moment im Raum stehen oder in Zukunft eine Rolle spielen. Dadurch wird der Zusammenhalt unterhöhlt, was auf Dauer bestimmt zur Beschämung führt.

Dritte Linie

Sie verstecken ihre Waffen im Gebüsch.
Sie steigen auf einen hohen Hügel.
Drei Jahre lang handeln sie nicht.
Ein Bild des Mißtrauens und langsamer Entfremdung. Aus Gemeinschaft wird oder wurde Zwiespalt, und zwar weil man Fallen stellt und Hinterhalte bildet *(Waffen im Gebüsch)*. Argwöhnisch wird auch beobachtet, was der andere gerade macht oder unterläßt *(Man späht von einem hohen Hügel)*. Sicher bestehen zudem Neigungen, den anderen zu überrumpeln und zu übervorteilen, da man sich gegenseitig nicht mehr traut.

Von all dem werden Sie in Ihrer Partnerschaft eventuell so direkt nichts merken, falls sich die Aussage – entsprechend Ihrer Frage – nicht ohnehin auf Künftiges bezieht, was zu erwarten wäre, wenn Sie sich weiter entsprechend Ihrer momentanen Ziele und Wünsche in der Sache verhielten (also vermeidbar!). Haben Sie jedoch nach der Gegenwart gefragt, was also momentane Situation und Tatsache ist, sollte man bedenken, daß Mißtrauen oft ›zwischen den Zeilen‹ steht.

Es sind die feinen Haarrisse, die zunächst oft gar nicht wahrnehmbar sind, mit der Zeit aber tiefer und tiefer zu gehen vermögen. Vielleicht geht es aber auch um Mißverständnisse und Vorbehalte in Verbindungen und

Bekanntschaften, die das Paar nach außen pflegt. Wie auch immer, sollte man von bestimmten Einstellungsmustern ablassen, eher vertrauensbildende Maßnahmen entwickeln und wieder zu einem offeneren, ehrlicheren Stil miteinander kommen.

Vierte Linie

Sie besteigen die Mauer, aber sie können nicht angreifen.
Glück.
Freuen Sie sich: Ein längst fälliger Versöhnungskuß oder auch ein freundschaftlicher Händedruck, ein verstehendes Wort, wird nicht mehr lange auf sich warten lassen. Man befindet sich zunächst zwar noch in Abwarteposition *(auf der Mauer)*. Aber eine Annäherung ist fällig, nachdem eine ganze Zeit Entfremdung geherrscht hatte. Als Übergangsstadium mag vorübergehend noch eine freundliche Distanziertheit herrschen. Aber auch darin liegt ein Aufeinanderzugehen, wenn man bedenkt, was vorher vielleicht gewesen ist. Übrigens können Sie das eventuell auch auf Ihre inneren Interessen, Neigungen, Bedürfnisse beziehen, die sich ggf. wieder besser miteinander vereinigen lassen.

Fünfte Linie

Gemeinschaft der Menschen.
Erst weinen sie und klagen. Dann lachen sie.
Nach großen Schlachten sind sie wieder vereint.
Äußere Umstände stehen dem Verbindenden im Wege, drohen Sie und den anderen Menschen zu entfremden. Doch tief in Ihrer Seele sind Sie unzertrenntlich. Es besteht eine Verbundenheit, die irgendwann auch wieder äußerlich zum Ausdruck kommen wird. Nach vielen Kämpfen, die Ihnen der Alltag bescheren mag, nach allem, was gemeinsam durchzustehen ist, wird man dann auch wieder ›Hand in Hand‹ gehen können.

Sechste Linie

Gemeinschaft der Menschen auf der Dorfwiese: keine Reue

Das Kleinbürgerliche lockt mich nicht, dennoch suche ich in einer kleinen, überschaubaren Welt Anschluß, wie sie früher zum Beispiel durch die Gemeinschaft auf dem Dorfanger ausgedrückt wurde. Der Kontakt findet ganz ohne Hochmut und Hintergedanken statt. Doch wahre Aufgeschlossenheit wird jeder für den anderen erst haben, wenn man über den Einzugsbereich des Dorfes hinausdenken kann. In dem Sinne wird zum Beispiel der Partnerschaft Berührung mit anderen Menschen gut tun. Man suche seine Gedanken abzurunden und sich durch vielfältige Kontakte weiterzuentwickeln, aus denen man neue und umfassendere Gesichtspunkte erfahren kann.

14. Da Yu

Der Besitz von Großem

Das eigene Haus ist wohlbestellt. Erfolg und (innerer) Besitz sind somit die Merkmale dieses Hexagramms. Es geht um etwas wirklich Kostbares, das man mit aller Kraft vor dem Hin und Her des Schicksals bewahren sollte. Denn nicht zuletzt beinhaltet der Große Besitz gefühlsmäßigen Reichtum und seelisches Wohlergehen. Damit kann eine ganz besondere Art von Beziehung gemeint sein, etwas im Verhältnis zueinander, das für *unser* Zusammenleben ganz charakteristisch ist und es von tausend anderen Beziehungen unterscheidet. Etwa ein besonderes Maß an Vertrauen, Nähe, Unkompliziertheit, eine besondere Art von Freundschaft in der Liebe oder eine gegenseitige Verläßlichkeit, wie man sie sonst selten erlebt.

Der *große Besitz* kann selbstverständlich aber auch in persönlichen Eigenschaften und Fähigkeiten bestehen, die es mir ermöglichen, im Hinblick auf meine Frage besondere Dinge zu leisten, viel Anerkennung zu finden oder etwas in der Tiefe meiner Seele zu haben, was mit Freude und Zufriedenheit zusammenhängt.

Was es auch sein mag, das einem wertvoll ist und etwas bedeutet, man sollte für diesen Besitz etwas tun, ihn erhalten, weiterentwickeln und pflegen. Er wird als Seelenschatz durch das Weiche, Empfangende auf dem geehrten fünften Platz symbolisiert, gleichsam von einer starken Garde ›beschützender‹ Eigenschaften (Yang-Striche) umgeben.

Sollten Sie sich zum Beispiel der Schönheit dessen, was Sie mit einem bestimmten Menschen verbindet, nicht bewußt sein, dann finden Sie die Perle dieser Liebe. Sie ist etwas Wundervolles und Echtes. Befinden Sie sich mit Ihrem Partner aber in einer Krisensituation, so entwikkeln Sie Kraft, Intuition und Phantasie, wie Sie Ihren wertvollen Besitz schützen können. Besonders wenn Sie das Hexagramm in seiner unbewegten Form erhalten, ist es ein Hinweis, daß man sich des Schatzes würdig erweisen sollte, durch viel Takt, Einfühlungsvermögen und geistige Auseinandersetzung. Außerdem wird es wichtig sein, seine Grundsätze und Wertvorstellungen zu pflegen, sie als wichtigen inneren Besitz zu betrachten, der es erlaubt, dem Leben würdig und souverän entgegenzutreten.

Das Urteil

Besitz von Großem. Großer Erfolg (erhabenes Gelingen).

Das Bild

Feuer am Himmel.
Ein Symbol von großem Besitz.
So kennt der Edle das Böse und fördert das Gute.
Er folgt dem Willen des Himmels.

Feuer am Himmel steht für die Sonne, als große, Leben spendende Kraft, die gleichzeitig den starken Charakter bedeutet, der die guten und schlechten Seiten des Lebens kennt. Er wird alles Positive in sich fördern und die Gaben der Schöpfung, alles Gute und Wertvolle schützen. Dem Negativen – auch in der eigenen Seele –, das ebenfalls von der Sonne an den Tag gebracht wird, wird er sich entgegenstellen, um es immer wieder zu vermindern.

Erste Linie

Meidest du das Schädliche, bleibst du ohne Tadel.
Hast du Bewußtsein möglicher Schwierigkeiten:
kein Tadel.

Im Augenblick deutet alles darauf hin, daß das Leben es gut mit einem meint. Innerer Reichtum, der sich in der Situation zeigt, befindet sich noch am Anfang und ist daher frei von jeder Bestechlichkeit. Jedoch tut man gut daran, mögliche Anfechtungen rechtzeitig zu erkennen und sich von schädlichen Einflüssen fernzuhalten.

Zweite Linie

Einen großen Wagen beladen.
Handeln ohne Makel.

Es geht um Besitz, der vor sich hin ›rostet‹. Er kommt nicht zur Erfüllung, kann nicht genutzt werden. Man hat erst etwas davon, wenn er beweglich wird. Schlicht und ergreifend: Machen Sie etwas aus Ihren Möglichkeiten. Dazu gehört, sich einer Verantwortung gewachsen zeigen (so wie ein *großer Wagen*, den man *beladen* kann). Nötigenfalls suchen Sie Unterstützung. Geben Sie dann etwas von Ihrem großen Besitz ab (Verantwortung deligieren), zum Beispiel durch vertrauensvolle Gespräche, gegenseitige Anteilnahme, miteinander Wachsen.

Dritte Linie

Ein Fürst bringt dem Sohn des Himmels ein Geschenk (ein Opfer).
Ein geringer Mensch kann das nicht.

In dieser Linie geht es um Gerechtigkeitsempfinden als alte Menschheitserfahrung: Wer viel hat, soll anderen geben.

Sind Sie mit Ihrem Partner also glücklich, dann lassen Sie es zu, daß er auch mal ein freundliches Lächeln für einen anderen Menschen hat (gegebenenfalls also nicht eifersüchtig sein). Lassen Sie ferner ein Stück von der Geborgenheit, die Sie besitzen, auch nach außen strahlen. Seien Sie den Menschen gegenüber warmherzig, und haben Sie ein tröstendes Wort, wenn Sie merken, daß jemand etwas aufgebaut werden muß. Das kann natürlich gerade auch der eigene Partner sein. Er ist vielleicht gar nicht so obenauf wie Sie. Jedenfalls ist irgend etwas in Ihrem Leben angesprochen, das Hilfsbereitschaft verlangt. Nur Menschen, die in ihrer ganzen Entwicklung noch nicht weit sind, können jetzt nicht geben.

Vierte Linie

Man kann zwischen sich selbst
und den anderen unterscheiden.
Kein Makel.

Achten Sie darauf, was Ihnen guttut und Ihrem Wesen wirklich entspricht. Sich ständig mit dem Partner oder anderen Menschen zu vergleichen, setzt einen meist nur in Konkurrenz. Sie müssen Sie selbst sein. Ihre Fähigkeiten und Stärken sind wichtig. Daraus können Sie etwas machen. Was der andere hat oder nicht hat, besser oder schlechter kann, sollte Sie im Moment gar nicht interessieren.

Fünfte Linie

Man ist umgänglich, zuversichtlich, aber auch würdig.
Das bedeutet Glück.
Im Moment sind Sie von einer optimistischen und freundlichen Stimmung getragen, oder Sie können sie für die nächste Zeit erwarten. Ein umgängliches Wesen macht sympathisch. Man versetzt den anderen mit seiner Art in einen körperlich und seelisch guten Zustand. Er kann sich in Ihrer Gegenwart zum Beispiel angenehm entspannen. Kurzum: Man fühlt sich bei Ihnen wohl, was sicher auch für Sie recht wertvoll und positiv ist. Denken Sie aber auch daran, ein Stück innerer Würde zu pflegen. Dazu gehört zum Beispiel, unmißverständlich zu signalisieren, daß die eigene Freundlichkeit keine Aufforderung ist, Ihnen eventuell auf der Nase herumzutanzen. Um das klarzumachen, muß man sich gar nicht groß anstrengen. Es genügt eine bestimmte persönliche Ausstrahlung, daß niemand seine Grenzen überschreitet.

Sechste Linie

Man wird vom Himmel gesegnet.
Das bedeutet Glück (Heil).
Nichts, das nicht förderlich wäre.
Man sucht nach einem Stück Weisheit und ist bescheiden. Das entspricht einem Menschen, der sich sozusagen *dem Segen des Himmels* unterstellt. Da geht man irgendwie dem Weg der Inspiration nach, um in aller Stille und Abgeschiedenheit sich höheren Dingen zu öffnen, geistige Werte zu erwerben, einen Besitz, den man nicht so ohne weiteres gleich bemerken wird, der manchmal aber um so mehr zählt. Dazu gehört es auch, positive Einflüsse zu unterstützen, Menschen in ihrer eigenen Sinnfindung zu helfen, sie zu bestätigen und anzuerkennen, wenn sie sich nicht mit profanen Dingen beschäftigen, sondern gleichfalls etwas Bleibendes suchen. So gibt man den Segen weiter und bleibt auch ein weltoffener Mensch.

15. Ch'ien

Die Bescheidenheit

Oben sehen wir Kun, das Empfangende, unten steht Gen, der Berg. Darin steckt die Aussage: Auf der Höhe des Augenblicks soll man Bescheidenheit üben. Umgekehrt gilt: Bist du gerade unten, wirst du durch Bescheidenheit erhöht.

Die Symbolik wird besonders gut verständlich, wenn man an die Wolken denkt, die sich um einen hohen Berggipfel bilden. Sie entsprechen in ihrer nebligen Dichte der feinen Empfindsamkeit eines Menschen, der keine Anmaßung kennt. Innerlich ist er fest wie ein Berg, äußerlich verhält er sich aber freundlich und zurückhaltend.

In der Hinwendung zum Schlichten kommt eine geistige Schönheit zum Ausdruck, die sich wohltuend gegen Ellenbogenmentalität und allgemein verbreiteten Dünkel unter den Menschen ausnimmt. Es besteht ein Bewußtsein dafür, daß günstige Wendungen des Schicksals nicht immer auf eigenem Verdienst beruhen, sondern in vielerlei Hinsicht ein Geschenk bedeuten. Allenfalls sollte man sich still darüber freuen, was einem an Chancen und Möglichkeiten auf den Weg gegeben wurde.

Interessanterweise nimmt die Tugend der Bescheidenheit in der chinesischen Philosophie eine zentrale Stellung ein und hat folglich auch im ›Buch der Wandlungen‹ eine besondere Bedeutung. Bescheidenheit zu entwickeln und ohne Unterwürfigkeit zu kultivieren, zeigt, daß man würdig wird, immer höher den Weg zum Gipfel zu gehen. Bildlich gesprochen: Beim Anblick der kleinen Dörfer, Felder und Wälder im Tal wird man sich nicht stolz und erhaben fühlen über das, was man sieht, sondern sich an der Natur und ihrer Schönheit freuen – für sich auch einfach das Erlebnis genießen, eine weite Strecke gegangen zu sein.

Ein ähnliches Gefühl mag sich einstellen, wenn man auf die gemeinsame Zeit mit einem Partner zurückblickt, auf schöne Stunden und *zusammen* bewältigte Probleme – wenn man daran denkt, wie das erste Wort, die erste Berührung waren. Ein solcher innerer Reichtum wird den Menschen jedoch nicht dazu verleiten, sich gegenüber anderen erhaben zu fühlen, die noch nicht so lange zusammen sind oder Pech in ihren Beziehungen hatten.

Es kann aber auch sein, daß man noch ganz am Fuße des Gipfels steht und ihn (in diesem Fall die Gefühle des geliebten Menschen) erst erreichen will. Dann sollte man Respekt vor der Größe des anderen haben, die Landschaft seiner Seele verstehen lernen und sich darin bewegen wie ein Gast. So vermeidet man es, in Not zu geraten und bei seiner Gipfelwanderung abzustürzen (die hier etwa auch für das gemeinsame menschliche Wachstum steht).

In seiner unbewegten Form dürfte das Hexagramm dazu raten, empfindsam für die Bedürfnisse der Umgebung zu sein, eigene Ziele damit bescheiden zu verbinden, sie nach und nach weiterzuentwickeln, nichts gewaltsam oder vorwärtsdrängend versuchen. Das heißt rücksichtsvoll und feinfühlig herausfinden, was gerade geht und was nicht.

Das Urteil

Bescheidenheit: Erfolg (gutes Gelingen).
Der Edle wird sein Werk bis zu Ende führen dürfen.

Im Leben findet alles seinen natürlichen Ausgleich. Über die Zeit schleifen sich die Unterschiede des Daseins ab. Wer voll Bescheidenheit wartet, bis er an der Reihe ist, der wird nicht übergangen werden. Und wer, bevor etwas abgeschlossen ist, keine Vorschußlorbeeren sucht, der wird seine Sache ruhig zu Ende bringen dürfen.

Das Bild

Der Berg in der Erde: das Bild der Bescheidenheit.
So verringert der Edle, was zu viel ist,
und vermehrt, was zu wenig ist.
Er wägt die Dinge ab und gleicht sie einander an.

Berg und Tal, hoch und niedrig, ergänzen sich. Man sieht dem Berg im übrigen die Schätze nicht an, die in ihm verborgen sind. Und so soll auch der Edle sich nicht rühmen. Er sollte vielmehr ausgleichend wirken und für Gerechtigkeit eintreten. Mit etwas Fingerspitzengefühl und Einfühlungsvermögen wird man das auch in den kleinen Dingen des Alltags verwirklichen können.

Erste Linie

Der Edle ist bescheiden in seiner Bescheidenheit.
Es ist günstig, das große Wasser zu überqueren.
Glück (Heil).

Wenn davon gesprochen wird, *das große Wasser zu überqueren,* beinhaltet dies die Lösung schwieriger Probleme oder die Überwindung großer Hindernisse, wie sie auch ein breiter Strom darstellt. Wer seine Bescheidenheit besonders herausstellt, sein Licht unter den Scheffel stellt oder sich lange ziert, dem werden solche Dinge kaum gelingen. Also soll man einfach und natürlich sein, sich den Dingen stellen, wie sie sind, sich aber nicht angesichts der Anforderungen ›klein und häßlich‹ fühlen. Bescheidenheit hat nichts mit Selbstverleugnung oder mangelndem Selbstbewußtsein zu tun. Und sie ist auch keine dekorative Geste, mit der man sich nach außen darstellt. In diesem Sinne sollte man sich ›bescheiden in der Bescheidenheit‹ zeigen (nichts übertreiben).

Zweite Linie

Bescheidenheit drückt sich aus.
Beharrlichkeit bringt Glück.
Wer innerlich echt und bescheiden ist, drückt dies eigentlich immer auch in seinen Gesten und Handlungen aus, und zwar ohne dabei irgendwie gehemmt zu wirken. Es ist eine anmutige Bescheidenheit – eine Zierde, die anziehend wirkt und die Menschen für sich einnimmt. Mit dieser inneren und äußeren Haltung wird man auf Dauer Erfolg haben. Man muß bloß die nötige Ausdauer zeigen.

Dritte Linie

Der Edle arbeitet in Bescheidenheit bis zum Ende.
Das bringt Glück (Heil).
Hat der Mensch in seiner bisherigen Entwicklung erlebt, wie eine dezente, zurückhaltende Art ankommt und einem den Weg ebnen kann, wird er jetzt und künftig darauf achten, daß ihm der bisher erreichte Erfolg auch fernerhin nicht zu Kopf steigt. Würde man sich an dieser Stelle rühmen, entzöge sich einem bald die Unterstützung. Man hätte das eigentliche Lernziel nicht erreicht, im Grunde nicht begriffen, daß Bescheidenheit um ihrer selbst willen wichtig ist. Also sollte der Mensch ein wenig über diese Dinge meditieren, damit das Wohlwollen ihm erhalten bleibt.

Vierte Linie

Handeln voll Bescheidenheit ist für alles voll Nutzen (nichts, das nicht förderlich wäre).

Hier geht es darum, daß Sie einmal herausfinden, worin das rechte Maß an Bescheidenheit liegt. Wenn sie echt ist und von Herzen kommt, hat sie nichts mit falscher Zurückhaltung zu tun. Man wird dadurch nicht zum ›grauen Mäuschen‹, sondern kann sich durchaus seinen Teil vom Leben nehmen. Es bedeutet ganz einfach: Wenn man gerade obenauf ist, sollte man gütig denken und freundlich handeln. Daraus entsteht in der Partnerschaft ein Verhältnis gegenseitiger Loyalität. Jeder tut ganz selbstverständlich das Seine. Man handelt angemessen und dankt einander natürlich. So sollte es allgemein im Umgang mit Menschen sein.

Fünfte Linie

Mit seinem Reichtum nicht vor den Nachbarn treten.
Doch es ist jetzt von Nutzen,
mit Entschiedenheit einzugreifen.
Nichts, das nicht fördernd wäre.

Bescheidenheit wird oft mit Dummheit verwechselt. Wer zum Beispiel allzu gutmütig ›die Mäuse auf dem Tisch‹ tanzen läßt, sitzt einem großen Irrtum auf. Mit Bescheidenheit hat das überhaupt nichts zu tun!

Wenn sie vorhanden ist, sind einem durchaus auch Möglichkeiten gegeben, sich im Leben durchzusetzen. Nur gibt man damit nicht an. Man hat solche Allüren gar nicht nötig. Dazu ist man innerlich viel zu weit. Also prahlt man nicht *vor seinem Nachbarn* (etwa vor dem Partner), greift aber durch, wenn's nun mal sein muß. Andererseits wird ein wirklich bescheidener Mensch bestimmt nicht auf seine Erfahrung, seine Intelligenz oder soziale Stellung pochen, und er vermeidet in Auseinandersetzungen auch Worte, die verletzen könnten. So bedeutet das, bescheiden auch in der Strenge zu sein.

Sechste Linie

Bescheidenheit drückt sich aus.
Es ist günstig, Heere in Gang zu setzen,
um die eigene Stadt und das eigene Land
zur Disziplin zu bringen.

Auch hier geht es, wie in der zweiten Linie, um den Selbstausdruck einer bescheidenen Haltung. Sie soll sich darin zeigen, daß man im entscheidenden Moment auch Selbstdisziplin zu wahren weiß. Das heißt: Wenn Konflikte entstehen, nicht gleich dem anderen die Schuld geben, sondern sich in diesem Falle fragen, wo man bei sich vielleicht einen wesentlichen Anteil entdecken könnte.

Machen Sie also reinen Tisch – Ihrer eigenen Person, aber auch dem anderen gegenüber. Nur wenn Sie sich den Dingen stellen, wird man Ihnen die Bescheidenheit wirklich abnehmen. Also werden Sie sich Ehrlichkeit abfordern und sie auch nach außen hin an den Tag legen. Dazu gehört es allerdings auch, Konflikten nicht auszuweichen. Wenn somit die psychische Energie in Fluß gehalten wird, kommt dabei aller Frust aus dem Körper, innere Stärke wird durch Bescheidenheit gekrönt. Wenn man sich dann nach außen hin zurückhält, geschieht es, weil man es so will, nicht aber, weil man in Wirklichkeit vor einer Auseinandersetzung Angst hat. Insofern beweist man beides: Selbstdisziplin und Haltung.

16. Yü

Die Begeisterung (Die Glückseligkeit)

Die Natur leistet sich keine Schnörkel und keinen Luxus. Alles hat in ihr vielmehr seinen Sinn und erfüllt eine wichtige Aufgabe, auch das, was besonders ästhetisch ist und irgendwie verschwenderisch wirkt in seiner Pracht. Es hängt damit zusammen, daß alles einer ganz selbstverständlichen Ordnung unterliegt. Die Dinge geschehen nur mit der unbedingt nötigen Anstrengung, kurz: Die Ökonomie der Abläufe hat eine natürliche Schönheit und Eleganz – eins greift ins andere, funktioniert und ist wohlproportioniert.

Dadurch, daß das Räderwerk so gut geschmiert ist, bewirken die natürlichen Abläufe im Leben – alles, was gut läuft, fast von selbst geht – sehr schnell Begeisterung. Man denke nur ans Surfen oder Wellenreiten. Wenn jemand es erst einmal heraushat, ist er davon nicht mehr loszukriegen. Genauso ist es, wenn jemand mit der Welle des Lebens geht, die Strömung nutzt und seine Kräfte immer ganz harmonisch einzusetzen lernt. Auch das löst Begeisterung aus. Die Kraft wird aus einem Mittelpunkt heraus entwickelt. Sie hat ein Zentrum. So steht im vorliegenden Hexagramm ein Yang als starker Strich in hoher mittlerer Position. Er steht für einen Einfluß, der aus der Gunst der Stunde heraus das Umfeld organisiert und ganz natürlich zu sinnvollem Tun hinführt.

Im unteren Trigramm begegnet uns das Weiche, sprich: die Anpassung. Oben steht der Donner oder die Erregung, die zu begeistertem Handeln bewegt. Da diese Energieentwicklung, wie wir inzwischen wissen, völlig selbstverständlich und ökonomisch passiert, entstehen auch keine Reibungsverluste. Der Elan des Antriebs nutzt sich nicht ab, sondern gleitet immer weiter.

Für Ehe, Liebe, Partnerschaft heißt das: Achten Sie darauf, daß Ihr eigenes Denken und Handeln sich mit dem des anderen ergänzt. Beobachten Sie daher genau, welche Reaktion im Moment angebracht ist. Entwickeln Sie zudem ein Gespür, wie Sie, etwa im Hinblick auf Ihre Frage, Träume und Wünsche möglichst kräftesparend, gleichsam mühelos, verwirklichen können. Hier kann man zu einer schönen und für manchen überraschenden Erkenntnis kommen: Zum Glücklichsein erfordert es oft keine große Anstrengung. Im Gegenteil!

Ein motivierendes Wort zur rechten Zeit, dazu ein nettes Lächeln – so spielt man sich gegenseitig die Bälle zu. Und wenn man wider Erwarten in Clinch miteinander geraten sollte, sagt vor diesem Hintergrund gerade eine Haltung, die nichts Ansprüchliches hat: »Komm, ich will dich bestimmt nicht in die Enge treiben.« Dann genügt ein Zwinkern mit dem Auge, um den Gedanken zu besiegeln.

So läßt sich oftmals viel mehr bewegen, als wenn man sich ausgeklügelte Strategien zurechtlegt, immer viel macht und viel tut. Sollten Sie das Hexagramm in seiner unbewegten Form erhalten, wird dieser Gedanke noch unterstrichen. Gehen Sie dann in allen Dingen besonders ökonomisch vor. Verpuffen Sie nicht Ihre Energien, sondern achten Sie auf die gute Chance. Dann gehen Sie mit vollem Schwung an die Sache und wecken dadurch Begeisterung.

Das Urteil

Die Begeisterung. Es ist von Nutzen,
Gehilfen einzusetzen und Heere marschieren zu lassen.

Wer führen und motivieren will, sollte ein Empfinden für die Bedürfnisse dessen haben, den er zu einer Sache bewegen will. Daher sollte man sich auf das Wesen des anderen einstimmen und ihn – wenn erforderlich – mit den passenden Worten ermuntern. Was man sagt und tut, muß in die Stimmung passen. Außerdem ist ein Verhältnis gegenseitiger Loyalität erforderlich. So unterstützt man sich partnerschaftlich und weiß, daß aufeinander Verlaß ist.

Das hat zur Folge, daß die Anfeuerung in der Situation nicht durch stillen Widerstand hintertrieben wird, der daher kommen könnte, daß einer von beiden sich insgeheim benachteiligt fühlt. Wenn man also immer nicht nur an sich, sondern gleichzeitig auch an den Nutzen seines Partners denkt, läuft der Motor einer Beziehung reibungslos. Das ermöglicht dann auch Arbeitsteilung, so daß nicht nur einer die Verantwortung trägt. Und zu guter Letzt sorgt es noch dafür, daß man nicht allein gelassen wird, wenn ein Dritter die Harmonie streitig machen will *(Heere marschieren lassen)*.

Das Bild

Donner (Erregung), der aus der Erde aufsteigt:
ein Symbol der Begeisterung.
Die alten Könige komponierten Gesänge zu Ehren der Tugend und brachten sie Gott und den Geistern ihrer Ahnen dar.

Donner, der im Frühling aus der Erde aufsteigt, ist ein Signal der Begeisterung. Er erlöst aus der Winterstarre und gleicht insofern der Musik, welche die Menschen zu verzaubern und erstarrte Gefühle zu lockern vermag. Hat man also den richtigen Ton in seinen Worten, bringt man sich damit dem anderen gegenüber in Resonanz. Das reizt zur Gefolgschaft und knüpft an die besten Traditionen der Gesellschaft an *(den Geistern der Ahnen zu Ehre)*.

Erste Linie

Begeisterung, die sich nach außen hin darstellt, bringt Unheil.

Man ist noch nicht da, wo man sein möchte. Trotzdem spricht man voll Begeisterung von seinen Plänen. Da schwärmt jemand zum Beispiel von einem Menschen, als wäre es gegenseitig die große Liebe, obwohl er dem anderen gerade einmal etwas tiefer in die Augen schauen durfte. Oder er rühmt sich bestimmter Verbindungen oder Möglichkeiten, die in Wirklichkeit nicht oder erst recht bescheiden vorhanden sind.

Das ist nicht nur naiv, es zieht auch Spott, Neid oder Mißgunst an – je nachdem, wie weit einem die ganze Sache abgenommen wird. Viel besser wäre es, seine Stunde abzuwarten, um dann auf sympathische Weise Begeisterung mit den anderen zu teilen. Das gilt übrigens auch dem Partner gegenüber. Auch auf ihn sollte man, wenn es geht, nicht gerade den Eindruck eines Schwärmers machen. Es ist doch viel besser, von sich zu überzeugen, indem man im großen und ganzen Nägel mit Köpfen macht.

Zweite Linie

Fest und unerschütterlich wie ein Stein.
Warte keinen ganzen Tag.
Beharrlichkeit bringt Glück (Heil).

Viele lassen sich vom Augenblick blenden. Sie sind euphorisch, eben noch voll Begeisterung und klappen im nächsten Augenblick zusammen, wenn alles nicht so läuft, wie man es sich denkt. Diese Linie spricht indes erfreulicherweise davon, daß man eher die Neigung hat, solche Fehler nicht zu machen. Man wird sich keinen Illusionen hingeben, sondern sehr aufmerksam auch ganz feine Entwicklungen wahrnehmen. Dadurch ist man rechtzeitig darauf eingestellt, wenn das Blatt sich dann wendet.

Dritte Linie

Aufblicken bringt Reue, Zögern bringt Reue.
Wer sich von der Ausstrahlung eines Menschen – sei er auch noch so interessant und begehrenswert – blenden läßt, läuft Gefahr, sein eigenes Selbstbewußtsein aufs Spiel zu setzen. Das ist bestimmt genauso gefährlich, als wenn man zu lange zögert, sich anzunähern. Mit etwas Instinkt erkennt man jedoch den richtigen Augenblick und weiß, ob die Sache sich lohnt. Handeln Sie dann innerlich frei und selbständig.

Vierte Linie

Am Ursprung der Begeisterung: Ohne Zögern gewinnt man Großes.
Freunde vereinen sich um dich wie Locken um eine Haarspange.
Wer die Fähigkeit besitzt, durch seine Begeisterung anzustecken – was hier offensichtlich der Fall ist – dessen Aufrichtigkeit und Ehrlichkeit nimmt die Menschen für sich ein. Gefühl und Verstand wirken in idealer Weise zusammen, und der Mensch strahlt Faszination aus. In dem Fall braucht man auch bei Vorhaben nicht zu zögern. So kann der Funke überspringen, die Umgebung bezieht aus der eigenen Kraft Sicherheit im Handeln.

Um dabei nur noch etwas kurz anzudeuten: Zwischen zwei Menschen, die sich mögen, gibt es oft Situationen, in denen einer von beiden eine gewisse Unsicherheit besitzt. Indem man dann selbst zu begeistern vermag, kann man sie dem anderen sehr oft nehmen. Denken Sie darüber doch einmal im Zusammenhang mit Ihrer Fragestellung nach.

Fünfte Linie

Lange krank, doch immer noch am Leben.
Vieles läuft bei Ihnen im Moment auf Sparflamme. Denn die Umstände lassen Sie kaum dazu kommen, mal richtig durchzuatmen. Doch gerade das hat merkwürdigerweise vielleicht sein Gutes. Denn bestimmte Einengungen können auch davor bewahren, sich vorzeitig in Euphorie zu verausgaben. Die mäßige Begeisterung, die in allem steckt, hat somit auch mit seelischer Ökonomie zu tun. So wird man vor Schlimmerem bewahrt und bleibt im übertragenen Sinne ›trotz Krankheit‹ doch ›am Leben‹.

Sechste Linie

Falsche Begeisterung.
Aber wenn man nach der Verblendung zur Besinnung kommt, ist das kein Makel.
Hier hat man sich in die Irre führen lassen oder ist seinen Illusionen aufgesessen. Auf jeden Fall lag eine gehörige Portion Verblendung vor. Doch manchmal muß man auf diese Weise lernen und zur Ernüchterung kommen. Das kann dann eine an sich wertvolle Erfahrung sein.

17. Sui

Die Nachfolge

Freude und Antrieb treffen aufeinander. Anders ausgedrückt: Es ist Bewegung, ein Vorgang, vorhanden, der aus dem erregenden Charakter der Situation gespeist wird. Das besitzt Anziehungskraft, da in dem Ganzen Freude enthalten ist, wodurch man sich der Sache gerne anschließt. Man fühlt sich zur Nachfolge ermuntert, in vorgezeichnete Fußstapfen zu treten.

Das kann im Alltag etwa so aussehen: Sie machen einen Vorschlag, dem gern zugestimmt wird. Man folgt Ihren Gedanken und Vorstellungen. Vielleicht möchten Sie Ihren Partner auch ganz sanft, fast unmerklich dazu bewegen, etwas zu tun, was für Sie beide wichtig ist. Dabei ist es natürlich gut, irgendwie Vorbild zu sein, das zum Nachahmen auffordert.

Von Bedeutung ist in diesem Zusammenhang vor allem, wie anpassungsfähig man selbst ist. Im Mittelpunkt steht der Prozeß, wie man sich gegenseitig abschleift und einander angleicht – ein Vorgang wechselseitiger Nachfolge. Auch nicht unwichtig ist die Frage, welchen Einflüssen man sich ganz persönlich und auch als Paar öffnet.

Wenn man sich damit aufmerksam beschäftigt, wird man eventuell herausfinden, daß es sehr interessante Impulse geben kann, die ein freudiges Nacheifern erlauben: Wie machen es die anderen? Was kann man sich da abgucken? Läßt sich irgend etwas besser machen?

Keiner wird natürlich wahllos irgendwelchen Beispielen folgen. Der Charakter der Leute, von denen man sich beeinflussen läßt, dürfte doch von recht erheblicher Bedeutung sein. Und es sollten auch die besonders guten Eigenschaften sein, mit denen man selbst seinen Partner inspiriert, es einem gleichzutun.

Davon abgesehen: Wir kennen natürlich noch eine ganz andere Bedeutung des Begriffs *Nachfolge*, und auch sie ist für das vorliegende Hexagramm interessant. In dem Sinne geht es um ein Zurücktreten, um etwa jüngeren Leuten, nachrückenden Kräften Platz zu machen, geeignete Nachfolger zu finden, welche die eigene Tradition weiterführen können, sozusagen *mein Anliegen* fortsetzen werden. Man wird einen Menschen in irgend etwas einweisen, ihn unterrichten, ihm zeigen, wie etwas geht – und sei es die eigene Art zu küssen, zu streicheln, vorsichtig mit wertvollen Dingen umzugehen, Haushalt und Wohnung zu pflegen, zu allem eine liebevolle Beziehung zu entwickeln.

Nachfolge zeigt sich ebenso darin, daß der andere Ihnen ein Stück Verantwortung abnimmt, was auch für die größer werdenden Kinder zutreffen mag. Irgendwann wird man sich von der Zuständigkeit für bestimmte Dinge vielleicht verabschieden können und zufrieden sein, daß alles gut fortgesetzt wird.

Hier wird auch die Thematik von Herbst und Abenddämmerung angesprochen, wenn Ruhe einkehrt und die Vitalkräfte allmählich nachlassen. Rückzug, Besinnung und Anpassen an die großen Rhythmen in der Natur sind die beherrschenden Aussagen. Man stelle seinen Seelenhaushalt auf das Kommando ein, das hier oft etwas von der Schönheit einer Herbststimmung haben kann. Nimmt man sie mit Heiterkeit im Herzen auf (oberes Trigramm: das Heitere), ist dies ein Angleichen an das Wesen der Natur und führt zur freudigen Nachfolge der Elemente um einen herum.

In seiner unbewegten Form ist das Hexagramm als verstärktes Erfordernis gegenseitiger Anpassung zu verstehen, bzw. muß man sich äußeren Erfordernissen in irgendeiner Weise angleichen. Die Fragestellung lautet: Wie können Sie das in einen wechselseitigen Prozeß einmünden lassen, so daß sich Ihre Umgebung mehr bereit findet, auch Ihnen Nachfolge zu leisten?

Das Urteil

Die Nachfolge: großer Erfolg (erhabenes Gelingen)
Von Nutzen sind Ausdauer und Beharrlichkeit.
Kein Makel.

Wer es in seinem Leben gelernt hat, den Menschen, der Liebe und dem Leben zu dienen, wird Bezugsgrößen finden, die ihm ideell folgen. Mit anderen Worten: Indem man selber dient und sich seinem Umfeld anpaßt, wird man sich umgekehrt andere zu verpflichten wissen. Sie motivieren auf diese Weise, daß auch andere Ihnen helfen und dienen werden. Das ist ein Prozeß, der Liebe und Ausdauer erfordert, der später jedoch auch alle Geduld und Mühe belohnt.

Das Bild

Donner im See: ein Bild der Nachfolge.
Am Abend ruht der Edle in seinem Hause.

Erste Linie

Wechsel von Stellung und Position.
Beharrlichkeit bringt Glück.
Austausch bringt Entwicklung.
Im politischen Leben würde man zum Beispiel davon sprechen, sensibel für die Basis (in der eigenen Partei) und für die öffentliche Meinung zu sein. Auf die Beziehung zwischen zwei Menschen übertragen: Wer bisher eine eher dominante Rolle ausgeübt hat, sollte in bestimmten Situationen ein ganz besonderes Empfinden dafür haben, was sein Gegenüber fühlt und denkt. Das kann sogar einmal dazu führen, daß die Rollen sich vertauschen. Jedoch

sollte man immer ausschließen, daß Anpassungen einfach aus einer Augenblickslaune heraus geschehen. Feste innere Grundsätze sind dabei erforderlich, die allerdings ›auf den aktuellen Stand‹ zu bringen sind, das heißt, man paßt seine Wertvorstellungen den Erfordernissen der Zeit an, reagiert sensibel auf die Veränderungen in der Umgebung. Zu diesem Zweck wird es wichtig sein, mit vielen Menschen Kontakt zu haben und offen dafür zu sein, was andere denken.

Zweite Linie

Läßt man sich vom unerfahrenen Standpunkt
(dem Knaben) beeinflussen,
verliert man den starken Mann.

Hier geht es darum, klug auszuwählen, welche Einflüsse und menschliche Vorbilder man an sich heranläßt. Dabei paßt das Verfeinerte und Entwickelte nicht mit Profanem und Gewöhnlichem zusammen. Das hat mit Geschmacksdifferenzierung und Sensibilisierung fürs Niveau zu tun. So wird man auf weniger erfahrenen Ratschlag, geringere Einflüsse und gewöhnlichere Freuden häufig verzichten müssen, wenn man bestimmte Lernprozesse durchmacht und sich vervollkommnen will. Zum Beispiel: Wenn ich überwiegend bunten Bildern, Glitzer und Glamour hinterherjage und aufputschende Eindrücke suche, werde ich selten ein Gefühl für anspruchsvolle Musik, sensible Gefühle oder eine philosophische Lebensausrichtung bekommen. So etwas würde mir normalerweise vorenthalten bleiben.

Dritte Linie

Folgt man dem starken Mann, so verliert man den Unerfahrenen (den Knaben). Durch Beharrlichkeit (und Meditation über die Nachfolge) findet man zu sich selbst.
Ein gewisses Opfer kostet es schon, wenn man den Weg zunehmender Entwicklung verfolgt: Von oberflächlichen Genüssen und unreifen (vielleicht liebgewordenen) Gewohnheiten wird man ein ganzes Stück Abschied nehmen müssen. Die Entschädigung mag unter anderem darin liegen, daß man oft neue interessante Gesprächspartner und Zugang zu niveauvolleren Themen findet. Da erwirbt man dann oft auch den Respekt von jenen, die einem vorausgegangen sind. Das ist das Prinzip der Nachfolge, wie es auch zwischen Eltern und Kindern stattfindet. Aus den Kleinen werden Jugendliche, später dann Erwachsene, und im Verlaufe dieses Vorgangs werden sie zunehmend unreife Stadien und Vorlieben aufgeben.

In diesem Sinne können Sie mit der Zeit recht viele positive Einflüsse feststellen, zum Beispiel auch in Ihrer Partnerschaft. So können die Dinge, die man miteinander bespricht, eine völlig neue Qualität bekommen. Man wird sich gemeinsam eventuell für feinere und sensiblere Dinge interessieren und dadurch oft auch zu tieferen Gefühlen füreinander fähig sein. Zu begrüßen ist es jedenfalls, wenn Zug um Zug immer einer den anderen mitzieht. Doch jeder macht eine andere und unterschiedlich schnelle Entwicklung. Das muß man gegenseitig im Auge behalten.

Vierte Linie

Erfolg nur durch echte Nachfolge. Fortführen des Weges bringt Unheil. Besinnung auf Redlichkeit und Klarheit führt zum Erkennen. Wie könnte das ein Makel sein?
Im Zusammenleben von Mann und Frau läßt man sich oft von negativen Einflüssen bestechen. In solchen Fällen

wird Nachfolge vorgegaukelt oder liebedienerisch angeboten. Einer von beiden erkauft damit etwas oder will dem anderen etwas vormachen. So etwas sollte man durchschauen. Wer es lernt, Schmeicheleien von echtem Lob und Zuspruch zu unterscheiden, wird einen klaren, geraderen Weg gehen.

Fünfte Linie

Rechtschaffendem und Wahrhaftigem folgen.
Das bringt Glück.
Jeder Mensch braucht seine Ideale, die ihm ein Kompaß im Leben sind. Die Linie beinhaltet einen Wink, daß man sich hinsichtlich der gestellten Frage auf dem richtigen Weg befindet und sich in seinen Wertvorstellungen bestätigt fühlen möge.

Sechste Linie

Anhängliche Nachfolge gefunden haben.
Bindung im guten und ein Platz auf dem Westberg.
In ganz bestimmter Hinsicht hat man eine Aufgabe bereits abgeschlossen. Das hat anhängliche Nachfolge gebracht. Sagen wir: Sie haben in Ihrem Verständnis von Liebe und Erotik eine Tradition geschaffen, die über den Augenblick hinaus wirkt. Damit haben Sie Treue hervorgerufen, auch wenn Sie selbst keine so ganz aktive Rolle im Hinblick auf Ihre Frage spielen. Doch Sie werden noch einmal gebeten, stärker ins Geschehen einzugreifen, Stellung zu beziehen, in den Dingen zu stehen. Und obwohl Sie sich eigentlich schon längst entschieden hatten, dem Weg der Weisen, dem Rückzug nach innen zu folgen, lassen Sie sich erneut verpflichten. Diese noble Entscheidung wird Ihnen dauernden Dank einbringen, so daß man Sie – was auch immer kommen sollte – stets in guter und liebevoller Erinnerung behalten wird (für später *ein Platz* im Ahnentempel *auf dem Westberg).*

18. Gu

Arbeit nach der Schädigung

Dies ist der neue Anfang nach der Krise. Man hat etwas in Ordnung zu bringen. Das wird gewisse Schwierigkeiten mit sich bringen, bedeutet in erster Linie jedoch Chance.

Vieles lag oder liegt im argen.

Es herrschte Flaute in den Gefühlen oder Ebbe in der Haushaltskasse. Man war im Umgang mit den Empfindlichkeiten des anderen nachlässig, oder etwas ist so gelaufen, daß man sich gegenseitig in einen schlechten nervlichen Zustand gebracht hat. Um einen Vergleich mit dem Wirtschaftsleben zu gebrauchen: Es geht hier um Mißmanagement. Effektivere Methoden und eine bessere Selbstorganisation sind einzusetzen. Eventuell ist eine Rundumerneuerung der gesamten Persönlichkeit oder Beziehung erforderlich. Lassen Sie sich also etwas einfallen. Erwarten Sie jedoch nicht, daß Ihr Partner, Geliebter – oder wer auch immer – Sie gleich in Ihren Reformbestrebungen verstehen, diese also anerkennen und akzeptieren wird. Die Arbeit nach der Schädigung – Sie werden es merken – ist bestimmt kein leichtes Vorhaben.

Sinnbildlich erinnert das Hexagramm übrigens an einen Topf, in dem Würmer sind, also ein Zustand der Fäulnis oder Verdorbenheit von Dingen. Er liegt darin begründet, daß die sanften Einflüsse (unteres Trigramm: das Sanfte) Trägheit und Beharrungstendenzen (oberes Trigramm: die Ruhe, der Berg), etwas Unbeweglichem und Festhaltendem begegnen. Somit hat die Gefühlsebene keine Möglichkeiten, sich zu entfalten.

Aber so schlecht ist das Ganze trotzdem nicht bestellt: An der Tatsache, daß Sie zum Beispiel nicht eine Symbolik erhalten haben, die auf Niedergang oder Ruin hinweist, etwa der ›Verfall‹, können Sie ermessen, daß auch etwas Positives mitschwingt. Und zwar liegt es darin begründet, daß hier nun die Chance zum Neuaufbau, zur Reorganisation gegeben ist.

In unbewegter Form zeigt *Arbeit nach der Schädigung*, daß eine grundsätzliche Reform erforderlich wird. Halbherzige Veränderungen oder kleinere Reparaturen dürften kaum helfen. Überlegen Sie, was in Ihre Fragestellung alles hineinspielt, und beginnen Sie mit der Erneuerung von Grund auf. Wahrscheinlich wird es das Beste sein, wenn Sie genau prüfen, worin Ihr spezieller Beitrag liegen kann, entweder Ihre ganz persönlichen Verhältnisse oder die Partnerschaft in Ordnung zu bringen.

Das Urteil

Arbeit nach der Schädigung:
großer Erfolg (erhabenes Gelingen).
Es ist von Nutzen, das große Wasser zu überqueren.
Vor dem Beginn drei Tage.
Nach dem Beginn drei Tage.

Was durch menschliche Trägheit oder Versäumnis, durch Fehlverhalten oder Unempfindlichkeit im Zusammenleben verdorben wurde, unterliegt genauso menschlichem Zugriff, um es wieder ins reine zu bringen. Anders als etwa im Hexagramm 12 – ›*die Stockung*‹, – ist man hier nicht äußeren Faktoren, der Ungunst der Verhältnisse usw. unterworfen. Vielmehr muß man persönliche Fehler bereinigen, worauf man ja Einfluß hat. Dabei wird es wichtig sein, eine genaue Bestandsaufnahme zu machen, was zu den desolaten Verhältnissen geführt hat. Darüber hinaus wird es nach bestimmten Verhaltensänderungen erforderlich sein, gemeinsam zu beobachten, ob auch keine Rückfälle stattfinden: beleidigte Reaktionen und erneute Mißverständnisse, die nur wieder in einen negativen Kreislauf einmünden würden.

Erst also die Analyse, dann die Kontrolle der Änderung, beides in dem Hinweis des Urteils ausgedrückt: *Vor dem Beginn drei Tage, nach dem Beginn drei Tage.* Da liegt eine schöne Strecke Arbeit vor einem. Doch vor den Schwierigkeiten sollte man nicht zurückschrecken, denn: *Es ist von Nutzen, das große Wasser zu überqueren.*

Das Bild

Am Fuße des Berges weht der Wind:
ein Bild der Schädigung.
Doch der Edle ermutigt die Menschen,
die Tugend zu pflegen.

Hierzu kommentiert R. Wilhelm: »Wenn der Wind unten am Berg weht, so wird er zurückgeworfen und verdirbt die Pflanzen.« Der Wind symbolisiert aber auch das Aufrütteln des menschlichen Geistes, der anschließend durch die Ruhe, wie sie der Berg ausdrückt, in die Lage versetzt wird, Schädigendes zu überwinden. Daher arbeite man an den menschlichen Tugenden, um Liebe, Verstehen und Kameradschaft wieder herzustellen.

Erste Linie

Der Sohn bringt die Fehler des Vaters in Ordnung.
Zunächst besteht Gefahr, doch am Ende Glück
(kommt Heil).

Oft wird starr am Althergebrachten festgehalten. Es sind die eingefahrenen Gleise einer Beziehung oder die schlechten Angewohnheiten, die das eigene Verhaltensrepertoire einengen. Dies ist gleichsam negatives Erbe, an dem man arbeiten muß, sozusagen etwas, das den guten Namen *des Vaters* beeinträchtigt. Es kommt aus der Vergangenheit. Doch wenn *der Sohn* (ob Mann oder Frau: das ist die in der Fragestellung angesprochene Person, entweder Sie selbst oder jemand anders) die erstarrten Familientraditionen modernen Erfordernissen anpaßt, findet eine sinnvolle Veränderung statt. Schneiden Sie also alte Zöpfe ab, die das Zusammenleben erschweren. Prüfen Sie, wo Sie flexibler werden können und wo ein breiterer Horizont gegenseitiges Verständnis fördert. Kleine Fehler, die sich eingeschliffen haben, lassen sich jetzt gut auswetzen.

Zweite Linie

Bringt man die Fehler der Mutter in Ordnung,
darf man nicht zu beharrlich sein.

Irgend jemand hat hier die Nerven verloren, oder er hat eine Entwicklung zugelassen, bei der man ganz schön in der Tinte steckt. Sicher wollte man das Richtige tun, doch die Kräfte reichten nicht aus. Hier spricht das Orakel von Fehlern aus Schwäche, die im alten China immer eher dem weiblichen oder mütterlichen Prinzip zugeschrieben wurde. Räumt man jetzt Unterlassungen und Fehlentwicklungen aus, so soll man klugerweise doch einfühlsam dabei vorgehen. Das erfordert so etwas wie pädagogische Fähigkeiten – bei den eigenen Fehlern, wie auch bei denen des anderen. Man sollte einander behutsam und vorsichtig vermitteln, was falsch läuft, und warum es falsch läuft. Wenn es – wie hier – aus zur Zeit mangelnden persönlichen Möglichkeiten heraus geschehen ist, sollte man den anderen (oder sich selbst) nicht noch niedermachen, sondern mit der Kritik den Menschen aufbauen.

Dritte Linie

Die Fehler des Vaters in Ordnung bringen:
etwas Reue, doch kein großer Makel.
Hier wird zu schnell oder rabiat mit den Fehlern der Vergangenheit *(des Vaters)* aufgeräumt. Dadurch entsteht erst einmal Unruhe. Da es hier jedoch im Zweifelsfall immer noch besser ist, mit zuviel als mit zuwenig Energie die Zustände ins Lot zu bringen, hat man sich im großen und ganzen nichts vorzuwerfen. Allerdings wird man im nachhinein doch einsehen, daß sich alles etwas geräuschloser hätte handhaben lassen.

Vierte Linie

Dauerndes Dulden der Fehler des Vaters.
Das führt zur Beschämung.
Sie lassen die Zügel zu sehr schleifen. Fehler, die sich in Ihre Beziehung eingeschlichen haben, also schon gemeinsame Tradition sind *(Fehler des Vaters)*, werden resignierend geduldet. Raffen Sie sich daher auf, die Dinge, die Sie entweder allein oder auch gemeinsam zu verantworten haben, endlich in den Griff zu kriegen. Übrigens wird es sich lohnen, einmal ganz kritisch zu überlegen, was man sich an liebgewordenen Unarten aufs cigene Konto zu schreiben hat.

Fünfte Linie

Die Fehler des Vaters in Ordnung bringen.
Man findet Lob.
Auch hier liegen Mißverhältnisse vor, die aus Unterlassungssünden oder Fehlverhalten in der Vergangenheit resultieren. Dabei muß man erkennen, daß die Sache alleine nicht zu packen ist. Also sollten Sie besonderen Wert darauf legen, gemeinschaftlich die Probleme zu lösen. Die Bereitschaft, in der Konfliktbewältigung zu kooperieren, wird Anerkennung finden.

Sechste Linie

Er dient nicht Königen und Fürsten.
Man steckt sich höhere Ziele.
Hier liegen Mißstimmigkeiten und Spannungen vor, über deren direktes Ansprechen man eigentlich hinausgewachsen ist. Es geht daher um den Menschen, der sich nicht mehr vordergründig mit den alltäglichen Dingen (der Tagespolitik) beschäftigt, in dem Sinne *nicht Königen und Fürsten dient,* sondern der auf höhere Weise bemüht ist, das Schicksal günstig zu beeinflussen. Das heißt natürlich andererseits, daß man nicht tatenlos zusieht, wohin die Dinge treiben. Vielmehr wird man auf geheimnisvolle Weise die Fäden knüpfen, damit wieder Übereinstimmung (mit sich selbst oder mit dem anderen) zustandekommt. Vielleicht kann man auf seine Weise manches gutmachen oder für Verbindung sorgen.

19. Lin

Die Annäherung

Zwei starke Yang-Striche stehen ganz unten, viermal schwaches Yin befindet sich darüber. Das hat etwas damit zu tun, seine Liebe sozusagen auf Händen zu tragen. Die kraftvollen, lichten Kräfte neigen sich in dieser Weise herab und nähern sich dem Empfindsamen, eher Empfangenden. Damit ist Annäherung an einen Menschen, eine Angelegenheit oder an einen Plan ausgedrückt.

Man ist gerade mit etwas sehr beschäftigt, nähert sich den sensiblen Punkten und widmet – bezogen auf unser Thema – allen zarten Gefühlen, die damit zusammenhängen, seine Aufmerksamkeit. Diese Annäherung – vielleicht ist es auch ein Wieder-Aufeinander-Zugehen – macht meist selbst etwas verletzbar. So ist es gut zu wissen, daß das Frühlingshafte des Augenblicks von manchen Aprilschauern getrübt werden kann. Und man muß selbstverständlich auch im Kopf haben, daß jede menschliche Entwicklung ihren Wandel der Jahreszeiten kennt. Lassen Sie Ihre gegenwärtige Hoffnung, Ihren Schwung und Ihren Optimismus dadurch aber nicht beeinträchtigen. Die Überlegung, die daraus folgt, sollte hingegen jene sein, gerade jetzt, wo es einem gut geht, an der eigenen Persönlichkeit zu arbeiten, Standpunkte weiter reifen zu lassen und die innere Entwicklung zu stabilisieren. Damit leistet man längerfristig ›Vorbeugearbeit‹. So wird Ihnen die Pflege der eigenen charakterlichen Anlagen später die Kraft geben – wenn es einmal sein muß –, auch traurige Stunden oder gewisse Niederlagen zu überwinden.

In unbewegter Form fordert das Hexagramm dazu auf, Poesie und Schönheit des Augenblicks zu genießen, eine innere Dankbarkeit dafür zu entwickeln und den

Schwung zu nutzen, der einem bestimmt auf längere Zeit gegeben ist. Für später mal müssen Sie als realistischer Mensch zwar dran denken, daß alles nicht immer so laufen kann, wie man es sich wünscht. Doch, wer weiß? Vielleicht wird der Gegenstand Ihrer Frage besonders lange vom Leben begünstigt.

Das Urteil

Annäherung bringt großen Erfolg (erhabenes Gelingen).
Fördernd (von Nutzen) ist Beharrlichkeit.
Wenn der achte Monat naht, kommt Unglück.

Zärtlichkeit, Optimismus und sanfter Fortschritt entsprechen den Zeichen der Zeit. Die günstigen Chancen, die sich daraus ergeben, voll zu nutzen, bedarf – das kommt hier noch einmal zum Ausdruck – ausdauernder Arbeit an sich selbst. Weiterhin ist aber auch der beharrliche Einsatz, für das, was einem lieb und teuer ist, erforderlich.

Auf diese Weise wird der Charme des Augenblicks durch Eigenschaften bereichert, von denen manches im Leben an Dauer behalten mag. Wie bereits in den allgemeinen Ausführungen zum Zeichen erwähnt, ist aber nie ganz zu vergessen, daß alles Glück letztlich dem Wandel der Zeit unterworfen ist. Die Bemerkung *Unglück im achten Monat* ist insofern (nicht unbedingt wörtlich zu verstehen) vielmehr ein Hinweis auf die natürlichen Zyklen des Daseins.

Das Bild

Erde über dem See: ein Bild der Annäherung.
So ist der Edle unerschöpflich in seinem Willen zu lehren und zu unterrichten. Er ist grenzenlos im Ertragen und im Schützen des Volkes.

Hierzu R. Wilhelm: »Wie der See unerschöpfliche Tiefe zeigt, so ist der Weise unerschöpflich in seiner Bereitschaft, die Menschen zu belehren; und wie die Erde grenzenlos weit ist und alle Geschöpfe trägt und hegt, so trägt und hegt der Weise die Menschen, ohne durch Grenzen irgendwelcher Art einen Teil der Menschheit auszuschließen.«

Übersetzen wir im Hinblick auf das Thema Liebe und Partnerschaft den Ausdruck ›belehren‹ durch ›überzeugen‹. Denken wir weiter daran, daß man – wenn man schon einmal belehren will – einem anderen meist nur dann etwas vermitteln kann, wenn man bereit ist, sich selbst auch überzeugen zu lassen (›Belehrung‹ zu empfangen).

Ferner wird es darauf ankommen, sich nicht abzugrenzen, sondern der zarten Blume der Liebe alles an Fürsorge und Zuwendung zu geben, dessen sie bedarf. Dazu gehört die grundsätzliche Liebesfähigkeit, alles – Pflanzen, Tiere, Menschen, die Dinge, die einem gehören oder in Obhut gegeben sind, die Arbeit, das Leben und den Kosmos – zu lieben. Das alles wird man im Herzen bewahren und, soweit man es innerlich kann, schützen und geistig nähren.

Erste Linie

Gemeinsame Annäherung:
Ausdauer (Beharrlichkeit) bringt Glück.
Positives ist im Werden – eine Zeit des Aufatmens. Und siehe, gute Pläne ziehen Entgegenkommen an. So nähert man sich gemeinsam (gegenseitig) an. Dabei kommt es ein wenig darauf an, sich selbst im Auge zu behalten, das heißt, sich nicht im allgemeinen Enthusiasmus zu verlieren, sondern weiterhin eigenes Profil zu bewahren.

Zweite Linie

Gemeinsame Annäherung. Glück und Heil.
Alles ist fördernd (bringt Nutzen).
Auch hier wird eine Zeit geschildert, die – um es einmal so zu nennen – ein Zusammenströmen der Gefühle begünstigt. Jetzt korrespondieren Sie innerlich mit einem anderen Menschen. Es liegt eine Atmosphäre von Chance und Entgegenkommen auch für die nähere Zukunft in der Luft. Dabei sind Sie innerlich reif genug zu wissen, daß solche Momente ganz natürlich als glückliche Abschnitte im Leben vorgesehen, aber nicht unbedingt die Regel sind. Darauf braucht Sie bestimmt niemand erst aufmerksam zu machen. Andererseits ersparen Sie sich den müßigen Blick, was morgen alles sein oder nicht sein könnte. Gehen Sie den eingeschlagenen Weg schwungvoll weiter.

Dritte Linie

Heitere Annäherung ist nicht länger fördernd.
Wenn man ein Fehlschlagen fürchtet: kein Makel.
Allzu fröhlich und entspannt geht man voran – eine Frohnatur. Wenn es nicht sogar naiv wirkt, so nähert man sich doch zu unbedacht den Augenblickserfordernissen. Wahrscheinlich gehen Sie zu sehr von einer guten Ausgangsposition aus und meinen, alles müßte jetzt weiter

wie am Schnürchen laufen. Schnell wird man seine Nachlässigkeit aber korrigieren können, wenn man sich der Verantwortung bewußt wird, die man in diesem Fall zum Beispiel für die Beziehung trägt und die der Stellung dem anderen gegenüber entspricht.

Vierte Linie

Völlige Annäherung: kein Makel.
In den unteren Linien geht es zum Beispiel darum, wie man in der liebevollen Beziehung zu einem Menschen Chance und Einfluß gewinnt. Hier liegt nun das Thema vor, wie man mit den erworbenen Möglichkeiten umgeht. Charakteristisch für eine makellose und vollkommene Annäherung ist dabei der Gesichtspunkt, unvoreingenommen und frei von Überheblichkeit zu sein. Man sollte sich auf das, was man erreichen durfte, nichts einbilden, sich den Erfolg nicht zu Kopf steigen lassen. In dem Fall hat man sich auch nichts vorzuwerfen.

Fünfte Linie

Annäherung voll Weisheit
ist eines großen Fürsten angemessen.
Glück und Heil.
Miteinander und Zusammenleben werden immer vom Ausmaß des Vertrauens bestimmt. Deshalb sollte man hinsichtlich der gestellten Frage ggf. auch bereit sein, Verantwortung abzugeben. Trauen Sie dem anderen etwas zu!

Nur wenn man selbst soviel Überlegenheit besitzt, gleich *einem großen Fürsten voll Weisheit,* seiner Umgebung die Möglichkeiten zu bieten, Fähigkeiten und Talente zu zeigen bzw. zu entwickeln, wird man die Dinge so produktiv voranbringen, wie man es sich wünscht. Um es anders auszudrücken: Setzen Sie ›Helfer‹ ein, und mischen Sie sich in deren Arbeit dann nicht ein.

Sechste Linie

Großherzige Annäherung bringt Glück.
Kein Makel.

Hier stehen Sie irgendwie über den Dingen. Vielleicht sind Sie über den Gegenstand der Frage schon hinausgewachsen. Dennoch lassen Sie weiterhin Nähe zu der betreffenden Angelegenheit zu. Sie bringen es also auch jetzt noch fertig, an Menschen heranzutreten, wollen überzeugen und Standpunkte vermitteln.

Diese Haltung gleicht der eines Weisen, der noch einmal ins Leben tritt, um der Umwelt Hilfe und Unterweisung zu geben, obwohl er sich doch längst in die Berge oder in die Abgeschiedenheit hätte zurückziehen können. Dabei vergibt man sich nichts, und so ist die Situation ohne Erniedrigung. Sie hat auch nichts Herablassendes. Vielmehr sind Glück und Heil zu erwarten.

20. Kuan

Die Betrachtung (Die Beobachtung/Der Anblick)

Die Symbolik thematisiert im Hinblick auf unser Thema die Urteilsfähigkeit in Gefühlsdingen, Partnerschaftsfragen, Möglichkeiten der Selbsteinschätzung gegenüber dem anderen Geschlecht usw. In all diesen Dingen kann der Blick zeitweise oder längerfristig etwas verklärt sein (die berühmte ›rosa Brille‹). Oder man neigt zu Zerrbildern, die auf irgendwelchen Komplexen oder Mißverständnissen beruhen. Doch spricht einiges dafür, daß Sie in diesem Fall ein sicheres Gespür für die Dinge haben, wenn Sie bereit sind, sich mit Ihrer Beobachtungsfähigkeit und inneren Gefühlswahrnehmung überhaupt auseinanderzusetzen.

Was den Gegenstand Ihrer Frage betrifft, so sind Sie in einer gewissen Abwarteposition: erst einmal beobachten, was passiert, und dann weitersehen. Das wäre jedenfalls richtig und vernünftig – sich über die eigentlichen Bedingungen der Situation klarwerden.

Sollten Sie also von Ihrer Natur her zu schnellen Entschlüssen neigen, dann halten Sie ein wenig inne, um ein klareres Bild zu gewinnen. Übrigens weist das Hexagramm eine gewisse Ähnlichkeit mit einem Turm auf, wie er im alten China als Aussichtspunkt in der Landschaft üblich und gebräuchlich war. Man konnte von ihm aus alles gut beobachten, andererseits war er selbst – meist auf einem hohen Berge stehend – schon von weitem zu sehen. Erinnern Sie sich nur an Bilder von der chinesischen Mauer. In bestimmten Abständen gibt es auch da Türme, die eine Gedankenverbindung zur Form des vorliegenden Hexagramms erlauben.

Bezogen auf den Turm, der gesehen wird, ist im übertragenen Sinne gleichfalls der Gegenstand der Betrachtung gemeint, das Thema, um das es geht, oder ein Vorbild, zu dem man emporschaut. So mag Ihnen der Partner in mancher Hinsicht nacheifern, oder es gibt bestimmte Lebensfragen, bei welchen Sie ihn zum Vorbild nehmen – da, wo er etwas besonders gut macht, Persönlichkeit und Kompetenz besitzt.

Vorbildverhalten läßt sich übrigens auch darin entwikkeln, wie besonnen man sich über bestimmte Dinge Klarheit verschafft, wie ruhig man sie beobachtet, analysiert und beurteilt. Je klarer und reifer einem das gelingt, desto mehr Respekt und Achtung wird man in den Augen eines anderen bekommen – wobei es eine ganz andere Frage ist, ob er dies gleich einzugestehen bereit ist.

In seiner unbewegten Form deutet das Hexagramm darauf hin, daß Sie den Gegenstand der Frage noch tiefer und umfassender verstehen müssen. Lassen Sie die Dinge auf sich wirken, wenn Sie innerlich ganz ruhig sind. Versuchen Sie Aspekte zu erkennen, die Ihnen bisher vielleicht noch nicht deutlich waren. Sollte Ihnen etwas unklar sein, dann fragen Sie ggf. den geliebten Menschen oder auch andere. Vielleicht läßt sich Ihre Wahrnehmung so objektivieren.

Hieraus werden sich oft neue Verhaltensweisen und Einstellungen ergeben, die das Vertrauen in die eigene Person u. U. zu erhöhen vermögen, zumal wenn es einem gelingt, seiner Umgebung anschaulich zu machen, daß die eigene Perspektive nun entzerrt oder vollständiger geworden ist.

Das Urteil

Die Betrachtung.
Das Ritual des Händewaschens ist vollzogen.
Doch das Opfer steht noch bevor.
Vertrauensvoll blicken sie zu ihm auf.

An dieser Stelle wird deutlich, daß mit Beobachtung auch Sammlung gemeint ist, denn es ist an dieser Stelle der Moment nach der rituellen Waschung angesprochen – bevor der Gottheit die Opfergaben dargereicht werden. Nach R. Wilhelm galt es im alten China als der heiligste Augenblick, wenn Stille und Besinnung einkehrte. Es dürfte im Grunde ein Konzentrationsvorgang angesprochen sein, in dem man über die Zeitläufe in ihrem ewigen Reigen meditiert, eine innere Form der Betrachtung. Schweigen, das eine Brücke zur Ewigkeit bildet. Wer diese andächtige Haltung, das Leben wahrzunehmen, seiner Umwelt vermitteln kann, hat die Autorität eines Menschen, zu dem die anderen vertrauensvoll aufblikken.

Das Bild

Wind, der über der Erde weht: ein Bild der Betrachtung.
Die alten Könige besuchten die Weltgegenden,
beobachteten ihr Volk und spendeten Belehrung.

Auf der Erde ist Gras, und wenn der Wind über die Erde weht, wird es sich ihm beugen. Übertragen auf die Gesellschaft im alten China spricht diese Symbolik ihre eigene Sprache. Denn wie der Wind überall hinkommt, besuchten die Herrscher alle Landesteile. Sie beobachteten die Vorgänge im Volk, und so konnten sie nicht über die realen Verhältnisse in ihrem Reich getäuscht werden. Waren manche Sitten nicht nach ihrem Geschmack, so änderten sie die Dinge, wie auch der Wind die Kraft hat, das Gras unter seinem Einfluß zu beugen.

Für Partnerschaft und Gemeinschaft bedeutet dieser Vergleich, daß ein starker Mensch sich u. a. durch seinen Durchblick ausweist. Indem man viele Dinge realistisch einzuschätzen lernt, kann man mit der Zeit mehr und mehr Einfluß gewinnen. Je besser es einem Menschen also gelingt, seine Lebenszusammenhänge und alles, was ihn umgibt, frei von Hoffnungen, Ängsten und Wünschen objektiv zu beobachten, desto besser weiß er auch zu überzeugen. Mit anderen Worten: Man beobachte bei anderen zum Beispiel Mimik, Sprache, Reaktionen. Wie paßt alles zusammen? Wenn einem in der Hinsicht etwas auffällt, sollte man sich nicht scheuen, ggf. diskret nachzufragen: »Wie sieht es eigentlich wirklich in dir aus. Irgend etwas stimmt doch nicht. Komm erzähl mal.«

In menschlichen Beziehungen wird ein erfahrener Partner ein Gefühl für die Worte haben, die zwischen den Zeilen stehen, er wird Verbindungen zwischen verschiedenen Tatsachen herzustellen wissen und sehr oft ein gültiges Urteil besitzen, auf das er sich verlassen kann. Das ist das Geheimnis seiner Autorität und persönlichen Überzeugungskraft. Sie hängt eng mit einer guten Beobachtungsfähigkeit zusammen.

Erste Linie

Kindisches Betrachten.
Für gewöhnliche Menschen kein Makel.
Für einen Edlen beschämend.

Man kann die große Liebe manchmal mit den Augen eines kleinen Kindes betrachten. Man macht ›große Augen‹, hat infantile Regungen und versteht nicht die wirklichen Vorgänge der Situation. Für gewöhnliche Menschen mag es normal und in Ordnung sein, die Welt immer noch wie ein Kind wahrzunehmen, aus der Optik von irgendwann in der Jugend einmal erworbenen Fixierungen und Komplexen. Wer sich jedoch entwickelt und als reifer Mensch ernst genommen werden will (insofern ein Edler), der darf nicht mit der Naivität und den Verhaltensmustern eines Kindes an die Dinge herangehen. Versuchen Sie in diesem Sinne auch manches zu verstehen, was über den gewöhnlichen Horizont der Menschen hinausgeht, und verkennen Sie niemanden auf Ihrem Weg, der wirklichen Ernst besitzt.

Zweite Linie

Betrachten durch einen Türspalt.
Fördernd (von Nutzen) ist Beharrlichkeit für die Frau.

In diesem Fall wird eine Betrachtungsweise gezeichnet, wie sie dem Rollenverhalten – typisch Frau – vielleicht nur im Einzelfall noch entsprechen wird, das heißt, emotional, Dinge auf sich beziehend, subjektiv (gemäß dem Blick durch *einen engen Türspalt).* Aus heutiger Sicht würde man eher sagen, auch mancher Mann ist so. Doch gleichgültig, welchem Geschlecht man angehört: Menschen, die sich von engstirnigen Empfindlichkeiten emanzipieren wollen, sich insofern als entwickelte Persönlichkeiten verstehen, sollten weniger auf Worte oder irgendwelche Reize anspringen, vielmehr hinhören, was wirklich gesagt wird, differenzieren und abwägen.

Dritte Linie

Betrachtung meines Lebensweges entscheidet über Fortschritt und Rückzug.

Manche Menschen lassen sich von allen möglichen Dingen beeinflussen. Es erscheint ihnen in diesem Moment das eine richtig, dann das andere, je nachdem, was sie innerlich gerade bewegt und womit sie sich im Moment beschäftigen. So sind sie in ihrem Urteil von Stimmungen und vielfältigen Eindrücken abhängig. Gleichwohl ist dieser Standpunkt ziemlich auf sich bezogen. Man dreht sich im Kreise, wendet die Sache mal so und mal so. Zu einer Klärung trägt diese Haltung bestimmt wenig bei. Was dabei herauskommt, sind vielmehr Erscheinungen wie Unsicherheit, Grübelei und schlaflose Nächte. Wer indessen objektiv herausbekommen will, wie es weitergehen soll, der werfe einen Blick in die nähere und fernere Vergangenheit. Darin werden Entwicklung und Richtung deutlich. Man erkennt, was gerade sinnvoll sein wird, in den Wirkungen, die man auf die eine oder andere Weise hinterlassen hat. Entscheiden Sie sich aufgrund dessen, ob Sie mit irgend etwas weitermachen oder sich zurückziehen wollen.

Vierte Linie

Betrachtet das Licht des Reiches.
Fördernd (von Nutzen) ist es, als Gast des Landesherrn seinen Einfluß geltend zu machen.

Jemand erkennt Licht und Schönheit, die zum Beispiel in der gegenseitigen Begegnung liegen. Er sieht etwas Kostbares darin, den wahren Glanz, der durch Irrungen und Wirrungen des Alltags oft verdeckt wird. In Liebe und Hinwendung kann dieser Mensch die Gemeinschaft daher zu echter Blüte bringen. Deswegen soll er anderen nicht als Mittel zum Zweck dienen, sondern einen geehrten Platz in der Gemeinschaft finden.

Fünfte Linie

Betrachtung meines Lebens (Selbstbeobachtung).
Der Edle ist ohne Makel.

Ein bestimmter seelischer Entwicklungsstand hat damit zu tun, immer wieder einen Blick auf sich selbst zu werfen. Das ist die gelegentliche Bestandsaufnahme, das Bilanzziehen. Wie in der vorletzten Linie wird es auch in diesem Fall darauf ankommen, seine Urteilskraft nicht von Ahnungen, Stimmungen, richtigen oder falschen Gedanken abhängig zu machen. Vielmehr sollte man jetzt ebenfalls das eigene Wesen und Handeln aus seinen Wirkungen auf die Umwelt zu ergründen suchen. Während es in der vorhergehenden Situation um einen ›strategischen‹ Plan ging, ist hier die Selbstanalyse angesprochen: Habe ich mein Leben in bezug auf gewisse Dinge bisher richtig eingerichtet?

Sechste Linie

Betrachten des Lebens im allgemeinen.
Ein Edler ist ohne Makel.

Es scheint, daß Sie zu einer höheren Art von Objektivität vordringen, Menschen und Schicksal in der Vielfalt möglicher Situationen und Charaktere zu betrachten. Wie man sagt, kommt es ja oftmals nicht so sehr darauf an, die richtigen Antworten zu wissen, als die richtigen Fragen zu stellen. Und insofern mag die hier von Ihnen gestellte Frage selbst wegweisend sein für das, was vor Ihnen liegt. Wenn es Ihnen nun noch gelingt, sich einmal intensiver in andere hineinzuversetzen, die Welt aus deren Augen zu sehen, lassen sich die Probleme bzw. anstehenden Fragen lösen. Teilen Sie Ihrer Umgebung mit, wie Sie die Welt gerade durch die Brille der anderen wahrnehmen. Dabei muß man eigene Standpunkte nicht notwendig aufgeben, nur einfach in der Lage sein, auch andere Sichtweisen zuzulassen, befähigt sein, mit ihnen umzugehen und zu kommunizieren.

21. Shih ho

Das Kauen (Das Durchbeißen)

Für eine bestehende Partnerschaft, aber auch für Trennung und Kennenlernsituationen sind an dieser Stelle im Grunde mehrere Bedeutungen in der symbolischen Aussage möglich.

So mag eine Situation angesprochen sein, in der man einen ›seelischen Bissen‹ lange und gründlich kauen muß, damit er verdaulich wird. Das kann oft genug ein Stück Trauerarbeit sein. Etwas muß bewältigt und verarbeitet werden. Wenn man das hinter sich hat, kann man sich den Dingen meist schon unbelasteter stellen.

Zum anderen kann man auch die Zähne im Vordergrund sehen, die etwa in der Psychoanalyse etwas mit Durchsetzungsvermögen zu tun haben (gesunde Zähne = Behauptungsfähigkeit). Wer etwas durchkaut, kann es, indem er es verarbeitet, meist auch besser in seinem Sinne gestalten oder beeinflussen. Dieses Kauen wird oft sogar ein gemeinschaftlicher Vorgang zwischen Mann und Frau sein. Hierin kann auch die Möglichkeit von Streit enthalten sein, doch geht es um eine notwendige Reform, in der ein gerechtes und ausgewogenes Verhältnis zwischen den Beteiligten (wieder)herzustellen ist.

Begreift man das Ganze als ein gemeinsames Durcharbeiten (von Vergangenheit, Frustrationen, Hemmungen, Streitpunkten), wird eine distanzierte Versachlichung des Problems um so eher möglich sein: die Sache als gemeinsamen Arbeitsauftrag!

Das schließt Konsequenz und Deutlichkeit der Worte, die man sich ggf. zu sagen hat, nicht aus. Nur – sie müssen einer echten Gefühlslage entsprechen und sollen keine Waffe sein, um den anderen zu verletzen oder gar niederzumachen. Vielmehr geht es um eine ehrliche und offene Bestandsaufnahme.

Der Strich in der Mitte des Hexagramms steht für ein Hindernis, das sich zwischen die Lippen geschoben hat (R. Wilhelm). Um eine Vereinigung der Lippen herbeizuführen, bedarf es des energischen Durchbeißens des Hindernisses. Übersetzen wir: Angesprochen ist die Vereinigung zwischen Ihnen und Ihrem Partner, auf welcher Ebene auch immer. Manchmal kann es auch die Vereinigung zwischen Persönlichkeitsteilen sein. Dafür notwendig: Man muß sich durch etwas hindurchbeißen, durch Schwierigkeiten etc. hindurcharbeiten.

Ein anderer Gesichtspunkt kann am zutreffendsten wohl mit *Strafe* umschrieben werden. Donner (unten) und Blitz (oben) sind hier vereint. Der Gedanke an das reinigende Gewitter, wie wir es aus unserem Sprachgebrauch kennen, liegt nicht fern.

Während Hexagramm Nr. 6 – ›Der Streit‹ – einen Vergleich zum Zivilprozeß beinhaltet, ist hier der Strafprozeß angesprochen. Zumindest einer der Partner hat sich etwas zuschulden kommen lassen. In gewisser Weise wird er hierfür bestraft. Oder man muß sich – auch dies kann die Aussage des Hexagramms sein – den anderen als Delinquenten vorknöpfen.

Wie auch immer: Erhalten Sie das Hexagramm in seiner unbewegten Form, dürfen Sie sich auf keinen Fall um eine grundlegende Reform vielerlei Lebensumstände herummogeln. Leisten Sie allein oder gemeinsam, was an seelischen Verarbeitungs- und Verdauungsvorgängen nötig ist. Nach dieser Phase des Durchbeißens wird alles viel bekömmlicher sein.

Abschließend zum Vergleich mit dem Strafprozeß noch eines: Zwar haben auch Richter und Staatsanwälte – wenn man so will – einen Fall gründlich durchzukauen. Jedoch kann es für das Privatleben nicht bedeuten, daß eine anklagende Haltung dem Partner gegenüber sinnvoll wäre. Man steht gemeinsam vielmehr vor einem höheren Richter. Was zu tun ist, läßt sich auch mit freundlichen Zwischentönen bewältigen.

Das Urteil

Das Kauen (Durchbeißen) hat Gelingen.
Fördernd (von Nutzen) ist es, Gericht walten zu lassen.

Immer, wenn etwas der Vereinigung in der Liebe entgegensteht, kann man hierfür ein Hindernis ausmachen, das es rasch und entschieden durchzubeißen gilt. Dabei kommt es auf ein ruhiges und gleichermaßen kraftvolles Durchsetzen in der betreffenden Situation an. Unter solchen Umständen kann denn auch die richterliche Instanz, symbolisiert durch die fünfte Linie im Hexagramm, milde walten, während ihre Stellung ehrfurchtgebietend ist (R. Wilhelm).

Erregung (Dschun) unten und Klarheit (Li) oben wirken auf diese Weise ideal zusammen. Klarheit und Wahrheit werden ggf. durch Entschiedenheit, wie sie der Erregungsenergie entspricht, zum Recht verholfen, ohne daß man grundsätzlich eine drohende Gebärde einnehmen müßte.

Das Bild

Donner und Blitz: das Bild des Durchbeißens.
So erließen die alten Könige Gesetze und bestimmten die Strafen.

Zur Aufrechterhaltung von Recht und Gesetz werden Strafen erlassen. Die Klarheit des Blitzes symbolisiert dabei die Unterscheidungsfähigkeit zwischen kleineren und größeren Übertretungen. Es kommt also wesentlich auf die Verhältnismäßigkeit der Mittel an, mit denen man eine Reform der Verhältnisse bewirken will, sich gegen etwas zur Wehr setzt. Auf diese Weise gilt es sich Respekt zu verschaffen, ohne daß Strafen zum Selbstzweck werden dürfen.

Erste Linie

Seine Füße werden in den Block gesteckt,
daß die Zehen verschwinden.
Kein Makel.

Zwischen zwei Menschen kann oft Unrecht entstehen. Wird man dabei rechtzeitig in die Grenzen gewiesen, wird man hierdurch im Grunde nur gehindert, weiteres Unheil anzurichten. Man kann recht gut wieder auf den rechten Weg zurückfinden, ohne daß das menschliche Verhältnis erst unzuträglich belastet wird. Somit sollten Menschen sich auch immer rechtzeitig zur Wehr setzen. Dann wird der andere seine Schranken erkennen. In diesem Sinne beinhaltet die Linie auch eine Mahnung, sich nicht weiter zu verstricken. Bis jetzt sind erst *die Zehen im Strafblock verschwunden.*

Zweite Linie

In weiches Fleisch beißen: die Nase verschwindet.
Kein Makel.

Recht und Unrecht liegen eigentlich klar auf der Hand. Die Sache sollte an sich so einfach sein, als würde man durch *weiches Fleisch beißen.* Dennoch trifft man auf hartnäckigen Widerstand. Da spielt jemand den Unschuldigen oder geht zum Gegenangriff über. In der Wut des Augenblicks kann man daher leicht über das Ziel hinausschießen. Sehen Sie es so: Wenn die Nase beim Zubeißen verschwindet, verliert man den Spürsinn dafür, was angemessen ist und was nicht. Grundsätzlich befindet man sich jedoch im Recht. Vielleicht wird man die Sache im nächsten Anlauf genauso ruhig wie bestimmt klarmachen können. Übrigens: Hier kann auch ein innerer Zwiespalt in einem selbst gemeint sein, auch ein Widerstreit zwischen Neigung und Möglichkeit usw.

Dritte Linie

Kaut man getrocknetes Salzfleisch,
so stößt man auf Gift.
Kleine Demütigung.
Kein Makel.

Mit dem Begriff ›Dörrfleisch‹ wird eine alte Sache umschrieben, die Anlaß zum Streit geben wird (Das alte Fleisch ist verdorben). Leider ist man nicht mit genügend Autorität ausgestattet, die Angelegenheit zur persönlichen Zufriedenheit durchzubringen. Es entspricht auch dem Gedanken an giftiges Fleisch, daß man sich Erbitterung bei der ganzen Sache zuzieht. Darin liegt eine kleine Demütigung. Doch man bleibt ohne Makel, da es schon sinnvoll und richtig war, sich mit der Angelegenheit auseinanderzusetzen.

Vierte Linie

Kaut man getrockneten Knorpel,
so erhält man Metallpfeile.
Beharrlichkeit und harte Arbeit sind fördernd
(von Nutzen).
Glück und Heil.

Hier liegt ein gehöriges Stück Arbeit vor Ihnen. Sie müssen sich, wie zu erwarten ist, durch einen ansehnlichen Berg von Schwierigkeiten hindurcharbeiten. Wenn Sie dabei ausdauernd sind, werden Sie Erfolg haben. Dazu brauchen Sie die Festigkeit von Metall und die Geradheit eines Pfeils. Machen Sie sich, was vor Ihnen liegt, klar, um dann hoffnungsvoll an die Sache heranzugehen.

Fünfte Linie

Man beißt festes Fleisch.
Er erhält gelbes Gold.
Ständig der Gefahr sich bewußt sein.
Kein Makel.
Der Konflikt ist ziemlich einfach zu beurteilen, jedoch könnte der ›Prozeß‹ noch schwierig werden. Man sollte hierbei die goldene Mitte suchen, weder zu nachgiebig noch zu hart sein im Auftreten. Das gilt übrigens auch für den Umgang mit eigenen Fehlern. Man sei unvoreingenommen, aufrichtig und echt wie Gold.

Am besten läßt sich diese Linie mit einem Richter vergleichen, der milde nach den Hintergründen eines Falles forscht, ausgewogen seinen Urteilsspruch fällt und sich Respekt zu verschaffen weiß, wenn es darauf ankommen sollte.

Sechste Linie

Sein Hals steckt in einem hölzernen Kragen,
so daß die Ohren verschwinden. Unheil.
Wer nicht hören will, muß fühlen. Tatsächlich geht es hier darum, daß man taub für wohlgemeinte Ratschläge geworden ist. Hat diese vielleicht auch niemand direkt ausgesprochen, so weiß das Schicksal doch zwischen den Zeilen recht eindrucksvoll Wink und Hinweis zu geben. Das hat seine eigene Sprache. Ist man hierfür nicht sensibel, führen die unbewußten Kräfte gleichsam eine strafende Situation herbei.

22. Pi

Die Anmut (Der Schmuck)

Wir wissen: In jeder kleinsten Geste eines Menschen kann Anmut liegen. Es ist eine Poesie des Ausdrucks, die dann ganz selbstverständlich und mühelos wirkt. Gerade weil sie so unaufdringlich in Erscheinung tritt, ist sie in der Lage, Gefühle und positive Empfindungen anderer auf uns zu lenken.

Man erkennt die Persönlichkeit, wie sie gelegentlich auch in einer scheuen Bewegung hindurchscheint. Und selbst im Unscheinbarsten drückt sich oft etwas Geheimnisvolles aus, das sich am besten mit Anmut umschreiben läßt.

Beobachtet man etwa die Bewegungen einer Frau aus südlichen Breiten, wenn sie eine schwere Last auf dem Kopf trägt, so ist alles recht fließend, aber auch sparsam im Kraftaufwand und Bewegungsumfang. Nichts ist übertrieben oder überflüssig. Insofern handelt es sich um eine bestimmte Ökonomie der Bewegung. Sie ist ganz natürlich und korrespondiert mit einer unverfälschten Gemütshaltung, die einen unaufdringlichen, echten Charme besitzt.

Sicher kommt es nicht von ungefähr, wenn man sagt, wahre Schönheit käme von innen. Ein besonders ausgeprägtes Gefühl dafür haben die alten Chinesen besessen. Sie legten – um es einmal so auszudrücken – immer besonderen Wert auf den Inhalt, während die Form oder Verpackung erst in zweiter Linie wichtig war. So geht es an dieser Stelle um die Schlichtheit der Gefühle, um das Echte und Eigentliche.

Das Hexagramm macht u. a. die Wertvorstellungen von Partnern zum Gegenstand der Betrachtung. Ist man zum Beispiel mehr auf Äußerlichkeiten bedacht, oder hat man Sinn für das Wesentliche? Aber auch: Bilden zwei

Menschen ein anmutiges Paar, das heißt, strahlen sie eine natürliche Anziehungskraft aus? Schließlich: Gibt es vielleicht eine bestimmte Anmut (Eleganz), mit der ich im Moment meine Ziele und Pläne umsetzen kann?

Es ist nicht uninteressant, welche Bedeutung das Wort ›Eleganz‹ im Sprachgebrauch einer neuen Psychologierichtung hat. Es bedeutet hier, mit möglichst wenig Aufwand möglichst komplexe Dinge bewältigen zu können. Zum Beispiel: Eine sprachliche Formulierung kann in diesem Sinne ›elegant‹ sein, wenn sie mit wenig Umschreibungen einen umfassenden Zusammenhang zutreffend, einfach und schön ausdrückt.

Es handelt sich im Grunde um ein Urprinzip, das die Chinesen im I Ging in eine ebenfalls sehr einfache, klare und eindrucksvolle Symbolik gebracht haben. Das Hexagramm ›Anmut‹ betont das Sparsame, das Schlichte und gleichzeitig Niveauvolle. Urteil und Linien bringen allesamt diese Gesichtspunkte zum Ausdruck.

In seiner unbewegten Form erscheint der Aspekt Anmut überbetont. Eine zulässige Interpretation ist sicher die, daß Ästhetik und Äußerlichkeiten gegenwärtig zu sehr im Mittelpunkt der Aufmerksamkeit stehen. Im Hinblick auf die gestellte Frage könnte substantiell jedenfalls etwas fehlen. Insofern liegt der Gedanke an Illusion, Seelenkitsch oder romantische Irrtümer nahe. Es kann allerdings auch unverfänglichere Bedeutungen haben. Dann sagt das Hexagramm vielleicht aus: Eine wunderschöne Sache, allerdings sollte man keine weltbewegenden oder umwälzenden Dinge erwarten. Schließlich können musische Gesichtspunkte bei einer Fragestellung im Vordergrund stehen, zum Beispiel: Wäre Malerei ein schönes gemeinsames Hobby, oder kann die Kunst uns verbinden? In solchen Fällen macht das unbewegte Hexagramm positive Deutungen plausibel.

Das Urteil

Anmut hat Gelingen (Erfolg).
Im Kleinen ist es fördernd (von Nutzen),
Dinge zu unternehmen.

Hier ist der ganze Gedankengang sehr schön in ein paar Worten zusammengefaßt. Wohl hat die Ästhetik ihren Platz, doch hat sie eher im Kleinen ihre Bedeutung, sollte also nicht aufdringlich hervortreten, den Inhalt nicht verdrängen. Es gibt oft Wichtigeres, und in der Sparsamkeit, man könnte sagen, im Weglassen, zeigt sich wahre Anmut (Weniger ist mehr).

Das Bild

Feuer leuchtet am Fuß des Berges: Das Bild der Anmut.
So klärt der Edle die gewöhnlichen Angelegenheiten, aber er unterläßt es, danach Streitfragen zu beurteilen.

Vergleichbar einem Sonnenuntergang im Gebirge, bildet Feuer am Fuße des Berges ein Bild der Anmut. Dieser Eindruck kann sehr bewegend sein. Doch ansonsten sollen Fragen der Schönheit im Leben eine eher zweitrangige Bedeutung besitzen. Etwa auf Liebe und Partnerschaft übertragen, könnte das heißen: Es wird im Normalfall heikel sein, unbedingt einen Streit daraus zu machen, was der Partner gerade anzieht. Sehr oft wird er Schwerwiegenderes im Kopf haben, als sich gerade damit zu beschäftigen. Das Hexagramm könnte ein Hinweis darauf sein. Umgekehrt kommt es nicht auf schöne Worte an, die jemand macht, wenn nicht die Taten folgen. In ähnlicher Weise lassen sich sehr viele Dinge richtig und sinnvoll beurteilen.

Erste Linie

Schmückt seine Zehen und verläßt den Wagen.
Er geht lieber zu Fuß.
Mit ganz einfachen Mitteln vorzugehen, ist in diesem Fall das Beste. Man verläßt sich auf seine eigene Kraft, findet es im übertragenen Sinne viel ›anmutiger‹, *zu Fuß zu gehen.* Das bedeutet andererseits eine Aufforderung, nicht dem Weg des geringsten Widerstands zu folgen (wie schön einfach ist es doch im Wagen) und sich auch nicht demonstrativ herauszustellen (hochherrschaftliches Auftreten in der Karosse). Man vertraue vielmehr ganz schlicht seiner Persönlichkeit und seinem Charakter. Ein wenig erinnert die Linie an das für heutige Ohren gewiß spießig klingende ›Lehrjahre sind keine Herrenjahre‹, in dem – würde man es nur in etwas anderer Diktion ausdrücken – doch ein Gutteil Wahrheit steckt.

Generell gesagt: Man befindet sich in einer Anfängerposition, muß etwas erst aufbauen, an vieles erst einmal ganz mühsam herangehen.

Zweite Linie

Schmückt seinen Kinnbart.
Wieder ein recht origineller Vergleich: Der Kinnbart ist nichts Eigenständiges. Nur indem man seinen Kiefer bewegt, geht der Kinnbart ebenfalls hin und her. Denkt man zu sehr daran, diesen zu schmücken und zu pflegen, versäumt man womöglich innere Entwicklung. Mit anderen Worten: Die Form soll nicht wichtiger als der Inhalt werden, der Schmuck des Menschen keine größere Bedeutung gewinnen als seine Seele. Das läßt sich auf Prestige und Ansehen übertragen, auf die Gesellschaftsspiele der Eitelkeit und alle möglichen Nebensächlichkeiten, die oft ein übersteigertes Gewicht bekommen.

Die Linie bringt aber nicht allein zum Ausdruck, daß Schmuck und Zierat nicht zum Selbstzweck werden sollen, sie beinhaltet in manchen Fällen auch, daß es wichtig sein könnte, die Maske abzulegen, hinter der man sich im Alltag oft verbirgt. Denken wir daran: Lieben heißt, mit jemandem intim sein, kein Versteckspiel treiben und auch keinen Firlefanz herausstellen. Man achte auf das Ungekünstelte und Echte.

Dritte Linie

Schmuck mit Feuchtigkeit.
Ausdauernde Beharrlichkeit bringt Glück (Heil).
Es ist beinahe so, als wenn man von der Schönheit eines Augenblicks zu Tränen gerührt wäre oder als ob man sich in einer irgendwie verklärten Situation befände. Wenn das auch seinen Zauber und Charme hat, sollte man dennoch nicht in Schönheit versinken.

Entspannung tut im Moment sicher gut. Doch dann gilt es, sich auch wieder beharrlich mit den Angelegenheiten des Alltags auseinanderzusetzen. Im Grunde geht es um das Erfordernis, Genußfähigkeit nicht auf Kosten der Leistungsfähigkeit auszuleben. Zum Beispiel: Wer verliebt ist, muß auch arbeiten und darf nicht gänzlich von seinen Gefühlen beansprucht werden.

Vierte Linie

Schmuck oder Einfachheit?
Ein weißes, geflügeltes Pferd.
Er ist kein Räuber, will freien zur Frist.
Ein Gewissenskonflikt: Soll ich mich für Glitzer und Glamour entscheiden – wird es doch eventuell gerade jetzt möglich, all meine bunten Träume zu verwirklichen? Oder soll ich mich mehr meinen inneren Bindungen verpflichtet fühlen, Dingen, die nach außen vielleicht gar nicht so viel hermachen, die mir aber im stillen doch recht wichtig sind?

Je mehr man darüber nachdenkt: Der Zweifel beinhaltet schon die Antwort. Im oberflächlichen Getriebe findet sich nicht das, worauf es wirklich ankommt – auch dann, wenn man sich gerade so richtig *in* fühlen könnte, wenn man nach außen arbeiten würde und in der Lage wäre, seine Gewissenskonflikte zu verdrängen.

Doch irgendwann würde sich bestimmt herausstellen: Es gibt Bleibenderes, und das hätte man dann verpaßt. Da deutet das weiße Pferd als Symbol auf das Eigentliche, das Schlichte und Wahre, das gleichzeitig Stärke beinhaltet. Es wird zu einer Erfahrung, die weit über den Augenblick und sich zur Zeit anbietende Trivialgenüsse hinausführt (Das Pferd hat Flügel). Die Linie gibt hiermit Hinweis auf den treuen Kamerad, den hilfreichen Gedanken oder auf das aufrechte Wort. Der Gedanke der Ehrlichkeit steckt in dem Zusatz: *will freien zur Frist.*

Fünfte Linie

Schmuck in Hügeln und Gärten. Ein kleines, armes Seidenbündel.
Beschämung, doch schließlich Heil.

Denken Sie an die von Ihnen gestellte Frage, werden Sie Gedanken haben wie etwa: Trubel oder Partylärm habe ich doch eigentlich satt. Man könnte auch sagen: Der Sekt im Glas bekommt einen schalen Geschmack. Schnickschnack und Trallala sind im Moment ein Graus.

Erholsame Spaziergänge in der Natur, bei denen man ungestört seinen Gedanken nachhängen kann, würden jetzt viel besser tun. Das ist die ›Einsamkeit‹ der Höhenzüge, deren schlichte Anmut etwas Ergreifendes haben kann und sich im Gegensatz zu dem befindet, was sich etwa auf lustigen Gartengesellschaften bietet *(Schmuck in Hügeln und Gärten).*

Wenn Sie sich jetzt abseits vom Lärm der Welt bewegen, haben Sie Gelegenheit, einer bemerkenswerten Persönlichkeit zu begegnen. Vielleicht ist es auch ein tiefes inneres Erlebnis oder der Gedanke, künftig grundlegend etwas anders zu machen. Was man solchen Eindrücken entgegenzusetzen hat, mag einem wie *billige Seide* vorkommen, und deshalb fühlt man sich zunächst ein wenig beschämt. Doch es kommt nicht auf den Augenschein an, wie man sich selbst als Mensch sieht – was man glaubt geleistet zu haben oder an ethischer Haltung vorweisen zu können. Viel wichtiger sind die tieferen Motivationen, das echte Bemühen um Wahrhaftigkeit. Daran wird man schließlich gemessen und entsprechend auch angenommen.

Sechste Linie

Einfacher Schmuck. Kein Makel.
In Ihrer Beziehung, wahrscheinlich auch in Ihrem ganzen Denken und Fühlen zeigt sich – soweit es den Gegenstand Ihrer Frage beinhaltet – etwas, das man zutreffenderweise als schlichte Anmut bezeichnen könnte. Alles ist einfach und klar, auf das Wesentliche begrenzt. Es ist eine nicht ansprüchliche Eleganz in Ausdruck und Verhalten zu finden. Das wirkt in seiner menschlichen Haltung schön und wahr.

23. Po

Der Verfall

Das Hexagramm erinnert u. a. an ein Haus, das zwar Wände und ein Dach, aber kein Fundament hat. Bezogen auf Liebe und Partnerschaft kann das etwa bedeuten: Die Art und Weise, wie Sie sich jemandem nähern, wird möglicherweise auf ähnlich unsolider Grundlage beruhen, oder es ergeben sich Störungen von außen her. So mag in der Art Ihrer Beziehung etwas sein, was die Seele zum Kränkeln bringt: Liebeskummer, Frust und Entsagungen sind in diesem Fall nicht ausgeschlossen, eher wahrscheinlich. Wie die Dinge im Moment liegen, dürfte etwas faul sein, wobei das Wort ›faul‹ wörtlich zu nehmen ist – ein Prozeß der Zersetzung und des zumindest tendenziellen Verfalls.

In einer aktuellen Krise deutet die Symbolik auf tiefer liegende Ursachen hin. Fehlverhalten dürfte meist genauso im Spiel sein, wie Wege des Schicksals sich unglücklich gekreuzt haben. Das Knäuel der Problematik wird auch nicht leicht zu entwirren sein. Versuchen Sie die Hintergründe daher in Ruhe und Gelassenheit zu ergründen. Im Moment werden die Launen des Schicksals leider gegen Sie gerichtet sein. Doch überlegen Sie auch einmal, inwieweit Sie selbst Anteil an der bestehenden Situation haben, oder wie sich ungünstige Entwicklungen vermeiden lassen, wenn Sie etwa nach Chancen im Vorwege fragen.

Damit die Dinge sich zu Ihren Gunsten entwickeln, läßt sich zur Zeit leider nicht mehr tun, als im stillen zu wachsen und zu reifen.

Ansonsten muß man die Zeit für sich arbeiten lassen, bis die lichten Seiten des Lebens wieder mehr zur Geltung kommen. Ein Trost sei mitgegeben: Auf jeden Winter folgt ein Frühling, auf jede Nacht folgt ein Tag. Denken Sie daran: Das folgende Hexagramm heißt ›die Rückkehr‹ bzw. ›die Wiederbelebung‹. In dieser Aufeinanderfolge spiegeln sich die natürlichen Zyklen des Lebens. Und gerade wenn es einem sehr schlecht geht, sollte man daran denken.

Das gilt besonders dann, wenn man das Hexagramm in seiner unbewegten Form als Aussage zu einer bereits bestehenden Situation erhält, je nachdem also, ob in Ihrer Frage Gegenwart oder Zukunft angesprochen ist. Sollte die Antwort auf momentane Verhältnisse zu beziehen sein, so sollten Sie Wert darauf legen, anderen Gutes zu tun und die positiven Kräfte in Ihnen zu entwickeln. Auf diese Weise werden Sie das Tal, in dem Sie sich gegenwärtig befinden, vielleicht schon bald wieder überwunden haben. Falls Sie in Ihrer Frage aber einen Blick in die Zukunft erwartet haben, so sollten Sie das Hexagramm als deutliche Warnung verstehen.

Das Urteil

Der Verfall. Es ist nicht fördernd, etwas zu unternehmen.

Unten die Erde (das Weiche, Empfangende), sprich Fügsamkeit, oben der Berg (das Unbewegliche, die Ruhe) oder die Stille. Hieraus ergibt sich der Eindruck, daß jemand sich den Verhältnissen fügt und sie in Stille erträgt. Es ist somit keine Zeit des Agierens, sondern des Abwartens kosmischer Zyklen. Jetzt ist die Phase, da das Dunkle, das Schattenhafte und Niedere im Vordergrund steht. Die Wende zum Besseren wird allerdings irgendwann stattfinden, und sie gilt es innerlich vorzubereiten. Wenn man so in aller Ruhe seine charakterliche Stärke fördert, kann man guten Gewissens abwarten, bis eine andere Zeitqualität eintritt, die das Hohe und Edle wieder fördert.

Das Bild

Der Berg auf der Erde. Ein Bild des Verfalls.
Die oben sind, sollten mit Wohlwollen an jene denken, die unten sind.

Folgender Gedanke liegt dieser Aussage zugrunde: Eine steile, schmale Bergzacke ist bald durch Wind und Witterung abgetragen. Ungünstigenfalls läßt auch die Korrosion sie einstürzen, zu Geröll zerbröckeln.

Je breiter die Basis ist, je größer also die Fläche, die ein Berg bedeckt, desto sicherer steht er im Laufe der Zeiten. Im übertragenen Sinne bedeutet das: Man erhebe sich nicht stolz über die anderen, sondern erweitere seine soziale Plattform, das, was einen mit den anderen verbindet: gemeinsame Interessen, Erlebnisse, aber auch Fähigkeiten und gesellschaftliche Kontakte, die man einbringen kann und die für das Miteinander fruchtbar sind. Wenn man daran arbeitet, ergeben sich gedankliche Parallelen zu den großen Herrschern, die früher dem Volk gespendet haben, und aus dem Gesichtspunkt des Zusammenhaltens ergibt sich die Überwindung von Belastungen. So wird ein Fundament aufgebaut, das irgendwie tragfähiger ist als die gegenwärtigen Verhältnisse.

Erste Linie

Der Fuß des Bettes wird unterhöhlt.
Wenn man dennoch beharrlich ist: Unglück.
Das Bett als Ort, an dem man sich erholen kann, verliert seine Eigenschaften, die für eine Ruhestätte sprechen. Die an das Orakel gerichtete Frage könnte also Dinge beinhalten, die schlaflose Nächte erwarten lassen. Etwas ist auf jeden Fall nicht in Ordnung. Bald könnte es mit der Ruhe sogar gänzlich vorbei sein. So ungünstig die Zeichen der Zeit im Moment auch stehen, bleibt einem kaum mehr, als zu warten.

Zweite Linie

Der Rahmen des Bettes wird morsch.
Wenn man trotzdem Beharrlichkeit zeigt: Unglück.
Man kann sagen: Verdrängungen und Komplexe spuken nachts durch die Träume. Die Seele hat in diesem Zustand schon mehr als einen leichten Schnupfen abbekommen. Doch noch neigt man zum Beispiel aus Selbstgerechtigkeit dazu, die stärker werdenden Zeichen des Verfalls zu ignorieren. Wenn man so weitermacht, bestimmte Dinge nicht wahrhaben zu wollen, kann alles noch recht bedrohliche Formen annehmen.

Dritte Linie

Auseinanderfallen. Kein Makel.
Hier löst man sich ganz gut von ungünstigen Einflüssen. Dadurch gerät der Mensch in Widerspruch zu den Verführungen der Vergangenheit, was zunächst in erheblichem Maße irritieren könnte. Dennoch sucht man nach klaren charakterlichen Orientierungen. Leitbilder, die Integrität verkörpern, angemessene Ideale und menschlich intakte Beziehungen können in solchen Augenblicken hilfreiche Vorbilder sein. Noch ist die Sache zwar nicht ganz ausgestanden, aber es bewegt sich schon wieder was.

Vierte Linie

Das ganze Bett ist morsch. Es greift den Körper an.
Unglück.
Die negative Entwicklung befindet sich auf dem Höhepunkt. In diesem Fall kann der Leidensdruck so stark werden, daß man ernsthafte Maßnahmen ergreifen sollte. Am besten, man spricht mit einer fachlich geschulten oder menschlich erfahrenen Person über die Sache. Als Entscheidungshilfe (etwa im Vergleich möglicher Verhaltensalternativen) bedeutet die vorliegende Linie ein großes Stoppschild: In diese Richtung nicht weitergehen!

Fünfte Linie

Ein Schwarm Fische. Gunst kommt durch die Frauen des Palastes.
Alles bringt Glück (ist förderlich).
Fische drücken in diesem Fall die gesunde Instinktwelt aus, die sich etwa in nächtlichen Träumen mitteilen kann. Menschliche Schwächen führen keinen inneren Kampf mit den moralischen Instanzen der Psyche. Vielmehr ordnet sich das Schwache (symbolisiert z. B. durch Tiefe, Fische, Unbewußtes) der eigenen menschlichen Reife unter. *(Der Schwarm* wird dem Herrscher durch *die Frauen des Palastes* zugeführt.) Weiche, empfindsame Elemente (die Anima) stellen die Verbindung zu den Führungseigenschaften und entwickelten Persönlichkeitsstrukturen her.

In klassischer Lesart läßt sich das ergänzen, indem man sagt, die Königin führt ihre Dienerinnen dem König zur Huldigung vor. Damit sind Zeichen gegeben, daß in Zukunft versöhnliche und spannungslösende Momente zu erwarten sind, da sich die empfänglichen Seiten der Seele mit Moral, Gesetz und Über-Ich mehr im Einklang befinden. Mit anderen Worten: Es zeigt sich ein guter Weg an, für den man dankbar sein darf.

Sechste Linie

Eine große Frucht ist ungegessen.
Der Edle erwirbt einen Wagen.
Dem minderen Mann zerfällt das Haus.
Die Kräfte des Chaos sind zur Ruhe gekommen. Das ist mit dem Augenblick vergleichbar, an dem eine überreife (schon faulende) Frucht zu Boden fällt. Der Same kann jetzt die Erde befruchten.

Wer während der ganzen Zeit innere Festigkeit entwikkelt hat, wird jetzt für seine Ausdauer belohnt. Man erfährt öffentliche Anerkennung (fährt in der Stadt wie in einem Wagen umher), was zum Beispiel bedeuten mag, daß Sie endlich nach langer Zeit wieder Komplimente ernten, auch Fremde Ihnen mehr Respekt bekunden, vielleicht sogar Gegnerschaft oder Entfremdung gut überwunden werden können. Wahrscheinlich haben Sie innerlich etwas Wesentliches überwunden. Ihr großer Gegner waren in gewisser Weise nämlich Sie selbst, wenn Sie sich im Wege standen. Forschen wir nicht weiter nach Ursachen, ob verdrängte Aggressionen oder andere Gefühle eine Rolle gespielt haben. Wichtig ist, daß Sie jetzt positiv weitermachen können. Dann werden Sie sehen, daß auch in der Außenwelt vieles anders wird. *(Das Haus* Ihrer Gegner *bricht zusammen.)* Das Negative – wie Mißgunst in Ihrer Umgebung etc. – scheitert an seinen eigenen Konsequenzen. Etwas ist ausgestanden.

24. Fu

Die Rückkehr (Die Wiederbelebung)

Wir begegnen mit dem vorliegenden Hexagramm dem Zeichen der Sommersonnenwende. Die lichten Kräfte, die im vorhergehenden Symbol verschwunden waren, kehren nun ins Leben zurück, um einen neuen Zyklus des Reifens und Werdens entstehen zu lassen. Wo in menschlichen Beziehungen bislang vielleicht Mißtrauen, Feindschaft oder Gleichgültigkeit geherrscht hatten, findet nun die Rückkehr zu glücklicheren Verhältnissen statt. Es kann auch sein, daß man – ganz neutral gesehen – zu alten Gewohnheiten zurückfindet oder daß der Begriff *Rückkehr* ganz wörtlich zu verstehen ist. Etwa so: Zwei Partner, die vorher getrennt waren, finden wieder zusammen. Je nach Fragestellung kann das Hexagramm aber auch etwas anderes bedeuten. Etwa: Ich finde zum Junggesellendasein zurück, oder die Antwort bezieht sich auf einen anderen Lebensabschnitt, an den man wieder anschließt.

Dabei dürfte eines nicht unwichtig sein: Sicher gab es gute Gründe, weshalb man sich zum Beispiel getrennt hat. Wenn gegenseitig nun eine Annäherung stattfindet, sollte man die neuentstandene Gemeinsamkeit absichern. Gleichzeitig ist zu überprüfen, ob noch Belastendes von früher im Raum steht, woran man ggf. zu arbeiten hätte, und zwar ruhig und sachlich, mit einem offenen Wort, wo es gefordert ist, aber auch mit etwas Gespür für die Sensibilitäten des anderen.

Zwar kann es nicht Sinn der Sache sein, um den heißen Brei herumzureden, dennoch lassen sich Fettnäpfchen soweit umgehen, daß man nicht mittenhinein spaziert. So ist die Zeit der Wiederkehr ganz allgemein dadurch gekennzeichnet, daß zarte Bande neu geknüpft werden, daß eine Entwicklung, die erneuten Anschluß an Früheres bedeutet, in wesentlichen Bedingungen zu stabilisieren ist.

Die zarte Pflanze der Liebe braucht jetzt besonders viel Zuwendung, Pflege und Aufmerksamkeit. Es ist nicht die Zeit des Drängens und schneller Ergebnisse. Wie in der großen Weltpolitik geht es vielmehr um ›vertrauensbildende Maßnahmen‹, auch gilt es die Sprache der Diplomatie zu üben. Merkwürdigerweise wird das oft mit Leisetreterei verwechselt, was hier aber selbstverständlich fehl am Platze wäre. Ein neuer Start soll ja kein Reinfall werden. Der wäre aber bestimmt zu erwarten, wenn jemand sich selbst verleugnet.

Die Kunst liegt vielmehr darin, sich in bestimmten Momenten möglichst geschickt auszudrücken. Dabei kann man durchaus eigene Interessen wahren, besonders wenn sie sozusagen ›lebenswichtig‹ sind. Der Engländer würde etwa von *essentials* sprechen, essentiell wichtige Grundlagen, von denen für einen Menschen alles weitere abhängt – inwieweit er zu persönlicher Entfaltung fähig ist, für sich Luft zum Atmen findet, ein wenig glücklich sein kann und über Energien verfügt, für den anderen da zu sein.

Sich darüber zu verständigen, kann jedoch sehr gut in entspannter Tonlage geschehen. Und wenn man ein Gespür für Nuancen hat, wird man auch herausbekommen, in welchem Moment so etwas günstig ist oder wann es alles zerstören könnte. Es heißt allerdings nicht, notwendige Aussprachen auf den Sankt-Nimmerleins-Tag zu verschieben. Einfach nur abwarten, bis sich das Gespräch über bestimmte Dinge ganz natürlich anbietet. Die Zeit dafür wird sicher kommen.

Vermeiden Sie in Zeiten der Wiederannäherung auch Reizworte, die den anderen irritieren oder auf die er mit Sicherheit ärgerlich reagiert. Man kann für jeden Sachverhalt auch Umschreibungen finden, die mehr der Sprache seines Gegenübers (hier: der geliebten Person) entsprechen.

Natürlich müssen Einfühlsamkeit und umsichtiges Verhalten auf Gegenseitigkeit beruhen. Doch wird es nichts schaden, ein wenig Vorleistung zu bringen. Sicher hat auch jeder seine Schmerzgrenze. Doch wenn die von einer Seite etwa allzu kraß überschritten würde, wüßte man ohnehin gleich: Es hat keinen Zweck. Eine Schwalbe macht noch keinen Sommer. In dem Fall wäre es nur ein kurzer Frühlingsschimmer gewesen, der eine Annäherung versprach. Wenn Sie das Hexagramm – besonders in seiner unbewegten Form – erhalten, ist es jedoch ein positives Zeichen, das eher vermuten läßt, daß Sie und Ihr Partner echte Chancen haben, miteinander wieder ins reine zu kommen. Das bezieht sich natürlich auch auf fällige Wiederannäherungen nach kurzen Zwischenspielen, ohne daß also dramatische Dinge vorhergegangen wären.

Das unbewegte Hexagramm wird aber auch immer etwas nachdenklich machen. Es kann nämlich sein, daß Sie eine Lebensphase wiederholen, die Lernstoff beinhaltet, den Sie noch nicht abgeschlossen haben. Oder es handelt sich um Dinge und Zusammenhänge, die ganz eigentümlich zu Ihrem Dasein dazuzugehören scheinen, etwas, das irgendwie Teil eines tieferen Lebensmusters sein wird. Lernen Sie dann zu akzeptieren oder verstehen, was auch ein Teil von Ihnen ist. Sollte das Hexagramm positive Gefühle in Ihnen auslösen, dann gehen Sie mit einem vorsichtigen Optimismus in die Situation. Wenn Sie bereit sind, das Ihre dabei zu lernen, und wenn Sie sich einigermaßen behutsam im Umgang mit gegenseitigen Gefühlen zeigen, haben Sie recht gute Chancen.

Das Urteil

Rückkehr: Gelingen (Erfolg).
Man geht weg und kehrt zurück ohne Schaden.
Freunde kommen ohne Makel.
Hin und her führt der Weg.
Am siebten Tag kommt die Wiederkehr.
Es ist fördernd das zu haben, wohin man geht.

Eine kreisläufige Bewegung (hin und her geht der Weg) ist in dieser Aussage angezeigt. Deshalb braucht man auch nichts zu überstürzen. Man war weg und kommt nun wieder. Ballast von früher wird abgebaut, und neue positive Elemente können in Beziehung bzw. Partnerschaft eingeführt werden. Das entspricht ganz der Zeit, und man sollte den Dingen die Chance geben, sich organisch weiterzuentwickeln. Dabei vollziehen sich die zugehörigen Bewegungen in Stufen, angedeutet durch den periodischen Begriff *am siebten Tag.* Die Bewegungsrichtung, die sich durch die exakte Fragestellung und das darauf bezogene Hexagramm ergibt, ist förderlich. Wohin die Dinge sich entwickeln, dort ist etwas, das man haben sollte.

Das Bild

Donner in der Erde: ein Symbol der Rückkehr.
In alten Zeiten schlossen Könige die Straßen während der Wintersonnenwende.
Kaufleute und Reisende unterbrachen ihre Wege.
Herrscher besuchten ihre Gebiete nicht.

In dieser Symbolik wird das Feiern einer Ruhezeit nachgezeichnet. Die Lebenskraft des Donners hält sich noch in der Erde verborgen und kommt erst allmählich nach oben. Daher braucht sie auch Ruhe und Geduld. Sie muß sich irgendwie regenerieren und die Möglichkeit haben, im Laufe der Zeit (in der kommenden Jahreszeit) wieder stark zu werden. Daher sollte alles schonend und rücksichtsvoll vor sich gehen – gerade auch in Gefühlsdingen.

Erste Linie

Rückkehr aus geringer Entfernung.
Reue brauchst du nicht. Großes Glück.
Es steht eigentlich überhaupt noch keine Entfernung der neuen Einheit im Wege. Auch ist man innerlich unmerklich nur von seinem Weg abgewichen. Ein paar ›Ausrutscher‹ sind im Leben ohnehin nie ganz zu vermeiden. Doch ist man andererseits dazu aufgefordert, unablässig zu reifen und zu wachsen. Daher sorge man beizeiten auch dafür, im Herzen keine bitteren Gedanken zu behalten und an seinen Fehlern zu arbeiten. Falls Ihre Intimität nicht dadurch gestört wird, kann eine aufrichtige und vertrauensvolle Aussprache ebenfalls solche Entwicklungen unterstützen. Hierbei sollte man noch einmal darauf achten, eine Atmosphäre aufzubauen, in der beide aneinander lernen können.

Wichtig ist es, alles zu vermeiden, was offensichtlich oder insgeheim verletzen könnte. Selbst in gut gemeinte Kritik schleichen sich doch allzu leicht immer wieder kleine Bosheiten ein. Oft liegt es daran, daß man sich Dinge nicht direkt sagt, sondern hintenrum anbringt. Merzen Sie solche Schwächen soweit es geht bei sich aus. Da die Entfremdung noch gar nicht besonders groß sein wird, lassen sich solche kleinen Verhaltensmaßregeln sehr gut benutzen, um alles sehr viel fruchtbarer zu machen.

Zweite Linie

Ruhige Rückkehr. Glück (Heil).

Um im passenden Moment zurückzukehren, muß man sich oft einen kleinen Schubs geben. So eine Selbstüberwindung kann einfach nötig sein, um über den eigenen Schatten zu springen. Am besten gelingt das oftmals, wenn man sich klarmacht, daß man vor kein Schafott geführt wird. Vielmehr kann jeder immer noch ganz ruhig abwarten, was da kommt. Wenn man sich gelassen in die neue Situation einläßt, wird man bestimmt sehr gut wissen, warum man es eigentlich tut. Denn es ist ja eine Phase vorhergegangen, in der jeder die Chance hatte, aus Gefühlen wie Trennung, Entfremdung oder Enttäuschung zu lernen. In einer etwas anderen Situation künftig mehr über sich und den anderen rauszufinden, kann eventuell sehr spannend sein. Dem sollte man sich mit einer offenen Neugier stellen. Ähnliches gilt auch für alle anderen Lebensumstände, an die man nach einem bestimmten Lernprozeß wieder anknüpft.

Dritte Linie

Wiederholte Rückkehr. Gefahr.
Kein Makel.

Diese Linie spricht von einer Situation, in der jemand einfach nicht weiß, was er will. Er macht wahrscheinlich aber immer wieder Ansätze, zu einer Situation zurückzukehren, die wahrscheinlich sowieso entwicklungsmäßig richtig in seinem Leben liegen würde oder die doch – sagen wir – ›Karma‹ zum Lernen und Wachsen beinhaltet.

Falls Sie Ihre ganz persönlichen Widersprüche zur Zeit nicht in Einklang bringen können, so finden Sie heraus, welche spezielle Thematik das Leben hier zu lernen für Sie bereithält. Seien Sie dafür empfänglich und offen. Stellen Sie sich diesen Dingen, und laufen Sie nicht weg.

Vielleicht muß Ihr Schritt auch diesmal nicht endgültig sein. Es ist aber viel besser, eine Situation der Wiederannäherung ganz bewußt genutzt zu haben, um dabei etwas Wesentliches herauszufinden, anstatt blind hin und her zu laufen.

Ist es für menschliche Beziehungen allgemein nicht sehr schön und förderlich, wenn dauernd Unruhe herrscht, so haben Sie sich wahrscheinlich solange nichts vorzuwerfen, als Sie ernsthaft bemüht sind, sich an eine Richtschnur zu halten, durch die Sie ein Gefühl innerer Integrität bekommen.

Vierte Linie

Man geht mit anderen (mit Falschen).
Doch man kehrt allein zurück.
Zur Zeit mag man sich auf schlechte Einflüsse eingelassen haben, sich vielleicht auch in schlechter Gesellschaft befinden: In gewisser Weise legt diese Linie auch den Gedanken an Untreue nahe. Woher es auch kommen mag – ein guter Einfluß führt wieder auf den richtigen Weg zurück. Für die Linie insgesamt fügt das ›Buch der Wandlungen‹ zwar keine moralische Wertung bei. Doch dürfte der Entschluß, zum Positiven zurückzukommen, seinen Segen haben. Daher wird man wahrscheinlich auch willkommen sein, wohin man sich aufgrund besserer Einsicht nun bewegt.

Fünfte Linie

Gütige Rückkehr. Keine Reue.

Wenn man sich einmal entschlossen hat, das Gespräch da wieder aufzunehmen, wo es aufgehört hat, wenn man zu einer Entwicklung zurück will, die eigentlich doch gut und richtig war, dann sollte man nicht kleinlich rechten. Auch Vertuschen eigener Fehler – das elegante Darüberhinweggehen – wäre bestimmt unangebracht. Richtig ist es vielmehr, wahrhaft, großzügig und gütig die Grundlagen für einen Neuanfang zu legen. Dazu gehört nötigenfalls auch ohne viel Rumreden einzugestehen: »Ja, ich hab' einen Fehler gemacht.« Das berühmte »Du aber auch...« kann ruhig mal unter den Tisch fallen bzw. steht das Fehlverhalten des Partners oder anderer Mitmenschen auf einem anderen Blatt und ist nicht in einem Atemzug zu nennen. Wer in diesem Sinne bereit ist, sich selbst und dem anderen nichts vorzumachen, der darf eine wünschenswerte Wendung der Dinge schließlich doch noch erwarten.

Sechste Linie

Verwirrende Rückkehr. Unglück.
Unheil in mir und um mich herum.
Wenn es zum Kampf kommt,
gibt es eine große Niederlage.
Es trifft den Herrscher des Landes.
Zehn Jahre wird man nicht angreifen können.

Hier muß man selbstverschuldet eine empfindliche Schlappe einstecken. So schnell wird es keine erneute Möglichkeit geben, sich wieder anzunähern. War es, daß man unsensibel in einen Konflikt getapst ist oder die Feinheiten nicht beachtet hat, auf die es im Moment ankommt. Die Hinwendung zum Besseren ist vorerst verpaßt. Da muß man mühsam vom Punkt Null wieder anfangen – das heißt zunächst einmal abwarten *(zehn Jahre nicht angreifen können).*

25. Wu Wang

Das Unerwartete (Die Unschuld)

Spontan handeln bedeutet in gewissem Umfang auch immer unschuldig handeln. Wer würde sich zum Beispiel eine Zeichnung oder einen Plan zurechtlegen, wenn er flirten will. Alles was in der Hinsicht gewollt wirkt, hat zumindest seine Komik. Ein anderes Beispiel: Sicher werden Sie zustimmen, daß es nichts Gutes hätte, einem geliebten Menschen insgeheim deswegen eine Freude zu machen, weil man etwas anderes dafür zu bekommen wünscht. Vielmehr soll der Mensch aus freiem Herzen lieben, spontan, ehrlich und ohne Hintergedanken. Der spontane Entschluß ist nicht ausgetüftelt. Vielmehr zeigt er sich darin, daß er gleichermaßen absichtslos wie natürlich und instinktsicher kommt (ohne allerdings den Irrtum ganz aus dem Bereich des Möglichen zu bannen).

Das hat bestimmt nichts mit Unüberlegtheit zu tun. Ein Mensch, der seinem Instinkt vertraut und rein natürlich handelt, weiß dennoch, was er tut. Es geht hierbei lediglich um das nicht Vorgeplante, das Überraschung und kreative Lösungen zuläßt. Es ist nicht mit allen möglichen Wertungen befrachtet, die das gesellschaftliche Leben mit sich bringt. Daher fehlen Mechanismen, die das Verhalten eines Erwachsenen oft so starr machen. Das hat u.U. auch damit zu tun, ein Stück mehr das Kind in sich zuzulassen, ganz bei seinen Gefühlen zu sein, etwas Ursprüngliches zum Ausdruck zu bringen.

Auf eine schlichte Formel gebracht, bedeutet es: Dies ist der Moment. Ich erlebe ihn, erfahre ihn, bin einfach da. Ich lasse meine Gefühle zu und handle so, wie es mir angemessen erscheint, wenn ich ehrlich, offen und unvoreingenommen bin. Ich bin gegenwärtig und gehe mit der Situation. Ich solch einer Art von Unschuld sind insgeheime Bosheiten und versteckte Egoismen nicht enthalten, die Menschen etwa dann ausleben, wenn sie im subjektiven Gefühl völliger Unschuld dem anderen auf die Füße treten: »Das habe ich aber gar nicht gewollt...!« Wirklich nicht? Bewußtsein und Unterbewußtsein können manchmal sehr unterschiedliche Wege gehen.

Wenn man aber eine Instinktgrundlage besitzt, die mit ganz natürlichen Wertvorstellungen verbunden ist, im Sinne der Liebe, von der eigentlich alle großen Weltreligionen in ihren Grundideen sprechen, lebt der Mensch voll im Augenblick und befindet sich gleichzeitig – wie die Chinesen sagen würden – in Übereinstimmung mit dem Himmel. Das Handeln ist in gewisser Hinsicht ganz rein und unschuldig (und zwar ohne naiv zu sein). Es entspricht einer unbewußten Klugheit, die den Verstand natürlich trägt und gleichzeitig mit den höheren Sinnebenen des Daseins (Ethik, Religion, Philosophie usw.) in Verbindung steht.

Solche Gedanken klingen auch in der Symbolik des Hexagramms ›Unschuld‹ an. Da oben der Himmel steht und unten die Erregung (auch Antrieb, Bewegung), bedeutet dies, daß unser Handeln von guten Instinkten getragen sein soll, ebenso wichtig aber auch im Einklang mit den Gesetzen des Himmels zu stehen hat.

Unschuldiges Handeln, wie es hier beschrieben wird, kann jedoch nicht von vornherein vor Unglück schützen. Man bleibt natürlich den Wechselfällen des Lebens ausgesetzt. Und nicht immer wird man eine unschuldige Haltung beibehalten können. Gelegentlich muß man blitzschnell darauf zurückgreifen, was der Kopf gerade sagt, zumindest abwarten und sich Übersicht verschaffen. Doch ganz allgemein hat die Aussage Gültigkeit, daß das vorliegende Hexagramm mehr dazu rät, aus dem Bauch heraus zu handeln bzw. das Herz zu Wort kommen zu lassen, also nicht so sehr Kopfmensch zu sein.

In seiner unbewegten Form könnte es zum Beispiel auch darauf hinweisen, daß in Ihnen Regungen sind, sich mehr auf Dinge einzulassen, die nicht Ihrer Kontrolle unterstehen. Es liegt etwas in der Luft, bei dem gerade die unerwartete Entwicklung eine Rolle spielt. Dabei können Sie sicher sein, daß in dem Fall auch ein wirksames Mittel gegeben ist, Erfahrungen von Langeweile auszuschalten.

Eintönigkeit – etwa in einer Beziehung – hat ja oft damit zu tun, daß zu vieles kontrolliert geschieht. Dann ist kein Raum mehr für unerwartete Wendungen vorhanden. Alles ist schon mal dagewesen und reißt in der Tat nicht mehr vom Hocker. Dieses Problem wird sich Ihnen im Hinblick auf die gestellte Frage eigentlich kaum stellen. Andererseits kann auch soviel Unerwartetes auf Sie zukommen, daß es Ihnen Angst machen könnte. Dabei dürfte es Sie aber beruhigen, wenn Sie von folgendem ausgehen: Es wird sehr darauf ankommen, wie intelligent Sie sich auf Bedingungen einzustellen vermögen, die in einem schnellen Wechsel sind (was trainierbar ist).

Das erfordert etwas Anpassungsfähigkeit, oft aber auch Beachten von Körpersignalen, die in vielerlei Hinsicht ein Frühwarnsystem bilden, daß Situationen sich ändern. Es wird darauf ankommen, nicht so sehr auf eingefahrene Verhaltensweisen fixiert zu sein, sondern möglichst viele Wahlmöglichkeiten zu haben, um mit bestimmten Situationen umzugehen. Unschuldig und gleichzeitig angemessen zu handeln, heißt letztlich natürlich immer auch, gegenwärtig und lernfähig zu sein. Daraus ergibt sich die bestmögliche Anpassung an das, was passiert, und es führt zu einer stetigen Weiterentwicklung der Persönlichkeit, was wiederum dafür wichtig ist, auch bei sehr unerwarteten Ereignissen Stabilität zu bewahren.

Das Urteil

Das Unerwartete: erhabenes Gelingen (großer Erfolg).
Beharrlichkeit (Ausdauer) ist von Nutzen.
Jemand greift daneben: Unglück.
Dann ist es nicht fördernd, etwas zu unternehmen.

In diesem Urteil ist u.a. ein wichtiger Gedanke enthalten: Solange ich in Übereinstimmung mit meinem natürlichen Rechtsempfinden und der kosmischen Ordnung handle, mache ich instinktiv das Richtige. Wenn aber etwas danebengeht, ist meine Unschuld meist nicht mehr so ganz unschuldig. Irgendwas liegt nicht so ganz auf der richtigen Linie, und ich muß mich neu orientieren. Das Schicksal hat mir in dem Fall einen Hinweis gegeben. (Für Situationen, in denen Menschen etwas unverschuldet trifft, findet sich der Hinweis in entsprechenden Linien.)

Das Bild

Donner rollt unter dem Himmel.
Alles hat teil an natürlicher Unschuld.
So pflegten und ernährten die alten Könige,
reich an Tugend und entsprechend der Zeit, alle Wesen.

Erste Linie

Unschuldiges Handeln bringt Glück.

Man hat ein spontanes Gefühl von einem Menschen oder einer Sache. Das ist zwar nicht unbedingt mit dem berühmten ›ersten Eindruck‹ gleichzusetzen, aber es gibt bestimmte Signale, einen instinktiv sinnvollen Kommentar der Gefühle, die sich in der betreffenden Situation melden. Darauf sollte man im Moment ruhig etwas eingehen, wenn man seine Absichten erreichen will. R. Wilhelm schreibt: »Die ersten, ursprünglichen Regungen des Herzens sind immer gut.« Insofern kann man bestimmt zuversichtlich an die Dinge gehen, die einem innerlich hier richtig erscheinen. Es verheißt Glück.

Zweite Linie

Denke nicht an die Ernte beim Säen und beim Roden
der Bäume nicht ans Feld, das du einmal bestellen willst.
Dann ist es fördernd (von Nutzen),
etwas zu unternehmen.

Man soll sich mit Freude dem Augenblick zuwenden, dem was jetzt anliegt und zu tun ist. Nach dem Nutzen zu schielen, entspräche einer berechnenden Einstellung, die man tunlichst bleiben lassen sollte. Sie würde dem Gedanken der Liebe und einer unschuldigen Einstellung zu dem Partner oder zu dem Menschen, der einem wichtig ist, auch gar nicht entsprechen. Zudem gewährleistet es viel mehr das Gelingen all dessen, was man sich erhofft, wenn man sich voll auf die Gegenwart konzentriert. So hat man auf jeden Fall nicht die Rechnung ohne den Wirt gemacht. Symbolisch gesprochen: Es könnten ja noch Hagelstürme, Gewitter und Regen kommen, die meine Ernte zunichte machen.

Unverschuldetes Unglück. Eine Kuh ist angebunden, und ein Wanderer nimmt sie mit. Es ist sein Gewinn. Der Dorfbewohner hat den Verlust.

Manchmal trifft's einen wie aus heiterem Himmel. Das ist ähnlich, als wenn früher ein Wanderer eine Kuh losgebunden und sie einfach mitgenommen hätte. Mit anderen Worten: Die Dorfbewohner würden sich fragen, wo ihr Tier geblieben ist. Man hat sich ganz unschuldig verhalten, hegte keinen Argwohn, und dennoch erlitt man Schaden. So etwas passiert in entsprechender Weise auch in bezug auf Liebe, Ehe, Partnerschaft. Plötzlich gibt es eine unliebsame Überraschung, mit der man überhaupt nicht gerechnet hatte. Leider kann das jeden einmal erwischen, meist ohne eigenes Dazutun. Das einzige, was man tun kann, ist, aus dem Wundern rauszukommen, fürs nächste Mal zu lernen und für den Moment zu überprüfen, wie unvoreingenommen man überhaupt noch an die betreffende Situation herangehen kann. Das heißt, inwieweit aktuell Lehren aus der jüngsten Vergangenheit einzubeziehen sind.

Sollten Sie mit Ihrer Frage im Vorwege geprüft haben, was von einer bestimmten Sache zu halten ist, so ergibt sich hier die mehr oder minder kameradschaftliche Aufforderung: Da solltest du wohl nicht ganz so blauäugig rangehen. Grundsätzlich sagt die Linie aus, daß auch unschuldiges Verhalten in die Landschaft passen muß. Es sollte dem Moment entsprechen, irgendwie in der Luft liegen, sich gut in die Situation fügen. Wenn das nicht der Fall ist – was sich beim besten Willen nicht immer von vornherein abschätzen läßt –, hat man plötzlich die große Panne. Lehrgeld zahlt jeder.

Vierte Linie

Wenn man beharrlich ist: kein Makel.
Zeigen Sie Ausdauer darin, an Ihre Wertvorstellungen zu glauben und Ihrem eigenen Wesen treu zu bleiben. Es ist eine Situation gegeben, in der Sie sich nicht irritieren lassen sollten. Bedenken Sie einfach: Alles im Leben, was einem wirklich gehört, wird man auch nicht verlieren. Das gilt in diesem Fall wohl selbst dann, wenn Sie sich über Ihre Gefühle zu einem anderen Menschen erst noch klar werden müssen oder es der Klärung bedarf, was Sie ganz allgemein von einer Sache zu halten haben.

Fünfte Linie

Bei unverschuldeter Krankheit greife zu keiner Arznei.
Eine plötzliche Krise: Etwas ist schief gelaufen, und man ist beängstigt über die Entwicklung. Wenn man jedoch wirklich unschuldige Gefühle bei der ganzen Sache hat, darf man zuversichtlich sein. Man sollte in dem Fall nicht äußere Mittel einsetzen, sondern den Selbstheilungskräften einer Situation vertrauen.

Sechste Linie

Unschuldiges Handeln bringt Unheil.
Nichts ist jetzt fördernd (von Nutzen).
Lernt man einen Menschen kennen oder auch später im Zusammenleben, gibt es immer wieder Situationen, in denen nichts so recht vorangeht. Die gemeinsame Wellenlänge hat erst einmal Sendepause. Wenn man auch noch so unschuldig empfindet, sollte man jetzt lieber warten können. Anderenfalls würde man womöglich etwas kaputtmachen, ähnlich wie der sattsam bekannte Elefant im Porzellanladen. Also bitte keine unüberlegten Handlungen!

26. Ta Ch'u

Zähmung der großen Kräfte (Des Großen Zähmungskraft)

Ähnlich einem Dompteur, der mit Raubtieren zu tun hat, kann man in diesem Falle manche Leidenschaft im Leben bändigen. Das Bild entspricht ferner dem Reiter, der sein Pferd beherrscht, oder dem Hochofenarbeiter, der das glühende Material unter Kontrolle hat. Was dem Ganzen zugrundeliegt, ist angesammelte Kraft, Erfahrung und Geschicklichkeit, wodurch man in die Lage versetzt wird, bestimmte Vorgänge zu steuern. Auf der anderen Seite handelt es sich auch um sehr starke Energien, die in richtiger Weise zu kanalisieren und zu lenken sind. Auf unser Thema angewandt, stelle man sich am besten ganz unter das übergeordnete Interesse der Partnerschaft und lasse sich gleichsam höhere Führung zuteil werden, voll im Bewußtsein dessen, hier eine Aufgabe zu erfüllen. Dabei spielt im Moment ein gewisses Sendungsbewußtsein eine Rolle, das die Kräfte verleiht, große Dinge im Leben zu bewegen, zu zähmen und zu meistern.

In solchen Fällen ist es weniger ratsam, unkontrollierten Impulsen zu folgen, als vielmehr mit Ruhe und Gefaßtheit der Situation gegenüberzutreten. Hierzu ließe sich auch sagen, daß nur *der* Führung nach außen entwickeln kann, der innerlich Disziplin, Kontrolle auf sich selbst ausübt. Daraus entspringt eine wirkliche Souveränität, die gleichzeitig mit angesammelter Reife und Lebenserfahrung einhergeht.

In der Symbolik des Zeichens wird dieser Zusammenhang besonders hervorgehoben: Der Berg, oben, der auch das Stillhalten versinnbildlicht, Bewegungsenergie, die zum Stehen gekommen ist, bändigt die schöpferische Kraft des unteren Trigramms (der Himmel bzw. Drache).

Was Sie jetzt auch immer zu bewältigen haben: Denken Sie daran, selbst möglichst große Reserven an nervlicher Kraft und Stehvermögen aufzubauen. Stellen Sie den Verschiebekräften im Fluß befindlicher Gefühle Beharrungsvermögen Ihres Charakters und auf solider Instinktgrundlage aufgebaute Verhaltensweisen gegenüber. Das Hexagramm deutet darauf hin, daß Sie sich jetzt übrigens auch große Aufgaben vornehmen können, die Ihnen sonst vielleicht Kopfschmerzen und Probleme bereitet hätten.

In seiner unbewegten Form ist es ein Hinweis, daß Sie sozusagen durch leichtes Nachgeben und wieder Anziehen der Zügel – was einen liebevollen Dialog mit dem Menschen oder der Situation, ein ständiges Aufmerksamkeit-Herstellen beinhaltet – nach und nach große Kräfte entfalten können, die hier am Wirken sind. Packen Sie das Problem aber nie auf einmal an, sondern zerlegen Sie es in einzelne Portionen, lassen Sie zum Beispiel immer ein bißchen mehr Druck entweichen, wenn die Emotionen sehr aufgestaut sind.

Das Urteil

Die Zähmung der großen Kräfte.
Beharrlichkeit ist von Nutzen.
Nicht zu Hause essen, bringt Vorteil.
Fördernd (von Nutzen) ist es,
das große Wasser zu überqueren.

Große schöpferische Energien sollen in der Beziehungssituation gehalten bzw. weiter angesammelt werden. Hierzu braucht man eine starke Persönlichkeit, an der man unablässig arbeitet, um sie zu festigen. Man soll sich ganz in den Dienst der gemeinsamen Sache stellen oder sich einer irgendwie sonst übergeordneten Ethik verpflichtet fühlen. Vordergründig auf sich bezogene Handlungen würden jetzt abträglich sein, da es viel zu eng denken hieße und folglich die breiteren Dimensionen, um die es hier geht, nicht fassen könnte. ›Nicht zu Hause essen‹ heißt in diesem Sinne, über das eigene Ego hinauszuschauen. Worüber man sich im Zweifelsfall im klaren sein sollte, ist die Tatsache, daß man eine Verantwortung übernimmt, sich für einen bestimmten sozialen Auftrag entscheidet. Wenn man das im Auge behält, gelingen auch schwierige Vorhaben, wie das *große Wasser zu überqueren.*

Das Bild

Der Berg und der Himmel.
Ein Bild für die Zähmung der großen Kräfte.
So studiert der Edle das alte Wissen, um seinen Charakter zu vervollkommnen.

Im Berg liegen verborgene Schätze, auf die der Glanz des Himmels fällt. Gemeint sind in unserem Fall die Schätze der eigenen Seele, die zum Beispiel auch aus Worten und Taten der Vergangenheit (Lebenserfahrung = *altes Wissen*) bestehen. Es ist jedoch kein einfaches Festhalten am Altbewährten, vielmehr ein ständiges Aktualisieren von Erfahrungswerten: Eindrücke, Reize, Situationen vergleichen, hierfür ein Repertoire von Verhaltensweisen gespeichert haben, das in jedem Moment dem augenblicklichen Geschehen anzupassen ist, um angemessen reagieren zu können.

Erste Linie

Wenn man der Gefahr begegnet, sollte man lieber innehalten.
Man möchte, daß sich das Gefühlsklima laufend verbessert oder daß eigene Pläne zügig vorangehen. Jedoch gibt es den Umständen innewohnende Schwierigkeiten, die mit der Situation als solcher zu tun haben, sozusagen die eingebaute Bremse. In solch einem Fall wäre es ausgesprochen unklug, etwas zu erzwingen. Um unglückliche Entwicklungen zu vermeiden, wird man folglich innehalten, um abzuwarten, bis sich den weiterhin angesammelten Energien ein Ausweg bietet.

Zweite Linie

Dem Wagen werden die Bremsklötze abgenommen.
Auch hier ist noch das Fortschreiten gehemmt. Allerdings wird – übertragen gesprochen – schon mal die Bremse gelockert. Man wartet ›Gewehr bei Fuß‹, bis es weitergeht. Die Zähmungskraft (Disziplin) in einem selbst ist dabei so groß, daß man nicht voreilig losmarschiert. Vertrauen Sie diesem Instinkt, damit kein Konflikt entsteht.

Dritte Linie

Gute Pferde messen sich. Fördernd (von Nutzen) ist es, weiterhin unermüdlich zu arbeiten und die Kampfwagen zu sichern.
Es ist von Nutzen, ein Ziel zu haben, wohin man geht.
Das Hemmende ist jetzt aus dem Weg geräumt. Die Partner folgen einander in gleicher Richtung wie Pferde, die den selben Antrieb spüren. Doch dabei sollte man daran denken, daß man auf keinen Fall nachlassen darf. Deswegen sollte man ein Ziel vor Augen haben, sich in seinem Bestreben ständig üben und auf Wechselfälle des Lebens gefaßt sein, die noch in die Quere kommen können, daher *den Kampfwagen sichern*.

Vierte Linie

Das Kopfbrett hält einen jungen Stier im Zaum.
Großes Glück.

Diese und die folgende Linie bilden die zentralen Zähmungsinstanzen im Hexagramm. Es geht darum, rechtzeitig das Wilde zu bremsen, das Gefühlsdinge zwischen Mann und Frau sonst oft zu einer Art Stierkampf machen kann. Lernen Sie den Gegenstand Ihrer Frage rechtzeitig zu beherrschen. Gelingen ist angezeigt. Daher großes Glück und Heil.

Fünfte Linie

Die Hauer des Ebers sind verschnitten.
Das bedeutet Glück (Heil).

Verstehen wir es so: Dem verschnittenen Eber sind die Attribute seiner Wildheit genommen, gleichsam hat er damit die Wurzeln seines ungebändigten Temperaments verloren. Das bedeutet andersherum, man sollte einer wilden Kraft lieber ihre Grundlage nehmen, als direkte Konfrontation zu wagen. Probleme klären, Fehlverhalten beurteilen lernen, an die seelischen Ursachen herankommen, entlastende Möglichkeiten schaffen. Wenn der direkte Zugang zu einem Menschen verbaut ist, kommt man u. U. auch indirekt an ihn heran.

Sechste Linie

Man geht den Weg des Himmels. Erfolg und Gelingen.

Sie haben sich lange genug in Geduld geübt. Ihre angesammelte Kraft darf nun auf die Szene Einfluß ausüben. Auf diese Weise steht das Gefühlsleben in Einklang mit dem Lauf des Himmels, was der Stellung eines vom Herrscher geehrten Weisen entspricht. Ihre Grundsätze werden das Wesen der Beziehung zum anderen durchdringen und Ihren Vorstellungen von Liebe Gestaltungskraft geben.

27. I

Die Ernährung

Die Ernährung bildet einen Grundgedanken, der sich sowohl auf leibliche als auch auf geistige und seelische Nahrung bezieht. Es geht zum Beispiel um Zuwendung und Streicheleinheiten, um Wärme und Nähe. Darin kann sich der Sauginstinkt des Babys genauso ausdrücken wie das selbständige und erwachsene Beschaffen von Nahrung für unser Gefühlsleben. Es kann um Konkurrenz um diese Angebote gehen, wie sie überkommenen Instinkten entspricht, die im Laufe der Evolution erworben wurden. Das drückt sich etwa in Neid und Eifersucht aus. Auch ist es Gegenstand des vorliegenden Hexagramms, *wo* man Nahrung sucht, ob man sozusagen in fremden Gehegen wildert oder ob es einem gelingt, durch die Reize satt zu werden, die sich im eigenen Hausstand bieten. Es geht um den Nimmersatt und um den Menschen, der reife Befriedigungsmuster entwickelt hat.

Sehr eindrucksvoll kommt der Gedanke an Ernährung durch den Anblick des Hexagramms selbst zum Ausdruck, der einem geöffneten Mund entspricht, oben und unten die Lippen.

In seiner unbewegten Form deutet das Bild Ober- und Unterkiefer an, die bei Nahrungsaufnahme im herkömmlichen Sinne aufeinander abgestimmt zusammenwirken. Die geistige Entsprechung hierzu ist eine seelisch ausgewogene Form der Suche nach Liebe und Zuwendung. Prüfen Sie sich einfach selbst: Wenn Sie sich bei der ganzen Sache überwiegend wohl fühlen, ist die Form, wie Sie Ihren seelischen Nahrungserwerb betreiben, richtig. Machen sich jedoch Frustrationsspannungen oder Mängel bemerkbar, dann sollten Sie eine ›Gefühlsdiät‹ einlegen, die Ihnen das zuführt, was Sie brauchen und geistig verdauen.

Das Urteil

Die Ernährung. Beharrlichkeit bringt Heil.
Achte auf die Zubereitung von Speisen und auf die Nahrung, die einer sich auswählt.

Die Grundaussage lautet hier: Sag mir, was du an Einflüssen an dich heranläßt, und ich sage dir, wer du bist. Man braucht also nur zu beobachten, welche Seiten seines Wesens ein Mensch nährt und pflegt, um Schlüsse auf seine Charakterstruktur ziehen zu können.

Sicher soll man keine Vorurteile aufbauen und Verallgemeinerungen vornehmen. Aber ein wenig erkennt man schon die Persönlichkeit an der Zusammensetzung des geistigen Speisezettels, natürlich auch bei sich selbst. Dabei sollte man vor allem daran denken, sein Empfinden für Stil und Niveau zu verfeinern, damit man seiner Umgebung ohne jede Überheblichkeit mit der Zeit immer ein wenig Neues geben kann. Ernährung ist wechselseitiger Prozeß von Geben und Nehmen.

Das Bild

Unten am Berg der Donner: ein Bild der Ernährung.
So achtet der Edle darauf,
was er sagt, und ist maßvoll bei Speise und Trank.

Donner oder Erregung zu Füßen der Stille deutet auf den beginnenden Frühling, wenn die Natur einen neuen Zyklus der Ernährung beginnt. In der Nahrungsaufnahme gilt es, sein eigenes Maß zu finden, und auch die Worte sollten wohl gewählt sein. Denn das Bild der Ernährung verweist auch auf die Kiefer, die der Mensch beim Sprechen bewegt. Leicht entsteht ein Streit, wenn man nicht überlegt, was man sagt.

Erste Linie

Wenn du deine eigene (Zauber-)Schildkröte vernachlässigst und mit herabhängenden Mundwinkeln emporblickst, so führt das zu Unheil.

Hier ist ein altes chinesisches Symboltier angesprochen, dem die Fähigkeit zugeschrieben wurde, auf normale irdische Nahrung verzichten zu können. Es ist die innere Fähigkeit eines Menschen gemeint, gleichsam ›von Luft und Liebe‹ zu leben. Wer nämlich für sich selbst sorgt, der blickt nicht mißgünstig darauf, was der andere hat oder nicht hat. Er schöpft sogar immer ein wenig aus sich heraus. Man spricht dann oft von jemandem, der das Glück im Herzen trägt. Leider findet man so etwas nicht allzuoft. Die eigene Glücksfähigkeit ist gerade in der Konsumgesellschaft nicht selten gestört, da hier die Abhängigkeit von äußeren Einflüssen immer wieder verstärkt wird. Jeden Tag wird uns aufs neue suggeriert, was wir eigentlich alles bräuchten, um dazuzugehören, dabeizusein, als vollwertig anerkannt zu werden. So neidet man dem anderen, was er ist und was er hat – und sei es zu guter Letzt auch nur seine Unbekümmertheit. Das ist keine gute Entwicklung.

Zweite Linie

Um auf dem Gipfel Nahrung zu finden,
weicht man vom Wege ab und begibt sich auf den Hügel.
Aufbruch bringt Unheil.

Nahrung auf dem Gipfel ist ein Hinweis auf die Selbständigkeit eines Menschen. Er hat es geschafft: Irgendwie wieder ein Stück reifer und erwachsener, ist er von niemandem abhängiger, als dies in einer emanzipierten menschlichen Beziehung normal ist. Demgegenüber bedeutet der Hügel, auf dem man nach Nahrung sucht, ein Sich-Kleinmachen, die Füße beim anderen unter den Tisch stellen, korrumpiert werden, Liebesdienerei, ›von oben her‹ Nahrung bekommen wollen, ohne daß die Verbindung natürlicherweise heraufreicht (nur bis zum Hügel). Alles, was in die Richtung geht, bringt Unheil. Daher bleibe man auf dem richtigen Wege.

Dritte Linie

Man wendet sich von der Ernährung ab.
Beharrlichkeit bringt Unglück:
Zehn Jahre soll er nicht handeln.
Nichts ist fördernd (von Nutzen).

Psychologen in der Tradition von Wilhelm Reich würden in diesem Zusammenhang etwa vom ›oralen Drama‹ sprechen: zum Beispiel eine Frau, die anscheinend nie Befriedigung findet, weil sie die Liebe, die sie empfängt, gar nicht wahrnimmt. Dabei geht es um das Nicht-wirklich-genießen-Können. Ein anderes Beispiel hierfür ist auch der Mann, der ein Abenteuer nach dem anderen sucht, da keines sein Verlangen nach immer neuen Reizen stillen kann (vielleicht, weil er als Baby oft vergeblich nach der Mutter geschrien hat).

Alle möglichen Suchterscheinungen, Scheinbefriedigungen, Reizüberfütterungen oder Genußabhängigkeiten spielen hier ebenfalls hinein. In der Zweierbeziehung kann das auch in einer Aneinanderreihung von Oberflächlichkeiten enden. Zumindest einer von beiden wird einen Weg aus dieser Gefahr suchen. Wenn Sie es sind – was je nach Fragestellung zu beurteilen wäre –, sollten Sie sich einmal eine bestimmte Zeitspanne lang vornehmen, bereit zu sein, mit anderen Gewohnheiten seelischer Nahrungsaufnahme zu experimentieren *(zehn Jahre so nicht weiter handeln).* Zum Beispiel mehr bei dem Augenblick bleiben, tiefer in den Körper reinspüren, das einzelne Erlebnis mehr und intensiver schmecken.

Vierte Linie

Die Suche nach Nahrung auf dem Gipfel bringt Heil.
Wie ein hungriger Tiger auf der Jagd nach Beute.
Kein Makel.

Der Sinn der Aussage erinnert an das Bild einer Raubtiermutter, die Nahrung für ihre Jungen sucht. Man handelt in seinem Hunger also nicht selbstsüchtig, sondern denkt an die gemeinschaftliche Ernährung. Daher ist es hier auch nicht von Schaden, begierig wie ein hungriger Tiger auf der Suche nach Beute zu sein. Doch in dieser Gegend das Wild allein zu fangen, dürfte schwierig sein. Das Tier sollte einen Gefährten haben. Sehen Sie sich nach Unterstützung um.

Fünfte Linie

Man weicht von der Richtung ab.
Doch innerlich dem rechten Wege treu zu bleiben,
bringt Glück (Heil).
Man sollte nicht das große Wasser überqueren.

Es sind Frustrationsspannungen und Mangelerscheinungen in der Partnerschaft angesprochen, die man aus eigener Kraft schwerlich beheben könnte. In dieser Situation begegnet man einem klugen Ratgeber (auch einem guten Einfall oder segensreichen Einfluß), dem man die Kompetenz in der Situation zunächst gar nicht ansieht. Wenn man seinem eigenen Wesen in diesem Moment treu bleibt, sich andererseits dessen bewußt ist, daß man eine gewisse Abhängigkeit eingeht, so stellen sich Glück und Erfolg ein. Nur sollte man sich aufgrund seiner gegenwärtigen Situation (ein Lernender) nichts Schwieriges vornehmen, wie es dem *Durchqueren des großen Wassers* entsprechen würde. Vielmehr trete man unauffällig, zurückhaltend und eher bescheiden auf.

Sechste Linie

Auf der Suche nach der Quelle der Ernährung.
Bewußtsein der Gefahr bringt Heil.
Fördernd (von Nutzen) ist es,
das große Wasser zu überqueren.

Überzogene Ego-Ansprüche sind im Hinblick auf Ihre Frage soweit überwunden, daß Sie sich eher um die seelische Ernährung einer Lebensgemeinschaft bemühen als unmittelbar um Ihren eigenen Vorteil. So wollen Sie dem anderen Menschen von Ihrer Kraft und Ihrem Wissen etwas geben. Dies bezeichnet Situation und Stellung eines Weisen, der sich der Verantwortung bewußt ist, die er für das Wohlergehen seines Mitmenschen trägt. Wenn er sie im Auge behält, wird er vielerlei Gefahren (etwa für die Zweierbeziehung, in der er lebt) abwehren können. Dann darf er sich auch recht komplizierte Dinge zutrauen.

28. Da Go

Des Großen Übergewicht (Das große Übermaß)

Enorme Energien spielen hier eine Rolle: erhebliche Gegensätze, starke Ungleichgewichte, überschnelle Reaktionsphasen oder das Allzuviel, das auf einmal zusammenkommt. In der Literatur zum ›Buch der Wandlungen‹ wird die betreffende Situation auch mit der ›kritischen Masse‹ vor der Kettenreaktion z. B. in einem Reaktor verglichen. Die atomaren Teilchen sind in Beschleunigung und treffen von allen Seiten aufeinander (R. L. Wing).

Es ist hier also ein Ausnahmezustand gekennzeichnet, in dem man extreme Sicherheitsvorkehrungen treffen muß, damit die Situation nicht der Kontrolle entgleitet.

In Ihrem Fall kann es sich darum handeln, daß eine Flut von Information auf Sie einströmt, die Sie im Moment gar nicht verarbeiten können. Gleichzeitig müssen Sie ggf. ständig neue Entscheidungen treffen, wobei Sie kaum die Zeit besitzen, alles richtig abzuwägen. Kurz, Sie sind augenblicklich überfordert.

Worauf es jetzt ankommt ist folglich, noch rechtzeitig zu ›entstressen‹, in der Ausnahmesituation die Grenze des für Sie Zumutbaren zu erkennen. Die Schwierigkeit mag indes darin bestehen, daß Sie gar keinen Verhaltenskatalog für diese Zeit außergewöhnlicher Vorgänge besitzen.

Überlegen Sie folgendes: Ein direktes Vermindern der Last wird momentan kaum möglich sein, denn sonst wäre es ja gar nicht zu dem Zustand der Überforderung von allen Seiten gekommen. Allerdings können Sie das Hexagramm noch rechtzeitig als Warnzeichen verstehen, wenn Sie hier im voraus eine Absicht bzw. eine kommende Situation überprüfen. Dann sollten Sie nur so viel Verantwortlichkeit eingehen, wie Sie bestimmt auch verkraften können.

Stärken Sie außerdem Ihre seelische Tragfähigkeit. Das gilt auch dann, wenn der Eventualfall bereits eingetreten ist. Meditation, Yoga, autogenes Training oder andere Formen der Verinnerlichung machen stärker und lassen einen elastischer mit der Situation umgehen. In diese Richtung geht – so simpel es auch klingen mag – ebenfalls tiefes Durchatmen, viel frische Luft, Natur und Umgang mit Menschen, die zur Zeit einen wohltuenden Einfluß auf Sie auszuüben vermögen. Man mache sich darüber hinaus klar, was alles an Maßnahmen in Frage kommt, um die Spannung, die sich etwa auch auf emotionaler Ebene zwischen zwei Menschen ausdrücken mag, zu entschärfen.

In gewisser Weise liegt ja eine psychische ›Überschuldung‹ vor, und so muß man herausfinden, wie man die innere Bilanz wieder ausgleichen kann – durch geeignete Gespräche (sich einmal alles von der Seele reden), nette gegenseitige Gesten oder auch durch Vereinbarungen mit dem Partner, die fürs nächste beispielsweise zeitlich oder nervlich etwas Spielraum schaffen können.

Sollten Sie eine bestimmte Entwicklung voraussehen, oder sollten Sie Wert darauf legen, daß zu treffende Entscheidungen nicht danebengehen, so sorgen Sie auch dafür, daß mögliche Konsequenzen ein wenig abgepolstert werden. Das können Sie etwa dadurch erreichen, daß Sie den anderen Menschen vorsichtig und behutsam darauf einstimmen, was Sie gemeinsam möglicherweise erwarten mag. Fragen Sie, wie er dazu stehen würde, und versuchen Sie nach Möglichkeit so etwas wie ein gemeinsames Kommuniqué zu erreichen. Selbst im Anschluß von Konferenzen in der großen Politik hat das nicht nur den Sinn schöner Worte, sondern erfüllt auch den Zweck, die andere Partei in die Verantwortung einer – wenn auch oft nur minimalen – Übereinstimmung einzubinden.

Auf jeden Fall muß man somit nicht die Last der Verantwortung allein auf seinen Schultern tragen, die im Hexagramm übrigens ganz ausdrücklich durch die dritte und vierte Linie dargestellt wird. Das eine Mal biegt sich der Balken – es kracht bereits im Gebälk, man überhebt sich. Das andere Mal wird er gestärkt, der Mensch wird belastungsfähiger, er bekommt Hilfe. Im ganzen geht es wesentlich darum, den anderen – wen es auch gerade mitbetrifft (meistens den Partner) – in der Ausnahmesituation ins Vertrauen zu ziehen und die Angelegenheit dadurch zu entlasten. Bei unterschiedlichen Interessen sollte man sich hierbei auf keinen Fall mehr Zuständigkeiten aufhalsen, als man später auch zu bewältigen vermag. Vielmehr werbe man um Verständnis und etwas Entgegenkommen. Auch Freundlichkeit und Aufgeschlossenheit für gegenseitigen Rat spielen hierbei eine Rolle.

In seiner unbewegten Form kann das Hexagramm eigentlich auch noch zweierlei bedeuten. Entweder werden Sie eine Zeit lang extremen Prüfungen ausgesetzt sein, oder aber es ist einfach ein Hinweis darauf, daß selbst des Guten in einer Situation zuviel sein kann (R. L. Wing). Eine innere Stimme wird Ihnen sagen, was in Ihrem Fall mehr zutrifft. Sie korrespondiert mit dem, was sie hierbei unmittelbar berührt. Wie auch immer: Nehmen Sie sich nicht zu viel vor, und meditieren Sie über den Sinn des Hexagramms.

Das Urteil

Das große Übermaß: Der Kopfbalken biegt sich.
Fördernd (von Nutzen) ist es, irgendwo hinzugehen.
Erfolg und Gelingen.

Zu schwer, zu groß, zu übermächtig. Das ist die Grundaussage des Urteils. Wenn man sich klug verhält und die richtigen Vorsichtsmaßnahmen trifft, kann die Situation jedoch gerettet werden. Die starken, mächtigen Striche befinden sich zwar im Übermaß, gleichzeitig stehen sie jedoch in der Mitte, was hier auch die innere Mitte der Persönlichkeit kennzeichnet. Auf diese Weise sind nicht unbedingt Störungen im Sinne von Aufruhr oder Chaos zu erwarten (vergl. R. Wilhelm). Daher sollte man aber auch nichts durch hartes Durchgreifen erzwingen, sondern durch sanftes Einfühlen in die ›Philosophie des Problems‹ den Knoten langsam und vorsichtig lösen.

Wenn diese Voraussetzung ignoriert wird, kann leicht das Band der Freundschaft oder Liebe zerreißen. Hier sind demnach außergewöhnliche Eigenschaften und Seiten von Ihnen gefordert, wie sie der außerordentlichen Situation entsprechen: Viel Gefühl, viel Vorsicht, viel Behutsamkeit sind erforderlich. All das zusammen gibt Stärke.

Das Bild

Der See (oberes Trigramm) steigt über die Bäume
(Holz – unteres Trigramm):
ein Bild vom Übergewicht des Großen.
So ist der Edle, wenn er allein steht, nicht verstört,
und wenn er auf Gesellschaft verzichten muß,
ist er unverzagt.

Wenn das Große im Übermaß vorhanden ist, verhält es sich wie bei einer Überschwemmung, die sich über die Bäume hinwegbewegt. Doch solche Wettereinbrüche und Naturgewalten gehen auch wieder vorüber. Deshalb soll man sein wie ein Baum, der fest steht, auch wenn er sich einsam in der Landschaft befindet. Hieraus bezieht der Edle Anleitung für sein Verhalten, wenn er allein ist. Gleichzeitig ist er auch heiter und gelassen, wie es dem Bild des Sees entspricht, wenn er sich in seinem ursprünglichen Zustand befindet.

Erste Linie

Als Unterlage weißes Schilfgras ausbreiten.
Kein Makel.

Wieder der Gedanke: Außergewöhnliche Umstände erfordern außergewöhnliche Maßnahmen. »Ein teures Gut soll meine Liebe sein.« Es ist als wenn sie in einer sehr schweren und teuren Vase aufgehoben wäre. Daher legt man weiches Gras unter, das die Situation abfedert. Dazu vielleicht noch eines: Vergewissern Sie sich des Gewichts der Stunde. Gehen Sie entsprechend zartfühlend mit allem um. Die Vase Ihrer Liebe soll nicht zerbrechen.

Zweite Linie

Eine verwelkte Pappel treibt neue Sprößlinge.
Ein alter Mann bekommt eine junge Frau.
Alles ist fördernd (von Nutzen).

Hier können Alters- oder Wesensunterschiede bei einem Paar oder innere Zweifel eines Menschen angesprochen sein, die sich aber nicht ungünstig auswirken. Entsprechend dem Brauch in der alten chinesischen Gesellschaft wird hier der Mann als der stärkere Teil in der Beziehung angesehen. Er ist zwar älter, was den Ausnahmefall der Situation kennzeichnet, jedoch wendet er sich dem schwächeren Teil in der Beziehung wohlgesonnen aus seiner starken und erfahrenen Position zu. Das heißt als generelle Anweisung auch: In Notzeiten soll das Starke mit dem Schwächeren zusammenhalten und es stützen, wer von beiden das immer auch sei.

Dritte Linie

Der Kopfbalken biegt sich unter der Last.
Unheil.
Die Linie charakterisiert eine Persönlichkeit, die in schweren Zeiten keinem Rat zugänglich ist und sich nicht mit ihrer Umgebung abzustimmen vermag. Das wäre zum Beispiel der typische Macher, der meint, er könne alles allein. Wenn es dann darauf ankommt, trägt die Schulter die Last aber doch nicht mehr. Es ist wie der Balken eines Hauses, der sich durchbiegt. Fazit: Sie haben sich bei der ganzen Sache wahrscheinlich zuviel vorgenommen oder sollten – wenn manches noch zu vermeiden ist – alles einmal gründlich überlegen. Es könnte sein, daß Ihnen nervlich etwas an die Substanz gehen wird.

Vierte Linie

Der Kopfbalken wird gestützt.
Glück und Heil.
Man sollte jetzt keine Hintergedanken haben.
Sie könnten beschämen.
Sie arbeiten mit Güte und persönlichem Einsatz daran, daß eine Sache gutgeht. Fördern Sie weiter die positiven Beziehungen, die Sie in der Hinsicht aufbauen, doch hüten Sie sich, daraus persönlichen Nutzen zu ziehen. Wenn Sie jetzt versuchen würden, sich mit Ihren Verdiensten im Ansehen zu profilieren oder anderweitig Gewinn herauszuschlagen, geriete eine gute Initiative nur ins falsche Licht.

Fünfte Linie

Eine verwelkte Pappel blüht. Eine alte Frau bekommt einen jungen Mann. Kein Makel. Kein Lob.

R. Wilhelm kommentiert, daß es eine *alte Pappel* im Grunde nur Lebenskraft koste, wenn sie noch einmal blüht. Gleichzeitig wird auf eine *alte Frau* angesprochen, die sich einen *jungen Mann* nimmt. Wie in der zweiten Linie liegt wiederum ein Unterschied im Alter oder in der Persönlichkeit vor. Entsprechend der traditionellen Auffassung im alten China wird es in diesem Falle als ungünstig angesehen, da sich, wie zu vermuten ist, der schwächere Teil in der Beziehung auf irgendeine Weise besserstellen will. Bei allgemeiner Interpretation sind damit zum Beispiel auch Menschen gemeint, die in Notzeiten weniger darauf achten, mit ihresgleichen Solidarität zu zeigen, als vielmehr mit Stärkeren kungeln (zu dem vitalen *jungen Mann* wird Verbindung gesucht). Eine weitere Deutung ist schließlich die, daß man sich mit Dingen beschäftigt, die nicht zusammenpassen. Immer spielt eine falsche Belebung, Kraft aus etwas ziehen zu wollen, eine Rolle, die sich nicht gut auswirken wird. Die erwarteten Impulse dürften ausbleiben. Auf Menschen bezogen, sind beiderseitig keine befriedigenden Ergebnisse zu erwarten.

Sechste Linie

Man geht durchs Wasser. Es geht über den Kopf. Unglück. Kein Makel.

Dies ist eine Linie, die in gewisser Weise Selbstaufopferung symbolisiert. Der Ausnahmezustand hat sein totales Ausmaß erreicht, und die Gefahr steigt einem über den Kopf. Da man jedoch aus tapferem Antrieb handelt und wertvolle Ziele im Auge hat, wird das wahrscheinlich hohe persönliche Opfer ohne Makel bleiben. Aufgrund übergeordneter Notwendigkeit kommt es in dieser Entwicklung gleichsam zu sinnvollem Leiden.

29. Kan

Das Wasser (Das Abgründige/Die Gefahr)

Im vorliegenden Hexagramm erscheint zweifach Wasser, Ausdruck des Abgründigen und der Gefahr. Damit ist eine Lage gekennzeichnet, in der es um starke Gefühlsspannungen geht. Alles ist aufgeladen. Zumindest untergründig drängt etwas auf Klärung.

Oftmals kann solch eine Zeit inneren Läuterungs- und Klärungsprozessen vorausgehen. Das Bild einer schwülen Gewitterlandschaft paßt recht gut hierzu. Starke Entladungen stehen möglicherweise unmittelbar bevor. Nach dem eventuell stattfindenden Zusammenbruch seelischer Widerstände kann unter günstigen Umständen seelisches Wachstum einsetzen, sich eine erneuerte Persönlichkeit formen.

Ziemlich deutlich muß man sich wohl darüber im klaren sein, daß unbewußte Inhalte wie eine Woge hochkommen können und die Flut innerer Eindrücke den Menschen von den Dingen, die ihm bisher scheinbar oder wirklich Sicherheit gegeben haben, völlig wegreißen kann.

I Ging nennt allerdings Verhaltensrichtlinien, wie man angemessen aus der Gefahr herauskommt. Dazu heißt es:

»Du sollst sein wie das Wasser. Es fließt immer weiter und füllt alle Stellen, durch die es fließt, eben nur aus, es scheut vor keiner gefährlichen Stelle, vor keinem Sturz zurück und verliert durch nichts seine wesentliche eigne Art. Es bleibt sich in allen Verhältnissen selber treu. So bewirkt die Wahrhaftigkeit in schwierigen Verhältnissen, daß man innerlich im Herzen die Lage durchdringt« (R. Wilhelm).

Das bedeutet: aufrichtig seine Gefühle wahrnehmen und, wenn erforderlich, äußern, ganz und gar echt sein im Verhalten gegenüber dem anderen Menschen. Hierdurch können eventuell auch therapeutische Energien in einer Partnerschaft bzw. engeren Bindung freigesetzt werden. Dabei wird man nicht an dem anderen herumdoktern, sondern gemeinsam immer mehr durchstehen.

Es ist wie mit der Gesundheit eines einzelnen Menschen: Wenn man Symptome nicht beiseite schiebt, sondern seinen Körper wahrzunehmen lernt, haben Schmerzen und Angst *(Gefahr)* auch ihre guten Seiten. Im ähnlichen Sinne gibt es auch im Zusammenleben zwischen Mann und Frau Symptome, oftmals ganz feine Signale, die ein Frühwarnsystem bilden können. Man wird sensibel dafür, ob entweder in einem selbst oder in der Art des Miteinander Konflikte schwelen, Dinge noch nicht gelöst sind, Mangelerscheinungen vorliegen oder irgend etwas auf einen zukommen wird, das man erst ganz vage fühlt.

Zum angemessenen Umgang hiermit noch einmal der I-Ging-Kommentar von R. Wilhelm: »Es handelt sich in der Gefahr um Gründlichkeit, die alles, was zu tun ist, auch wirklich erledigt, und um Vorwärtsschreiten, damit man nicht in der Gefahr verweilend darin umkommt.«

Die beschriebene Situation wird, was immer man auch vorhat, kaum zu abenteuerlichen Mutproben oder allzu selbstsicheren Gesten auffordern. Das würde ja nur bedeuten, daß man die Gefahr innerlich verdrängt. Vielmehr ist es richtig, in Schmerz und Angst, dort wo sie sich zum Beispiel körperlich ausdrücken, reinzuatmen, sich den Dingen zu stellen, nicht auszuweichen, aber auch nichts zu provozieren.

Für den Fall, daß Sie noch nicht wissen, ob Sie sich mit einem Menschen zusammentun sollen, so wird es gut sein, wenn Bereitschaft besteht, sich mit dem Seelenchaos, das zwischen Ihnen liegt, auseinanderzusetzen. Derjenige, der damit beginnt, müßte über Nerven verfügen, die stark genug sind, einiges aufzufangen. Vielleicht werden Sie gemeinsam eine schöpferische Krise erleben. Seien Sie sich aber darüber im klaren, was Ihnen bevorsteht. Bedenken Sie auch, ob die Umstände dafür sprechen, daß Sie Verbindung genug zueinander gewinnen können, um schwierige Dinge miteinander zu bestehen.

Verhältnisse, wie sie hier vorliegen, sind – zumindest fürs nächste – selten geeignet, romantische Mondscheinerlebnisse zu begünstigen. In vielen Fällen werden Menschen, die sich unter diesen Vorzeichen begegnen, zuviel mit sich selbst zu tun haben, um sich dem anderen zuwenden zu können. Daher dürfte es auch nicht unproblematisch sein, wenn Sie sich Hals über Kopf verlieben. Lassen Sie die Verbindung eher langsam reifen, durch menschliche Lernprozesse stärker werden.

Die Krisis wird kaum vermeidbar sein, auch wenn das Ausmaß sich eventuell begrenzen läßt. Da muß man eben durch, wenn man sich einmal aufeinander eingelassen hat. Während dem Neu-Kennenlernen einiges entgegenstehen könnte, wird das Wiederzusammenfinden eines Paares, das sich vorübergehend getrennt oder entfremdet hat, viel eher begünstigt. Hier kann man eventuell leichter an bestimmte Dinge anknüpfen. Es dürfte eher eine Bereitschaft bestehen, sich mitzuteilen, da man ja bestimmt schon einiges zusammen durchgemacht hat.

Die Dramatik des Zeichens – und das macht den eigentlichen Spannungsmoment aus – liegt im *Hineinstürzen*, wie R. Wilhelm es formuliert. »Ein Yang-Strich ist zwischen zwei Yin-Striche hineingestürzt und wird von ihnen eingeschlossen wie das Wasser in einer Talschlucht.«

Wenn es hier weiter heißt: »... auf den Menschen übertragen stellt es das Herz, die Seele dar, die im Leib eingeschlossen ist, die Vernunft« – so ist dies auch ein Hinweis auf Hoffnung. Sie bezeichnet den Weg aus der Unklarheit durch mehr Bewußtsein. Verhält man sich dabei richtig, so mag einem letztlich auch Erfolg beschieden sein.

In seiner unbewegten Form unterstreicht das Hexagramm noch den dramatischen Akzent seiner Bedeutung. Versuchen Sie daher, sich selbst gegenüber ehrlich und gewissenhaft zu ergründen, worin der innere Konflikt zu suchen ist. Bemühen Sie sich, mit etwas Ruhe und Abstand das Material zu sichten.

Das Urteil

Wasser verdoppelt. Gefahr.
Wenn du aufrichtig und wahrhaftig bist,
so trägst du im Herzen Gelingen,
und was du tust, hat Erfolg.

Das Bild

Unaufhörlich fließt Wasser in die Tiefen und kommt ans Ziel:
das Bild des doppelt Abgründigen.
So bewahrt der Edle ständig seine Tugend.
Er übt seine Pflicht zu lehren und zu verkünden aus.

Wie das Wasser durch kontinuierliches Fließen immer ans Ziel gelangt, legt auch der reife Mensch Wert darauf, daß sinnvolle Verhaltensweisen und Charaktereigenschaften nichts Zufälliges bleiben. Er arbeitet konstant weiter an sich. Und auch, was er Menschen in einer Krise nahezubringen versucht, wird er – wenn nötig – konsequent wiederholen, damit die Botschaft hängenbleibt. Auf diese Weise verhält man sich immerzu wie das Wasser, das jede Vertiefung ausfüllt, ehe es weiterfließt. Der Edle stellt sich den Dingen und bearbeitet Schritt für Schritt die anstehenden Probleme.

Erste Linie

Wiederholt fließt Wasser. Man fällt in abgrundtiefes Wasser. Unheil.
Die Situation hat etwas Verschlingendes. Tiefste Tiefe. Wahrscheinlich gibt man auf zu kämpfen. Man hat sich zu sehr an die Bedrohung als Bestandteil des Lebens gewöhnt. Das Angezogensein vom Abgründigen ist damit ein Bestandteil des eigenen Wesens geworden, und man wird – folgt man dieser Richtung weiter – vom eigenen Seelenchaos bzw. damit zusammenhängenden äußeren Umständen in die Tiefe gezogen.

Zweite Linie

Am Abgrund stehen. Es lauert Gefahr.
Man sollte nur Kleines zu erreichen versuchen.
Vielleicht ist man etwas ins Rutschen gekommen. Jetzt steht man nahe am Abgrund. Da wird es richtig sein, sich nicht hektisch oder zu schnell zu bewegen. Wenn man der Gefahr entkommen will, sollte man vielmehr ganz bedächtig *nur Kleines versuchen*.

Dritte Linie

Vorne und hinten: Abgrund über Abgrund.
Da heißt es innehalten und sich nicht bewegen,
sonst fällt man in die Tiefe. Das ist zu vermeiden.
Man denke sich etwa einen Bergsteiger, der unglücklich in einer Bergwand hängt. Man muß in diesem Fall entweder auf Hilfe warten oder so lange ausharren, bis sich die Lage aus sich heraus bessert. So bietet sich vielleicht ein Halt, den man vorher noch gar nicht wahrgenommen hat. Und den mag es auch sonst im Leben geben. Doch man muß wirklich ganz vorsichtig abwarten, bis die Zeit reif ist, auch nur das Kleinste in Bewegung zu bringen, was Ihre Frage betrifft. Das bedeutet: sich erst einmal absichern und erneut orientieren.

Vierte Linie

Ein Krug Wein, zwei Schalen Reis in einem irdenen Gefäß, einfach zum Fenster hineingereicht. Das hat bestimmt keinen Makel.

Wenn Umstände der Gefahr herrschen, wird man nicht auf dekorative Gesten Wert legen. Formen besonderer Höflichkeit, weltmännisches Auftreten oder weibliche Grazie sind im Moment ganz unwesentliche Kriterien. Was wirklich zählt, ist die ehrliche Absicht, das vertrauensvolle Anliegen, auch Bereitschaft, einander in der Gefahr zu helfen. Das ist die Referenz, mit der man sich der Liebe gegenüber empfiehlt.

In diesem Sinne werden auch verschnörkelte Reden jetzt nicht überzeugen, sondern einfache, klare Worte. Das, was im Gespräch unmittelbar überkommt, ist von Nutzen. Die Anspielung auf das Fenster, durch das zwei Schalen Reis gereicht werden, deutet im übrigen auf den Teil des Raumes hin, durch den die Helligkeit des Tages hereinkommt. Das heißt im übertragenen Sinne, man soll ein Problem von da her aufklären, wo es ohne weiteres einsichtig ist. Das ist der Schlüssel, mit dem man arbeiten kann, um Schritt für Schritt ein Problem zu erhellen.

Fünfte Linie

Über das Abgründige quillt nichts hinüber, Wasser tritt nicht über seine Ufer. Ruhige Wellen. Daher kein Tadel.

Wer in Zeiten der Gefahr zu hoch hinauswill, wird dem gefährdenden Moment der Situation erliegen. Daher soll man es so machen wie das Wasser, das nur bis zum Rand des Abgrundes und nicht darüber hinaus geht. Auf diese Weise paßt man sich den gefährlichen Zeiten an, da man unnötige Hindernisse vermeidet. Beziehen wir es auf Liebe und Partnerschaftsverhalten: Man wird zum Beispiel sich bei Reibungspunkten zwischen den Geschlechtern einmal mehr verkneifen, den Macho oder – im umgekehrten Fall – zu sehr die femme fatale oder die überemanzipierte Frau zu spielen. Mehr noch, man sollte tunlichst wenig Reibungsflächen bieten, an denen die eigenen Kräfte Verschleiß nehmen könnten. Statt dessen unternimmt man eben gerade das Nötigste, was jetzt an Aufwand angemessen ist. So steuert man geschickt an allen Klippen vorbei, und die Welle des Abgründigen schwappt nicht über durch überengagiertes Tun und Treiben.

Sechste Linie

In dicke Stricke gebunden.
Man wird in den Kerker hinter den Dornenbüschen geworfen.
Drei Jahre lang findet man seinen Weg nicht. Unglück.
Hier ist jemand in sich selbst gefangen. Eigene Komplexe und Fixierungen lassen einen nicht los, und so wirken die seelischen Verstrickungen wie ein selbst geschaffenes Gefängnis. Das kann schlimmstenfalls auch sozial ein Ort innerer Verbannung sein. Isolierung und Verlust der Orientierung sind als Gefährdungen angezeigt. *Drei Jahre* – sozusagen eine Periode schicksalhafter Strafe – findet man seinen Weg nicht, wobei die genannte Dauer natürlich symbolisch zu verstehen ist.

Es sind hier erhebliche Warnungen ausgesprochen. Werden sie nicht beachtet, dürfte die eigene Position für längere Zeit empfindlich gefährdet sein.

30. Li

Das Feuer

Wie im vorhergehenden Hexagramm liegt auch hier wieder eines von acht Doppelzeichen vor. Zweifach Feuer oder das Haftende (der an den Dingen haftende Schein des Lichtes) strahlt ins Leben.

Es ist das erhellende Wesen geistiger Klarheit, die wache Intelligenz menschlicher Suche, die Licht in das Dunkel unbewußter Zusammenhänge bringt. Diese Vorgänge zu gestalten, bedarf des Zusammenwirkens von Licht und Umgebung. Eine Energiequelle ist nötig, die das Licht oder Feuer speist, und sein Schein ruht auf den Gegenständen, die sich ringsum befinden. Er haftet an ihnen, und ohne sein Licht würden sie nicht zu sehen sein.

Vergleichbar damit wird auch die Abhängigkeit verständlich, in der Menschen ihre geistigen Prozesse entfalten. Stets ist es ein Zusammenwirken und Aufeinanderangewiesen-Sein. Auch kommt es darauf an, mit seinen inneren Kräften, etwa dem Engagement für eine Sache, richtig umzugehen. Sonst ist man wie ein Feuer, dessen Energie schnell verzehrt ist. Das kann sich auf die Leidenschaft für einen Menschen beziehen, auf das Feuer einer Liebe oder auf gemeinsam gelebte Ziele und Ideale.

Wie sich eine Flamme hin und her bewegt, wird in diesem Hexagramm auch auf Umstände und Zeit eingegangen, die sich in ständigem Wechsel befinden. Menschen voller Temperament und Leidenschaft können leicht erregbar wirken, und ihr Geist gleicht oft einer unruhigen Flamme. So kommt es darauf an, zu wissen, was man tut, sich also darüber im klaren zu sein, was man mit seinen Worten und Taten im Positiven wie im Negativen entfachen kann. Es ist der rechte Umgang mit den Emotionen, um den es hier geht. Geduld und Vorsicht werden da oft verlangt, dagegen ist ein allzu impulsives Verhalten in der gegenwärtigen Situation kaum zu empfehlen. Insgesamt läßt sie sich mit einem Bild beschreiben, das u.a. auch auf die Gefahren von Feuer, Diebstahl oder Einbruch aufmerksam macht. Solche Symbolik läßt bei mangelnder Vorsicht seelisch eine kleinere oder größere Katastrophe erwarten.

Wenn andererseits gegenseitige Anpassungsbereitschaft vorliegt, man sich auch auf die Launen und Gefühlsextreme des anderen einzustellen lernt, bekommt die Situation ein gutes Vorzeichen. Es erfordert umgekehrt jedoch von einem selbst, sensibel dafür zu sein, inwieweit man den Partner, Freund etc. mit eigenen Ausnahmezuständen belasten kann. Vom Fragenden wird im ersten Moment im Grunde vielleicht etwas mehr Rücksicht erwartet, da er durch seine eigene Haltung einen positiven Einfluß auf die Dinge nehmen kann. Trotzdem muß das Ausmaß der gegenseitigen Toleranz auf Dauer ausgeglichen sein. Das kann aber gerade durch eine verständnisvolle oder pädagogische Haltung gut vorbereitet werden.

Dabei geht es eigentlich auch nur um ganz einfache und normale Dinge. Dann, wenn man zum Beispiel merkt, daß eigene Stimmungsschwankungen aufhören, für den anderen nachvollziehbar und akzeptabel zu sein, sollte man zumindest darüber sprechen, warum das so ist und was man anders machen könnte. Und wenn für einen selbst der Spaß aufhört, was im Moment etwa hysterische Anwandlungen des Gegenübers angeht, dann versucht man, ruhig einzuwirken, eventuell ganz klar zu sagen: bis hierher und nicht weiter. Aber man wird dennoch bemüht sein, einigermaßen neutral zu reagieren, sich nicht anstecken zu lassen und zu erkennen versuchen, daß der andere irgendwie außer sich ist. Was da passiert, ist ja nicht unbedingt typisch für ihn, eben ein besonderer Zustand, der andererseits natürlich mehr mit ihm und seiner augenblicklichen Verfassung zu tun hat. Deswegen sollte man sich nicht gleich mit jeder Kleinigkeit angesprochen fühlen.

Versöhnlich ist sicher der Gedanke, daß bestimmte Auseinandersetzungen – klar und ruhig geführt – zu einem Zusammenleben gehören, in dem man einander geistige und gefühlsmäßige Nahrung gibt. Wenn das grundsätzlich der Fall ist, dann wird die Flamme der Zuneigung fortwährend brennen, auch wenn sie zwischendurch einmal flackert oder durch manchen Wind ausgepustet zu werden droht.

Wer das Hexagramm erhält, kann, insgesamt gesehen, somit gewiß sein, daß er sich dem Gegenstand der Frage mit regem Verstand und durchdringenden geistigen Möglichkeiten nähert. Nur: Man muß seine Talente umsichtig nutzen, damit man sich nicht die Finger verbrennt. Auch sollte die innere Flamme stetig brennen, nicht ein Strohfeuer bilden. Das hat übrigens auch damit zu tun, daß das Hexagramm in seiner unbewegten Form ein Hinweis sein dürfte, daß man die verschiedenen seelischen Anteile, die in der eigenen Person zusammenwirken, mehr auf einen Punkt bringen sollte, damit man nach außen hin Klarheit ausstrahlt. Auf diese Weise wird das eigene Wesen von der Umwelt als ruhig und gleichmäßig brennende Flamme verstanden werden.

Das Urteil

Das Feuer. Beharrlichkeit ist von Nutzen.
Erfolg. Die Kuh zu pflegen bringt Glück.

Wer für eine Sache einsteht, etwa um Gefühle kämpft oder einer Liebe zum Recht verhelfen will, braucht Ausdauer, wie die Energie einer Flamme Beharrlichkeit besitzen muß, damit sie nicht vorzeitig erlischt. Dabei ist alles Leuchtende von dem abhängig, dem sein Schein anhaftet. Der Gedanke wechselseitiger Abhängigkeit wird noch dadurch unterstrichen, daß man in dieser Situation das Wesen der Kuh fördern soll, was gleichbedeutend ist mit Pflege der eigenen Anpassungsbereitschaft.

Das Bild

Doppelte Helligkeit: ein Bild des Feuers.
So verbreitet der Edle das Licht der Erkenntnis.
Und er erleuchtet die vier Weltgegenden.

Erste Linie

Die Fußstapfen laufen kreuz und quer.
Wenn man ernst seinen Weg in der Dämmerung sucht:
kein Makel.

Nach dem Aufwachen ordnet man die eben noch undeutlich ins Gedächtnis flimmernden Spuren seiner Träume, während schon die Eindrücke des beginnenden Tages kreuz und quer laufen. Der Mensch reibt sich die Augen und versucht erst einmal wach zu werden.

Was hierfür typisch ist, läßt sich genauso auf viele andere Lebensbereiche übertragen, in denen man selbst ganz am Anfang steht oder in denen ein neuer Abschnitt beginnt. Um den Vergleich fortzuführen: Fangen erst die Geschäfte des neuen Tages an, ist es wichtig, sich nicht von der Betriebsamkeit mitreißen zu lassen, sondern die Eindrücke zu sortieren und sich innerlich zu sammeln. Nur indem man Klarheit gewinnt, kann man seinem Weg die richtige Richtung verleihen. An dem Punkt, wo man beginnt, nimmt alles weitere seinen Lauf. Die Gegenwart enthält also schon die Elemente der Zukunft, worüber man sich voll bewußt sein sollte. Das erfordert, die Entwicklungstendenzen für das, was morgen ist, sehr ernsthaft zu betrachten.

Zweite Linie

Das gelbe Licht der Sonne.
Großes Glück (erhabenes Heil).
Wenn mittags die Sonne am höchsten steht, ist hiermit der Höhepunkt einer Entwicklung charakterisiert. Eine Beziehung hat jetzt die Chance, ihre volle Blüte zu erreichen. Die persönliche Kultur der Verständigung ist durch Maß und Mitte gekennzeichnet, wie es in der chinesischen Tradition durch das gelbe Licht der Sonne versinnbildlicht wird.

Dritte Linie

Im Schein der untergehenden Sonne schlagen die
Menschen entweder den Topf und singen,
oder sie seufzen über das herannahende Alter.
Unheil.
Geht abends die Sonne unter, fühlt man sich leicht an die Vergänglichkeit des Lebens erinnert. Eine schöne Zeit geht möglicherweise zu Ende. Von irgendwelchen Elementen, vielleicht auch liebgewordenen Gewohnheiten heißt es ein Stück Abschied nehmen. Ein Teil des Lebens wird sich verändern. Da fangen manche an, sich unvermittelt fröhlich zu geben, vom Augenblick zu genießen, was noch zu genießen ist. Andere versinken hingegen in Melancholie und Trauer, als fühlten sie nun mit Riesenschritten das Alter auf sich zukommen. Solche Befangenheit trägt eine gute Portion Unglücklichsein in sich. Viel besser wäre es, man würde sich angemessen mit dem auseinandersetzen, was gerade vor sich geht. Das könnte beträchtliche Wachstumsschritte beinhalten.

Vierte Linie

Plötzlich kommt es, lodert auf, erstirbt ebenso schnell und wird weggeworfen.

Liebe kann oft wie ein Strohfeuer sein. Wenn das der Fall ist, handelt es sich um eine sich wiederholende Erfahrung. Sie wird immer mit einer gewissen Frustration verbunden sein. Es hat etwas Enttäuschendes, wenn die ›große Liebe‹ wieder nur eine Episode gewesen ist. Das Gleiche gilt, wenn die Wiederherstellung eines warmen Gefühlsklimas nur von kurzer Dauer gewesen sein sollte.

In vielen, wenn nicht in den meisten Fällen liegt so etwas an einem selbst. Wenn man gleich immer Feuer und Flamme für etwas ist, erschöpft sich die seelische Energie schnell. Dazu tragen vor allem zu hoch gesteckte Erwartungen bei, da sie notwendig Ernüchterung nach sich ziehen werden. Auch persönliche Unruhe oder eine besonders für die heutige Zeit recht typische Sucht nach immer neuen Eindrücken tragen dazu bei. In solchen Fällen gleicht man einer unruhigen Flamme, die sich schnell verzehrt. Besser wäre es, weniger, dafür aber nachhaltigere Wirkungen zu wollen. Es hat immer etwas damit zu tun, seinen Seelenhaushalt ökonomischer zu gestalten, etwas Feuer in sich zu behalten, damit auch morgen noch etwas da ist, was für den anderen brennen kann.

Fünfte Linie

Eine Flut von Tränen, Seufzern und Klagen.
Doch am Ende Glück.

Im Gegensatz zur dritten Linie wird hier echte Trauerarbeit geleistet. Man befindet sich auf dem Höhepunkt einer glücklichen Zeit und weiß, daß früher oder später eine andere Phase des Lebens kommen wird, in der wieder neue Dinge wichtig sein werden. Indem man jetzt seine Traurigkeit durchlebt, ein Stück Abschied nimmt und losläßt, werden vielleicht ganz natürlich Tränen kommen.

Doch weil man in diesem Fall mit aller Tapferkeit, die im Moment wichtig ist, sich dem Leben stellt, tritt auf dem Höhepunkt der Situation ein unvermuteter Wandel ein. Aus Unglück entsteht Glück. Denken wir daran: In mancher Träne steckt auch ein Lachen. Man verzehrt sich demnach nicht länger danach, wie es hätte sein sollen. Vielmehr wird die Erfahrung Anlaß zu einem wichtigen Lernprozeß.

Sechste Linie

Der König erhebt das Fanal zum Kampfe.
Er tötet den Rädelsführer, nimmt die Gefolgschaft aber lediglich gefangen. Kein Makel.
Man ist hier jenseits der Hitzigkeit, in der sonst Debatten ausgetragen werden, denn man erkennt instinktiv richtig: Nur echte Störungen und Fehler sollten bemängelt werden. Man halte sich folglich nicht an Banalitäten auf. Wenn ein Einlenken oder Bemühungen zu erkennen sind, läßt sich das Feuer des persönlichen Ärgers auch gleich etwas zurücknehmen. Das hat genauso seine Entsprechungen zur Selbsterziehung. Wirklich schlechte Angewohnheiten soll man in sich mit Nachdruck bekämpfen *(die Anführer töten)*, gewisse Marotten und harmlose Eigenheiten kann man aber ruhig belassen *(die Gefolgschaft lediglich gefangen nehmen)*. Sonst wirkt man nur verkrampft.

31. Hsien

Die Anziehung

Wenn zwei chemische Elemente eine hohe Bereitschaft haben, eine Verbindung miteinander einzugehen, so spricht man von Affinität. Sie ist darüber hinaus im sozialen und psychologischen Sinne ein Begriff. So besitzt man zu bestimmten Menschen, Dingen, Verhaltensweisen Affinität, oder auch gewisse Ereignisse besitzen eine geradezu magische Anziehungskraft. Um eine solche Reaktionsbereitschaft geht es auch in der von Ihnen gestellten Frage. Oft zeigt das Hexagramm eine besondere Affinität zwischen Menschen an. Es kann zudem sein, daß man eine innere Verbindung zu schicksalhaften Zusammenhängen besitzt, in denen man immer wieder auf den gleichen Typ von Menschen trifft.

Die symbolische Sprache ist sehr einfach zu verstehen: Oben steht der See (die Freude), entsprechend einer jungen Frau. Unten befindet sich der Berg (das Stillhalten), auch als beharrlicher Mann zu begreifen. Er wirbt um das schöne junge Mädchen, wobei sich das Männliche sozusagen im romantischen Minnespiel dem Weiblichen unterstellt.

Allgemein ausgedrückt, wird in der Beziehung ein aktiver Part dargestellt, der kontinuierlich in seinem Bemühen um den anderen wirkt, sich gleichzeitig an einer Empfindungsqualität orientiert, in der noch so was wie ritterliche Tugenden gelten. Das Aktive kniet gleichsam mit einem Bein vor dem Passiven, um es für sich zu gewinnen. So findet die Anregung einen anhaltenden Impuls, der sich nicht so leicht beirren läßt.

In seiner unbewegten Form bekommt das Hexagramm eine besondere Unterstreichung im Hinblick auf alles, was Minne, Werbung und Begegnung bedeutet. Dabei soll man sich heiter, gelassen und offen zeigen, um zu warten, bis die Signale der Zuneigung einander mitgeteilt werden. Inzwischen suche man als Mann ein wenig den Kavalier alter Schule zu üben, während man als Frau in das Sich-Umwerbenlassen besonderen Charme hineinbringen könnte. Darüber hinaus wird einem mitgeteilt, daß man zu dem Gegenstand seiner Frage in einem starken Anziehungsverhältnis steht, aus dem sich einiges machen ließe.

Das Urteil

Die Anziehung: Erfolg (Gelingen)
Beharrlichkeit ist von Nutzen.
Ein Mädchen zu heiraten, bringt Glück.

Das Bild

Ein See auf dem Berg (bzw. im Gebirge):
ein Bild der Anziehung.
So läßt der Edle durch Aufgeschlossenheit die Menschen an sich rankommen. Empfänglichkeit und Offenheit, auch im Hinblick auf wohlgemeinte Ratschläge und geistige Anregung, werden hier empfohlen.
Man zeige sich zugänglich, sympathisch, interessiert.

Erste Linie

Anziehung im großen Zeh.
Häufig hört man, jemand würde ›etwas in seinem Zeh spüren‹. Nach chinesischem Verständnis hat man in den Zehen eine besonders nahe Verbindung zum Boden, von wo sich die seelischen Erregungsströme als Energiemuster zwischen Himmel und Erde aufbauen. So deutet sich im Zeh auch zuerst etwas an. Was sich später einmal

entladen, einen Spannungsbogen bilden wird, ist noch gar nicht klar wahrzunehmen. Man merkt es erst vage: Da ist etwas. Das sollte man näher ergründen, um anschließend zu versuchen, aufgeschlossen die Perspektiven zu beurteilen. Doch bitte noch nicht voreilig planen! Man kann ja noch nicht sicher beurteilen, ob das, was auf einen zukommt – auch wenn Anziehung vorhanden ist –, letztlich positiv oder negativ ist. Warten wir es doch einfach ab!

Zweite Linie

Anziehung in den Waden. Unglück!
Doch Ruhe lockt das Glück an.
Die Wade wird hier als relativ unselbständiger Körperteil und Energieleiter zwischen Fuß und Schenkel angesehen. Daher soll man abwarten, bis die Zeit zum eigenständigen Einwirken aus der Situation heraus erkennbar wird. Eine besondere Aufforderung zu Ruhe und Geduld! Warten Sie zum Beispiel, bis Sie relativ klare Signale von dem Menschen erhalten, den Sie lieben oder verehren, bevor Sie sich zu große Hoffnungen machen oder zu einem Verhalten hinreißen lassen, das der Situation nicht angemessen wäre.

Dritte Linie

Anziehung in den Schenkeln.
Er hält sich ans Nächstbeste, was ihm folgt.
So weiterzumachen, führt zur Beschämung.
Hier wird unkontrolliert jedem Impuls nachgegeben, der gerade da ist. Gleich, ob Faszination oder Beängstigung, man folgt zu sehr seinen Launen und Eingebungen, worin sich eine gewisse Wahllosigkeit zeigt. Anders ausgedrückt: Das Ich als entscheidende und auswählende Instanz zwischen Trieb und Moral ist im Hinblick auf die gestellte Frage noch nicht zu abgeschlossener Reife

gekommen. Erst durch Beschränkung auf das, was wirklich zu einem gehört, was innerlich gewachsen und Bestand der Persönlichkeit geworden ist, zeigen sich Freiheit und Selbstverantwortung vollen Erwachsenseins. Die vorliegende Linie deutet indes auf Verzettelung hin. Man läuft dem hinterher, was gerade beeindruckt, oder versucht dem nächstbesten Menschen zu imponieren. Das hat immer etwas Demütigendes an sich.

Vierte Linie

Ausdauer bringt Heil. Reue schwindet.
Wenn aufgeregte Gedanken hin und her gehen,
so folgen nur die Freunde,
auf die man sich bewußt konzentriert.

Es geht um das Reich der Emotionen, wie es durch das Herz ausgedrückt wird. Es ist der zentrale Anziehungs- und Erregungsort. Versucht man, vom Herzen her Ruhe und positive Energien auszustrahlen, so schwindet mit der Zeit auch die Reue, die sich durch das Hin und Her der Gefühle einstellen mag. Man konzentriere sich darauf, in seinem Herzen Liebe für alle Wesen und für den ganzen Kosmos zu entwickeln, dem Menschen, an den man besonders denkt, Liebe, Wärme und Nähe zu geben. So wird aus Warmherzigkeit ziemlich automatisch Intimität erwachsen, falls zwei Menschen schicksalhafte Affinität zueinander haben.

Jede Manipulation des anderen, ein Ihn-Bearbeiten, Tun und Machen ist hingegen von Übel. Je mehr man aber dem nachgeht, was wirklich vorhanden ist, wo gegenseitige Gefühle wirksam werden, kann eine Konzentration stattfinden, eine Vertiefung, die den anderen immer mehr ein Stück folgen läßt.

Fünfte Linie

Anziehung im Nacken. Keine Reue.

Eine Schlüsselfrage, Verständnis für diese Linie zu finden, könnte sehr gut der Gesichtspunkt sein, weshalb Menschen Verspannungen im Nacken bekommen. Eine plausible Erklärung mag darin bestehen, daß es der Ort ist, an dem wir Triebregungen aus dem Kreuzbereich auf dem Weg zum Kopf hin abblocken. So regulieren wir, was uns an sexueller Anziehung bewußt werden soll und in welchem Maße das jeweils geschieht. Ist die Erregung im Nacken aber nicht unterbrochen, kann man gewiß sein, daß der Wunsch von der Gesamtpersönlichkeit akzeptiert wird. Man befindet sich von vornherein nicht in Konflikt mit Tabu und Moral *(keine Reue).*

Bei allem Neuen und Ungewohnten macht man sich im Nacken hingegen oft erst einmal steif (schottet sich ab). Man sollte sich dessen nach Möglichkeit bewußt werden, wenn es geschieht, damit man die Anspannung auf Wunsch auch wieder lösen kann. Ein Gesichtspunkt ist dabei nicht ganz unwichtig: Wenn man sich sehr stark nach oben hin zumacht, steht man vergleichsweise wenig in Kommunikation mit dem Geschehen und hat auch relativ geringe Möglichkeit, selbst Einfluß zu nehmen.

Sechste Linie

Anziehung in Kiefern und Zunge.

Die Anziehungskraft der Dinge verlagert sich auf eine rein sprachliche Ebene, und zwar in recht oberflächlicher Weise. Denn hier ist nicht von Überzeugungskraft, Worten der Eindringlichkeit oder Empfindsamkeit die Rede. Vielmehr geht es um Palaver. Es wird schwadroniert und geplappert. Hier zeigen sich leere Gedanken- oder Worthülsen, die auf nichts eine Auswirkung haben.

32. Heng

Die Dauer

Wohl nicht ganz zufällig kommt die sprachliche Ableitung des deutschen Wortes ›Ehe‹ vom germanischen ›Eva‹, was soviel wie ewiges Gesetz bedeutet. Auch in der chinesischen Geisteswelt besteht ein enger Zusammenhang zwischen allem Bleibenden, Konstanten und Beständigem sowie der Institution Ehe als traditionellem Verständnis dauerhafter gegenseitiger Anteilnahme und Zuwendung.

Wie Donner und Wind (etwa in der Brandung des Meeres oder in der Bö eines Gewitters) miteinander verbunden sind, deutet Dschen, das Erregende, im oberen und Dui, der sanfte Einfluß, im unteren Trigramm auf eine dauerhafte Verbindung grundlegender Elemente hin. Es ist eine Symbolik von Ehe, Dauer oder Beständigkeit, wobei nach außen hin kraftvolles und bestimmtes Auftreten herrscht (der Donner), während die Beziehung innerlich von Sanftheit und Anpassung gekennzeichnet ist (der Wind). Das Bild entspricht dem Wort, es gäbe im Leben nichts stärkeres als ein Paar, das zusammensteht.

Natürlich ist für unsere Zeit etwa auch an die feste Verbindung ohne Trauschein gedacht, sowie ganz allgemein an alles, was beständigen Einfluß im Leben eines Menschen besitzt, zumindest von längerer Dauer ist. Es geht in diesem Hexagramm auch darum, wo und wie man es findet. Ferner: Wie durchlässig die Dauer für neue Impulse, wie anpassungsfähig das Beständige an neue Erfordernisse ist, ein erstarrendes Element also ausgeschlossen werden kann.

Hier ist die ganze Bandbreite der Thematik angesprochen, die wir gemeinhin mit Tradition und Bewahren auf der einen Seite, Bewegung und Flexibilität auf der anderen Seite in Verbindung bringen. Wir beobachten ferner, wie etwas organisch wächst und somit an Dauer gewinnt, ebenso wann und unter welchen Umständen sich dauerhaftes Bemühen lohnt.

Erhält man das Symbol in seiner unbewegten Form, so sollte man noch einmal nachvollziehen, worin die inneren Traditionen, die gewachsenen Formen und Inhalte eigentlich bestehen. Sie sollten Richtschnur für kontinuierliches Handeln geben, in dem man erstens sich selbst treu bleibt, zweitens aber auch Verläßlichkeit nach außen hin beweist. Es geht darum, ein berechenbarer Partner im menschlichen Umgang, gerade auch in Liebe und Partnerschaft, zu sein.

Das Urteil

Die Dauer: Erfolg. Kein Tadel.
Fördernd (von Nutzen) ist Beharrlichkeit.
Etwas Sinnvolles zu beginnen, ist von Nutzen.

Hier kommt zum Ausdruck, daß Dauer nicht gleichbedeutend mit Stillstand sein kann. Denn wenn sich dauerhaft nichts bewegt, handelt es sich in Wirklichkeit um Erstarrung und längerfristig gesehen um Rückschritt. R. Wilhelm hat es in seinem I-Ging-Kommentar besonders eindrucksvoll beschrieben: »Dauer ist vielmehr eine in sich geschlossene und darum stets sich erneuernde Bewegung eines organisierten, in sich fest geschlossenen Ganzen, bei der auf jedes Ende ein neuer Anfang folgt. Das Ende wird erreicht durch die Bewegung nach innen, das Einatmen, die Systole, die Konzentration.« (Systole im medizinischen Sinn = Zusammenziehung des Herzmuskels).

Wahrscheinlich ist in dieser Aussage das zentrale Merkmal des TAO überhaupt angesprochen: Dauer im Wandel und umgekehrt Lebendigkeit, das heißt, Wandel in der Dauer, dies alles als eine Einheit, die das ganze

Dasein umschreibt. So verstanden ist TAO selbst gleich Dauer, der Punkt Omega, woher das Leben kommt und wohin es geht, ein ewiger Strom der Dinge, aus sich heraus entstehend und sich selbst verjüngend.

Das Evolutionäre und Kreisläufige – etwa als große kosmische Spirale – klingt im weiteren Gedankengang bei R. Wilhelm an: »Diese Bewegung geht über in einen neuen Anfang, bei dem die Bewegung nach außen gerichtet ist, das Ausatmen, die Diastole, die Expansion.« (Diastole im medizinischen Sinn = Ausdehnung des Herzmuskels). In den rhythmischen Folgen der Dauer ist der Aspekt stetiger Bewegung enthalten. Und folglich entspricht es auch dem Grundgedanken des Zeichens, *etwas Sinnvolles zu unternehmen,* das sich nach den Gesetzen der Dauer in die großen Rhythmen des Lebens einfügt.

Gefordert ist richtiges, zeitgemäßes und lebendigen Traditionen entsprechendes Tun, nicht Erstarrung oder angestrengtes Festhalten. Entwickelt man diesen Faden weiter, kann sogar in einem liebevollen Loslassen, im Luft-Geben und achtsamen Zulassen ein wesentlicher Gedanke von Dauer enthalten sein: Indem Dinge atmen und sich erneuern können, indem ihnen erlaubt wird, sich zu bewegen, bleibt das Erhaltenswerte aus Vergangenheit und Gegenwart auch für zukünftige Momente stabil, was heißt, es bleibt lebensfähig.

Das Bild

Donner und Wind: ein Bild der Dauer.
So steht der Edle fest,
ohne die Richtung zu ändern.

Hierzu R. Wilhelm: »Der Donner rollt, und der Wind weht. Beides ist etwas äußerst Bewegliches, so daß es dem Anschein nach das Gegenteil von Dauer ist. Aber ihr Hervortreten und Zurücktreten, ihr Kommen und Gehen folgt dauernden Gesetzen. So beruht die Selbständigkeit des Edlen auch nicht darin, daß er starr und unbeweglich ist. Er geht immer mit der Zeit und wandelt sich mit ihr. Das Dauernde ist die feste Richtung, das innere Gesetz seines Wesens, das alle seine Handlungen bestimmt.«

Erste Linie

Jemand sucht Dauer zu schnell oder hartnäckig.
Nichts wäre fördernd (ist von Nutzen).
Dauerhafte Bindungen und Verhältnisse kann man schlecht erzwingen. Wenn man es versucht, so bringt es bestimmt nichts ein. Hier wird das typische Moment zum Thema gemacht, daß jemand zum Beispiel auf Heirat oder eine feste Bindung drängt. Es kann aber auch um Manipulationsversuche an sich oder einem anderen gehen, eine bestimmte Kontinuität unbedingt zu erreichen. All das ist schon deswegen unklug, weil Dauer etwas mit stetigem Wachstum, mit organischem Reifen und Sich-Entwickeln zu tun hat.

Zweite Linie

Reue schwindet.
Ein Beispiel: Sie empfinden vielleicht ein beständiges Gefühl der Zuneigung. Da spielt eine bestimmte Hoffnung eine Rolle mit, die mit etwas sehr Echtem und Wahrem zu tun hat. Das gibt einen beinahe unerklärlichen Optimismus, der erhebliche Energien verleiht. Und doch kommen gelegentlich Zweifel, ob man sich mit seinem Vorhaben und den Neigungen, um die es hier geht, nicht übernehmen könnte. Allein: *Die Reue schwindet.*

Da man etwas in Übereinstimmung mit den Gesetzen der Dauer sucht, wird das eigene Handeln und Wollen von den Strömungen der Zeit begünstigt. Anders ausgedrückt: Man läßt die Zeit für sich arbeiten. Die Vorzeichen stimmen. Es ist eine gute Art von Beständigkeit.

Dritte Linie

Wer es versäumt, Dauer zu finden, wird Schande ernten. Ständige Vernachlässigung einer inneren Tradition bringt dauerhaft Erniedrigung.
Angesprochen ist der Mensch, der heute so, morgen so denkt, dessen Handeln stets von neuen Eindrücken irritiert wird und der keine eigene Richtung findet. Eine Zeitlang mag man gesucht haben, und es waltete Nachsicht gegenüber solcher Instabilität. Doch wenn man es weiter unterläßt, Charakterfestigkeit zu entwickeln, wird dies fatale Folgen haben. Es ist eine Haltlosigkeit zu vermuten, die zu Schimpf und Schande führt.

Vierte Linie

Im Feld ist kein Wild.
Woher mag man Wild bekommen?
Es zeugt von sinnvollen Lebensidealen, so etwas wie Gleichmaß, Dauer und Beständigkeit in private Beziehungen oder innere Einstellungen zu bringen. Fatalerweise spielt in dieser Linie jedoch etwas eine Rolle, das man für gewöhnlich als vergebene Liebesmüh' bezeichnet.

Sind es sinnlos investierte Energien, oder ist es der falsche Weg, auf dem man etwas anstrebt? Einerlei: Sie sollten ergiebigere Felder suchen, wo sie *Ihr Wild jagen.* Denn hier läuft womöglich gar kein ›Hirsch‹ oder ›Reh‹ vorbei. Wenn Sie Dauer jedoch auf rechte Weise suchen, werden Sie ein Revier finden, in dem Sie sich zu Hause fühlen, das Sie liebevoll hegen und pflegen können.

Fünfte Linie

Ans Dauerhafte fest sich halten, bringt Glück für die Frau, Unglück für den Mann.
Scherzhaft könnte man sagen: Schon die alten Chinesen haben erkannt, daß Frauen sich mehr ans Hergebrachte, an konservative Normen und Wertmaßstäbe halten, der

eigenen Emanzipation im Wege stehen. Jedoch wäre eine solche Sicht sehr eingeengt auf bestimmte gesellschaftliche Verhältnisse, wo das überwiegend so ist. Tatsächlich ist das chinesische Orakel in einer bestimmten historischen Zeit entstanden, jedoch dürfte der Sinngehalt unabhängig davon zu verstehen sein. Man muß ihn sozusagen auf die sich wandelnden gesellschaftlichen Verhältnisse unserer Zeit übertragen.

So gesehen läßt sich eine allgemeiner gefaßte Deutung der vorliegenden Linie begründen. Sie könnte etwa folgendermaßen lauten: Der schwächere oder passivere Teil einer Beziehung hält sich immer mehr an das Traditionelle und Gleichbleibende. Manchmal mag er sich sogar daran klammern. Das ist so auch richtig für ihn (oder sie), da man sich darin oft geborgen und gut aufgehoben fühlt. Für den momentan stärkeren und aktiveren Part ist es jedoch richtig, auf veränderte Bedingungen in der Außenwelt mehr einzugehen, sich den Gegebenheiten der Zeit stärker anzupassen, mithin etwas wandlungsfähiger zu sein.

Dazu gehört es auch, darauf zu achten, was im Augenblick so allgemein im Gespräch ist, das Ohr am Puls der Zeit zu haben. Auch für den aktiven Anteil in Ihnen selbst wäre das Festhalten an der konservativen Norm tendenziell weniger entwicklungsrichtig. Gesellschaftlich entsprach diesem aktiven Teil im alten China immer der Mann. Prüfen Sie sich, worin Sie sich selbst im Moment mehr wiederentdecken, was Ihnen zur Zeit besonders gut tun würde, und überlegen Sie dann, wie Ihre Normenauffassungen, Ihr Rollenverständnis und Ihr Standort zwischen Kontinuität und Wandel hierzu passen, wobei gilt, daß das Passivere, Empfänglichere in Ihnen nicht das Schlechtere sein muß.

Sechste Linie

Ein dauernd aufgerührter Geist bringt Unglück.
Jeder reagiert mal beunruhigt, ist durch Ereignisse aufgewühlt und schaut besorgt in die Zukunft. Zur Zeit scheinen Ihre Gedanken und Gefühle jedoch eine ständig bewegte See abzugeben. Atmen Sie also erst einmal tief durch. Machen Sie irgend etwas, von dem Sie wissen, daß es Ihnen im Leben schon einmal Ruhe gegeben hat. Vor allem aber: Lassen Sie sich nicht durch jeden Anlaß gleich ängstigen. Sonst entstehen unnötig Sorgen, die Sie nur daran hindern, Dinge gründlich zu durchdenken. Genau darauf käme es aber an: Begreifen Sie die Abläufe um sich herum, und machen Sie sich ein klares Bild. Handeln Sie dann ruhig und nicht konfus.

33. Tun

Der Rückzug

Große Heerführer haben immer schon gewußt, wie sehr es darauf ankommt, ggf. zur rechten Zeit einen Rückzug anzutreten. Er unterscheidet sich wesentlich von einem panischen Auseinanderlaufen der Schlachtordnung, das erst dann eintritt, wenn der rechte Zeitpunkt verpaßt wurde. In der vorliegenden Symbolik geht es um den geordneten Rückzug, bei dem man seine Heere (eigene Nervenkraft und Chancen in einer Situation) auf sicheres Gebiet rettet.

Im täglichen Umgang gibt es Menschen, die geschickt genug sind, sich so unauffällig und diplomatisch aus einem Streit, von einem Vorhaben mit zweifelhaftem Ausgang oder aus irgendwelchen Verstrickungen zurückzuziehen, daß hierbei nicht der leiseste Gedanke an eine noch so geringe Niederlage aufkommt. So bleibt das Gesicht gewahrt. Man hat erkannt, was, zumindest vorerst, doch nicht zu ändern ist und begibt sich in das Notwendige. Besonders zwischen Mann und Frau müssen diese Situationen nicht ohne Charme sein und können ein stillschweigendes Einvernehmen bedeuten – Rückzug mit Augenzwinkern.

Manche Menschen halten auch mitten in einer Bewegung inne, irgendwo sagt's ›klick‹, und ohne viel Aufhebens ist ihnen plötzlich klar geworden, daß sie von einer bestimmten Sache lieber die Finger lassen sollten. Mit der Weisheit eines klugen Heerführers tritt man dann in die Richtung den Rückzug an, wo einem schwer eine Schlappe bereitet werden kann. Solch sicheres Gebiet entsteht dadurch, daß man Dinge noch rechtzeitig in Ordnung bringt, sich auf seine wirkliche Verantwortung zurückzieht oder mit Humor einer Situation die Spitze nimmt.

Je nach Fragestellung kann das Hexagramm aber auch auf Lösungstendenzen in der Beziehung hindeuten. Wie auch immer, wird der geordnete Rückzug in der chinesischen Tradition als ein Verhalten großer persönlicher Stärke aufgefaßt. Er steht, wenn die Zeit es erfordert, einem mutigen Menschen durchaus zu Gesicht und hat nicht das geringste mit Feigheit zu tun.

In seiner unbewegten Form deutet das Hexagramm darauf hin, daß es darauf ankommt, rasch den Rückzug einzuleiten. Was anderenfalls auf Sie zukommen könnte, läßt Unheil vermuten, auf jeden Fall unkalkulierbare Risiken erwarten. Erkennen Sie rechtzeitig die Zeichen der Zeit. Sie dürften im Hinblick auf Ihre Frage ziemlich eindeutig auf der Hand liegen.

Das Urteil

Der Rückzug: Erfolg (Gelingen)
Beharrlichkeit in kleinen Dingen ist von Nutzen.

Da geordneter Rückzug keine Flucht sein soll, sondern Stärke, die allerdings ihren eigenen Gesetzen unterliegt, kommt es zum einen auf den richtigen Zeitpunkt an, zum anderen wird durch rechtzeitiges Einlenken oft ein Umschwung für später vorbereitet. Irgendwann mögen Kräfteverhältnisse und Chancen anders verteilt sein, und auf diese Zeit kann man sich eventuell jetzt schon vorbereiten. Auch kann man es einem Gegner schwermachen, zur Verfolgung anzusetzen. Insofern wird Beharrlichkeit in kleinen Dingen empfohlen, womit entweder die Flankendeckung erreicht oder gewisse Veränderungen für die Zukunft vorbereitet werden.

Das Bild

Berg unter freiem Himmel: ein Bild des Rückzugs.
So zieht sich der Edle in entlegene Gegenden zurück
und hält Distanz zu niederen Dingen;
nicht in Zorn, sondern in Würde.

Wie sich das Lichte in Höhen zurückzieht, die unerreichbar sind (sie werden durch den Himmel dargestellt), versinnbildlicht der Berg in seiner Unbeweglichkeit das Stillhalten der Verfolger. Gleichzeitig bietet er ein Bild der rechten Haltung. Durch zurückhaltende Würde findet der Edle ein Stück Übereinstimmung mit der schweigenden Majestät des Berges, dessen Festigkeit alle Angriffsabsichten zurückweist.

Erste Linie

Beim Rückzug am Schwanz sein: Das ist gefährlich.
Man sollte nichts unternehmen.

Bei einem geordneten Rückzug sollte man sich am Kopf der Bewegung befinden. Hier jedoch bildet man das Schlußlicht. Durch zwingende Ereignisse, nicht durch eigenen Entschluß, wurde man dazu gebracht, sich aus der Gefahrenzone zurückzuziehen. Dadurch befindet man sich gleichsam in Reichweite der nachrückenden Gegner. In dem Fall ist es richtig, sich so zu verhalten, als wenn ein fremder Spähtrupp an einem vorbeizieht. So lange verhält man sich regungslos, atmet nur ruhig und gleichmäßig weiter, um nach der Gefahr Anschluß ans eigene Heer zu finden. Verhalten Sie sich demzufolge unauffällig und geräuschlos, bis die gröbste Gefahr für Ihr privates Wohlergehen vorbei ist, und suchen Sie dann Kontakt zu Dingen, die Ihnen eine gewisse Geborgenheit zu geben vermögen.

Zweite Linie

Wenn der Wille stark ist wie gelbes Ochsenleder,
kann niemand ihn losreißen.

Gelb als Farbe der Mitte, Symbol des Standhaften und Korrekten, Ochsenleder als Ausdruck des Festen, Unzerreißbaren – beides beschreibt die Art des Willens, mit dem etwas Einfaches am Edlen festhält, das sich zurückzieht.

Das Bild ist mit einem Hund zu vergleichen, der sich nicht auf dem Hof zurücklassen läßt, wenn die Herrschaft sich anschickt, beim Herannahen des Feindes die Weite der Berge aufzusuchen. Unbeirrt läuft er auch weite Strecken hinterher und blickt die Menschen aus großen Augen an. Durch die Anhänglichkeit und Unablässigkeit, die er den Herren entgegenbringt, wird sein Wesen geachtet. Bescheidenes, das einem aber im Herzen wichtig ist, kann somit erreicht werden.

Dritte Linie

Aufgehaltener Rückzug führt zu Verwicklungen
und ist gefährlich.
Sorge für Untergebene! Glück.

Wider Willen wird man aufgehalten. Der persönliche Handlungsspielraum ist einem irgendwie genommen. In solchen Fällen ist es gut, die Menschen, die einen zurückhalten, gleichsam in seine Dienste zu nehmen. Es bringt Glück, wenn man in der Zeit der Gefahr für sie sorgt. Doch auf Dauer wird es keine Lösung sein, wenn es bestimmt auch seinen Segen hat, Menschen in Notsituationen beigestanden zu haben. Gelegentlich handelt es sich auch um bestimmte Vorstellungen, Phantasien und Neigungen, die einen fesseln, obwohl man sich eigentlich weiterentwickeln möchte. Für den momentanen Zeitpunkt gilt es dann, ein begrenztes inneres Arrangement zu treffen. Dadurch wird man, mit sich selbst versöhnter, seine Zielvorstellungen später verwirklichen können.

Vierte Linie

Freiwilliger Rückzug bringt dem Edlen Glück, nicht jedoch dem minderen Menschen.

Wenn es heißt, von etwas Abstand zu nehmen, sollte man sich freiwillig dazu entschließen. Dazu gehört eine irgendwie würdige, gemessene Haltung. Sie zeichnet den Edlen aus, während der Gemeine von emotionaler Unruhe erfüllt ist. Das heißt deutlicher: Wenn Sie nicht loslassen können, werden Sie u. U. sehr zu leiden haben.

Fünfte Linie

Freundlicher Rückzug. Beharrlichkeit bringt Heil.

Der Edle wird den rechtzeitigen Zeitpunkt für seinen Rückzug erkennen. Dadurch, daß keine Verwicklungen entstehen können, wird sich die notwendige Entwicklung auch ganz freundschaftlich vollziehen. Man sollte sich aber trotz der Verbindlichkeit im Auftreten nicht von seinen Absichten abbringen lassen. Daher lasse man sich auch nicht in nebensächliche Diskussionen über seinen Entschluß verwickeln. Man bespreche alles ruhig, klar und so, daß eine Richtung erkennbar ist. Auch innere Dialoge – soll ich's, soll ich's nicht? – sind zu vermeiden.

Sechste Linie

Heiterer Rückzug. Alles ist von Nutzen (ist fördernd).

Die Dinge liegen hier ziemlich eindeutig, und so gibt es auch nichts mehr zu überlegen. Es kann alles nur besser werden. Der Rückzug aus der gegebenen Situation – vom Thema, vom Gegenstand oder auch aus der Beziehung – erscheint nur zu plausibel. Daher sollte man ihn mit einer gewissen inneren Gelöstheit vornehmen, einer gelassenen Heiterkeit, die einen in die Lage versetzt, souverän das Richtige zu tun.

34. Ta Chuang

Die große Macht

In der westlichen Psychologie ist das Problem der Macht wohl am intensivsten von dem Freud-Schüler Alfred Adler untersucht worden. Er behauptet, daß die Entstehung von Neurosen in vielen Fällen nicht in erster Linie auf sexuelle Verdrängungen beruhen müsse, sondern auch mit irregeleiteten Machtansprüchen, Fehlentwicklungen in der Entstehung eines natürlichen Machtgefühls zu tun habe. (Ich kann etwas bewirken, tun, beeinflussen findet nicht statt.) Auch hierfür werden die Grundsteine in frühkindlichen Erziehungsphasen gelegt.

Dieser Auffassung zufolge empfindet sich zunächst jedes Kind als klein, schwach und hilflos gegenüber den Erwachsenen. Hieraus entsteht mit der Zeit ein Trieb, die ursprünglichen Unterlegenheitsgefühle auszugleichen. Der Wunsch nach Macht, auch im Sinne von Bestätigung der heranreifenden Persönlichkeit, wird geweckt. Das kann nun auf verschiedene Art und Weise weitergehen. Es kann zu Entwicklungen kommen, die dies begünstigen, sich relativ selbstverständlich seinen Platz zu nehmen und ihn zu behaupten, wie andererseits alle Arten von Ellenbogenverhalten, Unterdrückungsmentalität oder Minderwertigkeitskomplex die Folge sein können.

Während in der modernen politischen Diskussion der Machtbegriff wohl nicht ganz zu Unrecht in Mißkredit geraten ist – hier haben Spiele von Macht genauso wie im Wirtschaftsleben oft eine extreme Bedeutung –, kehrt man allgemein gesehen wieder zu einer weniger wertenden Betrachtung zurück. Sie sieht etwa so aus, daß jeder Mensch ein bestimmtes Maß an Macht, etwa in Form von Durchsetzungsfähigkeit und gesellschaftlichem Einfluß, braucht, nur kommt es darauf an, diese Macht nicht zu mißbrauchen.

So gibt es sicher ein natürliches Bedürfnis, Dinge zu gestalten und zu beeinflussen, sich nach Möglichkeit Respekt zu verschaffen etc. Auch sexuelle Ausstrahlung könnte hierhergehören, Potenz und Sinnlichkeit, um einen anderen sexuell zu beeindrucken, ihn irgendwie in seinen Bann zu ziehen. Allerdings kann sich diese Form der Macht auch als rein seelischer und emotionaler Einfluß zeigen, den man bewußt oder unbewußt auf einen Partner ausübt.

Das eine wie das andere sollte nicht eigennützig geschehen, nicht im Sinne von Manipulation oder Ausbeutung genutzt werden. Menschen in Formen von Hörigkeit zu bringen, könnte zum Beispiel ein Aspekt negativer Machtausübung in der Erotik sein.

Oftmals ist es eine recht geheimnisvolle Macht, die zwischen zwei Menschen am Wirken ist. In vielen Fällen wird man sie sich kaum erklären können. Während besonders in den Industrieländern die Formen von Machtausübung gesellschaftlich belohnt werden, die mit ausgeprägter Aggressivität zu tun haben, kennt der Taoismus eine moralische Verpflichtung der Macht. Sie wird an bestimmte Spielregeln gebunden und soll sich positiv für den Menschen auswirken. In diesem Sinne sollte man lernen, richtig mit ihr umzugehen, Überlegenheitssignale, Muskelspiele oder Potenzgehabe zu vermeiden; auch eine Frau muß ihre weibliche Macht nicht unbedingt herausstellen.

Gerade die eigenen Mittel und Möglichkeiten nicht vordergründig auszuspielen, dem anderen seinen Einfluß nicht vors Gesicht zu halten, sind Kriterien, durch die Konflikte sich vermeiden lassen. So schafft derjenige, der Macht besitzt, es auch, sie besser zu behalten, sich nicht in Konkurrenzgerangel zu erschöpfen (was gerade auch für eine Partnerschaft wichtig sein kann), Widerstand nicht herauszufordern. Es ist somit eine Frage von Takt und Instinkt, von großer Macht sinnvoll Gebrauch zu machen.

In seiner unbewegten Form ist das Hexagramm ein Hinweis, daß die eigene Ausstrahlung auf einen Partner oder auf einen Menschen, den man anziehend findet, einen großen Einfluß besitzt. Es sind Mechanismen, die tief aus dem Unbewußten heraus wirken, gerade so, als ob die Sterne im Moment besonders günstig stünden. Man halte sich in dem Zusammenhang besonders an überlieferte Werte und finde seine Form, mit diesen besonderen Möglichkeiten umzugehen. Handeln Sie möglichst immer aus der eigenen Mitte heraus, wie es dem Gedanken des TAO entspricht. Sie befinden sich dann in Übereinstimmung mit dem Kosmos, dem Sie letztlich Ihre Ausstrahlung und alles, was Ihnen gegeben ist, verdanken. Seine Macht wirkt in Ihnen. Sie sind ein Teil davon, so wie alles miteinander zusammenhängt und zusammenwirkt. Ist jemandem Macht gegeben, so ist dies eine Aufgabe und Funktion in einem größeren Ganzen, die man erkennen und nach der man sich richten sollte.

Das Urteil

Die große Macht. Fördernd (von Nutzen) ist
Beharrlichkeit im Rechten.

Das Bild

Donner am Himmel: das Bild der großen Macht.
So widerspricht das Verhalten des Edlen nicht den
gültigen Gesetzen für ihre Ausübung.

Erste Linie

Macht in den Zehen. Handeln bringt Unheil.
Das ist erkennbar wahr.
Wie in der ersten Linie von Hexagramm 31 – *die Anziehung* – wird die elektrische Lebenskraft auch hier in den Zehen spürbar. Im vorliegenden Fall ist der Impuls der Macht einer, der bereit ist, blind drauflloszugehen. Da sich die Zehen ganz unten befinden, sind hier niedere Instinkte angesprochen, die gewaltsam einen Fortschritt in der Situation erzwingen wollen. Es liegt ein Stück Vergewaltigungsdramatik und innere Verhärtung vor. Man ist unsensibel für den Augenblick. Das wird Unheil nach sich ziehen.

Zweite Linie

Beharrlichkeit bringt Glück (Heil).
Die Tür zum Erfolg öffnet sich Ihnen, Widerstände nehmen ab. Das kann leicht dazu führen, jetzt übermütig zu werden. Daher wird dazu geraten, gerade jetzt einen Blick für Maß und Mitte zu behalten. Zum Beispiel könnten großspurige Gesten alles wieder aufs Spiel setzen. Bleiben Sie vielmehr auch weiterhin sensibel für den Partner. Entwickeln Sie eine vernünftige und richtige Ausdauer. Wenn Sie die Gesetze des TAO anwenden, finden Sie den Weg zur eigenen Mitte.

Dritte Linie

Der mindere Mann betont seine Macht,
ein Edler tut das nicht.
Ein Ziegenbock stößt gegen eine Hecke und bleibt mit den Hörnern hängen.

Die Zurschaustellung von Macht hat immer etwas Kleinliches an sich. Es entspricht eher einem untergeordneten ›Spieß‹, nicht aber einem gebildeten Offizier. Und so symbolisieren die Hörner des Ziegenbocks Angriffsenergie, die sich in Verwicklungen verheddert. Entwickeln Sie also rechtzeitig eine noble Haltung, und lassen Sie sich nicht auf dumme Machtspiele ein.

Vierte Linie

Beharrlichkeit bringt Glück und Heil.
Reue schwindet.
Eine Hecke öffnet sich,
und es gibt keine Verwicklungen.
Die Macht ist wie eine starke Achse.

Widerstände weichen allmählich immer mehr zurück, und da man mit persönlichen Überlegenheitssignalen zurückhaltend ist, ergeben sich keine Verwicklungen. Eigentlich ist der eigene Einfluß mehr mit einem großen Wagen zu vergleichen, der schwere Lasten tragen kann. Man überwindet Krisen, bewahrt in kritischen Momenten die Ruhe und zeigt Ausdauer darin, seine Ziele im Miteinander zu verwirklichen. Der Einfluß beruht somit wesentlich auf Verantwortung, die man einzugehen bereit ist.

Fünfte Linie

Sorglos verliert er den Ziegenbock.
Keine Reue.
Im Ziegenbock steckt etwas von der Widdersymbolik der abendländischen Astrologie. Er bezeichnet ungestümes Durchsetzungsstreben, das man in diesem Fall eigentlich gar nicht mehr nötig hätte. Also wird man es nicht zu bereuen haben, wenn man künftig davon Abstand nimmt.

Sechste Linie

Ein Ziegenbock stößt gegen die Hecke.
Er kann weder vorwärts noch rückwärts.
Nichts, was jetzt fördernd (von Nutzen) wäre.
Doch wenn man die Lage erkennt, so bringt das Glück.
Eigensinn hat zur Stagnation geführt. Ein Mensch fühlt sich in mißliche Umstände eingezwängt, kann weder vorwärts noch zurück. Wenn man jedoch noch rechtzeitig die Situation bedenkt, so lassen sich die Verstrickungen lösen. Dazu wird es wichtig sein, erst einmal Ruhe einkehren zu lassen, damit man sich nicht weiter verheddert. Dann gilt es, gründlich zu überlegen, was zu tun ist, die Lage unter die Lupe nehmen, als müsse man einen Faden in einem Knäuel verfolgen, damit es sich entwirren läßt. Wer sich in diesem Sinne aus blindem Aktionismus herauslöst, wird noch einmal davonkommen.

35. Chien

Der Fortschritt

In sozialen Gemeinschaften und persönlichen Beziehungen wurde seit alters her das Prinzip des Fortschritts als eine Entwicklung verstanden, die neue Impulse setzt, Bewegung in erstarrte Strukturen bringt und Handlungen das Vorzeichen der Hoffnung verleiht. Selbst in einer so traditionsbewußten Kultur wie der chinesischen, wo die Menschen zumindest früher alles Alte und Überlieferte mit Liebe pflegten und oft auch auf Arbeitserleichterungen verzichtet haben, um Tätigkeiten um ihrer selbst willen zu tun, hatte der Fortschritt schon immer seine Bedeutung. Allerdings besaß er hier wohl oft mehr eine geistige Erscheinungsform, was ihm aber auch eine höhere Qualität verliehen haben dürfte.

Aus diesem Verständnis von Fortschritt können die Menschen von heute eine Menge lernen, nicht zuletzt auch, wenn es um Fragen von Partnerschaft und Liebe geht. Hier ist u.a. die Art und Weise angesprochen, wie wir miteinander umgehen. Es geht zum Beispiel um gegenseitige Reifeprozesse, etwa auch um das Lösen bestimmter Schwierigkeiten, in denen Menschen aufgefordert sind, aus Widerständen, charakterlichen Eigenheiten und beidseitigen Schicksalshypotheken zu lernen, daran zu erstarken und zu wachsen.

Plötzlich merkt man: Es geht vorwärts, etwas bewegt sich, Dinge geraten positiv in Fluß. So sind Zeiten des Fortschritts dadurch gekennzeichnet, daß man von einer schicksalhaften Welle getragen wird. Annäherungstendenzen zwischen den Geschlechtern spielen plötzlich eine Rolle. Aus Sympathie wird oft Liebe. Zumindest lassen sich Reserviertheit oder Konflikthaltungen ein gut Teil überwinden. Mißverständnisse können zu einem großen Teil beseitigt werden.

Da man momentan auf der Höhe der Zeit ist und durch sein Handeln der Fortschritt begünstigt wird, findet man Unterstützung in seinen Plänen und Vorhaben. Das Zeichen dürfte seine Dynamik übrigens wesentlich aus der symbolisierten Hilfestellung beziehen, die man sich gegenseitig gibt. Es ist ein Aufeinanderzugehen, Sich-den-Ball-Zuspielen und Miteinander-Kooperieren. Durch innere Einstellungen, die hierauf ausgerichtet sind, zieht man den Fortschritt unbewußt an. Günstige Entwicklungen werden durch geistige Prozesse inspiriert, die problemlösenden Charakter haben. Der Gedanke wechselseitiger Abhängigkeit spielt eine wesentliche Rolle, da Fortschritt wie das Ineinandergreifen von Zahnrädern funktioniert, die in ihrer Verkettung, gleich der Aneinanderreihung günstiger Umstände, das erwartete Ergebnis unterstützen.

So macht das anschließende Urteil auf eine starke Persönlichkeit in abhängiger Position aufmerksam. Es ist ›der große Lehnsfürst‹, der die anderen Fürsten des Reiches für die Sache des Königs einnimmt, welcher den Lehnsherrn dafür wiederum belohnt.

Viel Optimismus liegt in der Stimmung der gegenwärtigen Situation, stellt die Symbolik in beherrschender Stellung doch die Sonne dar, die immer höher am Himmel emporsteigt. Wie sie den Menschen auf der Erde voll Kraft und Energie scheint, bezeichnet das Hexagramm auch eine Entwicklung, in der es recht mühelos vorangeht. Eine positive Bedeutung liegt weiterhin darin, daß das Höhersteigen der Sonne auch zunehmende Klarheit und Einsicht in die Gegenwart symbolisiert.

Haben Sie das Hexagramm in seiner unbewegten Form erhalten, können Sie sich freuen. Dinge werden sich über kurz oder lang bestimmt in Ihrem Sinne gestalten. Sie haben eine gute Ausgangsbasis, Ihre Wünsche und Absichten ständig weiter zu verfeinern und etwa aus einer Partnerschaft Impulse zu empfangen, die Ihre Vorstellungen höher und sinnvoller entwickeln.

Das Urteil

Ein starker Fürst wird durch viele Pferde vom König geehrt.
An einem Tage wird er dreimal empfangen.

Das Bild

Die Sonne steigt über der Erde auf:
ein Bild des Fortschritts.
Solcher Art erhellt der Edle sein Wesen.

In dieser Symbolik ist der Gedanke an Fortschritt nicht nur in dem Sinne angesprochen, wie wir ihn landläufig verstehen. Er bedeutet auch, daß wir Menschen allesamt Wesen sind, die den Weg alles Irdischen gehen: mit vielerlei Verstrickungen und Seelenschulden behaftet. Insofern fordert eine fortschrittliche Haltung immer dazu auf, innere Reifeprozesse voranzubringen und gerade auch eine Partnerschaft als Chance für menschliches Wachstum zu begreifen. Dies ist eine Form innerer Läuterung, die gläubige Menschen aller Epochen jeweils auf ihre Weise gesucht haben und die wir heute oft in einem speziell psychologischen Sinne verstehen.

Erste Linie

Wird Fortschritt aufgehalten,
so bringt Ausdauer Glück (und Heil).
Findet man im Moment kein Vertrauen,
so bleibe man gelassen.

In einer Aufbruchstimmung kann man gelegentlich durch innere Hemmnisse aufgehalten werden. Selbstzweifel mögen eine Rolle spielen, auch Mißtrauen darin, daß weiterhin alles glatt laufen wird. Doch sollte man sich davon nicht beirren lassen, sinnvolle Anliegen vielmehr fortführen. Wenn man sich für die richtige Linie engagiert, wird man schließlich Glück haben. Stellen sich äußere Hindernisse entgegen, so sind diese vielfach nichts anderes als ein Spiegelbild innerer Zweifel. Daher sollte man einfach etwas mehr Vertrauen in die Zukunft haben. Diese Gelassenheit wird einem besonders dann helfen, wenn man noch nicht in allem die gewünschte Resonanz findet.

Zweite Linie

Fortschritt, aber auch Traurigkeit.
Hier verspricht Beharrlichkeit Heil.
So bekommt man großes Glück durch die Ahnfrau.

Jeder Fortschritt hat seinen inneren Motor. Das kann eine innere Triebfeder sein, oder es ist ein ganz bestimmter Mensch, der einer Sache Schwung gibt. Im Moment ist man ein wenig betrübt, weil die Verbindung mit dieser wichtigen inneren oder äußeren Instanz gestört ist. Indes braucht man sich darüber nicht zu viele graue Haare wachsen zu lassen. Es sind die mutterlich nährenden Eigenschaften in allem Menschlichen, die schließlich einen wohlwollenden Einfluß verbreiten werden. Dieser glückliche Einfluß – symbolisiert durch die Ahnfrau – wird wohl verdient sein, da man sich ehrlich bemüht hat.

Dritte Linie

Alle sind einverstanden.
Stimmt die Mehrheit zu, schwindet die Reue.
Kein Mensch ist eine Insel. Und möchte man auch noch so unabhängig sein, braucht man doch die anderen. Nehmen Sie es also in diesem Falle nicht schwer, daß Sie von der öffentlichen Meinung abhängig sind. Erfreulicherweise liegen Sie mit Ihrer Anschauung oder Absicht voll im Trend. Ihre Umgebung ist den Dingen gewogen und wird Sie unterstützen – bestimmt ein Grund, daß Ihr Herz etwas höher schlägt.

Vierte Linie

Fortschritt wie ein Hamster.
Beharrlichkeit bringt Gefahr.
Konjunkturritter meinen überall ihren besonderen Vorteil daraus ziehen zu müssen. Hier wird die Raffmentalität angesprochen, die zu den Randerscheinungen einer Blütezeit gehört. Auch in trauter Zweisamkeit können Momente auftreten, in denen man nicht genug kriegen kann. Eine beständige Gier liegt zugrunde, die immerzu nimmt, so wie ein Hamster sammelt. Solche Art des Fortschritts zieht automatisch Gefahr nach sich, denn eines Tages kommt es doch ans Licht, was man vom Schicksal zu erheischen suchte.

Fünfte Linie

Reue schwindet. Jetzt sollte man sich weder aus Gewinn noch aus Verlust etwas machen. Handeln bringt Nutzen. Alles ist fördernd.

Jede Liebe lebt von der noblen Geste. Eine feine, zurückhaltende Art prägt hinsichtlich jener Dinge, die gerade Ihr Gefühl bewegen, die seelische Handschrift. Wo ringsum alles so prächtig gedeiht, könnte indes die Frage aufkommen, ob Sie nicht für sich selbst eine Scheibe mehr vom großen Kuchen abschneiden sollten. Doch lassen Sie sich versichern, es gibt wichtigere Dinge als die Überlegung, ob man auch ja nicht zuviel gibt. Das sind gesellschaftliche Bewertungen, die vielfach damit zu tun haben, daß Cleverness so stark honoriert wird.

Man möchte nicht als dummes Schaf dastehen. Deswegen wird das Kalkül ins Spiel gebracht. Sehen Sie es aber so: Bilanzgleichungen haben im Gefühlsleben nichts zu suchen. Hier und jetzt vergeben Sie sich bestimmt nichts, wenn Sie in der Lage sind, wie bisher zu geben.

Sechste Linie

Mit den Hörnern fortschreiten. Das ist dann in Ordnung, wenn man vorhat, das eigene Gebiet zu strafen. Bewußtsein von Gefahr bringt Heil. Kein Makel. Doch falsche Beharrlichkeit führt zur Beschämung.

Forcieren Sie im Moment nichts. Aggressives Vorgehen, jedes Drängen und Erzwingenwollen führt den Fortschritt nicht herbei. Auf diese Weise schießt man nur übers Ziel hinaus. Andererseits zeichnet es den Menschen in dieser Lage aus, wenn er sich selbst zur Raison bringt.

Innere Disziplin und Ausmerzen der eigenen Fehler werden die Dinge positiv in Bewegung bringen. Auf diese Weise erspart man sich demütigende Erfahrungen. Auch gilt es, erst einmal im engeren Kreise die Dinge zu klären. Je weitläufiger die gesellschaftlichen Bezugspunkte werden, desto größere Zurückhaltung ist angebracht.

36. Ming I

Die Verfinsterung des Lichts

Zu den natürlichen Zyklen im Kosmos gehören die immer wiederkehrenden Sonnenfinsternisse. In früheren Zeiten waren diese Erscheinungen oft mit großen Ängsten verbunden. Das ›Buch der Wandlungen‹ hat sie demgegenüber als Teil der großen Abläufe im Universum begriffen, die kommen und gehen, ohne daß sie das Weltall aus den Angeln heben. Im übertragenen Sinne steht die Verfinsterung des Lichts allerdings für Zeiten kultureller Dunkelheit, gesellschaftlichen Niedergangs und seelischer Abstumpfung.

Unterdrückung, Chaos und alle schlechten Eigenschaften im menschlichen Umgang gewinnen vorübergehend die Oberhand. Sicher können diese Phasen in unliebsamer Weise lange dauern und oft auch Leid bedeuten, jedoch werden sie eines Tages ein Ende haben. Ein humaner und freiheitlicher Geist wird sich dann wieder durchsetzen.

Für Paarbeziehungen heißt es, daß zunächst Durststrecken körperlicher oder seelischer Liebe dargestellt werden. Gelegentlich geht es auch um alltägliche Unterdrückungsmechanismen. Bei einem der Beteiligten dürfte Egoismus gerade Triumphe feiern. Oder es geht um eine persönliche Glanzlosigkeit, das Absinken der eigenen Kräfte, die von allen möglichen negativen Schwingungen überlagert werden. Etwas ist auf jeden Fall überschattet. Trennende Elemente mögen zur Zeit dominieren, und es ist die Frage zu stellen, worin die Entfremdung ihre Ursachen hat.

So schade und traurig es ist, wenn man sich einmal nicht versteht, muß man gegenwärtig einfach einiges erdulden. Das läßt sich kaum vermeiden. Es kommt jetzt eher drauf an zu wissen, daß man persönliche Qualitäten und Talente besitzt. Man sollte das jedoch für sich behalten. Die Zeit der Verfinsterung ist naturgemäß keine Ära, das eigene Licht glänzen zu lassen. Beharrlichkeit soll im Moment mehr eine stille Reserve sein, etwas das sich morgen in Handlung umsetzen läßt. Man muß warten, bis sich die Dinge wieder wandeln.

Aufs Persönliche bezogen, deutet die Verfinsterung des Lichts womöglich eine Tragik unheilvoller Irrtümer an. Im Hinblick auf eine gestellte Frage sind auf jeden Fall Verstrickungen zu befürchten. Auch mögen moralisch minderwertige Instinkte zeitweilig die seelische Kultur beschädigen. Unbeherrschte Affekte, komplexhafte Regungen oder schlichtes Unverständnis in bezug auf menschliche Situationen können den Blick verstellen. In dem Fall ist gleichsam die innere Sonne verdeckt, die persönliche Intelligenz liegt im Schatten. Schließlich kann ein Individuum auch unschuldig in eine Sache hineingezogen worden sein. Auch solch eine Zeit unglücklicher Fügungen wird vorübergehen. In seiner unbewegten Form wird die Aussage des Hexagramms jedoch besonders nachdenklich stimmen. Ungünstige Umstände können nachhaltiger wirken, zumindest dann, wenn man die Warnung nicht versteht. Letztlich mag es sich auch um Zusammenhänge handeln, die sich von einem bestimmten Punkt an jedem persönlichen Einfluß längerfristig entziehen.

Das Urteil

Die Verfinsterung des Lichts.
Es ist nützlich, in schweren Zeiten beharrlich zu sein.

Das Bild

Das Licht ist in die Erde hineingesunken:
ein Bild der Verfinsterung des Lichts.
Nähert sich der Edle der großen Menge,
so verhüllt er seinen Schein und bleibt doch hell.

In Zeiten der Verdunkelung – so die Symbolik – soll der Mensch nicht jede Angelegenheit ans Licht zerren. Manches Problem sollte man erst einmal unangerührt lassen, bis die Zeit reif ist, eine Sache anzupacken. Auch soll man sich mit seiner Persönlichkeit und Intelligenz nicht demonstrativ hervortun. Das gilt besonders, wenn die gesellschaftliche Umgebung gewöhnlichen Instinkten, sozusagen der ›breiten Masse‹ folgt. Gruppendenken und verbreitete Vorbehalte können freiheitliche Gesichtspunkte überdecken. So gilt der Grundsatz: Wenn die zwischenmenschliche Kultur verfinstert ist, soll man sich zwar nicht opportunistisch den herrschenden Strömungen anschließen, jedoch sind Umsicht und Vorsicht angebracht, wenn man abweichende Meinungen äußert. Das Bild entspricht dem Thema der politischen Diktatur, wo man auch Ort und Umstände prüfen wird, bevor man sich äußert. Insofern bezieht sich die Symbolik auch auf eine bestimmte Phase der chinesischen Geschichte, die von tyrannischer Herrschaft geprägt war.

Erste Linie

Das verfinsterte Licht fliegt und senkt dann seine Flügel.
Drei Tage fastet der Edle auf seinen Wanderungen.
Sein Wirt spricht mit Hohn von ihm.
So geht er an einen anderen Ort.
Sehnsucht oder Idealismus wollen hoch hinaus, jedoch herrschen frustrierende Umstände. Man ist geknickt, so als wenn ein Vogel seine Flügel hängen läßt. Will man seinen Grundsätzen treu bleiben, begegnet einem geradezu innere Auszehrung, etwas, das deutlich die seelischen Kräfte beansprucht. So mag man in mancher Hinsicht Mangel leiden und zudem noch dummen Bemerkungen ausgesetzt sein. Doch wer sein Ziel kennt, wird es innerlich weiter verfolgen, so schwer die Zeiten auch sind. Schließlich verläßt man die Situation von Unverständnis und Zynismus, der persönliche Weg geht freundlicheren Horizonten entgegen.

Zweite Linie

Das verfinsterte Licht verletzt ihn am linken Schenkel.
Rettung von einem starken Pferd.
Glück.
Man kann es so ausdrücken: In seinem Innersten besitzt hier jemand eine lichte Energie, die jedoch von den Schatten der Umstände verstellt ist. Er wird verletzt. Doch obwohl in dieser Linie ursprünglich ein Platz in unterer Position umschrieben ist, wo jedem eigentlich zuerst um die Rettung der eigenen Haut zu tun sein müßte, denkt man hier vorwiegend an die anderen. Wenn das Handeln Mitmenschlichkeit beinhaltet, rückt der Mensch in seiner Verantwortung und Persönlichkeit automatisch höher. Die seelische Verwundung kann daher auch nicht existentiell gefährdend wirken. Mit Mut und Tapferkeit *(Rettung von einem starken Pferd)* kämpft man um so mehr für das Wohl der Seinen. Das bringt Glück.

Dritte Linie

Beim südlichen Feldzug des verfinsterten Lichts
werden die Rädelsführer gefangengenommen.
Handle jedoch ohne Hast.

Wie zufällig kommen Sie der Ursache gegenwärtiger Unordnung auf die Spur. Das ist eigentlich ein schöner persönlicher Erfolg. Allerdings sollten Sie der Situation nicht überstürzt Ihren Stempel aufprägen. Das hätte – sieht man es im politischen bzw. geschichtlichen Vergleich – etwas von negativer ›Besatzermentalität‹ für das seelische Territorium, das Sie im Begriff sind, für sich zu erobern. Das heißt: Wenn auch die Verfinsterung des Lichts überwunden ist, brauchen die ›befreiten Gebiete‹ gewisse Lern- und Anpassungsvorgänge, um sich in die neue Situation zu finden. Beweisen Sie also Geschicklichkeit und Einfühlungsvermögen, wie es eine Regierung tut, die ihren Menschen zu neuen Freiheiten verhelfen will.

Vierte Linie

Er dringt in die linke Bauchhöhle ein und gewinnt
das Herz des verfinsterten Lichts.
So bekommt er Gelegenheit,
dem Hof zu entfliehen.

Sie erhalten Insiderwissen, dringen gleichsam in intime Instanzen des ›Machtapparats‹ bzw. der ›Unterdrückung‹ ein. Mit anderen Worten: Es wird deutlich, was Sie im Moment an Ihrer Entfaltung und am inneren Wachstum hindert. Ihnen wird ferner bewußt, daß eine Besserung unter den gegebenen Umständen nicht zu erwarten ist. Also werden Sie wissen, was Sie zu meiden haben. Auf diese Weise können Sie rechtzeitig der unheilvollen Situation entkommen.

Fünfte Linie

Das verfinsterte Licht.
Es ist wie zur Zeit des Prinzen Gi.
Fördernd (von Nutzen) ist Beharrlichkeit.
Hier wird die Ära des Tyrannen Dschou Hin angesprochen, in der einer seiner Verwandten, nämlich der Prinz Gi, sich wahnsinnig stellte, um der Verfolgung zu entgehen. Nur durch diese ungewöhnliche Vorgehensweise konnte er sich in Sicherheit bringen und überleben. Auch für viele Auseinandersetzungen des Alltags wird uns geraten, ähnlich zu verfahren. Nicht, daß man sich unbedingt dumm stellen sollte, aber mit der Narrenkappe läßt sich vieles harmloser sagen, was einen ernsten Hintergrund hat – vielleicht gelingt Ihnen das mit einem Augenzwinkern, das keine Provokation hervorruft, aber eigenes Talent momentan verbirgt.

Sechste Linie

Nicht Licht, sondern Schatten.
Erst steigt er zum Himmel auf.
Dann stürzt er zur Erde.
In herausfordernder Weise haben die dunklen Kräfte versucht, alles Positive einzuschüchtern. In der Maßlosigkeit seines Egoismus zerstört das Negative schließlich jedoch seine eigenen Grundlagen. Wichtig ist es, sein moralisches Empfinden zu entwickeln, damit man nicht auf der Seite des Niedergangs steht. Wer daran denkt, darf einer besseren Zukunft entgegensehen.

37. Chia Jen

Die Familie

Auch die Familie oder Sippe ist eines jener Urbilder, mit denen sich die Chinesen auseinandergesetzt haben, um seine Bedeutung im ›Buch der Wandlungen‹ zu entschlüsseln. Sicher ist der Begriff hier anders und weiter zu fassen, als wir ihn für gewöhnlich anwenden. Mit Familie wird in diesem Fall alles bezeichnet, was sich mit Geborgenheit, Zusammengehörigkeit, Zusammengewachsensein umschreiben läßt. Es sind auch die Funktionen und Aufgaben, die man im Rahmen eines festgefügten Ganzen wahrnimmt, die Vorhaben, Gedanken und Gefühle, die zusammengehören, sozusagen eine *Familie* bilden. Und es gehört alles zu dieser Symbolik, was die enge Bindung zwischen Menschen stärkt.

Bei aller inneren Freiheit, die dem Gedanken des Taoismus zugrunde liegt, waren die Vorstellungen, die man im alten China von der Familie hatte, dennoch recht hierarchisch. Aus moderner Sicht sollte man die Entsprechungen im I Ging so verstehen, daß es klar abgegrenzte Zuständigkeiten gibt, wodurch das Zusammenspiel der Kräfte erst richtig möglich wird. Besonderer Respekt galt vor allem dem Familienoberhaupt. Es prägte die Traditionen und Eigenheiten einer Sippe, was ihr ein bestimmtes Bewußtsein gab. Von daher abgeleitet, gilt es für uns, gleichfalls auf den gemeinsam gelebten Stil im täglichen Dasein zu achten, etwas das den Namen oder das Erscheinungsbild eines Paares ausmacht.

Grundsätzlich dürfte das Hexagramm ›Familie‹ als ein sehr günstiges Zeichen anzusehen sein, besonders wenn es in seiner unbewegten Form erscheint. Erkunden Sie, worin Sie sich mit dem Partner besonders ergänzen – speziell im Hinblick auf Ihre Frage –, und pflegen Sie die entsprechenden Gesichtspunkte. Seien Sie außerdem sensibel, wie rollenkonform Sie sich im Hinblick auf Ihre Kräfte und Möglichkeiten verhalten. Kann ich dem innerlich gerecht werden, was ich nach außen verkörpere? Suche ich mehr Geborgenheit, oder will ich führen? Wie harmoniert das mit meiner momentanen Situation, mit dem, wozu ich in der Lage bin und wo meine Grenzen liegen? Je mehr Sie herausfinden, wo Sie stehen und Ihren Platz haben, desto mehr wird Ihre Welt in Ordnung sein.

Das Urteil

Die Sippe.
Fördernd (von Nutzen) ist die Beharrlichkeit der Frau.

Es geht um die Rolle der Frau in der Familie. Nicht als Heimchen am Herd gilt sie hier, vielmehr wird die besondere Achtung vor der Frau ausgedrückt, die als Mittelpunkt der Sippe für die Kultur des gemeinsamen Zusammenlebens sorgt. In einem umfassenderen Sinne ist es das weibliche Prinzip, die seelische Empfänglichkeit, das Intuitive und Verbindende, die Gefühlswelt in uns, das was Geborgenheit schafft – ein lebendiges Zentrum, um das sich die Familie versammelt. Das ist nicht immer sichtbar, sondern oft etwas Geistiges, etwas, in dem wir uns zu Hause fühlen, worin Gedanken an das Mütterliche und Nährende wach werden, und es zeigt sich real darin, wie etwa eine Frau dieses Element in ihrem Umkreis zu verwirklichen in der Lage ist.

Das Bild

Wind, der aus dem Feuer kommt: ein Bild der Familie. So sollte die Rede des Edlen gehaltvoll sein und sein Verhalten von Dauer.

Zwar kann ein kleines Feuer keine großen Stürme hervorrufen, aber wir wissen, daß Hitzeentwicklung in der Atmosphäre im Zusammenspiel vieler klimatischer Einflüsse etwa auch Wind hervorrufen kann. Und auch der Rauch, der aus dem Feuer emporsteigt, erinnert an die Energie, die in die Luft um eine Feuerstelle abgegeben wird, um die in alten Zeiten die Familie versammelt war.

Die vorliegende Symbolik hat gleichzeitig einen Bezug dazu, daß Feuer Brennstoff benötigt, wie jede Energie auf tatsächlich vorhandenen Dingen beruht. So sollen auch die eigenen Worte sich auf klare Grundlagen beziehen und mit der gesamten Persönlichkeit und ihrem Handeln in Übereinstimmung sein – was nichts anderes bedeutet als folgendes: Die verschiedenen seelischen Anteile eines Individuums bilden einen Zusammenhang, wie Menschen miteinander eine Familie bilden. Wenn Worte, Motivationen und Handlungsmuster entsprechend aufeinander abgestimmt sind, wirkt die Energie eines Menschen beständig, so wie erwärmte Luft immerzu über einem Feuer aufsteigt und den sie umgebenden Raum mit Wärme versorgt.

Erste Linie

Man stellt feste Regeln für die Familie auf. Reue schwindet.

Es ist eine Situation gegeben, die bestimmter Richtlinien bedarf. Also sollte man zu Übereinkünften gelangen, die Ordnung ins Zusammenleben bringen. Beide Seiten sollten ihre Erwartungen offenlegen und sensible Punkte klarmachen, die vom anderen nicht verletzt werden dürfen. Es ist wichtig herauszufinden, welche Spielregeln gerade im Hinblick auf Ihre Fragestellung praktikabel und bedeutend sein könnten.

Dort, wo überwiegend nur Sie selbst betroffen sind, sollten Sie sich gleichfalls zu einem verpflichtenden Maßstab durchringen, der für künftiges Handeln Gültigkeit hat. So können weder chaotische Impulse die Situation ohne weiteres durcheinanderbringen, noch wird es nötig sein, in einer Beziehung im nachhinein Ordnung durchzusetzen. Zwar sind dennoch niemals Situationen auszuschließen, in denen es mal drunter und drüber geht. Indes gibt es keinen Grund zur Reue, da von Ihnen jetzt ein Modell entwickelt wird, wie Sie mit solchen und ähnlichen Situationen umgehen können.

Zweite Linie

Sie folge nicht ihren Launen,
sondern stelle im Innern die Speisen bereit.
Beharrlichkeit bringt Heil.

Es geht um die Anima, die weibliche Seele, wie sie als psychischer Anteil auch im Mann vorhanden ist. Ihr werden ebenso liebende und schützende Merkmale wie auch chaotische Impulse und wechselnde Launen zugeschrieben. Ihren Platz im Ganzen einer Persönlichkeit hat sie jedoch darin, aufgrund der empfindsamen Eigenschaften fürs seelische Wohlergehen zu sorgen und durch ihre wärmespendenden Wesenszüge der inneren Kultur einer Beziehung zu menschlicher Schönheit zu verhelfen. Damit sind dann Qualitäten wie Häuslichkeit sowie Sehnsucht nach Gemütlichkeit und Entspannung gemeint, die Bereitschaft, einander zu verwöhnen, und alles, was mit weichen, sensiblen Einstellungen zusammenhängt.

Dritte Linie

Wenn die Familienmitglieder streng zueinander sind, führt dies zu einer ernsten Situation. Doch es bringt auch Heil, da Nachlässigkeit der Gemeinschaft nur Beschämung bringt.
Oftmals entstehen Mißstimmigkeiten, weil man sehr enge Maßstäbe anlegt. Aber im Zweifelsfall ist das gar nicht schlecht. Denn es müssen gültige Grundsätze in einer Partnerschaft bestehen, deren Einhaltung gegenseitig mit Konsequenz durchzusetzen ist. Sonst gibt es nur Schlendrian, oder man läßt sich menschlich gehen. Beides würde einen Makel auf die Beziehung werfen.

Vierte Linie

Sie ist der Wohlstand der Familie. Großes Glück.
Wieder wird die zentrale Stellung der Frau angesprochen. Eigenschaften wie Güte, Wärme, Herzlichkeit oder Gefühlsbetonung sind die zu ehrenden Charakteristika, die das Wesen eines intakten Familienlebens, darüber hinaus der menschlichen Gemeinschaft überhaupt ausmachen. Diesen Wesenszügen Liebe und Treue – zum Beispiel in der Wertschätzung durch den Mann – entgegenzubringen, hat auch nicht zu unterschätzende Vorteile für den gemeinsamen Wohlstand. Denn wo Harmonie und privater Rückhalt vorhanden sind, wird auch die berufliche Entfaltung sehr stark begünstigt. Natürlich trifft das genauso für die Frau selbst zu, wenn sie berufstätig ist. Das was sie zu Hause an Atmosphäre schafft, wird in der Berufswelt eine besondere Quelle sein, aus der sie Selbstvertrauen zu schöpfen vermag. Die weitere Bedeutung der Linie ergibt sich im übrigen daraus, daß gleichfalls das verantwortungsvolle Haushalten angesprochen ist. Ein Mensch, der seine materielle und auch seelische Bilanz im Griff hat, wird zum Wohle aller wirken können.

Fünfte Linie

Der König schließt seine Familie in die Arme.
Wenn er sich der Sippe nähert, ist nichts zu fürchten.
Glück.

Was eine Frau an ihrem Vater positiv erlebt hat, das kann sie später oft besonders gut in ihrem Partner wecken oder zum Anklingen bringen: etwa ein Gefühl für freundliche Kameradschaft, warmherzige Autorität oder beschützende Qualitäten. Wenn ein Mann umgekehrt diese als typisch väterlich geltenden Eigenschaften von vornherein stärker in sich verkörpert, wird er einer Frau meist ein besonderes Maß an Geborgenheit geben können. Das Verhältnis der Rollen, wie es hier in Erscheinung tritt, hat etwas sehr Natürliches und Wertvolles. Es ist die starke und gütige väterliche Instanz angesprochen. So wird ein Mann dazugehörige Wesenszüge in sich fördern, und eine Frau wird ihr Zutrauen darin entwickeln.

Sechste Linie

Seine Arbeit bringt Achtung,
und schließlich kommt auch Glück.

Der oberste Strich des Hexagramms symbolisiert den Hausherrn oder das Familienoberhaupt, das den Lebensinhalt der ganzen Sippe gewährleistet. Diese im alten China rein männliche Rolle kann je nach Person und Fragestellung natürlich auch auf eine Frau zutreffen. In Liebe und Partnerschaft ist nach diesem Verständnis also ganz einfach der Mensch mit Führungseigenschaften dargestellt, dessen Charakter und Persönlichkeit die Ordnung des Zusammenlebens prägt. Oder es ist derjenige, der sich um bestimmte Dinge kümmert. Die Linie kann auf eine Aufgabe aufmerksam machen oder denjenigen, der Führung ausübt, auffordern, sich seiner Verantwortlichkeit bewußt zu werden. Die Bereitschaft dazu wird Glück bringen. Umgekehrt wird man sich bei einem Partner, der dies verkörpert, geborgen fühlen können.

38. K'uei

Der Gegensatz

Oben steht Li, das Feuer, unten befindet sich Dui, der See. Damit drückt das Hexagramm zwei Elemente aus, die eine unterschiedliche Verlaufsrichtung haben: Das Feuer strebt nach oben, während das Wasser des Sees die Tendenz hat, im Boden zu versickern. Durch die Anordnung der Trigramme im Hexagramm begegnen diese Kräfte einander auf ihrem Weg nicht. Vielmehr gehen sie voneinander fort. Im übrigen ist Li auch die mittlere Tochter, während Dui die jüngste Tochter bedeutet. Zwar haben sie dieselben Eltern, doch sie stellen hier Frauen dar, die in verschiedene Familien geheiratet haben. Daher ist ihr Wesen nicht eins.

Auf das individuelle Leben bezogen, läßt das Hexagramm eventuell einen inneren Konflikt vermuten, einander widerstrebende Motive, Ungereimtheiten und Persönlichkeitsanteile im Widerstreit, während auf partnerschaftlicher Ebene gegenseitige Interessen und Wesenszüge im Moment unterschiedlich liegen. Eventuell hat man sich nicht viel zu sagen. Es mögen auch schlummernde Konflikte auf einen warten, oder es ist im Moment einfach eine Situation der Entfremdung da.

Grundsätzlich ist bei alldem zu beachten, daß Gegensätze eine wesentliche Voraussetzung für Wachstum bilden. Als Verschiedenheit der Geschlechter bilden sie zum Beispiel die Grundlage für die Fortpflanzung von Mensch und Tier. Zudem geht die ganze Evolution aufgrund von Gegensätzen voran. Hier bestehen Spannungs- und Niveauunterschiede, verschiedene Lebensbedingungen oder Ungleichgewichte im Energiehaushalt, durch die überhaupt erst Weiterentwicklung angeregt wird.

Wie wir sehen, sind Gegensätze lebensnotwendig für das Geschehen auf der Erde und im Kosmos.

Geht es um innere Konflikte in Ihnen selbst, dann sollten Sie mit Ihren verschiedenen Persönlichkeitsanteilen oder Wünschen behutsam und verständnisvoll umgehen. Seien Sie als reife Persönlichkeit ein einfühlsamer und geschickter Vermittler gegenüber Ihren verschiedenen Impulsen und Triebregungen. Lassen Sie die unterschiedlichen Wesenszüge möglichst angemessen zur Geltung kommen. Das heißt: Man soll für ein Bedürfnis eine sozial sinnvolle und sich ins Ganze gut einfügende Ausdrucksform finden. Es gehört etwas Phantasie und Kreativität dazu. Doch Sie werden sehen: Plötzlich machen Sie irgend etwas anders. Sie probieren und bemühen sich, ein neues Verhalten mit den Erfordernissen Ihrer Partnerschaft abzustimmen.

Folgt man dem Psychologen Ernst v. Xylander, so sollte man es mit einigen Wünschen so halten wie mit etwas wilden und stürmischen Jungen und Mädchen in einem Kindergarten. Durch eine verständnisvolle und gleichzeitig starke Erziehung werden sie mit der Zeit reifen und vernünftiger werden. Sie lernen, sich miteinander zu vertragen und auch mit den Vorschriften, die die allgemeine Ordnung erfordert, zurechtzukommen.

Prüfen Sie jedoch darüber hinaus, ob das Hexagramm – zumindest im Moment – als Hinweis dafür gelten könnte, daß bestimmte Dinge von ihrer Natur her nicht vereinbar sind. Dann müßte man seine Überlegungen darauf einstellen und probieren, was – wie etwas – besser zusammenpaßt.

Besonders die Behandlung von Gegensätzen in einer Liebesbeziehung erfordert einen sensiblen und einfühlsamen Umgang mit der Problemstellung. Versuchen Sie den anderen erst einmal zu verstehen. Stellen Sie sich auf ihn ein. Suchen Sie nach geeigneten Verhaltensweisen und Einstellungen, die das möglich machen.

Bemühen Sie sich klarzumachen, inwiefern Ihre Unterschiede vielleicht sogar bereichernd wirken können, und handhaben Sie empfindliche Themen vorsichtig – am besten so, daß Sie sich stets darüber vergewissern, was der gemeinsame Dialog bei dem anderen bewirkt.

Wie werden Ihre Vorschläge aufgenommen? Werden Ihre Gedanken gerade richtig verstanden usw.? Zu diesem Zweck braucht man nur immer wieder nachzufragen oder einfach auch Mimik und Gestik zu beobachten, die gleichfalls Antworten darstellen.

Finden Sie im Laufe der Beschäftigung mit dem geliebten oder verehrten Menschen eventuell auch heraus, wie Sie unterschiedlichen Interessen oder Eigenheiten ein neues Gesicht geben können, das füreinander akzeptabler ist. Da muß man sich wahrscheinlich auch mal zu gemeinsamen Experimenten ermuntern, bis man feststellt, daß man die Lösung gefunden hat.

In manchen Fällen wird allerdings auch eine noch so ruhige Aussprache nichts bringen, da der Gegensatz irgendwie seine Funktion hat und wohl so stehen bleiben sollte. Man wird lernen, damit umzugehen. Falls das absolut nicht möglich ist, bliebe immer noch die Möglichkeit, irgendwelche Konsequenzen daraus zu ziehen.

Sollte das Hexagramm in seiner unbewegten Form einen Gedanken an Entfremdung für Sie bestätigen, so kommt es um so mehr darauf an, die Funktion der abweichenden Elemente zu klären. Indem Ihnen mit der Zeit diese Aufgabe gelingt, wird sich das Problem dann oft ganz anders darstellen und seine möglicherweise verletzende oder einfach unangenehme Schärfe verlieren. Eines sollte Ihnen bei allem aber auch wichtig sein: Verständnis und die Fähigkeit, den anderen in seinen Beweggründen zu begreifen, sollen immer damit einhergehen, daß man ruhig und gelassen an seiner Individualität festhält.

Das Urteil

Der Gegensatz: in kleinen Dingen Heil.

Der Hinweis, daß *in kleinen Dingen* Glück zu erwarten ist, bedeutet, auch hier noch einmal ausgedrückt, daß es gilt, mit Gegensätzlichkeiten und Spannungsmomenten behutsam umzugehen, sie zu verstehen und zu hinterfragen. Das ist die rechte Form der Auseinandersetzung.

Das Bild

Oben das Feuer, unten der See:
ein Bild des Gegensatzes.
So behält der Edle bei aller Übereinkunft seine Besonderheit.

Konturen verwischen sich hier nicht. Das, was die Persönlichkeit ausmacht und ihr einen eigenen Charakter gibt, bleibt bewahrt, auch dann, wenn man über Gegensätzlichkeiten und Aussprache zu Kompromissen findet bzw. aufeinander zugeht.

Erste Linie

Reue wird schwinden. Verlierst du dein Pferd,
so lauf ihm nicht nach. Es kommt von selber wieder.
Wenn du schlechten Einflüssen begegnest, so hüte dich vor Fehlern.

Haben zwei Menschen momentan nicht viel gemeinsam, so wäre es grundfalsch, dem anderen hinterherzulaufen. Auch Pferde, die man einfangen will, entfernen sich immer mehr, wenn man sie verfolgt. Hingegen nähern sie sich, sobald sie wieder Vertrauen gewinnen. So ist es tröstlich, davon ausgehen zu können, daß Ihr Partner, oder wer es auch immer ist, von selbst wiederkommen wird. Es kann sich aber auch um eine geistige Angelegenheit oder um ein verlorenes Interesse handeln. Etwas wird zurückkehren.

Für eine andere Situation gilt genau der Umkehrschluß: Hat man mit schlechten Einflüssen oder charakterlich gestörten Menschen zu tun, so wird die Konfrontation den Gegensatz nur bestärken. Verhält man sich jedoch ruhig und neutral, ziehen sich unliebsame Elemente irgendwann von selbst zurück.

Zweite Linie

Man trifft eine Person in einer engen Gasse.
Kein Makel.
Manchmal ist es nicht ganz offensichtlich, daß etwas einem helfen könnte oder förderlich wäre. Auch wenn man dem Menschen oder der Sache Widerstand entgegenbringt – bzw. man selbst vielleicht Ablehnung oder Zurückhaltung erfährt –, so kann man sich doch indirekt nähern. Auf diese Weise wird das Zusammentreffen zwar nicht ganz formellen Gesichtspunkten entsprechen, doch kommt man sich eventuell durch unterschwellige Diplomatie ein Stück näher. Auf einer ganz bestimmten Ebene vermag man in diesem Fall miteinander zu kommunizieren. Das Ganze hat etwas von einer Situation, bei der zwei Menschen sich in einer engen Gasse – unter nicht ganz idealen Umständen – treffen. Dennoch aber ist etwas Sinnvolles zu erwarten.

Dritte Linie

Der Ochse wurde festgehalten,
und der Wagen zurückgezerrt.
Man sieht einen Mann,
dem Nase und Haare abgeschnitten sind.
Unglück am Anfang, dann Glück.

Hier wirkt sich der Gegensatz so aus, als hätte sich alles gegen einen verschworen. Zudem kommt es noch zu demütigenden Erfahrungen, eben so, als wären einem Menschen *Nase und Haare abgeschnitten* und er müsse sich nun so in der Öffentlichkeit zeigen. Im übertragenen Sinne mag das ebenfalls recht beschämend sein. Doch wenn man sich des Widerstands bewußt wird, sich darauf einstellt und den Umgang damit lernt, wird zu guter Letzt alles ein Happy-End haben.

Vierte Linie

Isoliert durch Gegensatz,
aber man trifft einen Gleichgesinnten.
Sie verkehren aufrichtig miteinander.
Trotz der Gefahr: kein Makel.

Entfremdung sorgt in diesem Fall für Einsamkeit. Vielleicht hat man Diskussionen oder Auseinandersetzungen so heftig geführt, daß man sich dabei in Isolation gebracht hat. Auch mögen die Lebensumstände zwei Menschen hier auf verschiedene Wege führen oder ihnen unterschiedliche Schicksalsaufgaben zum Lernen geben. Doch ergibt sich in solch einer Situation oftmals das Glück, daß zwei Liebende einander unbewußt erkennen, als würden sie sich wie Lichter in der Dunkelheit begegnen. Insofern werden die beiden schließlich zusammenfinden, wenn sie von ihrem ganzen Wesen her zusammengehören.

Fünfte Linie

Reue schwindet.
Der Gefährte beißt sich durch die Hülle.
Wenn man hingeht: Wie wäre das ein Fehler?
In diesem Fall wird jemand durch den Gegensatz, der in der Situation steckt, verkannt. Er beißt sich aber zu dem anderen durch alle Widrigkeiten hindurch. Bei solch einem Entgegenkommen wird man ihn natürlich nicht im Regen stehen lassen, sondern gleichfalls versuchen, die Gegensätze oder Hemmschwellen zu überbrücken.

Sechste Linie

Auf dem Höhepunkt der Isolation:
Vereinsamt durch den Gegensatz sieht man ihn wie ein schmutziges Schwein am Straßenrand.
Man meint, da sind viele Teufel im Wagen.
Erst spannt man den Bogen gegen ihn,
dann legt man die Waffe weg.
Er ist kein Räuber, sondern will heiraten.
Wenn erst der Regen fällt,
kommt aus unheildrohenden Wolken Glück.
Mißverständnisse und äußere Umstände haben die Entfremdung auf den Höhepunkt getrieben. Der Gegensatz wird so stark erlebt, daß man den geliebten Menschen oder förderliche Einflüsse als etwas ganz Schlechtes und Schmutziges wahrnimmt. In einer Abwehrreaktion mobilisiert man auch sogleich seinen Widerstand. Doch dann erkennt man, daß die andere Seite oder das, was da auf einen zukommt, es eigentlich gut mit einem meint. Also entspannt man sich etwas und löst seine Vorbehalte. Denn: *Er ist kein Räuber, sondern will heiraten.* In diesem Moment wirkt alles etwas befreiend, als wenn es regnet und eine vorher belastende Gewitterschwüle vorbeigeht.

39. Chien

Das Hemmnis

Pädagogen vertreten häufig die Auffassung, Kinder würden seelisch am Widerstand wachsen, den ihnen Eltern in ruhiger Autorität entgegensetzen. Im späteren Leben werden die Kinder – nun junge Erwachsene geworden – oft bemerken, daß ihr berufliches und privates Dasein wiederum von außen herantretende Herausforderungen bietet, die ihnen letztlich dazu verhelfen, innerlich stärker und reifer zu werden. Danach kann man den Sinn irdischer Existenz mit aller gelegentlich auftretenden Mühe und Entbehrung als Lernstoff und Reihe von Widerständen begreifen, durch die ein Mensch im günstigen Fall immer bewußter und vollständiger wird.

Ähnliche Auffassungen waren auch schon in der alten chinesischen Kultur verbreitet und wurden als Urerfahrung im ›Buch der Wandlungen‹ beschrieben. Ihren gedanklichen Niederschlag haben sie im vorliegenden Hexagramm gefunden, das auch darüber Auskunft gibt, wie man mit vorhandenen Schwierigkeiten am besten und sinnvollsten umgeht.

Wie das untere Trigramm den Berg oder das Stillhalten darstellt und das obere auf Gefahr hinweist, soll man nicht blind voranstürmen. Dies würde zu erwartende Frustrationen nur erhöhen. Statt dessen wird man das Zeichen als Stopp-Schild im partnerschaftlichen Umgang begreifen: erst einmal anhalten! Sich dann besinnen und die Problematik seitlich umgehen, da man in der Kommunikation mit dem anderen auf Hindernisse stößt. Hier heißt es lernfähig werden, um mit der Situation kreativ umzugehen, neue Wege suchen und ausprobieren. Vorgehensweisen, die gut ankommen oder sich einfach als erfolgreich erweisen, ausbauen und verstärken. Dazu gehört etwas Phantasie und Erfindungsgabe. Die sicherste

Unterstützung wird in der Hinsicht derjenige haben, zu dessen Glaubenssystem die positive Überzeugung gehört, daß im sozialen Umgang immer viel mehr Möglichkeiten in Frage kommen, als man auch in der verbautesten Situation ahnt. Gleichwohl ist bei aller Flexibilität im Vorgehen ein starker innerer Wille erforderlich. Denn Sinn einer Herausforderung durch Schicksal, Umstände oder Mitmenschen ist es ja auch, daß die innere Substanz noch stärker wird. So bedeutet Innehalten vor der Gefahr nicht Aufgeben, sondern ein Überdenken der Strategien. Indem man zu intelligenten Maßnahmen greift, beweist man seine Fähigkeit, sein Verhalten den Erfordernissen anzupassen, ohne sein Ziel aus den Augen zu verlieren. Wie erwähnt, baut das oftmals schon auf Erfahrungen in der Kindheit auf. Zum Beispiel, wenn man als junger Erdenbürger gelernt hat, weder die Flinte ins Korn zu werfen, noch gegen ein elterliches Verbot einfach gegenanzugehen, sondern daß man die Erwachsenen eventuell mit etwas Charme und Einfallsreichtum überlisten kann. So etwas war ein Erfolgserlebnis und hat zu der Sicherheit verholfen, daß psychologische Geschicklichkeit Hindernisse überwinden hilft. Dabei werden Kinder – und später Erwachsene – in verschiedenen Lebenslagen um so erfolgreicher werden, je mehr Alternativen und Möglichkeiten sie entwickeln.

Früh übt sich... Somit haben alle diese Erfahrungen sicher auch ihren nicht zu unterschätzenden Wert für Liebe und Partnerschaft, worin Ihnen unentwegt Möglichkeiten gegeben sind, an gegenseitigen Schwierigkeiten zu trainieren. Wenn man es dann noch fertigbringt, alles nicht als Gegeneinander, sondern als Miteinander zu begreifen, wie man Dinge gemeinsam packt und überwindet, wird man feststellen, wie immer mehr Mut auch für alle anderen Lebensbereiche wächst, dort Schwierigkeiten zu bewältigen.

In seiner unbewegten Form kann das Hexagramm für Sie ein Fingerzeig sein, daß der andere Mensch trotz eventuell anstehender Probleme für Sie *der* oder *die Richtige* ist. Auch hängt zukünftiges Glück in hohem Maße davon ab, wie Sie gegenwärtige Frustrationen ertragen und durch intelligenten Umgang mit momentanen Rückschlägen über sich selbst herauswachsen. In seiner unbewegten Form wird der blockierende Charakter der gegenwärtigen Situation allerdings unterstrichen, so daß Sie besondere Kraft und Ausdauer benötigen. Es ist dann eventuell auch wichtig, über die Ursachen der Hemmnisse zu meditieren. Manchmal entsprechen äußere Schwierigkeiten ja auch inneren Motiven, eigenen Einstellungen, Vorurteilen, ›Ladehemmungen‹.

Das Urteil

Das Hemmnis: Fördernd ist der Südwesten.
Im Nordosten: kein Nutzen.
Fördernd ist es, den großen Mann zu besuchen.
Beharrlichkeit bringt Glück (ist von Heil).

Der Südosten bezeichnet symbolisch den vorübergehenden Rückzug. Damit drückt die Himmelsrichtung das kluge Affront-Vermeiden aus, wie auch das Entstehen kreativer Problemlösungen. Hingegen steht der Nordosten für Vorwärtsstürmen und (vergebliches) Erzwingen von Erfolg.

Das Erfordernis, Einsicht und Erfahrung als Mittel zur Überwindung der Hemmung zu entwickeln, bringt das Urteil mit dem *großen Mann* ins Spiel, den man aufsuchen soll. Es ist gleichzeitig ein Urvertrauen zu innerer Führung, das auch dann wirksam sein sollte, wenn eine innere Stimme recht deutlich dazu rät, einmal ungewöhnliche Wege zu probieren. Hilfe kann schließlich auch durch erfahrene Menschen entstehen, mit denen zusammen man ein geistiges Klima erarbeitet, das den eigenen Absichten förderlich ist.

Das Bild

Wasser auf dem Berg: ein Bild von Hemmnis.
So wendet der Edle sich seinem inneren Wesen zu und bildet seinen Charakter.

Erste Linie

Gehen bringt Behinderung, Kommen bringt Lob.
Diese Linie warnt davor, unüberlegt vorzugehen. So sollte man sich zunächst zurückziehen, bis die Dinge günstiger für einen stehen. Die folgenden Linien bilden insgesamt sozusagen ein Hindernis oder eine Hürde, die man nicht in unkoordinierter Kräfteeinteilung überspringen darf. Man warte auf den richtigen Zeitpunkt, um dann gezielt seine Kraft zusammenzunehmen.

Wer den richtigen Anlauf nimmt und auch den passenden Absprung findet, der läßt alles etwas mehr kommen. Er erzielt mit einem Minimum an Reibungsverlust ein Maximum an Wirkung. Daher ist es gut, positive Ereignisse anzuregen und vorzubereiten, dann aber zu warten, bis es soweit ist.

Zweite Linie

Der Diener des Königs trifft auf ein Hemmnis nach dem anderen. Doch es ist nicht seine Schuld.
Als Beamter oder *Diener des Königs* steht man im Dienst einer höheren Sache. Die Linie fordert also dazu auf, inneren Partnerschaftsidealen zu gehorchen oder sich im Sinne dessen zu verhalten, was übergeordnete Gesichtspunkte gebieten. Wenn man in diesem Sinne eine Aufgabe spürt – ob man sich ihrer so ganz bewußt ist oder nicht –, ist es gerechtfertigt, ein Hemmnis einmal nicht mit möglichst geringem Reibungsverlust anzugehen, sondern sich ihm direkt entgegenzustellen – selbst dann, wenn sich ein Widerstand nach dem anderen bieten wird.

Dritte Linie

Gehen führt zur Behinderung.
Daher kommt man zurück.
Während man in der vorhergehenden Linie einer höheren Vernunft zufolge Behinderungen auf sich genommen hat, empfiehlt Verantwortungsgefühl in diesem Falle, sich aus dem Gefahrenmoment zurückzuziehen, besonders etwa, um die Seinen zu schützen (z. B. inneren Beistand leisten, jemanden in einer bedrohlichen Situation nicht allein lassen). Ein herzliches Willkommen in trauter Atmosphäre dürfte sicher sein.

Vierte Linie

Gehen führt zur Behinderung.
Kommen hat Einigkeit zum Ergebnis.
Sich sozusagen auf eine schwere Bergbesteigung ohne die notwendige Ausrüstung zu begeben, wäre ein unkalkulierbares Risiko. Wahrscheinlich ist der Absturz ins Ungewisse vorprogrammiert. Losgehen, sich auf den Weg machen, hat im vorliegenden Falle also etwas von sträflichem Leichtsinn. Da warte man auf günstigere Umstände, lasse Sympathien für eigene Absichten entstehen und strebe eine ›konzertierte Aktion‹ hilfreicher Kräfte in der gegenwärtigen Lage an.

Fünfte Linie

Inmitten größter Erschwernisse naht Unterstützung (kommen Freunde).
Man nimmt innerhalb der schwierigen Situation eine von den unbewußten Kräften gelehrte Stellung ein. Auf diese Weise wird ein Bewußtsein, das die Probleme erfolgreich zu organisieren versteht, eine starke Anziehungskraft auf unterstützende Einflüsse haben. Sozusagen: Die Lösungen liegen bereits auf der Hand, wenn der Berufene sich seinen Aufgaben stellt.

Sechste Linie

Gehen führt zur Behinderung.
Kommen führt zu großen Ereignissen (großem Heil).
Es ist fördernd,
einen großen Mann zu besuchen.

Ein Stück sind Sie über die gegenwärtigen Probleme hinausgewachsen. Entweder nimmt das Interesse ab, sich von Themen anziehen zu lassen, die in letzter Zeit doch nur Schwierigkeiten gebracht haben. Oder Sie haben einfach ein Stück Entwicklung hinter sich gebracht, das es erlaubt, sich – wie Sie meinen – wichtigeren Dingen zuzuwenden. In dem Sinne werden Sie im Moment manches geradezu lachhaft finden und den betreffenden Angelegenheiten relativ unbeteiligt ihren Lauf lassen. Soviel Distanz ist aber noch nicht ganz angemessen.

Symbolisch ist hier nämlich ein Weiser gekennzeichnet, der – seinem Gewissen gehorchend – noch einmal die Bühne der Welt betreten wird, um in Not und Verwirrung Geratene auf den Weg der Erkenntnis zu bringen. Um es auf Ihr Leben anzuwenden, sollten Sie Stärke und Abgeklärtheit vereinigen. Damit können Sie im Zusammenleben große Ereignisse auslösen, die noch lange nachklingen.

40. Hsieh

Die Befreiung

Die Symbolik der Befreiung weist je nach Fragestellung eine Reihe spezifischer Bedeutungen auf. Zunächst bildet sie die Umkehr des vorhergehenden Hexagramms. Man braucht nur den Verlauf der Linien zu vergleichen, um zu erkennen, daß im Bild der Befreiung das Zeichen des Hemmenden auf den Kopf gestellt ist.

Die Lösung der Dinge ist noch nicht endgültig abgeschlossen, aber es ist bereits etliches in Bewegung geraten. Auf Partnerschaften bezogen, läßt dies vermuten, daß leidvolle Erfahrungen sich auflösen, einengende Verhältnisse aufgegeben werden oder eine Lösung von Fixierungen und Komplexen stattfindet. Das Ganze kann entweder eine gemeinsame Entwicklung sein, oder man ist eher in der Lage, auf individueller Ebene sich aus emotionalen Verwicklungen zu befreien, zum Beispiel durch das Ablegen fehlerhaften Verhaltens. Manchmal ist auch ganz schlicht zu erkennen, daß eine Pechsträhne jetzt vorübergeht. Oder es wird angedeutet, daß mangelndes Verständnis, auf das man bisher gestoßen ist, ein Ende nehmen kann.

Im Einzelfall mögen sich auch körperliche Krämpfe oder seelische Spannungen lösen. Auf jeden Fall tritt so etwas wie ein Gefühl der Erleichterung ein. Wie wir es auch wahrnehmen mögen, fordert das Zeichen zu einem bewußten Umgang mit der Gunst des Augenblicks auf. So rät das ›Buch der Wandlungen‹ davon ab, billige Triumphe zu feiern oder die neugewonnene Freiheit besonders herauszustellen. Wenn man sich nicht solche Blößen gibt, wird weiter alles zügig vorangehen, und man kann sich schon bald wieder seinen Tagesangelegenheiten zuwenden. Indem man sich auf das einstellt, was nun an üblichen Anforderungen zu erledigen ist oder zum natürlichen

Geschehen gehört, werden die Problemlösungen schnell in das Gesamtgefüge des eigenen Lebens eingebunden.

Zum Beispiel: Wenn Sie eine Möglichkeit gefunden haben, mit Ihrem Partner besser über Ihre Gefühle zu sprechen, so bekommt das etwas ganz Selbstverständliches, wenn Sie nach wie vor auch noch genügend andere Themen haben, sich also plötzlich nicht nur mit der Psyche beschäftigen. Alles soll demnach in einem normalen, täglichen Rahmen geschehen.

So sehr das Hexagramm allgemein auf positive Entwicklungen hindeutet, kann es im Einzelfall auch Befreiung mit einer kleinen Träne im Auge bedeuten. Vielleicht ist etwas mehr Abstand voneinander nötig, damit jeder für sich genug Luft zum Atmen hat, was in manchem Fall auch bedeuten könnte, daß es zunächst gewisse Lösungstendenzen in der Beziehung gibt. Das hängt natürlich immer von der Fragestellung ab. Auf jeden Fall läßt die Aussage in sehr eingefahrenen Beziehungen so etwas eher vermuten als sonst.

Wie auch immer: Etwas gerät in Bewegung. Und gerade in unbewegter Form findet der Gedanke eine Unterstreichung, daß in irgendeiner Hinsicht ein Stück Befreiung stattfindet. Man wird immer noch Gelegenheit haben, sie in die Richtung zu steuern, die man letztlich auch will. Meist gehen positive charakterliche Entwicklungen mit der Sache einher, auf jeden Fall dann, wenn man sich von innerem Ballast löst. Es ist oft ein Abschied von zwanghaften Vorstellungen, einengenden Schemata oder allzu eingefahrenen Verhaltensweisen.

Das Urteil

Die Befreiung: Fördernd ist der Südwesten (sozusagen: wo alles ganz normal zugeht). Wenn dort, wo man hin will, nichts für einen ist, dann führt Rückkehr zum Glück. Wenn es aber dort, wo man hin will, etwas gibt, führt schnelles Gehen zum Glück.

Hier wird der Erfahrungsbereich angesprochen. Sobald man in der gegenwärtigen Situation nichts Erfreuliches findet, zieht man sich einstweilen zurück. Sobald sich die Dinge aber in eine bestimmte Richtung positiv anlassen, wird man um so zügiger dieser Witterung nachgehen.

Das Bild

Donner und Regen: ein Bild der Befreiung.
So verzeiht der Edle Fehler und vergibt die Schuld.

Das Symbol sagt aus, Befreiung stellt sich ein wie nach einem reinigenden Gewitter. Wenn man sich genügend von einengenden Dingen – etwa in seinem sozialen Umfeld – befreien kann, ist man klugerweise in der Lage, einen Strich unter die ganze Sache zu ziehen und künftig selbst auch keine Fehler zu begehen.

Erste Linie

Ohne Makel.
Zu dieser Linie ist nicht viel zu sagen: Alles läuft recht gut. Man hat sich aus einer mißlichen Situation befreit, zumindest sind die inneren Voraussetzungen geschaffen, um befreiende Schritte auch äußerlich nachzuvollziehen. Daher erholen Sie sich ruhig, und gönnen Sie sich etwas Entspannung.

Zweite Linie

Man erlegt drei Füchse auf dem Feld und bekommt einen gelben Pfeil. Beharrlichkeit bringt Glück (ist von Heil).
Irgendeinen intriganten oder schmeichlerischen Einfluß (die listigen Füchse) müssen Sie ausschalten, um Ihr Ziel zu erreichen. Doch darf man dabei selbst nicht zu unrechten Mitteln greifen. Die Farbe Gelb deutet auf Maß und Mitte, während der Pfeil ein Symbol für Gradlinigkeit ist, die hier von einem gefordert wird. Mit dieser inneren Konsequenz und Unanfechtbarkeit wird man sich von den korrumpierenden Einflüssen der Situation befreien können (und eventuell auch anderen dazu verhelfen).

Dritte Linie

Man trägt wertvolle Güter auf dem Rücken. Besteigt man damit einen offenen Wagen, so lockt das Räuber an. Beharrlichkeit führt zur Beschämung.
Vor kurzem noch sah alles gar nicht so rosig aus. Wahrscheinlich mußten Sie in bestimmter Hinsicht ganz schöne Beschränkungen in Kauf nehmen, und nun ist die Neigung groß, so richtig über den Zapfen zu hauen. Wenn Sie aber Ihre neuen Möglichkeiten allzu demonstrativ hervortun, ist es so, als würde jemand, der bisher arm gewesen ist, nun auf einmal in einem protzigen Wagen fahren und zeigen, was er hat. So etwas wird selten gut gehen und könnte dazu führen, daß man alle Freiheit und Vorzüge, die man gerade erworben hat, wieder verliert.

Vierte Linie

Deinen großen Zeh freimachen. Wenn dein Freund kommt, könnt ihr einander vertrauen.
Gewohnheiten haben sich vielfach so eingeschliffen, als würden sie schon wie die große Zehe zu einem gehören. Darunter ist auch vieles, was einem vom inneren Wesen her eigentlich nicht entspricht. Manchmal kommt es

auch vor, daß sich Personen, die einem zufällig über den Weg gelaufen sind, nun festklammern, weil sie sich an irgendeinen Menschen halten müssen. Von solchen zweifelhaften Einflüssen sollte man sich befreien, da sonst das, was wirklich zu einem gehört, wegbleiben würde.

Wenn die positiven Einflüsse und menschlich wertvollen Eigenschaften sich jedoch zeigen, sollte man sich ihnen vertrauensvoll zuwenden.

Fünfte Linie

Nur der Edle kann sich aus Verwicklungen befreien.
Glück, wenn er so dem minderen Mann zeigt,
daß es ihm ernst ist.

Hier haben sich Elemente, die moralisch herunterziehen, an Sie gehängt. Wer oder was auch immer diese unglückliche Wirkung hat, Sie müssen aus diesen Verstrickungen heraus. Innere Warnungen, Vorschriften nach außen oder auch das Aussprechen von Verboten helfen in diesem Fall nicht. Erst wenn Sie sich von dem Ganzen wirklich freigemacht haben, erkennen die niederen Kräfte (bestimmte Anteile in jemandem, zum Beispiel auch in Ihnen selbst), daß Sie alles nicht mehr so hinnehmen, wie es ist.

Sechste Linie

Der Fürst schießt einen Habicht auf der hohen Mauer.
Er erlegt ihn, und alles ist von Nutzen.

Der Habicht auf der hohen Mauer ist Symbol für primitive Triebkräfte oder Menschen, die etwas Gewöhnliches an sich haben, jedoch mit großer Macht ausgestattet sind. Auch werden hiermit Verhärtungen angedeutet, die zu einer gewissen Bosheit führen, blockierte Situationen, die durch gutes Zureden der Beteiligten nicht so einfach aus der Welt zu schaffen sind. Jedoch hat jeder Mensch die Mittel in sich (das Jagdwerkzeug), um sich dieser Kräfte zu entledigen. Man braucht dafür nur den erforderlichen Willen und muß seine Zeit abwarten.

41. Sun

Die Minderung

Zu den natürlichen Vorgängen im Leben gehört es, daß Dinge abnehmen, weniger werden. Meist ist das dann der Fall, wenn vorher ein Übergewicht herrschte. Zum Beispiel mögen Sie in Ihren Bemühungen um einen Menschen in letzter Zeit irgendwie überengagiert gewesen sein, und jetzt wäre eigentlich die Rückentwicklung auf das Normalmaß zu erwarten.

Sehr oft wird gerade das vom Schicksal eingefordert, was man freiwillig nicht hergeben will, bei dem man von sich aus nicht einzuschränken bereit ist, obwohl es vielleicht längst überfällig wäre. Dabei kann es auch sein, daß Prozesse der Minderung uns generell auf eine falsche Weichenstellung im Leben aufmerksam machen. Das kann zum Beispiel eine Überbetonung des Materiellen sein. Möglicherweise hat ein Partner sich etwa auch Liebe zu ›erkaufen‹ versucht. Nun treten Ereignisse ein, die sozusagen darauf aufmerksam machen, daß man dies entweder gar nicht nötig hat – man dem anderen Menschen ggf. von innen her viel näher käme – oder daß eine menschliche Beziehung, die zu sehr vom Materiellen her lebt, doch einiger Korrekturen bedarf.

Die Zeit der Minderung kann sich sinnvollerweise aber auch darin bemerkbar machen, daß eine Notwendigkeit offenbar wird, innerlich ein Stück loszulassen, sich etwa nicht so sehr an einen Menschen zu klammern, ihm etwas mehr Spielraum zu geben. So etwas kann in einer Partnerschaft durch recht verwirrende Dinge, manche Kräche und unvorhergesehene Wendungen zutage treten. Das Hexagramm fordert indes dazu auf, die Zusammenhänge richtig zu deuten und zu verstehen. So interpretiert, bekommen manche Entwicklungen, die im ersten Moment unerfreulich aussehen mögen, beim näheren

Hinsehen ein viel positiveres Gesicht. In ähnlicher Weise könnten die Symptome Ihrer Beziehung auch einen kleinen Wink bedeuten, sich weniger auf Kosten eines anderen auszuleben, weniger zu fordern, zu machen oder zu wollen.

Die eigentliche Aussage kann im Einzelfall sehr unterschiedlich sein, und es kommt auf die genaue Fragestellung an, auch darauf, wie man sich in die möglichen Bedeutungsinhalte hineinfühlt, wobei sich der Bezug aus dem ergibt, was innerlich deutlich anklingt.

Was auch immer als Sinn hinter der Minderung stehen mag, ist doch letztlich vor allem der richtige Umgang wichtig, den man hiermit einzuüben lernt. Es kommt nämlich wesentlich darauf an, sich ökonomisch an die Situation anzupassen, das heißt, mit Kräften, Energien und u. U. auch mit materiell zu Buche schlagenden Aufwendungen sparsam umzugehen.

Hier wird also das ganz einfache Prinzip nachvollzogen, daß man sich normalerweise einschränkt, wenn Mittel und Möglichkeiten geringer werden. Es ist die geradezu natürlich vorgesehene Reaktion auf eine Entwicklung, in der die persönliche Konjunktur sich im Rückgang befindet.

Das Ganze verdient zusätzliche Beachtung, wenn man das Hexagramm in seiner unbewegten Form erhält. Man bemühe sich dann, auch seinen Gefühlshaushalt etwas zu regulieren. Zum Beispiel: Neigt man dazu, unangemessen schnell beunruhigt zu sein? Bringt man durch unentwegtes Grübeln nur Unruhe in sein Leben? Oder hegt man in seiner Beziehung zu große Erwartungen? Genauso können exzessive Genüsse oder übermäßige Gewohnheiten angesprochen sein. Je besser man es versteht, mit seinen körperlichen und seelischen Reserven zu haushalten, wenn nötig, auch am materiellen Budget etwas einzusparen, desto übersichtlicher wird die Situation und um so solider ist die Basis, auf der man in dieser Zeit des Rückgangs steht.

Schließlich sei noch ein Gedanke angefügt: Gelegentlich kann das Zeichen auch zu einem kleinen Opfer auffordern, und zwar in dem Sinne, daß etwas selbstlos Gegebenes eine symbolische Handlung der Liebe darstellt. Diese Art der freiwilligen Minderung ist sicher die schönste in Betracht kommende Möglichkeit.

Das Urteil

Minderung in Wahrhaftigkeit: großes Glück, kein Makel.
Man kann darin beharrlich sein.
Es ist nützlich, etwas zu unternehmen. Wie kann das Ziel – Minderung in Aufrichtigkeit – erreicht werden?
Man mag zwei Schüsseln mit Korn als Opfer bringen.

Seelische und schicksalhafte Konjunkturrückgänge lassen einen oft beunruhigt sein. In vielerlei Hinsicht können sie auch beängstigen oder einen unglücklich fühlen lassen. Richtig verstanden, bekommen sie jedoch eine andere Qualität. Denn wenn man sich ihre Realität eingesteht und entsprechend echt und glaubwürdig darauf reagiert, verlieren sie oft ihren bedrohlichen Charakter.

Wenn es einem also nicht so gut geht und die Dinge alle nicht so laufen, wie man es sich vorstellt, dann überspiele man diese Tatsache nicht. Genausowenig wäre es jedoch gut, sich in ein ›Ich-bin-unten‹-Gefühl reinzusteigern. Es gilt vielmehr, glaubhaft man selbst zu sein und auch daran zu denken, daß Zeiten der Minderung im Leben eines jeden Menschen – in welcher Form auch immer – eine Rolle spielen. Sie kommen und werden auch wieder gehen, jedenfalls dann, wenn man seine Lektion gelernt hat. Insofern gilt es also, keine Schuldgefühle zu haben. Zumal einem Menschen, der einem wirklich nahe steht, kann man auch seine Schwächen mitteilen. Eine solche schlichte Haltung bezieht sich außerdem auf das, was man einem anderen Menschen geben möchte.

Ein nettes Geschenk oder ein kleines persönliches Opfer, das von Herzen kommt, ist oft viel schöner als die großartigste Bemühung oder das aufwendigste Präsent. In einer Situation der Minderung könnte also auch eine Stimmung eine Rolle spielen, in der zum Beispiel jemand sagt: »Schau her, hier bin ich. Was ich hab', ist vielleicht nicht viel. Doch was ich gebe, das geb' ich gern.«

Das Bild

Unten am Berg der See: ein Bild der Minderung.
So bändigt der Edle seinen Zorn und beschränkt seine Wünsche.

Erste Linie

Nach getaner Arbeit rasch zur Hilfe gehen,
ist kein Makel.
Doch muß man bedenken,
wie weit man andere mindern darf.

Thema dieser Linie sind Opferbereitschaft und Idealismus der Menschen. Wie weit darf man Zeit und Nerven des anderen nutzen, ihn ›mindern‹? Zwischen Mann und Frau wird es beispielsweise – selbst in einer Partnerschaft – Grenzen geben, inwieweit man Fürsorge und Hilfsbereitschaft des anderen für sich in Anspruch nehmen sollte. Besonders in eher lockeren Beziehungen wird der Takt den Maßstab setzen. Andererseits ist es immer schön, wenn einer für den anderen da ist.

Insbesondere ist daran gedacht, die eigenen Angelegenheiten in Ordnung zu haben und dann auch noch etwas Kraft für den geliebten Menschen zu besitzen – *nach getaner Arbeit rasch zur Hilfe gehen.* Aber auch dabei gelten Maß und Mitte. Denken Sie daran, sich nicht zu verausgaben, und nutzen Sie auch niemanden aus. Geben und Nehmen sollten ausgewogen sein.

Zweite Linie

Fördernd (von Nutzen) ist Beharrlichkeit.
Etwas zu unternehmen, ist von Unheil,
wenn man es nicht vermag, andere zu mehren,
ohne sich selbst zu mindern.

Wirklich kraftvolle Hilfsbereitschaft zeichnet sich in diesem Fall dadurch aus, daß man die eigene Substanz nicht aufgibt. Nur wer mit einem gewissen Selbstbewußtsein und Selbstwertgefühl dem anderen zur Seite steht, wird ihm wirklich nützlich sein. Gewarnt wird zum Beispiel davor, sich zu mindern, um damit Liebe zu erkaufen.

Dritte Linie

Wenn drei Menschen miteinander gehen,
vermindern sie ihre Zahl um einen.
Wenn ein Mensch alleine geht,
trifft er einen Freund.

Dreiecksverhältnisse haben die Eigenschaft, Eifersucht zu erzeugen. Wirkliche Intimität wird es immer nur zwischen zwei Menschen geben. Deswegen haben Dreiecksbeziehungen die Neigung, daß ein Mitglied entweder die Gemeinschaft verläßt oder sich künftig mehr im Hintergrund halten wird. Das kann sich übrigens genauso auf interessierende Themen oder sachliche Angelegenheiten beziehen, denen man sich widmet. Seine volle Aufmerksamkeit wird man immer nur auf einen Gegenstand konzentrieren. Andererseits ist es so: das Alleinstehende zieht meist etwas anderes an, das ebenfalls für sich allein steht. So lautet zum Beispiel die frohe Botschaft für Junggesellen: Vielleicht wird man schon bald jemand finden, mit dem man sich versteht. Oder – wiederum allgemeiner gesprochen – es bieten sich Themen, Interessengegenstände etc., um die sich bislang niemand so recht gekümmert hat. Ihrer kann man sich nun annehmen und etwas daraus machen.

Vierte Linie

Wenn jemand seine Krankheit (Fehler und Mängel) mindert, zieht er andere Menschen an und wird Freunde haben. Kein Makel.

Viele Menschen, die uns eigentlich mögen, halten sich manchmal zurück. Solche Dinge erscheinen uns manchmal schwer verständlich. Das liegt zum Teil daran, daß man gerade in einem ungünstigen Rhythmus lebt oder sich unter bestimmten Einflüssen wohlfühlt, die Distanz zu einem wohlmeinenden und wirklich wertvollen Umfeld schaffen. Doch wenn man an seinen kleinen Fehlern, neurotischen Wesenszügen und trennenden Eigenschaften arbeitet, wird man sich wieder Sympathien verschaffen.

Fünfte Linie

Er wird um zehn Paar Schildkröten bereichert, die er nicht zurückweisen kann. Großes Glück (erhabenes Heil).

Gedanke dieser Linie ist es, daß man eine Mehrung erfährt. Irgend jemand – wahrscheinlich Ihr Partner – tut Ihnen also etwas Gutes. In diesem Fall braucht man sich keine Gedanken zu machen, ob man das Geschenk oder persönliche Opfer auch wirklich annehmen darf. Denn es liegt ein günstiger Wink des Schicksals vor.

Die Symbolik geht auf das Schildkrötenorakel zurück, das in den Ursprüngen dem ›Buch der Wandlungen‹ wohl einmal vorausgegangen ist und später auch noch parallel dazu angewandt worden sein dürfte. Auch diese Zeichen der Zukunft ließen momentan bestimmt Positives erwarten, wenn man sie befragte. Freuen Sie sich über Ihr Glück – auch dann, wenn es Ihnen mehr oder weniger in den Schoß zu fallen scheint.

Sechste Linie

Wird jemand gemehrt (gewinnt er einen Vorteil),
ohne Verringerung (Verlust) für den anderen,
so ist das kein Makel. Beharrlichkeit bringt Glück.
Es ist nützlich, etwas zu unternehmen.
Man bekommt Unterstützung und ist
überall zu Hause.

Sie können Nutzen aus der gegenwärtigen Situation ziehen, ohne damit irgend jemand zu schaden. Hier erleben Sie einen Zuwachs an Energie und Möglichkeiten, durch den Sie auch anderen viel geben können. Möglicherweise profitiert auch Ihr Partner oder Ihre Familie hiervon.

Wenn Sie hinsichtlich Ihrer Frage Aktivitäten entfalten, werden Sie positiv in Ihre gesamte Umgebung ausstrahlen. Ihr Gewinn hat eine gewisse Gemeinnützigkeit, da er indirekt auch anderen zugute kommt. Das gibt Ihnen einen Platz im Herzen vieler Menschen, von denen Sie wiederum Unterstützung erfahren.

42. I

Die Mehrung

Hier geht es um die Förderung, den Segen, der von oben kommt. Man erhält Unterstützung durch günstige Umstände oder durch einflußreiche Personen im Freundes- und Bekanntenkreis. Meist arrangiert sich eine Vielzahl von Einflüssen günstig, die in ihrer Summe die Protektion schicksalhafter Kräfte bedeutet. Als überliefertes Sinnbild kennt man auch das Füllhorn, das seine Wohltaten ausschüttet. Es wird durch den oberen Teil des Hexagramms abgebildet, während der Yang-Strich an unterster Stelle den Fragenden oder Empfänger symbolisiert. Man wird für eigene Großzügigkeit entweder durch den Partner belohnt oder darf auf persönliche Hilfe in seinen Vorhaben und Plänen hoffen. Hatte man sich in letzter Zeit vielleicht nicht so gut verstanden, so sind auch in der Hinsicht Tendenzen der Besserung zu erwarten.

Wesentlich wird das weitere Gedeihen eigener Absichten davon abhängen, inwieweit es einem gelingt, die günstigen Vorbedingungen zu nutzen, um kontinuierlich an sich weiterzuarbeiten. Denn die eigentliche Chance liegt darin, daß man charakterlich stärker und vollständiger wird. Daher erhalte man sich auch jene Großzügigkeit, die einen des allgemeinen Zuspruchs zur Zeit gewiß sein lassen darf.

Innerer Reichtum und Nutzen, den man von außen erhält, sollten durch positives Verhalten und menschenfreundliche Einstellungen reinvestiert werden. Das persönliche Kapital, welches einem zufließt, wird man somit tunlichst einsetzen und arbeiten lassen, nicht aber einschließen, horten und argwöhnisch bewachen.

Geben Sie die Freundlichkeit also zurück, die Sie empfangen. Denken Sie auch daran: Indem Sie selbst Unterstützung gewähren, werden Sie später wieder Förderer finden, wenn es darauf ankommt. So ist dies ein Kreislauf von Hilfe, die man empfängt und selbst wieder gewährt.

Auf Probleme von Partnerschaften bezogen, dürfen Sie auf manchen Energiegewinn hoffen, der Ihnen zum Beispiel die Möglichkeit gibt, den anderen richtig aufzubauen, wenn er einmal durchhängt. Was Sie gemeinsam vorhaben, aber auch mehr individuelle Absichten, sich zu verwirklichen, werden gelingen, wenn ein Grundton von Mitmenschlichkeit in Ihren Motiven vorherrscht. Dabei geht vieles sicher Schritt für Schritt. Nicht alles muß gleich auf einmal klappen.

In seiner unbewegten Form dürfte das Hexagramm die positive Gesamtaussage unterstreichen. Gleichzeitig ist es wohl auch ein Hinweis, durch unablässige Bemühungen sein Ziel zu erreichen, so daß man sich der Förderung würdig zeigt, die man erhält.

Das Urteil

Fördernd (von Nutzen) ist es,
etwas zu unternehmen.
Fördernd ist es auch,
das große Wasser zu überqueren.

Das Bild

Wind und Donner: ein Symbol der Mehrung.
Sieht der Edle Gutes, so folgt er ihm.
Wenn er aber Fehler hat, so beseitigt er sie.

Die Symbolik ist sehr einfach und schön. R. Wilhelm weist etwa auf die Gesichtspunkte hin, daß Wind und Donner ihren Einfluß am Himmel gegenseitig verstärken. Insofern wird der Gedanke an Kooperation nahegelegt, aus dem man schließlich Förderung erfährt. Beobachtet man dementsprechend positive Dinge in seiner Umgebung, so sollte man sie nachahmen, um sie zum Beispiel in die eigene Partnerschaft oder in den Stil, mit dem man ganz allgemein Liebesbeziehungen gestaltet, einfließen zu lassen. Das gilt jedenfalls dann, wenn es sich um wirklich sympathische und verständnisvolle Wesenszüge handelt. Umgekehrt wird es nützlich sein, eigene Fehler abzulegen, wenn man sich ihrer bewußt wird.

Erste Linie

Fördernd (von Nutzen) ist es,
ein großes Vorhaben zu beginnen.
Erhabenes Glück. Kein Makel.

Sobald Ihnen bewußt wird, wie und worin Sie Förderung erhalten, sollten Sie diese dankbar annehmen und sogleich etwas Wertvolles daraus machen. Formen Sie Ihre Liebe zu etwas wirklich Schönem. Die gestaltenden Kräfte in Ihrem Umfeld sind jetzt auf Ihrer Seite. Indem Sie sich nun tatsächlich etwas zutrauen, erweisen Sie sich der gewährten Unterstützung würdig.

Zweite Linie

Er wird um zehn Paar Schildkröten bereichert
und kann sie nicht ablehnen.
Dauernde Beharrlichkeit bringt Glück.
Der König ehrt ihn vor Gott. Heil.

In dieser Linie wird der Grundgedanke des Hexagramms noch einmal zusammengefaßt: Indem man anderen seine Hilfe zuteil werden läßt, kann man sich irgendwann auch an den Früchten dieser Anteilnahme freuen. Oder simpler und banaler ausgedrückt: Wie man in den Wald hineinruft, so schallt's heraus.

Die Schildkröten als altes Orakelsymbol lassen in diesem Fall wirklich Glück verheißende Umstände erwarten. Allerdings sollte man sich das unerwartete Glück nicht zu Kopfe steigen lassen. Werden Sie jetzt also nicht übermütig, sondern bleiben Sie beharrlich auf Ihrem verläßlichen Kurs. Ihm verdanken Sie alles, was jetzt so schön zu werden verspricht oder was sich bereits an wohltuenden Tendenzen eingestellt hat. Indem Sie wertvollen Grundsätzen treu bleiben, erhalten Ihre Bemühungen auch einen höheren Sinn.

Dritte Linie

Durch eine allgemein mißliche Entwicklung
persönlich bereichert.
Kein Makel, wenn du aufrichtig und maßvoll bist,
und wenn du die Umstände den Beamten des Königs
mitteilst.

Manchmal treten Ereignisse ein, die man normalerweise nicht als positiv bezeichnen würde, aus denen man dennoch einen wie auch immer gearteten Nutzen zieht, zum Beispiel der Todesfall, durch den man eine Erbschaft erhält, oder die Ehescheidung eines heimlich geliebten Menschen, der nun frei wird, da die bisherigen Verhältnisse zerrüttet sind.

Unschuldig bleibt man dann, wenn man nicht darauf spekuliert oder seine Hand im Spiel hatte (Erbschleicher, Intriganten etc.). Außerdem sollte ein Bewußtsein dafür vorhanden sein, daß hier eine Situation besteht, in der vielleicht irgendwer Trauer tragen wird bzw. der man mit einer normalerweise ernsten Einstellung zu begegnen hat. Insofern sind Anstand und Takt gefordert. Das hat auch damit zu tun, daß man seine eigene Mitte findet, mit dem unerwarteten Nutzen umzugehen. Wenn man seinem Gewissen gegenüber *(der Beamte des Königs)* tatsächlich alles verantworten kann, wird man ohne Makel bleiben.

Vierte Linie

Wenn du Maß und Mitte kennst,
wird der Fürst deinen
Vorschlägen für die Menschen folgen.
Fördernd (von Nutzen) ist es,
teilzuhaben bei der Verlegung der Hauptstadt.

Hier sind Sie aufgefordert, als Fürsprecher oder Vermittler zu wirken. Ihre guten Möglichkeiten, Dinge plausibel zu machen, werden diejenigen, die im Hinblick auf Ihre Frage Einfluß besitzen, positiv beeinflussen. Solch eine Mittlerfunktion ist besonders in Zeiten allgemeinen Wohlergehens wichtig, da es darauf ankommt, daß alle Beteiligten einen Nutzen daraus haben. Denken Sie ggf. auch etwas über die Zweierbeziehung hinaus, und tragen Sie Gesichtspunkte vor, die sich auch für Ihr weiteres Umfeld positiv auszuwirken vermögen.

Fünfte Linie

Wenn du einen wahrhaft gütigen Sinn hast,
wirst du nicht rechnen.
Ein wirklich gütiger Mensch denkt an den Vorteil anderer, ohne immer danach zu fragen, ob sie es auch verdient haben oder ob man ihm dankbar sein wird. Allerdings sichert ihm dies oft automatisch einen Platz im Herzen seiner Mitmenschen.

Sechste Linie

Man nützt niemandem. Jemand wird ihn angreifen.
Er handelt nicht überlegt. Unheil.
Im Grunde sollte hier jemand durch Verantwortung oder Verzicht auf eigene Vorteile der Gemeinschaft nützen. Doch man wird dieser Aufgabe nicht gerecht. Vielmehr stehen die eigenen Handlungen nicht im Einklang mit den Erfordernissen der Zeit. Man agiert aufgeregt und vermag wenig zu tun, was wirklich hilfreich wäre. So verklingen Worte ungehört, und Taten bleiben ohne Resonanz. Daher sollte man erstens zur Ruhe kommen, zweitens Beziehungen herstellen und pflegen, bevor man von jemandem etwas will, und drittens sollte man wissen, was man sagt und tut, bevor man spricht oder handelt. Anderenfalls wird man nur der Kritik ausgesetzt sein oder Angriffe zu erwarten haben.

43. Kuei

Die Entschlossenheit

Stellen Sie sich einen Behälter vor, in dem der Innendruck ständig ansteigt. Irgendwann wird ein Punkt erreicht, an dem es so nicht mehr geht.

Dann ist der Augenblick zum Eingreifen gekommen. Im übertragenen Sinne läßt sich dies auch auf den zwischenmenschlichen Bereich anwenden. Bestimmte Zustände sind unerträglich geworden und bedürfen fortan der Entschlossenheit, sie abzustellen. Immer ist dann eine Situation mit seelischem Potential so angereichert, daß die Zeit gekommen ist, etwas zu unternehmen. Die auslösenden Mechanismen werden dem Handeln den nötigen Druck geben, um Ergebnisse zu erreichen. Insofern sind hier durchaus Merkmale der Stärke charakterisiert, denn es handelt sich um Bedingungen der Entschlußkraft.

Man denke aber auch daran, daß die Geschichte genügend Beispiele kennt, in denen blinde Entschlossenheit ins Unglück führte. Die Ebene politischer und sozialer Vorgänge legt insofern eindrucksvolles Zeugnis dafür ab, wie Konflikte mit ungewissem Ausgang entstehen können, weil in die Entschlossenheit Verdrängung von Risikofaktoren, emotionaler Aufruhr oder die Augen-zu-und-dann-durch-Mentalität hineinspielen.

Die geforderte Art der Konsequenz, die jetzt gemeint ist, sollte denn auch eine ganz andere sein. Es geht um Handlungskraft, die mit Klugheit gepaart ist. Oftmals ist eine schnelle Reaktion gefordert, doch sie sollte nicht unüberlegt sein. Gerade für Partnerschaften gilt vor allem, daß das Notwendige möglichst gewaltfrei vor sich gehen sollte. Zwar sind irgendwelche Verhältnisse untragbar geworden, doch kann die Lösung nicht im harten Affront mit vielleicht bleibendem Flurschaden bestehen.

Betrachtet man das Hexagramm auf individueller Ebene, bedeutet etwa der schwache Yin-Strich, der an oberster Stelle den fünf starken gebietet, moralische Korruption, Unterdrückung vitaler Triebe, Hemmung der persönlichen oder intellektuellen Potenz. Komplexe oder entwicklungsstörende Gewohnheiten im mitmenschlichen Umgang haben sich festgesetzt und sorgen bisher für Blockierungen der Kontaktsphäre. Sie wirken hartnäckig und können ein derart sozialschädliches Ausmaß annehmen, daß ihr Einfluß unbedingt zu beseitigen ist.

Doch zurück zur bestehenden Zweierbeziehung: Haben wir hier Störungen anzumelden, etwas, das uns nicht gefällt und beseitigt werden sollte, so ist ein standhafter Behauptungswille vonnöten, der ruhig und angemessen das tut, was zu geschehen hat. Dazu gehören gute Argumente, persönliche Überzeugungskraft, soziale Kompetenz, die Fähigkeit zu streiten, ohne zu verletzen, innere Stärke beweisen, ohne die Muskeln zu zeigen.

Beachtet man in diesem Zusammenhang andererseits für ein entschlossenes Handeln weiterhin wichtige Gesichtspunkte wie die Bereitschaft, Verantwortung für etwas zu übernehmen, schnelles Erfassen von Zusammenhängen und Reaktionsfähigkeit, so wird hierdurch zusätzlich skizziert, wie man sich das Handeln vorzustellen hat, das eine sinnvolle Antwort auf die Situation beinhaltet. Gelegentlich kann das Hexagramm übrigens auch auf eine günstige Möglichkeit hinweisen, die kraftvoll zu nutzen ist. Auch dafür dürften die bisher genannten Kriterien gelten. Man handle zwar entschieden, gleichermaßen aber mit Bedacht und Übersicht.

Erhält man das Hexagramm in seiner unbewegten Form, kann es bedeuten, daß man sich zu einem wichtigen Entschluß erst noch durchringen muß. Es fordert dazu auf, alles klar und überlegt noch einmal durchzugehen, dann aber auf einen Punkt zu kommen, hinter dem man guten Gewissens stehen kann. Schließlich muß man sich entscheiden und etwas maßvoll durchsetzen.

Das Urteil

Die Entschlossenheit. Jemand muß entschieden am Hofe das Notwendige bekanntmachen.
Wenn man die Wahrheit verkündet: Gefahr!
Sie muß dem eigenen Volke jedoch enthüllt werden.
Gewaltanwendung ist nicht förderlich.
Von Nutzen ist es, etwas anderes zu tun.

Das Bild

Der See, der zum Himmel aufgestiegen ist:
ein Symbol der Entschlossenheit.
So verteilt der Edle Reichtum an jene unter ihm
und vermeidet es,
starren Grundsätzen zu folgen.

Verdunstende Feuchtigkeit aus dem See besitzt die Eigenschaft, zur Bildung von Wolken beizutragen. Haben diese sich zu großen, dunklen Formationen zusammengeballt, so ist der Ausbruch eines Unwetters unmittelbar zu erwarten. Hierin erkennt der Edle Warnzeichen, um seine Handlungen dem Nahen großer Naturgewalten anzupassen.

Dies entspricht einer Haltung, in kritischen Zeiten, soziale Instinkte zu schärfen und dem Nächsten zu geben, was er braucht. Es gehört zu den natürlichen Zyklen des Lebens, daß Reichtum irgendwann abgetragen wird. Um dies nicht durch Gewalteinwirkung geschehen zu lassen, beweise man in Zeiten zwischenmenschlicher Drucksituationen, daß man seinen inneren oder äußeren Reichtum im Sinne seiner Verantwortung nutzt. Gerade, wenn man etwas wirklich Wichtiges erreichen will, sollte man folglich nicht nur an sich denken.

Zu allem kommt noch ein weiterer Gesichtspunkt: Entschlußkraft, Dinge zum Besseren zu wenden, muß stets auch mit Lernfähigkeit einhergehen. Das heißt, das Bewußtsein, mit einer bestimmten Einstellung im Rechten zu sein, muß wandlungs- und anpassungsfähig bleiben. Nur so wird aus Entschlossenheit keine Engstirnigkeit und aus Gerechtigkeitssinn keine Selbstgerechtigkeit.

Erste Linie

Macht regt sich in den vorwärtsschreitenden Zehen.
Wenn man geht und ist der Sache nicht gewachsen,
so macht man Fehler.
Im Zeh regt sich der erste Impuls zum Vorwärtsgehen. Man will handeln, was sicher berechtigt wäre. Doch gerade am Anfang gibt es noch viele hemmende Einflüsse. Die Sache ist eventuell bis dahin nicht genügend gewachsen. Also sollte man momentan die Zeit noch eine Weile für sich arbeiten lassen. Prüfen Sie innerlich, ob Sie wirklich keinen Fehler machen, jetzt schon etwas zu unternehmen. Allzu leicht hat man sich verschätzt, und alles geht schief.

Zweite Linie

Ein Warnschrei:
In der Dämmerung bewaffnet man sich furchtlos
gegen überraschende Gefahr.
Es ist gut, Intuition im Hinblick auf die Fragestellung zu entwickeln. Wenn man ein wenig sechsten Sinn besitzt, die Reflexe gut funktionieren und man Vorsorge für alle Eventualitäten trifft, kann man sich vor unliebsamen Überraschungen einigermaßen geschützt fühlen. Das ist eine dringend notwendige Flankendeckung für Ihre innere Entschlossenheit. Was Sie auch immer vorhaben: Gehen Sie instinktsicher an die Situation heran.

Dritte Linie

Im Gesicht zu viel Stärke zeigen: Unglück.
Der Edle ist entschlossen. Er muß allein durch den Regen.
Er wird naß und fühlt sich in seiner Haut nicht wohl.
Doch kein Makel.
Hier hat jemand das Visier heruntergeklappt, ist bereit loszumarschieren, hat einen entschlossenen Blick angenommen. Das kämpferische Auftreten führt zunächst in Isolation. Man ›steht im Regen‹, fühlt sich mit Problemen oder Gegnern im Clinch.

Negative Einflüsse drohen die geschwächten Abwehrkräfte zu bezwingen, und eine heftige moralische Grippe wäre zu erwarten. So wird man selbst von jenen verkannt, deren Sympathie man bisher sicher sein konnte. Wenn man jedoch gegen die seelische Infektgefahr in sich vorgeht und seinen Grundsätzen treu bleibt, wird das als tadellos anerkannt werden. So muß zum Beispiel Entschlossenheit nach außen von einem festen Willen begleitet werden, auch innerlich ganz sauber zu bleiben. Fairneß ist hier oberstes Prinzip.

Vierte Linie

An den Oberschenkeln verletzt. Das Gehen
(Voranschreiten) fällt schwer. Ließe man sich innerlich
führen, so würde die Reue schwinden. Wenn man aber
diese Worte hört, wird man nicht glauben.
Hier ist jemand in sich gefangen, so daß er sinnvolle Ratschläge kaum aufnimmt. Blind entschlossen, gedenkt er etwas um jeden Preis durchzusetzen. Das zieht automatisch schwere Reibungsverluste nach sich, und so stellen sich den Absichten allenthalben Schwierigkeiten entgegen. Würde man sich mehr von einer inneren Stimme leiten lassen oder sich sanfter Führung der Umstände anvertrauen – vielleicht auch kompetenten Hinweisen zugänglich sein –, so würden sich die Probleme allmäh-

lich auflösen. Doch wahrscheinlich ist man schon viel zu sehr in sein Vorhaben und seine Emotionen verrannt. In dem Fall würde sich allerdings jeder Rat erübrigen *(Wenn man diese Worte hört, wird man nicht glauben).*

Fünfte Linie

Festklammerndes Unkraut.
Tritt ihm entschlossen entgegen.
Wer den Mittelweg nimmt, bleibt ohne Makel.

Unkraut ist in diesem Fall identisch mit moralischer Bestechlichkeit, Sittenverfall oder seelischer Gewalt. Es entspricht also all jenen Qualitäten, die man im Hinblick auf die gestellte Frage beseitigen sollte, Erscheinungen, denen man innerlich oder äußerlich den Kampf angesagt hat. Das können die Unausgewogenheiten in einem selbst oder in der Partnerschaft sein. Es mag sich um inhumane Einstellungen oder Standpunkte handeln, kurz um alles, was Ihren Wertvorstellungen und Idealen widerspricht.

Wenn Sie dagegen angehen, befinden Sie sich in diesem Fall in direkter ›Feindberührung‹. Daher ist die Verantwortung groß. Ein Scheitern wäre fatal. Jedoch darf man sich davon nicht einschüchtern lassen. Vielmehr ist feste Entschlossenheit erforderlich.

Sechste Linie

Ohne Warnruf. Schließlich kommt Unglück.

Sie glauben, Ihr persönliches Ethos verwirklicht zu haben. Die Konfliktebene scheint verlassen, unbefriedigende Umstände sind augenscheinlich beseitigt. Doch innerlich sind Sie nicht davor gewarnt, daß es noch moralische Infektionskeime gibt, die Ihr Glück bedrohen können. Wenn Sie nicht auch gegen den Rest der Störquellen vorgehen, werden sich diese Herde immer wieder melden.

44. Gou

Das Entgegenkommen

Wenn von Verführung die Rede ist, spielt meist eine Vielzahl erotischer Phantasien eine Rolle. Doch in diesem Fall ist nicht einfach das aufregende Spiel gemeint, Reize wirken zu lassen, um in einer schönen Beziehung oder wertvollen Begegnung ein paar unvergeßliche Stunden zu erleben. Hier geht es vielmehr um Sinnlichkeit, die einen aus dem Tritt bringen will.

Es sind Verlockungen gemeint, die uns vom Wege abbringen wollen, die aktive Verführung (oder das Verführtwerden) zu moralisch zweifelhaften Handlungen: Etwas kommt dir entgegen. Alles scheint so leicht. Man braucht nur noch zuzugreifen...

Alles, was moralische Wertsysteme durcheinanderzubringen vermag, ist mit dieser Symbolik angesprochen: Versuchung, geistige Prostitution, Hörigkeit, Suchtgefahren, Persönlichkeitsverluste. Korrumpierte Ideale spielen hierbei ggf. genauso eine Rolle wie Hinterlist und Verrat. Es ist das symbolische Bild vom Ehebruch oder Spielen mit Gefühlen.

Das muß nicht immer vollends ins Extrem gehen. Doch auf jeden Fall handelt es sich um eine machtvolle Verlockung, von der man lieber die Hände lassen oder mit der man sich kritisch auseinandersetzen sollte. Da muß noch irgend etwas geklärt werden. Zum Beispiel, wenn man einer sehr dominanten Person begegnet, die einen in mancher Hinsicht vernichten könnte, wenn man sich mit Umständen und Voraussetzungen der Annäherung nicht sehr sorgfältig auseinandersetzen würde. Es handelt sich um eine sexuelle Schwingung, die etwas Gefährliches an sich hat.

So braucht es nicht zu bedeuten, daß durch das Hexagramm eine Warnung vor einem bestimmten Menschen in seiner Gesamtheit ausgesprochen wird. Vielmehr kann es um Teilaspekte der Persönlichkeit gehen, um das Spannungsverhältnis zu diesem Menschen, das problematisch sein kann, etwas im schicksalhaften Zusammenhang, das zunächst Fragen aufwirft.

Eventuell ist es auch so, daß es sich um einen Menschen mit beeindruckender Ausstrahlung handelt, der zumindest im Moment gewisse Probleme bringen würde. In der Hinsicht könnte sich jedoch einiges wandeln. Sollten aber immer wieder Warnsignale im Hinblick auf eine Person oder auch auf ein Vorhaben erscheinen, gilt es, den Dingen einmal näher auf den Grund zu gehen bzw. sich ggf. nur begrenzt einzulassen.

Man beachte in dem Zusammenhang auch die genaue Fragestellung. Sehr oft wird es darauf hinauslaufen, daß lediglich bestimmte Eigenschaften eines Menschen kritisch zu hinterfragen sind und daß man sich entsprechend darauf einzustellen hat. Ähnliches gilt für Situationen und Zusammenhänge, die womöglich lediglich in Teilaspekten die eigene charakterliche Stärke beeinträchtigen würden. Dabei ist allerdings zu beachten, daß die moralische Verführung oft auf sehr leisen Pfoten herangeschlichen kommt, und man muß dann sehr viel Konsequenz aufbringen, um sie abzuwehren.

Wenn man genau seine Grenzen kennt, kann das Hexagramm auch Vorgänge symbolisieren, die an sich harmlos sind: ein Flirt an der Oberfläche, eine anregende Konversation, in der man auch Dinge streift, auf die man normalerweise zurückhaltend reagiert. Doch wer kennt immer seine Grenzen, und wer hat sich immer so im Griff, daß er weiß, daß aus einem harmlosen Spiel nicht eine Katastrophe werden kann?

Offermann erwähnt im Zusammenhang mit diesem Hexagramm das Odysseus-Thema: Jene Stelle, in der sich der Held an die Masten seines Schiffes festbinden läßt, um nicht den Sirenenklängen zu erliegen. Es ist die wilde, ungeformte und ungereifte Triebnatur, gegen deren Ansprüche sich Odysseus in der Sage zur Wehr setzt. Das meiste, was uns hier begegnet, ist ungerichtet, chaotisch oder am Egoismus orientiert.

Folgt man R. L. Wing, kann das Hexagramm in seiner unbewegten Form allerdings so etwas wie eine Umkehr ins Konstruktive bedeuten, in dem Sinne, daß es zu einem Wechselspiel negativer und positiver Kräfte kommt. So könnte man die Versuchung auch als Herausforderung sehen, die neue Seelenkräfte erschließt. Nur muß man dabei eben genau wissen, was man tut, worauf man sich einläßt und in welchem Umfang man es macht. Das Ganze mag dann etwa als große Bewährungsprobe oder charakterlicher Test zu verstehen sein, inwieweit man sich treu bleibt und seine eigene Mitte behält.

Vielleicht wird man sogar in der Lage sein, problematische Seelenanteile in einem selbst oder in einem Menschen, den man liebt oder begehrt, auf eine Ebene höherer Reife und Entwicklung zu bringen. Allerdings sollte man sich der Abgründe immer bewußt bleiben, die es bei dieser Aufgabe zu überwinden gilt. Man könnte in sie abstürzen oder zu Schaden kommen.

Das Urteil

Das Entgegenkommen. Die Frau ist mächtig.
Man soll sie nicht heiraten.

Die Frau (Triebseele, Anima) symbolisiert in diesem Fall das ungerichtete Lustprinzip, die noch nicht gereifte Sexualpersönlichkeit, alles was schattenhaft an Triebansprüchen aus dem Unbewußten kommt und das Ich in Besitz zu nehmen droht.

Das Bild

Unter dem Himmel ist Wind:
ein Bild des Entgegenkommens.
Der Herrscher erläßt seine Anordnungen und sorgt für Verkündigung in die vier Himmelsrichtungen.

Was ist hiermit gemeint? Der *Herrscher* ist Sinnbild des reifen Ich als Zentrum der Persönlichkeit. Die *Anordnungen* betreffen Abwehrmaßnahmen gegen Einflüsse, die charakterliche Substanz kosten könnten.

Erste Linie

Der Wagen wird mit einem eisernen Bremsklotz gehalten. Ausdauer bringt Glück.
Wenn man die Dinge aber laufen läßt:
Unglück.
Auch ein mageres Schwein kann umhertoben.

Gebieten Sie allen Einflüssen in Ihrem Privatleben von vornherein Einhalt, die Ihr Gewissen oder Moralverständnis beeinträchtigen könnten. Der Anlaß mag auch noch so nichtig sein. Verhalten Sie sich konsequent und entschlossen: Ist aus dem harmlos erscheinenden Vorgang nämlich erst eine heikle Geschichte geworden, läßt sie sich kaum noch bändigen.

Das ist wie bei einem mageren Schwein. Anfangs tollt es womöglich in der Gegend umher und wird nicht weiter beachtet. Ist es aber erst ausgewachsen, kann es seinem Besitzer erhebliche Schwierigkeiten bereiten. Im übertragenen Sinne sind damit die unmerklichen Annäherungsversuche gemeint, wie eine ›faule Sache‹ moralisch Besitz ergreifen will. So können zum Beispiel Bemerkungen, die anfangs unverfänglich erscheinen, fein gesponnene Netze sein, aus denen man später nicht mehr herauskommt.

Zweite Linie

Im Behälter ist Fisch. Kein Makel.
Nicht fördernd (von Nutzen) für die Gäste.
Fische und Schweine gelten in dem ›Buch der Wandlungen‹ als Ausdruck der Instinktlosigkeit. Also wird man den Gästen den lebenden Fisch, wie er herumschwimmt, nicht vorführen. Symbolisch ist damit ausgedrückt, daß hier eine innere Instanz ist, die ein Element der Versuchung unter sanfter Kontrolle hat (wie der Koch den Fisch im Behälter).

Das ist soweit auch richtig, nur darf man auch nicht nachgiebig werden. Der ›Fisch‹ ist eben nicht gesellschaftsfähig. Daher halte man Einflüsse von sich fern, welche die guten Sitten unterminieren könnten. Es ist die eingebaute Charakterbremse, die davor bewahrt, unkontrolliert allem nachzujagen, was sich an Gelüsten breitmacht.

Dritte Linie

Haut wird gescheuert an den Schenkeln,
und das Gehen fällt schwer.
Bewußtsein der Gefahr: kein großer Fehler.
Hier ist man beinahe geneigt, einer Versuchung nachzugehen. Auf jeden Fall besteht Gefahr, daß man sich in eine ungünstige Situation begibt. Doch ist da etwas, das einen aufhält – *das Gehen fällt schwer.* Hindernisse bewahren davor, sich unglücklich zu machen. Und weil man nicht so kann, wie man möchte, kommt man ins Grübeln. Die Unentschiedenheit, die jetzt entsteht, bewirkt zwar eine unerwünschte innere Spannung, doch gleichzeitig ist darin die Chance enthalten, sich der Risiken bewußt zu werden. Wenn man sich die Dinge jetzt mit etwas mehr Distanz ansieht, vermeidet man zumindest größere Fehler.

Vierte Linie

Kein Fisch im Behälter. Das bringt Unheil.
Während es in der zweiten Linie darauf ankommt, Zensur gegenüber chaotischen Äußerungen des Lustprinzips durchzusetzen, worauf Sitte und sämtliche Grundlagen des Zusammenlebens beruhen, wirkt die Kontrolle im vorliegenden Fall übertrieben.

Das Trieb-Ich ist im Hinblick auf die gestellte Frage zu schwach entwickelt, und eventuell liegt auch ein Intellektualisieren vor, das unglücklich macht. Man handelt dann zu sehr als Kopf-Mensch. Moral bekommt somit einen Zwangscharakter, da die Verbindung zur Triebsphäre und den gewöhnlichen Empfindungen *(Fisch im Behälter)* abgesperrt ist.

Fünfte Linie

Eine Melone unter Weidenblättern.
Verborgener Glanz.
Ein Segen kommt von oben.
Wie das Schwein oder der Fisch im Tierreich, ist die Melone in der pflanzlichen Sphäre Ausdruck des dunklen Prinzips, da sie süßlich ist und leicht fault (R. Wilhelm). In diesem Fall ist sie jedoch von Weidenblättern abgedeckt, so wie primitive Seelenschichten im Menschen von einem Mantel der Reife und Erfahrung bedeckt werden. Unter diesem Schutz wird gewöhnlichen Antrieben Gelegenheit gegeben, zu reifen und zu wachsen.

Das will uns sagen: Aus innerer Stärke heraus kann man es sich im Moment leisten, mit weniger entwickelten Impulsen entspannt umzugehen. Und das heißt auch: Der Glanz eines gefestigten Charakters ist vorhanden. Doch er ist verborgen und muß sich nicht durch ständiges Moralisieren darstellen. Auf diese Weise findet man sich im Einklang mit dem Unbewußten, und der Moment ist einem günstig.

Sechste Linie

Stößt mit den Hörnern zusammen.
Beschämung, doch kein Makel.
Das Verhalten gleicht dem eines Menschen, der sich von allen Verlockungen zurückgezogen hat und erotische Annährung brüsk zurückweist *(Stößt mit den Hörnern zusammen).* Das ist, so wie es überkommt, zwar nicht unbedingt charmant oder freundlich. In seiner steifen und etwas verhärteten Art wird es zumindest Verwunderung auslösen. Doch da man in diesem Fall nicht unmittelbar darauf angewiesen ist, was die Umgebung von einem denkt, ist man von der (möglichen) Reaktion auch nicht so sehr betroffen.

45. Tsui

Die Sammlung

Das vorliegende Hexagramm ist das Symbol der kollektiven Lebensform. So kann es zuweilen Situationen betreffen, in denen es klüger und praktischer ist, zusammenzurücken. Was der einzelne nicht schafft, das leistet die Gemeinschaft. In dem Sinne geht es natürlich auch um Verantwortung, die an die Gruppe abgegeben wird.

In bestimmter Hinsicht ist sicher die Familie ein Kollektiv. Es braucht aber auch nur eine Gruppe zu sein, der man gerne angehören würde, in der man eine Rolle spielt oder nicht. Die Bindungsfähigkeit an eine Gemeinschaft ist hier angesprochen, aber auch die Frage: Gehöre ich dazu? Wie schaffe ich es, hineinzukommen? Bin ich ›in‹, gelte ich als Insider, und bin ich angenommen?

Überprüft man diese Gedanken weiter, tauchen Gesichtspunkte auf, ob bestimmte Maßstäbe der Gruppe oder dem Kollektiv entsprechen, dem man sich verbunden fühlt. Passen die Gedanken also ins Milieu? Dabei ist immer zu bedenken, daß in einem Kollektiv das Gemeinschaftsinteresse wichtiger ist als die Einzelabsicht. Man muß sich unterordnen und einordnen. Das gilt natürlich auch für Partnerschaften, wenn Situationen von Bedeutung sind, in denen der Erhalt der Gemeinschaft oder vitale Interessen des Zusammenlebens betroffen sind. Hier muß man seine persönlichen Motive ggf. zurückstellen können. Gefordert ist ferner ein Bemühen um Zusammenhalt und Pflege des Gemeinschaftsgeistes.

Emotionale Störquellen sind zu beseitigen, indem man die Dinge miteinander bespricht, zum Beispiel auch dann, wenn es um Angelegenheiten im Freundeskreis oder in der weiteren Familie geht.

Von besonderer Bedeutung ist nach alter chinesischer Auffassung der Gruppenmittelpunkt, das Zentrum eines

Kollektivs oder einer *Sammlung*. Auf individueller Ebene entspricht ihm die starke Persönlichkeit, der reife Charakter in einem, der alle Seelenanteile zusammenhält. So geht es in dem Hexagramm auch um die Sammlung oder Konzentration von Gedankenkräften.

Es steht die Einheit von Handeln und Absichten zur Debatte, wie man Widersprüche in sich selbst ausgleichen und dadurch irgendwie abgerundeter und vollständiger werden kann.

In seiner unbewegten Form wird man das Hexagramm als verstärkten Hinweis nehmen können, mit sich selbst ins reine zu kommen, aber auch Übereinstimmung mit dem sozialen Milieu zu finden, auf das man besonders im Hinblick auf die gestellte Frage angewiesen ist. Hier gilt es, eventuell Gruppenrücksichten zu nehmen. Zumindest sollte die Kommunikation mit der Gemeinschaft möglichst eng sein, so daß eine gute Verbindung besteht.

Sammlung ist mit anderen Worten ein Prinzip, das sich sowohl auf seelischer als auch auf sozialer Ebene widerspiegelt und etwas mit Zusammenfassen, Zusammengehören oder Konzentration (auch Vereinheitlichung) zu tun hat.

Das Urteil

Die Sammlung: Erfolg.
Der König sucht den Tempel auf.
Fördernd (von Nutzen) ist es, den großen Mann zu sehen.
Das bringt Gelingen. Fördernd ist Beharrlichkeit.
Große Opfer führen zum Heil.
Fördernd ist es, etwas zu unternehmen.

Der gemeinsame kulturelle Rahmen eines Volkes, seine religiösen Feste und Gebräuche symbolisieren den Zusammenhalt der Gemeinschaft. Das ist gemeint, wenn davon die Rede ist, *der König suche den Tempel auf.*

In diesem geistigen Mittelpunkt wird auch das Zentrum der Persönlichkeit deutlich *(fördernd, den großen Mann zu sehen)*. In dem Sinne ist Beharrlichkeit vonnöten, sich in Übereinstimmung mit sich selbst zu bringen, das heißt, an seinen inneren Widersprüchen zu arbeiten. Nur wer in sich gesammelt ist, wird andere um sich sammeln können.

Um einen Gruppenzusammenhalt zu erreichen, bedarf es außerdem oft auch gewisser persönlicher Opfer, was bedeutet, sich selbst gelegentlich hintanzustellen. Es wird sich aber lohnen, etwas für die Gemeinschaft zu tun.

Das Bild

Der See über der Erde: ein Bild der Sammlung.
So hält der Edle seine Waffen bereit,
um Unvorhergesehenem zu begegnen.

Im Grunde ist ein Stausee gemeint, der über die Ufer tritt *(See über der Erde)*, etwa deshalb, weil es regnet. Das hat etwas von einer völlig unvorhergesehenen Schicksalswendung. Wer innerlich mit solchen Möglichkeiten rechnet und auf der Hut ist, kann nicht so leicht von der Flut überwältigt werden.

Im übertragenen Sinne ist auch die Unruhe gemeint, wenn Menschen in größerer Zahl beisammen sind (gleich Wasser in einem gestauten See). Plötzlich kommt eine kollektive Unruhe auf, die leicht Schaden anrichten kann (so wie Wellen sich im Wasser fortsetzen).

Ganz banal gesagt, läßt sich das selbst oft auf einer Party beobachten. Plötzlich ist eine Stimmung da, die allgemeine Aufregung bringt. Daraus können zwischenmenschliche Pannen entstehen, denen gegenüber man gewappnet sein sollte. Da stößt manchmal ein Gefühl das andere an. Worte treffen auf Worte, und schon weiß keiner mehr, wie alles gekommen ist, wenn auf einmal Aufruhr entsteht. Also aufpassen!

Die getroffenen Feststellungen lassen sich übrigens auch auf alle anderen Vorgänge, bei denen sich etwas versammelt (konzentriert), übertragen. Wo Arbeit sich sammelt (z. B. Überarbeitung), können nervöse Zustände entstehen. Wo Reichtum sich sammelt, kann Angst vor Verlusten entstehen. Wo Gefühle sich (zu sehr) konzentrieren, kann Verwirrung entstehen. So sehr das Zusammenströmen von Energie also wünschenswert ist, können andererseits doch auch Unruhe und Unordnung daraus entstehen.

Erste Linie

Anfangs aufrichtige Bereitschaft, später wieder Rückzug.
Verwirrung und Sammlung im Wechsel.
Wenn du ihn rufst, so kannst du wieder lachen,
sobald du seine Hand ergriffen hast.
Keine Furcht.
Hingehen ohne Makel.

Man will dem Impuls nach Versammlung der Kräfte folgen. Doch da man vielfältigen Einflüssen ausgesetzt ist, entsteht Zwiespältigkeit. Es fehlt der Mittelpunkt in einem selbst. In diesem Moment soll man ruhig die Hand ergreifen, die sich einem bietet. Wer Vertrauen zu innerer oder äußerer Führung faßt, wird in seinem Verhalten wieder sicherer.

Zweite Linie

Sich hinziehen lassen, bringt Heil.
Man bleibt ohne Makel.
Bist du wahrhaftig, wird auch ein kleines Opfer gesegnet.

Jemand oder etwas wirkt wie ein Magnet auf Sie. Vielleicht ist es eine Personengruppe oder eine Angelegenheit, wovon Sie sich angezogen fühlen. Handelt es sich um einen Menschen, hat er wahrscheinlich eine starke Ausstrahlungskraft auf sein persönliches Umfeld. Oft können auch Themen Menschen sehr stark in ihren Bann schlagen.

Wie auch immer: Wollen Sie Anschluß finden oder Kontakt zur Materie gewinnen, dann brauchen Sie keine weltbewegenden Dinge dafür auf die Beine zu stellen. Auch die einfache, schlichte Bemühung wird anerkannt, das heißt, natürliche Aufgeschlossenheit und Sympathie.

Dritte Linie

Sammlung unter Seufzen.
Nichts ist förderlich (von Nutzen).
Hingehen ist ohne Makel. Kleine Beschämung.

Vergebliches Bemühen um Anschluß ist hiermit gemeint. Man gehört nicht dazu, kommt nicht in den ›inneren Kreis‹. Schlimmstenfalls wird einem Aufdringlichkeit angelastet.

Es kann auch bedeuten, daß einem Insider-Informationen, ›Geheimtips‹, das, was sich die anderen zuflüstern, verwehrt werden oder daß man – intimer gesehen – keine Möglichkeit findet, zu einem geliebten Menschen gefühlsmäßigen Zugang zu finden. Er läßt einen nicht an sich herankommen. Seine wahren Gedanken und Motive bleiben eventuell verborgen.

Doch wenn einem der Mensch, die Gruppe oder die betreffende Angelegenheit sehr am Herzen liegt, bekommt man vielleicht so etwas wie einen Fürsprecher. Etwas oder jemand verschafft dann Zutritt. Halten Sie ggf. danach Ausschau. Auf die Einzelperson bezogen, der man näherkommen möchte, kann es zum Beispiel ein Wort oder ein Thema sein, worauf der andere positiv reagiert. Fassen Sie dann nach.

Vierte Linie

Großes Glück. Kein Makel.
Sie stehen im ideellen Mittelpunkt eines Konzentrationsvorgangs oder sammeln Menschen um sich, um gemeinsam einen bestimmten Sinn im Leben zu verwirklichen. Diese positive Haltung wird Ihnen in Liebe und Partnerschaft unbedingt Erfolg bringen. Sie sind höheren Zielen verpflichtet.

Fünfte Linie

Wenn man eine hohe Stellung innehat,
versammeln sie sich darum.
Das ist kein Makel. Wenn man noch nicht überall
Vertrauen besitzt, bedarf es großer Beharrlichkeit.
Zuletzt schwindet die Reue.
Ohne daß man sich hervortut oder in den Vordergrund drängt, zieht man Menschen an. In bezug auf die gestellte Frage fällt einem somit natürliche Autorität zu.

Die bevorzugte soziale Stellung ist denn auch sehr willkommen, da man hierdurch überwiegend Vorteile hat. Dabei ist aber zu bedenken, daß auch Leute im Umkreis sind, die sich eher aus Gruppenraison dazugesellt haben. Sie muß man erst noch von sich überzeugen, damit man ihr Vertrauen gewinnt.

Sechste Linie

Klagen und Seufzen. Tränen in den Augen. Kein Makel.
In diesem Fall erlebt jemand herbe Zurückweisung, weil er verkannt wird. Das mißlungene Bemühen um Anschluß löst starke Traurigkeit aus, die man nach außen signalisiert. Dadurch wird das Umfeld (z. B. mein Gegenüber) zum Umdenken bewegt. Schließlich wird man doch noch aufgefordert, teilzuhaben. Ein Happy-End!

46. Sheng

Der Aufstieg

Aus Freundschaft wird manchmal Liebe, und aus vorsichtigen Gefühlen wird vielleicht sogar Leidenschaft. Wenn eine Beziehung wächst, zwei Menschen allmählich eine Zusammengehörigkeit entdecken, die vorher nicht da war, sind das ebenso Situationen des Aufstiegs, als wenn ein Partner neuerdings Bestätigung in persönlichen Eigenschaften erfährt, die ihm vorher verwehrt war.

Es ist die gemeinsame oder individuelle Aufwärtsentwicklung im Hinblick auf Gefühle, Ansehen, partnerschaftliche Kompetenz. In manchen Fällen verändert sich auch die Qualität des Zusammenlebens. Das Miteinander kann reifer, tiefer, intensiver werden.

Bei der vorliegenden Symbolik spielt eigentlich immer der Gedanke eine Rolle, daß Zuwachs an Fähigkeiten und Möglichkeiten selbst erarbeitet und angeeignet wurde. Es sind partnerschaftliche und allgemein menschliche Prozesse, die durchlebt oder durchlitten werden, um dahinzukommen, wo man jetzt steht. Die Dinge fallen einem dabei nicht zu. Sie sind nicht selbstverständlich. Das geht auch aus dem Hexagramm als solchem hervor.

Das untere Trigramm hat die Bedeutung von Holz, das obere drückt Erde aus. So ist der Sinn zum Beispiel der Baum, der aus der Erde wächst. Seine Schößlinge müssen sich ihren Weg durch den Boden bahnen.

Wie dies eine langsame Bewegung ist, die organisch erfolgt, sollte sich auch der Aufstieg im Hinblick auf Liebe und Partnerschaft nicht plötzlich oder schlagartig vollziehen. Gefühle mögen zwar unvermittelt kommen und haben natürlich auch in dem Fall ihre Berechtigung. Doch menschliche Wachstumsprozesse sind von ihrer Natur her im Grunde eher allmählich, auch solche im Zusammenleben.

Wo nach und nach etwas wird, auf einzelnen Lernschritten beruht – z. B. wie man miteinander umgeht –, wo etwas mit Verarbeitung von Erfahrung zu tun hat, sind Entwicklungen viel nachhaltiger und tiefer gegründet.

Diese Gesichtspunkte finden ihre zusätzliche Unterstreichung, wenn das Hexagramm in seiner unbewegten Form erscheint. Man sollte für seine Ziele keine schnelle Konjunktur erwarten, sondern längerfristig denken.

Das Urteil

Der Aufstieg: großer Erfolg (erhabenes Gelingen).
Man sollte den großen Mann suchen. Ohne Furcht.
Aufbruch nach Süden bringt Glück.

Innere Entwicklung führt zum Wachstum der Persönlichkeit. Das gilt sowohl für Bemühungen, die man allein anstellt, als auch für jene Dinge, die man gemeinsam in Angriff nimmt.

Eine feine, nicht ansprüchliche Art hat zur Folge, daß man für seine Fragestellung den maßgeblichen Menschen begegnet *(der große Mann)*. Davor braucht man keine Angst zu haben. Alles geschieht ganz organisch und natürlich.

Das Bild

Gehölz wächst durch die Erde: ein Symbol des Aufstiegs.
So widmet der Edle seine Kraft dem Aufbau der Dinge
vom Kleinen zum Großen.

Erste Linie

Vertrauensvolles Aufsteigen. Großes Glück.
Ihr Aufstieg beginnt gerade. Denken Sie daran, daß die Wurzeln eines Baumes innere Verwandtschaft mit dem Astwerk seiner Krone haben – sie gehören zu demselben Baum. Entsprechend gilt: Was im Moment geschieht, hat Parallelen zu Ihrem Erfolg von morgen. Deswegen können Sie voll Zutrauen Ihrer Zukunft entgegensehen.

Zweite Linie

Wenn man wahrhaftig ist, wird auch ein kleines Opfer gern entgegengenommen. Kein Makel.
Die Linie charakterisiert eine Aufwärtsentwicklung, in deren Verlauf man sich zwar nicht eben durch Charme hervortut, in der man jedoch mit einigen Ecken und Kanten der Verwirklichung seiner Träume ein Stück näherrückt.

Wenn der Umgangston in diesem Fall nicht den letzten Schliff hat, so liegt es daran, daß eine starke Persönlichkeit mehr Wert darauf legt, aufrichtig zu sein. Da alles auf einer soliden Charaktergrundlage beruht, wird ausnahmsweise auch eine weniger kultivierte Art des Auftretens in ihrem Kern honoriert.

Dritte Linie

Aufsteigen in eine leere Stadt.
Es ist schon merkwürdig, wie leicht Sie vorwärtskommen. Mit einer so günstigen Entwicklung haben Sie nicht gerechnet, und das macht etwas argwöhnisch.

Die Situation ist in etwa den Bedingungen vergleichbar, wenn ein Heer in eine verlassene Stadt einrückt. Man fragt sich: Lauert irgendwo ein Hinterhalt?

Indessen sollten Sie sich nicht von solchen Ängsten beeindrucken lassen. Das würde Ihnen nur den Schwung der Vorwärtsentwicklung nehmen. Worauf man allerdings achten sollte, ist hier der Gesichtspunkt, seine Absichten nicht mit Ellenbogenmentalität zu verfolgen. Denn die *leere Stadt* könnte sonst auch ein Hinweis auf eine gefühllose Aufwärtsentwicklung sein. Vermeiden Sie eine gesellschaftliche Karriere, bei der Sie nur sich im Auge haben. Es könnte auf Kosten der Empfindungssphäre gehen.

Vierte Linie

Der König bringt auf dem Berge Ch'i ein Opfer dar.
Glück.
Kein Makel.
Mit dieser Linie ist eine ideelle Ehrung verbunden. Es wird viel Energie in die geistige Entwicklung gesteckt. Mühsal und Schwierigkeiten geht man nicht aus dem Wege. Ob damit allerdings auch unbedingt äußere Anerkennung verbunden sein wird, bleibt die Frage. Autor Offermann spricht in dem Zusammenhang z. B. von der ›inneren Karriere‹.

Fünfte Linie

Beharrlichkeit bringt Glück.
Stufe um Stufe kommt man empor.
In dieser Linie wird noch einmal der Gedanke betont, daß sinnvoller Aufstieg, wie ihn das ›Buch der Wandlungen‹ sieht, keine abrupte Angelegenheit ist, sondern mit schrittweisen Prozessen zu tun hat, in denen eins nach dem anderen angeeignet und erarbeitet wird. Wenn man in dieser Weise einerseits aufs Nächstliegende konzentriert ist, gleichzeitig aber auch vorausschauend überlegt, wie sich alles zusammenfügt, wird hierdurch eine besonders glückliche Entwicklung ermöglicht.

Sechste Linie

Aufstieg im Dunkeln (ins Ungewisse).
Förderlich ist es, unablässig beharrlich zu sein.
Immer nur an sein Ziel zu denken, nicht nach links und nicht nach rechts zu sehen, bedeutet Scheuklappenmentalität. Und ständig weiter aufwärts zu wollen, hat außerdem schnell auch ein Erschöpfen der Kräfte zur Folge. Daher sollte man auf andere Weise beharrlich sein: Unterscheidungen treffen, ob sich leichte Zielveränderungen ergeben, ob die Dinge, die man erreichen will, eventuell besser mit etwas anderen Mitteln anzustreben sind, oder ob die Chancen sich grundlegend gewandelt haben.

Vielleicht lassen sich die Pläne genauso gut in abgewandelter Gestalt realisieren. All das ist immer wieder zu bewerten und von Zeit zu Zeit einer kritischen Überprüfung zu unterziehen. Auf diese Weise vermeidet man, daß die bestgemeinten Liebesabsichten zum blinden Drang werden, der doch nichts bringt.

47. K'un

Die Bedrängnis

Wenn in der Bibel von sieben fetten und sieben mageren Jahren die Rede ist, so geht es in der vorliegenden Symbolik um die sieben mageren. Im Hinblick auf Ihre Gefühlssphäre befinden Sie sich in einer Durststrecke.

Möglich, daß Sie erheblichen Mangel an Zärtlichkeit und Zuwendung erleiden. In gewisser Weise tritt eine äußere Notsituation ein, die durchaus mit Leiden verbunden sein kann. Manchmal ist das Ganze aber auch mehr ein innerer Vorgang. In dem Fall wird man von depressiven Stimmungen geplagt, ist wenig ansprechbar bis antriebslos und vermag sich nur schwer für etwas zu interessieren. Bedrängnis, wie sie hier verstanden wird, ist also einmal durch Defizite in der Außenwelt hervorgerufen – auf Partnerschaften bezogen insbesondere durch einen Mangel an Liebe und Verständnis –, ein andermal hat sie mit einem Zuwenig an seelischer Abwehrkraft zu tun: innere Erschöpfungszustände, bedrängende Vorstellungen und Phantasien. Dramatisch wird innere und äußere Not erlebt, wenn Angstgefühle hinzukommen.

Symptome, wie sich Bedrängnis auf körperlicher Ebene ausdrückt, lassen sich zum Beispiel anschaulich mit Unterbrechen des Atemrhythmus, Einziehen der Schultern oder Angstreizen an verschiedenen Körperpartien beschreiben. Ein immer wieder zu beobachtender Reflex, wenn ein Mensch in Bedrängnis gerät, ist insbesondere das erwähnte Anhalten des natürlichen Atemablaufs – charakteristischerweise so, als ob jemand mit der Hand gegen die Brust drückt.

Vielfach wird Enge empfunden (wovon sich das deutsche Wort Angst ableitet), eine Bedrohung rückt heran.

Natürlich müssen Sie Bedrängnis in Ihrer Liebes- und Sexualsphäre nicht unbedingt in einer Extremform erleben. Aber auch wenn einfach nur die seelische Potenz nachläßt oder wenn irgendwelche Wolken sich am Himmel Ihrer Partnerschaft zusammenbrauen, wird es tröstlich für Sie sein, daß das ›Buch der Wandlungen‹ die Zeit der Bedrängnis als eine vorübergehende Periode auffaßt.

Richtig wird es sein, in Angst oder Kummer reinzuatmen, hineinzuspüren, was da eigentlich ist, dabei aber gleichzeitig eine innere Ruhe zu bewahren, die daher kommt, daß man guter Hoffnung sein kann. Irgendwann werden die Sorgen auch wieder verschwinden. Es kommt jetzt darauf an, sie richtig einzuordnen, zu verstehen und zu verarbeiten.

Da Sie momentan – oder dann, wenn Sie einer in der Frage angedeuteten Richtung folgen – sicher nicht der agilste Mensch sein werden, empfiehlt es sich, den Partner um Verständnis, vielleicht auch um ein wenig Rücksicht zu bitten, wenn man seine Ruhe braucht. Klärende und helfende Gespräche – besonders wenn Sie merken, daß wechselseitige Probleme im Raum stehen, der andere womöglich auch nicht immer obenauf ist – sind genauso hilfreich wie die Bereitschaft, sich zwischendurch doch einen Schubs zu geben: Einfach mal was unternehmen!

Allgemein wird aber der Gedanke seine Gültigkeit haben, daß Not und Erschöpfung wenig Spielraum lassen, um so schnell aus eigener Kraft wieder herauszukommen. Langsam aufbauende, regenerierende Maßnahmen werden erfolgreich sein. Je mehr man in der Lage ist, eine solche Notzeit in einer Zweierbeziehung gemeinsam zu bewältigen, um so schöner ist das natürlich. Leider ist die Zeit der Bedrängnis oft auch mit einem Mangel an Kommunikation verbunden.

Das Gefühl, bedrängt zu sein, wird oft noch dadurch unterstrichen, daß einem der andere nicht recht zuhört, daß er vieles mißdeutet oder anzweifelt. So erschöpft man sich zusätzlich auch noch in dem Bemühen, sich mitzuteilen. Es ist dann manchmal, als hätte sich alles gegen einen verschworen. Daher vermeide man in seinem eigenen Interesse Redewendungen oder Ausdrücke, die für den anderen Reizworte sind.

Man verwende sprachliche Wendungen, die zu der Denkweise des anderen passen, und halte seine Sätze einfach und leicht nachvollziehbar. Auf diese Weise lassen sich Mißverständnisse vermeiden, die das bedrängende und erschöpfende Element gegenwärtig nur verstärken würden.

Sollten Sie das Hexagramm in seiner unbewegten Form erhalten, müssen Sie tapfer sein. Sie haben im Hinblick auf Ihre Frage wahrscheinlich noch eine ganze Strecke durchzustehen. Lassen Sie sich dadurch nicht entmutigen. Entwickeln Sie Stärke, und denken Sie immer daran, daß irgendwann wieder eine bessere Zeit für Sie kommt. Falls Sie eine Frage gestellt haben, die sich auf Pläne und Möglichkeiten für die Zukunft bezieht, so betrachten Sie das Hexagramm ggf. als Warnzeichen. Lassen Sie sich gar nicht erst in Bedrängnis bringen.

Das Urteil

Bedrängnis. Erfolg. Beharrlichkeit.
Glück dem großen Mann (ihm winkt Heil).
Kein Makel.
Wenn man etwas sagt, glaubt es keiner.

Ein wesentlicher Aspekt dieses Urteils kommt darin zum Ausdruck, daß ein starker Mensch durch seelische Erschöpfung nicht gebrochen wird. Im Gegenteil: Kummer und Sorgen machen ihn nur stärker. Er bäumt sich im Widerstand auf. Daher kommt mit der Zeit auch Erfolg, wenn man beharrlich ist. Da man nach außen hin in Moment wenig Einfluß hat, sollte man allerdings nicht viel Worte machen. Kurze, klare Gedanken vermeiden unnötigen Energieaufwand.

Das Bild

Kein Wasser im See: ein Bild der Bedrängnis (der Erschöpfung).
So setzt der Edle alles daran, um sein Ziel zu erreichen.

Zur Erklärung: Es ist deshalb *kein Wasser im See,* der durch das obere Trigramm dargestellt wird, weil es nach unten weggesickert ist (Wasser: unteres Trigramm).

Erste Linie

Bedrängt unter einem kahlen Baum.
Er tritt in ein dunkles Tal.
Drei Jahre sieht er niemand.
In bestimmten Ausnahmesituationen muß man seine Kraft zusammennehmen und sich vorwärtsbewegen. Jetzt durchhängen, hieße sich aufgeben. Das ist so, als wenn ein bis an den Rand erschöpfter Mensch unter einem kahlen Baum Rast macht. Hier bietet sich ihm nur noch mehr Grund, innerlich nachzulassen. Er kommt nicht mehr dazu, sich aufzuraffen, und steigert sich entweder immer weiter in eine trübsinnige Stimmung hinein, oder er wird vorzeitig einschlafen und seinen Marsch nicht mehr beenden können.

Zweite Linie

Bedrängt bei Speise und Trank.
Der Mann mit den scharlachroten Kniebinden kommt.
Fördernd (von Nutzen) ist es, Opfer darzubringen.
Aufbrechen ist von Unheil. Kein Makel.
Äußerlich ist Ihnen nichts anzumerken. Sie machen einen recht zufriedenen Eindruck. Doch innerlich melden sich Anzeichen von Verstimmung. Bezogen auf Ihre Frage muß man sagen: Etwas ist da nicht in Ordnung.

Das Bild gleicht einem Menschen, der anscheinend fröhlich bei Speise und Trank sitzt, in Wirklichkeit aber wohl Leere oder Taubheit empfindet. Sich irgendwo zu engagieren, um für sich mehr Inhalt zu finden, wäre normalerweise zwar zulässig, aber doch verfrüht.

Ist die Zeit noch nicht reif dafür *aufzubrechen*, so würde man nur Unheil ernten. Daher ist es wichtig, im Moment Geduld mit sich zu haben. Aufrichtigkeit sich selbst gegenüber und Tapferkeit im Überwinden der seelischen Durststrecke *(ein Opfer darbringen)* werden auf geheimnisvolle Weise Hilfe anziehen.

Der ›Fürst‹ – es ist der *Mann mit den scharlachroten Kniebinden* – kommt herbei und bietet Hilfe. Ihr Erleben von Partnerschaft und Miteinander wird wieder angenehmer. Die Situation wird sich beleben, und Sie können sich dann innerlich wieder ausgefüllt fühlen.

Dritte Linie

Bedrängt durch Gestein.
Sich auf Dornen und Disteln stützen.
Wenn er in ein Haus geht, sieht er seine Frau nicht.
Unglück.

Diese Linie stellt das Angstsyndrom in der Bedrängnis dar. Geht es im Hexagramm sonst mehr um Leere, Antriebslosigkeit oder Erschöpfung, so spielen hier Gefühle der Existenzbedrohung eine Rolle. Zum Beispiel ist der Ausdruck *bedrängt durch Gestein* Hinweis auf den großen Druck, der auf einem lastet, eventuell auch selbstverschuldet: Man wollte mit dem Kopf durch die Wand und fühlt sich von ihr bedrängt.

Die Lage wird aber erst richtig kritisch, wenn man dann Halt in den falschen Dingen sucht *(sich auf Dornen und Disteln stützen* – gleichzeitig wieder Hinweis auf die Bedrohung selbst: etwas Stechendes, Schmerzvolles). Wollen Sie nicht das ganze Kapital Ihrer Beziehung verspielen, dann sollten Sie jetzt sehr aufpassen.

Vierte Linie

Er kommt ganz langsam,
bedrängt in einem goldenen Wagen.
Erst Beschämung, aber dann ein gutes Ende.
Man selbst befindet sich in einer guten Ausgangsposition *(in einem goldenen Wagen).* Von hier aus möchte man Hilfe geben, wo sie gebraucht wird. In Not kann ein Mensch sein, den man liebt oder sehr gern hat. Möglich aber auch, daß Teile von einem selbst in Unordnung sind. Auf jeden Fall zögert man, in die Bedrängnis der Umstände gleich einzugreifen.

Zunächst läßt man sich von Vergnügungen (alles, was mit rein äußerlichem Wohlergehen zu tun hat) ablenken oder greift zu irgendwelchen anderen Verdrängungsmechanismen. Das bringt ein stilles Schamgefühl, etwas wobei man sich zumindest unterschwellig nicht wohl in seiner Haut fühlt. Schließlich ist man jedoch in der Lage, seinen positiven Seiten wieder zum Durchbruch zu verhelfen, und alles findet ein gutes Ende.

In gewisser Weise legt die Linie auch den Gedanken nahe, daß jemand durch zu viel Wohlergehen bedrängt wird, was manche Versuchungen beinhaltet. Nach dem Motto: Wer zu viel unter den *oberen Zehntausend* verkehrt, verlernt es, sich für die Not in der Welt zu interessieren.

Fünfte Linie

Nase und Füße abgeschnitten. Bedrängt vom Mann in
purpurnen Kniebinden. Doch allmählich kommt Freude.
Förderlich (von Nutzen) ist es,
Opfer und Spenden zu bringen.
Ein Mensch wird von oben und unten bedrängt *(Nase und Füße sind abgeschnitten).* Dies ist um so schmerzlicher, als derjenige stark um das Gemeinwohl besorgt ist (z. B. Wohlergehen der Zweierbeziehung, Partnerschaftsgedanke, dem anderen ein Freund sein).

Das Schicksal scheint sich taub zu stellen, denn es kommt keine Hilfe von oben (etwa *vom Mann mit den purpurnen Kniebinden).* Da heißt es, erst einmal Größe zeigen, an sich selbst glauben, sich – wenn es sein muß – mit dem Druck nach unten biegen, aber nicht beugen und unterkriegen lassen. Später wird diese Standhaftigkeit einmal mit Achtung honoriert werden. Bedenken Sie, daß diese Linie Standhaftigkeit in der Not symbolisiert. Wenn Sie jetzt durchhalten, wie es zu erwarten ist *(Opfer und Spenden bringen),* kommt später auch Anlaß zur Freude.

Sechste Linie

Durch Ranken und Schlingpflanzen bedrängt.
Er bewegt sich behutsam und sagt:
»Bewegung führt zur Reue.«
Wenn er Reue empfindet, dann empfängt er Glück.

Gelegentlich weisen Menschen, die ein stark schmerzendes Erlebnis zu bewältigen haben, das Phänomen auf, daß sie sich so fühlen und geben, als seien sie immer noch in der Notlage (da ›rankt‹ sich innerlich noch etwas um sie herum). Spuren von sozialer Einschränkung sind zum Beispiel noch nicht verwischt. Und so ist das geistige Erleben nach wie vor tatsächlich noch in größerem oder kleinerem Maße eingeschränkt.

Ich darf mich nicht bewegen, bloß nicht bewegen, denkt man. Irgendwann aber löst sich diese festgeschriebene Blockade. Man muß die Sache durchschauen und einen inneren Entschluß fassen.

Eine andere Deutung der Linie ist die, daß man eine Situation immer noch als äußerst bedrängend wahrnimmt, sich allerdings kurz vor einer Lösung befindet. In Wirklichkeit brauchen Sie sich nur selbst ein wenig aufzurütteln. Mit etwas Phantasie werden Sie erkennen, daß es doch noch eine Möglichkeit gibt. Sie haben sie bisher bloß nicht erkannt.

48. Ching

Der Brunnen

Die Quelle einer Liebesbeziehung, aus der jeder einzelne immer wieder Kraft schöpfen kann, sind sowohl gemeinsame Erlebnisse und Interessen als auch Übereinstimmungen in der Instinkt- und Gefühlssphäre. Tief aus dem Unbewußten gespeist, bezieht die gegenseitige Verbundenheit ihre Energie aus dem Seelischen.

Was in der Paarbeziehung als Gemeinschaftsschicksal erlebt wird, hat auch seine individuelle Dimension. Hier ist der Mensch ebenfalls in der Lage, seinen inneren Reichtum durch ungestörten Kontakt zur Welt der Bilder, Assoziationen und Symbole, kurz zur Sphäre des Unbewußten zu erleben, aus dem sein Vorrat an Phantasie, Vorstellungskraft und vitaler Erlebnisfähigkeit versorgt wird.

Es sind die Tiefenschichten der Seele, aus der wir unsere Fröhlichkeit und positive Lebenseinstellung beziehen, aber auch unsere Depressionen und Komplexe. Die Bedeutung dieser Tatsache wird noch dadurch erhöht, daß Vorgänge und Erlebnisse in der Außenwelt in mancher Hinsicht ein Spiegelbild innerer Vorgänge sind. So hat das Zusammenleben in einer Partnerschaft – wie auch Glück und Leiden des einzelnen – viel damit zu tun, wie sauber und klar der innere Brunnen ist, aus dem wir seelische Lebenskraft schöpfen.

Gibt es psychische Verunreinigungen, zum Beispiel durch die Energie der Gedanken, die in Haß oder Depression kommen, wodurch auch so etwas wie eine negative Aura gespeist werden kann, so kommt es nicht selten vor, daß andere Menschen sich von einem zurückziehen.

In dem Moment wird es wesentlich darauf ankommen, ›Selbstreinigungsprozesse‹, therapeutische Energien oder meditative Möglichkeiten zu nutzen. Wenn das in eher alltäglicher Form geschehen soll, so wird man durch Besinnung und regenerative Maßnahmen (z. B. natürliche Lebensweise, positives Denken) dafür sorgen, daß der aufgewirbelte Bodensatz der Psyche sich wieder setzen kann.

Hierdurch wird nicht nur das tägliche Zusammensein mit einem geliebten Menschen erheblich verbessert, sondern auch ein revitalisierender Einfluß auf Physis und Sexus entstehen.

Um einen guten Zugang zu einer geistigen und seelischen Quelle zu haben, bedarf es gedanklicher und emotionaler Klarheit. Ferner darf die Verbindung zu den eigenen Tiefenschichten nicht durch gedankliche Blockaden oder rationale Vorbehalte abgesperrt sein. Damit ist gemeint, daß bei übermäßig vernunftsbetonten und verstandesorientierten Menschen die Brücke zum Unbewußten nicht mehr frei ist.

Der Mensch hat dann keinen rechten Zugang zur Bildersprache und ihren Symbolen. Hier kommt es darauf an, ständiges Rationalisieren und Vernünfteln beiseite zu lassen, sich für die Empfindungen des Körpers und Signale des Unbewußten zu öffnen. Dazu verhelfen zum Beispiel Musik, Entspannungstechniken, Tanz, Sport und nicht zuletzt die Liebe selbst, ihr körperliches Erleben, bei dem man Gelegenheit hat, auch intensiv in sich hineinzuspüren.

Lyrik, die gesamte Kunst und Dichtung sind ebenfalls Schlüssel, um die Türen zur Welt der Phantasie, der Träume und verdeckten Gefühle zu öffnen. Schließlich kommt es aber auch darauf an, die unbewußten Inhalte zu verarbeiten, sie zu integrieren und einzuordnen. Wer von inneren Bildern überschwemmt wird, der verliert sein reifes erwachsenes Ich. Die Persönlichkeit kann in solchen Fällen untergehen, wie es im psychotischen Erleben, in bestimmten Streß- und Krisensituationen, körperlich-seelischen Ausnahmezuständen, aber auch unter Drogeneinfluß möglich ist.

Was dann an unbewußten Inhalten hochkommt, paßt oft nicht mehr in die seelischen Archive. In diesen Fällen kommt es darauf an, sich menschlich zu ›erden‹, Kontakte in der Außenwelt zu intensivieren, sein Orientierungsvermögen in Raum und Zeit, aber auch das im sozialen Umgang zu schärfen. Man sollte dann also zumindest zeitweise mehr in der Welt ›da draußen‹, in den Dingen ›zum Anfassen‹, im Bodenständigen leben. Man achte dann auch auf genügend Schlaf und Aufenthalt in der Natur. Sport und gesellschaftliche Kontakte tragen ggf. das ihre dazu bei, um zum Innenleben vorübergehend etwas mehr auf Distanz zu gehen.

Die drei genannten Gesichtspunkte, die für die Seele als inneren Brunnen eine Rolle spielen, kommen in den Linien des Hexagramms bzw. im Urteil noch einmal gesondert zur Sprache:

1) Reinhalten des Brunnens.
2) Freier Zugang zum Unbewußten (Das Schöpfseil muß lang genug sein).
3) Verarbeitung des seelischen Materials (der Schöpfeimer darf nicht zerbrechen).

Die Möglichkeiten, die der einzelne je nach Situation hat, um diesen Zusammenhängen gerecht zu werden, lassen sich natürlich auch immer von einem Paar gemeinsam ausschöpfen. Dann muß man die gemeinsame Gedanken- und Gefühlswelt reinhalten, wenn es geht, auch mal zu zweit Zugang zum Unbewußten finden – zum Beispiel gemeinsam über Träume sprechen –, oder man versucht gemeinsam sich vor einer zu großen Sensibilität, Überflutung durch Phantasien und Gedankenblasen zu bewahren, indem man als Paar erdverbundener und realistischer lebt.

In seiner unbewegten Form kann das Hexagramm eigentlich zweierlei bedeuten. Erstens: Was Sie vorhaben, erwarten oder gerade denken, kann eine wichtige Quelle für Ihre Liebe sein. Möglicherweise werden Sie sich bei der Angelegenheit, der Sie sich zuwenden, innerlich recht gut erneuern und beleben können.

Da ein Brunnen niemandem allein gehören soll, sondern in alten Gesellschaften immer Eigentum des Dorfes oder der Gemeinschaft war, sollten Sie in den Gegenstand Ihrer Frage hineinspüren, ob sich das, was Sie erwarten, allgemein positiv auswirken würde. Auch geht es darum, ob man zu Ihnen kommt, Ihre Gegenwart und Ausstrahlung als seelischen Brunnen im Zusammensein nutzt.

Zweitens: Muß man diese Frage zur Zeit eher verneinen oder anzweifeln, dann läßt sich annehmen, daß Selbstregulierung, seelische Hygiene und innere Reinigungsprozesse von besonderer Bedeutung wären. Tun Sie dann alles, damit man bald wieder an Ihren Brunnen kommt, um daraus zu schöpfen.

Das Urteil

Der Brunnen. Die Stadt kann man wechseln, aber nicht den Brunnen.
Er nimmt nicht ab, noch nimmt er zu. Menschen kommen und gehen und schöpfen aus dem Brunnen.
Wenn man beinah das Brunnenwasser erreicht hat, aber noch nicht mit dem Seil unten ist oder der Krug zerbricht, so bringt das Unheil.

Außer den bereits erwähnten Gesichtspunkten, die auch hier zur Sprache kommen, spielt noch ein Gedanke eine Rolle. Man mag sich persönlich ändern und je nach Lebensabschnitt verschiedene Erfahrungsprozesse durchlaufen. Auch gesellschaftliche Vorstellungen und Erwartungen können sich ändern. Die Grundlagen der Psyche und die Quelle menschlichen Denkens und Fühlens bleiben aber immer gleich *(Die Stadt kann man wechseln, aber nicht den Brunnen)*.

Das Bild

Wasser über dem Holz: das Bild des Brunnens.
So ermuntert der Edle das Volk bei der Arbeit und leitet es an, einer dem anderen zu helfen.

Die Wurzeln eines Baumes saugen Wasser aus der Erde, und osmotischer Druck leitet es im Stamm nach oben. Der Baum als lebendige Einheit wird hier zum Vorbild für die Gesellschaft (im engeren Sinne damit auch für die Partnerschaft). Durch wechselseitige Hilfe bleibt das Gemeinschaftsleben kraftvoll und lebensfähig.

Erste Linie

Aus einem schlammigen Brunnen trinkt man nicht.
Zu dem alten Brunnen kommen nicht einmal die Tiere.
Es gibt eine ganze Reihe von Einflüssen, die den seelischen Brunnen verunreinigen können. Zum einen spielen hier innere Vorgänge eine Rolle (unverarbeitete Emotionen, wie Wut, Enttäuschung, Frust), zum anderen bieten sich besonders dem modernen Menschen Reize aus der Umgebung, die zu einer ›Innenweltverschmutzung‹ führen können: Brutalofilme, Schlagzeilen aus der Boulevardpresse, alle möglichen Negativinformationen, die man aufnimmt. Das Unbewußte wird dann in unerwünschter Weise aufgeladen.

Was auch immer im Moment Ihre Liebessphäre beeinträchtigen mag, spüren Sie den Ursachen nach, und arbeiten Sie an sich. Durchschauen Sie Irrwege, in die Sie sich gedanklich verrennen, und suchen Sie vermehrt nach positiven Einflüssen in menschlicher und kultureller Hinsicht.

Zweite Linie

Der Brunnen ist eingebrochen.
Fische sind zu sehen.
Der Krug ist alt und leckt. Er hat Risse.
In diesem Fall ist das Wasser zwar klar, doch es hat die Fließrichtung nach unten. Sowohl der Brunnen selbst als auch der Schöpfeimer sind leck. Daher versickert das Wasser zum Teil im Erdreich, und wenn man es schöpfen will, so ist dies eine mühsame Sache, da das Gefäß undicht ist.

Weil man sich wenig um den Brunnen kümmert, tummeln sich auch Fische darin. Vergegenwärtigt man sich, daß Fische im ›Buch der Wandlungen‹ als besonders ungeistige Wesen betrachtet werden, so läßt sich das Gesagte auch als Hinweis verstehen, daß eine Vernachlässigung der seelischen und geistigen Sphäre zu einer Verkümmerung der Gesamtpersönlichkeit führt. Man zeigt sich unsensibel und intellektuell indifferenziert. Mag sein, daß im Extremfall auch Kultiviertheit oder das äußere Erscheinungsbild zu wünschen übrig lassen.

Diesen Zustand sollte man ziemlich bald beheben, da man selbst ja auch lieber mit Menschen zu tun hat, die einen ansprechenden und geordneten Eindruck machen.

Dritte Linie

Der Brunnen ist gereinigt,
aber noch trinkt niemand daraus.
Das bereitet meinem Herz Sorge,
denn andere könnten doch daraus schöpfen.
Wäre der König erleuchtet,
so genösse man das Glück.
Die psychische Verfassung ist im Grunde in Ordnung. Konflikte sind geklärt, innere Unausgewogenheiten ziemlich ins Gleichgewicht gebracht. Dennoch fehlt etwas.

Die positiven Veränderungen werden von der Außenwelt nicht bemerkt. Wahrscheinlich liegt es daran, daß das Ich *(der König)* sich in unzureichendem Maße seiner Instinktgrundlage bedient. Vermutlich könnte etwas mehr Körperlichkeit helfen. Auch Mut, dem vitalen Phantasieleben zu realem Ausdruck in Wort und Handeln zu verhelfen, könnte sinnvoll sein. Denn wenn alles wie bisher weiterläuft, wird niemand auf die Möglichkeiten aufmerksam, die in einem schlummern.

So kann es sein, daß jemand noch keine geeignete Möglichkeit gefunden hat, seine Qualitäten zum Zuge zu bringen. Es nimmt ihn womöglich deswegen niemand zur Kenntnis, weil er seine Energie zu sehr im Verborgenen hält oder für Scheingefechte nutzt. Schließlich deutet die Linie eventuell auch auf eine Chance hin, die man ungenutzt verstreichen läßt.

Vierte Linie

Der Brunnen wird ausgemauert.
Kein Makel.
Vergleichen Sie sich mit einem Restaurantbesitzer oder einem sonstigen Geschäftsmann. Vor dem Lokal oder Betrieb hängt ein Schild ›Wegen Renovierung geschlossen‹. In dem Fall kommt natürlich im Moment niemand, und man muß eine gewisse Zeit von der Substanz leben. In ähnlicher Weise geht es einem auch, wenn man den seelischen Brunnen erneuert. Im Extrem findet man es zum Beispiel bei bestimmten Formen von Problemaufarbeitung. Vorübergehend kann einem da geradezu körperlich übel sein, und man ist einfach nicht der charmanteste Plauderer – im großen und ganzen kein sehr faszinierender Mensch. Man hat genug mit sich selbst zu tun. Doch was einem heute an Lockerheit verlorengeht, das holt man morgen um so mehr wieder rein.

Fünfte Linie

Im Brunnen ist ein klarer, kühler Quell.
Die Menschen trinken aus dem Brunnen.
Alle Voraussetzungen sind gut. Das Innenleben zeigt sich intakt. Man befindet sich im seelischen Gleichgewicht. Es kommt allerdings noch darauf an, aus diesen günstigen Vorbedingungen etwas zu machen. Also sollte man seinen Handlungen im partnerschaftlichen Umgang, in der Pflege der persönlichen Kultur und im gesamten sozialen Umfeld einen eigenen Charakter und eine persönliche Handschrift verleihen, wie es dem inneren Entwicklungsstand entspricht. Es wäre gut, wenn sie in Handlungsmuster einfließt und gelebte Praxis wird.

Vielleicht verhält sich der Fragende übervorsichtig, um nirgends anzuecken oder aufzufallen – so als bestünde Erinnerung daran, daß andere früher einmal über seine persönlichen Schwachstellen hergefallen sind. Wahrscheinlich könnte man im Hinblick auf die gestellte Frage ruhig etwas mehr Mut entwickeln und Position beziehen. Man besitzt hier erwachsene Urteilskraft und versteht es, Dinge im richtigen Zusammenhang einzuordnen.

Sechste Linie

Aus dem Brunnen schöpfen ohne Behinderung.
Großes Glück.
Es besteht eine ungestörte Kommunikation zwischen Körper und Psyche, Unbewußtem und Bewußtem. Sexus wird zu Geist, Aggression läßt sich in bestem Sinne in Antriebskraft verwandeln. Man kann auch davon sprechen, daß die Lebenskraft von den unteren Energiezentren im Körper zu den höheren hinfließt und daß ein positiver wechselseitiger Einfluß besteht – insgesamt ein Zustand, in dem man gut aus der Quelle innerer Inspiration schöpfen kann, um sich im Außen zu verwirklichen. Physis und Triebsphäre sind wahrscheinlich erfreulich geerdet, und in bezug auf die gestellte Frage unterliegen Einstellungen und Handlungen gesunden Instinkten. All dies ist verheißungsvoll und bedeutet gute Grundlagen für Liebe und Partnerschaft. Eine wechselseitige Wellenlänge wird begünstigt.

49. Ko

Die Revolution

Einer der politisch, geschichtlich und gesellschaftlich wohl am meisten mißverstandenen Begriffe ist jener der Revolution. Denken die einen, das goldene Zeitalter bräche an, wenn man jeweils aktuelle Erscheinungsformen von Korruption, Unterdrückung und Ungerechtigkeit beseitigt, so vermuten die anderen bereits Umsturz und Chaos, wenn irgendwo für eine freiere Form der Kommunikation und menschlichere Züge in der jeweiligen Machtausübung eingetreten wird oder wenn Menschen sich engagiert für das Element der Kontrolle von unten in einer Gesellschaft einsetzen.

Wie im einzelnen eine dramatische politische Entwicklung zu beurteilen ist, deren markanteste Beispiele der Neuzeit in der französischen Revolution oder in der russischen Oktoberrevolution zu sehen sind, bleibt letztlich Anschauungssache. Das ›Buch der Wandlungen‹ vertritt im Hinblick auf große Umwälzungen eine Haltung, die die einen eher konservativ, die anderen aber revolutionär nennen würden.

Im Normalfall sollten sich Veränderungen danach immer mehr etappenweise vermittelt oder – wie man heute sagen würde – in bestimmten Lernschritten vollziehen. In dem Sinne geschehen gesellschaftliche Veränderungen im Großen, wie auch im Kleinen und Privaten, um so geordneter und unproblematischer, je mehr sie von einer breiten Übereinstimmung getragen werden, das heißt, wenn Angehörige möglichst vieler Richtungen und Schattierungen bereit sind, neue Zeitströmungen zu unterstützen. Wiederum anders ausgedrückt geht es um das ›Lernziel Solidarität‹ oder ›Lernziel Liebe‹ bei Veränderungen zur Behebung zwischenmenschlicher und gesellschaftlicher Probleme.

Da I Ging und TAO recht stark die Weisheit der Natur des Lebendigen verkörpern, sei daran erinnert, daß Veränderungen in der Natur – etwa in der Entwicklung der Arten – ebenfalls allmählich, über längere Zeiträume vonstatten gehen. Das ›Buch der Wandlungen‹ kennt für das Handeln in der Praxis allerdings Sonderfälle, die anders zu beurteilen sind. Wie im Kapitel ›Zu den Ursprüngen des I Ging‹ erwähnt, hat auch die frühe chinesische Geschichte so etwas wie eine Revolution erlebt.

Es war der Kampf des Königs Wen und seines Sohnes, des Herzogs von Dschen, gegen den tyrannischen Dschou Hin. Grundsätzlich sollten solche Veränderungen im Verständnis alter chinesischer Anschauung immer die letzte Lösung bleiben (Ultima ratio), wenn nichts anderes mehr geht.

Was sich für die umfassende Struktur von Staatswesen und politischer Organisation des Zusammenlebens ergibt, gilt im kleinen auch für die Verhältnisse in Liebe, Ehe, Partnerschaft. Noch weiter läßt sich der Bogen bis hin zur inneren Verfassung und Struktur von Charakter und Persönlichkeit des einzelnen spannen.

In der Zweierbeziehung wie auch im Leben des Individuums sollten Veränderungen möglichst in organischen Wachstumsprozessen geschehen, eines durch das andere vermittelt, wechselseitig rückgekoppelt, möglichst ohne krasse Brüche und unvermittelte Schnittstellen. Das heißt dann auch, man vermeide in seinen persönlichen Beziehungen Gewalt und setze inneren Wandel nicht mit ungezügelten Machtansprüchen durch. Nur in besonderen Fällen, wo normale Reformbemühungen in der Beziehung nicht mehr greifen und die Situation in einem Maße belastet wird, daß es auf Dauer nicht mehr erträglich ist, muß eine Umwälzung an Haupt und Füßen geschehen, sozusagen eine Form innerer Revolution.

Der Antrieb hierfür sollte auch wieder durch seelische Wachstumsprozesse ermöglicht und vorbereitet sein. Denn nur dann wird die Sache erfolgreich, führt sie zu befriedigenden Ergebnissen, die sich allgemein nachvollziehen lassen. In dem Sinne ist es eine wesentliche Voraussetzung, daß die Zeit überhaupt reif dafür ist. Dadurch lassen sich Konflikte begrenzen und einigermaßen fair bewältigen.

Bei einigen I-Ging-Kommentatoren, wie etwa in der Originalübersetzung von R. Wilhelm, heißt das Hexagramm denn auch ›Umwälzung‹ und nicht ›Revolution‹. Wegen seiner Anschaulichkeit und Bildhaftigkeit ist im vorliegenden Buch jedoch der letztere Begriff gewählt worden. Er unterstreicht, daß Umwälzungen, zum Beispiel im partnerschaftlichen Bereich, in manchen Fällen sehr grundlegend sein müssen und auch in eine ganze Reihe von Lebensbereichen hineingehen können. Um so gründlicher will die Sache innerlich erwogen und von den formulierten Ansprüchen her präzisiert und ausgereift sein.

Der Ausnahmecharakter einer dem Hexagramm zugrunde liegenden Situation kommt darin zum Ausdruck, daß Feuer im See abgebildet wird – wie Da Liu schreibt: »... ein unmöglicher Zustand: entweder trocknet das Feuer den See aus, oder aber der See löscht das Feuer.« Mit anderen Worten: Es muß etwas geschehen. In seiner unbewegten Form unterstreicht das Hexagramm diesen Gedanken, wenngleich vielleicht noch nach schlüssigen Konzepten, tragfähigen Lösungen und unterstützenden Möglichkeiten gesucht werden muß.

Man orientiere sich, was sich von der Qualität der Zeit her am besten anbietet und für alle Beteiligten – vielleicht nach einem deutlichen Strich unter bisherige Verhaltensweisen und Verhältnisse – einen positiven Gewinn erbringt. Das würde bedeuten: Wenn sich so etwas unter oft schmerzhaften Geburtswehen vollzieht, sollte doch eine gewisse Versöhnlichkeit möglich sein.

Klare Fronten und eindeutige Verhältnisse, aber doch mit der Aussicht, zumindest eine menschliche Brücke immer wieder zueinander zu finden, darf als erstrebenswert gelten. Wenn es irgendwie geht, wird man auch versuchen, große Veränderungen des einzelnen in die Partnerschaft zu integrieren. Und auch über sehr unterschiedlich gelagerte Interessen hinweg sollte gegenseitig immer noch an Verständigungsmöglichkeiten gelegen sein, auf welcher Ebene auch immer.

Die Kunst liegt andererseits darin, den faulen Kompromiß oder lasche Halbherzigkeit im Ansatz zu vermeiden. Das gelingt meist nur, wenn man gefühlsmäßig voll hinter einer Sache steht, wobei andererseits der Verstand ausgleichend und distanzierend gegenüber den Problemen zu Hilfe gezogen werden kann. Immerhin – etwas bahnt sich für Sie an. All das, was hier für Prozesse zu zweit gesagt wurde, läßt sich natürlich immer auch auf innere Vorgänge einer Persönlichkeit übertragen. Auch da gelten hinsichtlich von Veränderungen grundsätzlicher und umfassender Natur ähnliche Kriterien.

Das Urteil

Revolution (Umwälzung). Wenn der Tag kommt, werden die Menschen daran glauben. Erhabenes Gelingen (großer Erfolg), fördernd durch Beharrlichkeit. Reue schwindet.

Das Bild

Im See ist Feuer: ein Bild der Revolution (Umwälzung). So erstellt der Edle einen Kalender und macht die Zeiten klar.

In der Symbolik wird die Spannung *(See* und *Feuer)* ausgedrückt, die zum Umschwung führt. Auf anderer Betrachtungsebene ist es die ewige Polarität von Yin und Yang, die auch im Wandel der Jahreszeiten eine Rolle spielt. Sich Erfordernissen der Zeit anzupassen, heißt Zukünftiges innerlich vorwegzunehmen. Wenn dies gelingt, ist man nicht Spielball im großen Drama der Evolution, sondern nimmt selbst gestaltend Anteil. Insofern weiß man auch, wann der Zeitpunkt für grundlegende Veränderungen kommt. Er entspricht den bewegenden Zyklen der Natur und ihren geistigen Übereinstimmungen mit der Entwicklung des Menschen.

Erste Linie

Zur Kräftigung wird man eingewickelt in gelbes Leder einer Kuh.

Die Linie zeigt das Erfordernis an, sich abwartend zu verhalten: den Dingen gestatten, zunächst aus sich heraus, zum Gesunden, Positiven zu finden. Echtes Wohlwollen entwickeln, bedeutet die eigene Mitte finden, deren Symbol die gelbe Farbe ist. Dabei besteht so etwas wie eine innere, moralische Verpflichtung, immer wieder friedliche Lösungsmöglichkeiten innerhalb des Bestehenden und Gewachsenen zu suchen, so wie die Kuh Sinnbild der Friedfertigkeit und Anpassungsfähigkeit ist. Haben Sie das in der vorliegenden Situation gebührend berücksichtigt?

Zweite Linie

Wenn der Tag kommt, dann beginne.
Glück.
Kein Makel.

Gegenüber der ersten Linie hat sich die Situation inzwischen weiterentwickelt. Die Zeit konsequenten Handelns scheint zu kommen, da offensichtlich alles versucht wurde, was mit herkömmlichen Mitteln möglich war. Wenn jetzt etwas Neues und Sinnvolleres durchzusetzen ist, soll man darauf eingestellt und präpariert sein. Man muß es gut vorbereiten. Was man konkret vorhat, darf zum Beispiel nicht in emotionaler Aufwallung geschehen. Das Ich muß jetzt auch klare Vorstellungen entwickeln. Übrigens: Das Element der Überzeugung braucht auch jetzt nicht zu kurz zu kommen. Konsequenz, die mit guten Argumenten gepaart ist, führt immer zu den besseren Ergebnissen.

Entsprechende Gesichtspunkte, wie hier geschildert, gelten auch für Fragen, die man eher mit sich selbst abzumachen hat. Das heißt, auch dort, wo man beabsichtigt, an sich persönlich, an seinem individuellen Denken und Verhalten einiges zu ändern, muß die Sache in Ruhe entwickelt worden sein. Auf diese Weise wird man sich schließlich nichts vorzuwerfen haben.

Dritte Linie

Ein Vorstoß bringt Unheil. Ausdauer (starre Beharrlichkeit) ist mit Gefahr verbunden. Wenn der Gedanke der Revolution dreimal öffentlich ausgesprochen wurde, werden die Leute glauben.

Diese Linie erfordert vor allem Abwägen. Wenn ein großer Umbruch erforderlich wird, können zwei Dinge gleichermaßen ungünstig sein: zu schnelles, unüberlegtes Handeln einerseits und Gefangensein in eingefahrenen Denkstrukturen bzw. einmal angenommenen Verhaltensweisen andererseits. Man verhindere somit blinden Drang, aber überwinde auch das Trägheitsmoment. Und noch etwas kommt hinzu: Grundlegende Veränderungen dürfen nicht auf Augenblickslaunen beruhen. Das heißt, wenn von irgendwoher einfach einmal ins Spiel gebracht wird, alles müsse sich ändern, hat das keine große Bedeutung. Doch wenn die Zeichen sich mehren, ein echter Bewußtseinsmangel eintritt *(dreimal öffentlich ausgesprochen)*, dann sollte man, sofern alles durchdacht ist, einschneidende Maßnahmen treffen.

Wenn es in dem Zusammenhang heißt, *die Leute werden einem glauben*, so bedeutet das: Man findet Zuspruch, Unterstützung, Anhängerschaft. Die Zeit ist dann wirklich reif.

Vierte Linie

Reue schwindet. Man findet Glauben.
Die Staatsordnung zu wechseln, bringt Glück.
Hier geht es um Rechtsempfinden und Rechtsgrundsätze, wenn etwas sich ändern soll. Wie das Land seine Verfassung hat, besitzt auch jede Partnerschaft eine bestimmte Ordnung. Ebenso gibt es eine innere Verfassung des einzelnen, an Überzeugungen, Idealen, Erwartungshaltungen und charakterlichen Grundstrukturen.

Im vorliegenden Fall ist ein umfassender Wandel aufgrund zeit- und entwicklungsgemäßer Erfordernisse zu erwarten. Wie Offermann an anderer Stelle andeutet, hat das etwas mit ›Mauserung‹ oder ›Häutung‹ zu tun. Überlebte Strukturen im Zusammenleben werden aufgegeben. Etwas Neues, Reformierteres, Vollständigeres wird an die Stelle des Alten treten. Das zu verwirklichen, erfordert echte Autorität und bedarf eines glaubhaften inneren Auftrags. Man muß sich in Übereinstimmung mit seinem Gewissen und ureigensten Rechtsempfinden wissen. Wenn das zweifelsfrei der Fall ist, wird auch die Umgebung einem glauben. Mit solcher Unterstützung fügt sich schließlich eins zum anderen, und das persönliche Anliegen wird dann auch Glück erfahren.

Fünfte Linie

Der große Mann ändert sich (verwandelt) wie ein Tiger.
Noch ehe er das Orakel fragt, findet er Glauben.
Um es vorweg zu sagen: Daß Veränderungen notwendig sind, liegt beim gegenwärtigen Entwicklungsstand auf der Hand (ist so klar zu erkennen wie das Muster eines Tigerfells), und *noch ehe man fragt, findet man Glauben.* Gleichzeitig ist aber auch persönliche Stärke gefordert, die Situation menschlich reif und kompetent zu steuern, so daß die ganze Angelegenheit im positiven Sinne gelöst wird.

Der Tiger deutet sicher auch auf das Gefahrenmoment, wie es jeder großen Umwälzung zugrunde liegt. So bringen bestimmte seelische Veränderungen zunächst ebenso inneren Aufruhr wie das ›Klarschiffmachen‹ im Zusammenleben zweier Menschen. Damit das nicht im Chaos endet, muß man erwachsen handeln, wissen, was man sagt und tut. Das bedeutet auch, sich darüber im klaren zu sein, was man wirklich will. Gedanklich besteht auch in der Hinsicht Anknüpfung an ein Tigerfell: dort ein grobes, aber klares Muster von Streifen, hier ein überschaubarer Gestaltungsrahmen.

Sechste Linie

Der Edle ändert sich (verwandelt) wie ein Panther. Auch der mindere Mann ändert nun sein Gesicht. Ein Vorstoß bringt Unglück. In Beharrlichkeit verweilen bringt Heil.
Während die vorhergehende Linie einen Vergleich mit einem Tigerfell gezogen hat, geht es hier um das Pantherfell. Von weitem ist es einfach nur schwarz. Doch bei näherem Hinsehen läßt es eine feine Musterung erkennen. Das bedeutet im wesentlichen folgendes: Nachdem eine Umwälzung im großen vollzogen wurde, kommt es jetzt auf die Feinarbeit an: Neue Verhaltensweisen im Alltag einüben, auf die einzelne Geste und das einzelne Wort achten, auch darauf, was ich im Detail will und wie ich es in jeder Faser meines Lebens umsetze. Allerdings sollte man im Moment keine großen Vorstöße mehr unternehmen.

Komplexe, Verhärtungen, gegenseitige Unterdrükkungsmechanismen sind einigermaßen überwunden (auch der mindere Mann hat sich geändert). Allerdings geht das noch nicht in jedem Fall in die Tiefe *(erst im Gesicht geändert)*. Fürs erste ist es aber schon eine ganze Menge, was man erreicht hat. Das sollte man sichern und allmählich, Schritt für Schritt ausbauen *(in Beharrlichkeit verweilen)*.

50. Ding

Der Kessel

Wie schon im Hexagramm 27 – ›das Kauen‹ bzw. ›die Ernährung‹ – das Thema seelischer und materieller Nahrungsaufnahme eine Rolle spielt, das Sich-Versorgen und Versorgtwerden mit allem, was zum inneren und äußeren Wohlergehen wichtig und erforderlich ist, erfährt der Gedanke hier eine den Dingen innewohnende Erhöhung. Die Ereignisse werden sehr viel feiner, so wie Nahrung durch den Vorgang des Kochens veredelt und geschmacklich abgerundet wird. Bildhaft drückt das Hexagramm nämlich einen zur Nahrungszubereitung vorgesehenen Kessel aus, aber auch das geheimnisvolle Kochgeschirr, das der Herstellung geweihter Essenzen und heilkräftiger Substanzen dient. Die beiden unteren Striche sind als Füße des Kessels zu denken, die der durchbrochenen Linie oben sind der Inhalt und die durchgehende Linie darüber stellt den Deckel des Kessels dar.

Auf Liebe und Partnerschaft bezogen, symbolisiert das Hexagramm die Höherentwicklung der Triebkräfte. So wird Eros auch zu Logos. Man ist in der Lage, die Sprache der Gefühle besser zu verstehen, dringt gleichsam in ihre Syntax und Grammatik ein. Anders ausgedrückt: Man lernt mit dem Bauch zu denken und den Kopf mit der Sprache des Herzens zu verbinden. Beziehungen bekommen unter diesem Vorzeichen meist ein sensibleres, feinfühligeres Gesicht. Probleme sollten eine Transformation erfahren, die Umwandlung in Lernstoff und seelische Bereicherung. Insofern deutet die Symbolik des Kessels auch auf den alchimistischen Prozeß hin, die Läuterung und Vergeistigung der Materie. Dabei mögen im ersten Moment manche Vorgänge und Erscheinungen – soweit dies den Einzelfall betrifft – verwirren oder sogar beunruhigen. Doch die Entwicklung wird zeigen, daß der Kessel manches, was uns zunächst im Halse stecken bleiben würde, im übertragenen Sinn zu einer bekömmlichen Speise macht. So kann aus Wut Wärme und Nähe werden, aus Gleichgültigkeit kritische Distanz und aus körperlicher Spannung der freie Fluß vorher aufgestauter Energie.

Individuell ist das Zeichen denn auch als Hinweis zu verstehen, daß persönliche Absichten sich besser verwirklichen können. Es werden einem bald intelligentere Lösungsmöglichkeiten zur Verfügung stehen. Was heute noch als hemmend empfunden wird, kann morgen schon als eine Bereicherung des persönlichen Repertoires angesehen werden. Besonders in seiner unbewegten Form deutet das Hexagramm Glück und Erfolg an. Man sollte beides durch Einsicht und ständiges Bemühen unterstützen. So besteht die Chance, Meisterschaft zu entwickeln im Engagement um Wandlung und Veredlung dessen, was einen umgibt und was in einem ist.

Das Urteil

Der Kessel. Erhabenes Heil. Gelingen.

Das Bild

Feuer über dem Holz: ein Bild des Kessels.
So festigt der Edle sein Geschick durch die rechte Stellung.

Ein in seiner Klarheit und Schlichtheit sehr schönes Bild: oben Li, das Feuer oder die Klarheit, unten Sun, das Holz oder die kleinen Bemühungen. Das untere Trigramm versinnbildlicht in dem Falle die seelische und geistige Energie, die man zum Leben braucht, auch das ständige ›Am-Ball-Sein‹, wenn man etwas vollkommener gestalten möchte, während das obere Trigramm die menschliche Intelligenz selbst darstellt, die den Menschen dahin bringt, durch die rechte Stellung im Leben sein Schicksal zu festigen.

Erste Linie

Ein Kessel mit umgekippten Beinen.
Fördernd (von Nutzen) ist es,
das Hemmende zu entfernen.
Man nimmt eine Konkubine um ihres Sohnes willen an.
Kein Makel.

Der Kessel ist ohne Zutaten. Bevor man sich weiteren Dingen zuwendet (etwas in den Tiegel hineingibt), wird er umgedreht, damit man ihn von Schmutz und Unrat befreien kann. In diesem Sinnbild ist folglich eine Aufforderung zur Selbstreinigung enthalten. Man löse sich vom seelischen Müll und mache den Körper durchlässiger, damit eingeschlossene Energie herauskann – zum Beispiel das Gift festgehaltener Wut oder die Bitterkeit nicht zugegebener Enttäuschung.

Wer in diesem Sinne innere Hygiene betreibt, wird in einer Zeit allgemeiner Weiterentwicklung und positiver menschlicher Einstellung ohne weiteres angenommen, so wie eine gesellschaftlich früher weniger geachtete *Konkubine wegen ihres Sohnes,* wegen der Schmerzen der Geburt und wegen der Fürsorge für ihr Kind akzeptiert wurde. Finden Sie für Ihre Beziehung eine akzeptable Form, über das zu sprechen, was Sie innerlich noch bedrückt. Reden Sie sich innerlich Ihren Ballast vom Herzen, und suchen Sie dann vertrauensvoll die Begegnung. So werden Sie durch diesen ›Geburtsprozeß‹ eines immer stärker geläuterten Selbst auch mehr Anerkennung und Entgegenkommen in der Umgebung finden.

Zweite Linie

Im Kessel ist Nahrung.
Meine Gefährten blicken mit Neid,
aber sie können mir nichts anhaben. Heil.

Wenn menschliche Beziehungen ein hohes Niveau erreicht haben, kommt es darauf an, daß man sich ihrer würdig erweist – durch Treue, Zuverlässigkeit, kleine Aufmerksamkeiten und charakterliche Stärke.

Wer sich in dieser Weise engagiert, muß oftmals die unschöne Erfahrung machen, daß andere Menschen eifersüchtig auf seinen geistigen Besitz sind, zum Beispiel auf die Liebe und Freundschaft, die man genießt. Das läßt sich jedoch mit einem milden Lächeln quittieren. Je mehr man zu einem positiven Denken in der Lage ist, desto stärker wird man menschliche Schwächen wie Neid und Mißgunst in seiner Umgebung bezwingen.

Dritte Linie

Der Henkel des Kessels ist verändert.
Behindert im Handeln.
Das Fett des Fasans wird nicht gegessen.
Kommt erst der Regen, schwindet die Reue.
Glück am Ende.

Anfängliche Schwierigkeiten mögen sich darin bemerkbar machen, daß die eigenen Fähigkeiten und Charaktervorzüge nicht erkannt werden. Wenn jedoch von der Substanz her etwas da ist und man fest an seinen geistigen Wertvorstellungen festhält, kann der andere auf Dauer nicht an einem vorbeigehen. Wie auch immer muß es dann zu einer sinnvollen Berührung kommen. Durch positive Einstellungen und konstruktives Denken versuche man, sich seines eigenen Wertes bewußt, das Beste aus dem Augenblick zu machen. So stellt sich irgendwann Erleichterung ein, symbolisiert durch den Regen der kommt.

Vierte Linie

Die Füße des Kessels sind gebrochen.
Das Mahl des Fürsten wird verschüttet,
und die Gestalt wird befleckt.
(Sein Gesicht läuft rot an.) Unheil.
Eine beschämende Situation. Durch das, was hier geschieht, bekleckert man sich nicht gerade mit Ruhm, vielmehr könnte etwas Negatives haften bleiben. Es sind Ambitionen dargestellt, die weit über das hinausgehen, was in den eigenen Kräften steht.

Man befindet sich in geehrter Stellung, jedoch ist man im Grunde seelisch gar nicht darauf vorbereitet. Ersparen Sie sich – soweit es noch abzuwenden ist – eine Blamage oder gar Schlimmeres.

Fünfte Linie

Der Kessel hat gelbe Henkel und goldene Trageringe.
Fördernd (von Nutzen) ist Beharrlichkeit.
Auf hohem Platz Dienst an der Sache: Indem man sein Ego hintanzustellen weiß, ehrt man das, was einem lieb und teuer ist. Vorurteilsfrei und innerlich geöffnet entspricht die hier beschriebene Haltung moralischer Integrität bei innerer Zuwendung. Man soll der gewissenhafte Sachwalter echter menschlicher Werte sein. Diese versucht man dem berufenen Menschen weiterzugeben, was am besten mit innerer Bescheidenheit und Selbstlosigkeit in bezug auf die gestellte Frage geschieht. Das alles wird zwar nicht immer ganz leicht sein, doch sollte man sich darin nicht beirren lassen. Das Engagement findet irgendwann Unterstützung und wird bestimmt durch Liebe belohnt.

Sechste Linie

Der Kessel hat Trageringe aus Nephrit.
Großes Heil (viel Glück).
Nichts, das nicht fördernd wäre.
Es geht um Kultur der Liebe, Verwirklichung der eigenen Maßstäbe und charakterliche Bildung. Sie hat ein Niveau erreicht, das es zuläßt, den Menschen auch als kompetenten Ratgeber in Erscheinung treten zu lassen. Innere Festigkeit (vergleichbar der Härte des Nephrit) und milde Warmherzigkeit (wie es dem sanften Glanz des Steines entspricht) sollten sich im Wesen vereinen. Das sind Merkmale von Weisheit und persönlicher Reife. Seelische Wandlung und Entwicklung sind zum Abschluß gekommen.

51. Dschen

Der Donner

Es handelt sich hier wieder um eines der acht Doppelzeichen im I Ging. Zweifach Donner oder Erschütterung ist Ausdruck des Erregungspotentials, wie es zum Beispiel dem Fühling als Jahreszeit entspricht. Die bioelektrische Kraft des Lebens tritt wieder in die Natur und sorgt dafür, daß Tier- und Pflanzenwelt zu neuem Leben erwachen. Gleichzeitig ist es die Kraft, die mit großen Erschütterungen einhergeht, ähnlich den Naturgewalten, die etwa im nahenden Donner eines Gewitters ihre eigene Sprache sprechen. Das Hexagramm sagt demnach aus: Energien werden frei, die auch im persönlichen Schicksal eines Menschen viel in Bewegung zu setzen vermögen. Das geht nicht immer geräuschlos ab und ist vorübergehend auch mit Unordnung bzw. Verwirrung verbunden. Vor mancher Erscheinungsform solcher Entladungsvorgänge haben Sie daher regelrecht Angst. Doch trösten Sie sich: Wie nach einem Gewitter alles ganz anders aussieht, werden normalerweise auch Sie wieder Grund zum Lachen haben. Das gilt auch dann, wenn Ihnen das Hexagramm in seiner unbewegten Form erscheint.

Prüfen Sie sich nach Möglichkeit im vorhinein, ob Sie das, was da alles in Bewegung gebracht wird, wirklich verkraften, ob Sie es aushalten können. Mit anderen Worten: Lassen Sie keinen Geist aus der Flasche, den Sie hinterher nicht zu kontrollieren vermögen. Es bedarf kritischer Selbsteinschätzung, wie robust man einerseits ist und wie sehr man andererseits Fähigkeiten und Möglichkeiten entwickelt hat, Situationen intelligent zu handhaben. Spüren Sie in sich hinein, und achten Sie auf den Zustand Ihrer Nerven. Das gibt Ihnen die Antwort.

Sollten Sie jedoch in einer Situation schon mittendrin stecken, dann dürften Sie eine Reihe von Erschütterungen zu erwarten haben, die möglichst elastisch abzufedern sind. Zeigen Sie sich flexibel im aktuellen Verhalten, bei Bewahrung Ihrer Grundsätze. So werden Sie auch das Schiffchen einer Partnerschaft klug durch manche Stürme hindurchlenken. Denken Sie schließlich auch noch daran, daß Erschütterungen und starke Erregungsenergien dem Leben jenen Spannungsbogen geben, der es interessant und inhaltsreich macht.

Das Urteil

Der Donner bringt Gelingen (Erfolg)
Der Donner kommt: Ho, ho!
Reden und Lachen: Ha, ha!
Er erschreckt hundert Meilen im Umkreis.
Aber man läßt weder Löffel noch Kelch fallen.

Der Sinn des Urteils ist ohne weiteres klar und kann zum Beispiel als Hinweis auf ein reinigendes Gewitter verstanden werden. Ergänzend dazu ist die Aufforderung enthalten, gelassen zu bleiben – *weder Löffel noch Kelch fallen zu lassen.*

Das Bild

Doppelte Donner: ein Bild der Erschütterung.
So sinnt der Edle unter Furcht und Zittern über den Sinn des Lebens nach und erforscht sich selbst.

Ein interessanter Gedanke ist der, zu überprüfen, was man aus inneren oder äußeren Erschütterungen über sich selbst lernen kann. Welche Teile der eigenen Persönlichkeit sind angesprochen? Wie artikulieren sie sich? Oder wie gehe ich mit bestimmten Herausforderungen um? Kann ich daraus eventuell etwas für meinen weiteren Lebensweg schließen (zum Beispiel Sinnorientierung).

Erste Linie

Der Donner kommt – ho, ho!
Später Lachen und fröhliche Worte – ha, ha!
Glück und Heil.

Es geht um den heilsamen Schrecken, das Lernen aus Verunsicherung. Das, was da in die Glieder gefahren ist, läßt einen letztlich noch einmal davonkommen. Nachdem man sich etwas erholt hat, löst sich die Situation gleichsam in einem befreienden Lachen. Insofern läßt sich die Linie auch als beruhigender Hinweis verstehen – alles halb so schlimm. Es wird schon wieder, wenn man die Lehren aus dem Vorgang zieht. Es ist die Wende zu einem glücklichen Ende, nachdem man es vorher vielleicht ganz schön mit der Angst zu tun gekriegt hat.

Zweite Linie

Der Donner kommt mit Gefahr.
Du verlierst einen Teil deiner Schätze.
Erklimme dann neun Hügel, ohne danach zu suchen.
Nach sieben Tagen bekommst du alles wieder.

Was an seelischen oder gesellschaftlichen Erschütterungen auf Sie zukommt, bringt Gefahr mit sich. Dabei können Sie eine Menge Kraft, Nerven und auch Sympathien verlieren. Ja, Entfremdung mag dafür sorgen, daß Sie um Ihre Liebe zu bangen haben. Dem jetzt Widerstand entgegenzusetzen, wäre sinnlos, da Sie dann nicht mit der Bewegung des Unbewußten gehen würden.

Wie eine Streitmacht sich bei großen Umwälzungen zunächst in unzugängliche Gebirgsgegenden zurückzieht, sollten Sie sich auf Ihr Inneres besinnen. Suchen Sie etwas, das Ihnen Zuflucht gibt – sei es ein Gespräch mit einem guten Freund, sei es Stille, Meditation oder einfach nur Erholung. Finden Sie etwas, das Sie aufbaut, und Sie werden sehen, wenn Sie den Dingen ihre natürliche Entwicklung lassen, kommt alles ganz ohne Ihr Eingreifen wieder an seinen richtigen Platz.

Dritte Linie

Der Donner kommt und macht kopflos (macht ängstlich). Wenn man aus der Erschütterung heraus handelt, so bleibt man frei von Unglück.

Nur keine Panik. Sicher ist alles sehr beunruhigend, was Sie im Moment erleben bzw. was da auf Sie zukommen könnte. Doch anstatt in Schreckstarre zu verfallen, sollten Sie sich zum Handeln veranlaßt sehen. Tun Sie etwas, dann passiert Ihnen auch nichts.

Vierte Linie

Donner mit Schlamm.

Eine recht unbefriedigende Geschichte: Falls Sie einen Gegner haben, ist er irgendwie nicht zu greifen. Man kommt nicht vorwärts, weil sich kein richtiger Widerstand, aber auch keine freie Bahn bietet. Das ist so, als müßte man sich durch tiefen Schlamm bewegen – eine zähe Angelegenheit, ohne daß sich so bald ein Erfolgserlebnis einstellt. Das Moment der Erschütterung ist steckengeblieben.

Fünfte Linie

Donner zieht hin und her. Gefahr.
Kein Verlust. Es bleibt genug zu erreichen.

In Ihr Leben tritt ein Moment wiederholter Erschütterung – zumindest würde dies im Hinblick auf Pläne und Absichten zu erwarten sein. In solchen Augenblicken gibt es naturgemäß immer gewisse Gefahrenmomente für das Zusammenleben bzw. für die persönliche Stabilität. Doch wo etwas in Bewegung kommt, ist es ganz natürlich, daß vieles aufgewirbelt wird. Wenn Sie mit der Bewegung gehen, den Trend der Zeit aktiv gestalten, dann werden Sie von den Erschütterungswellen in Ihrem Umkreis nicht hin- und hergeworfen.

Sechste Linie

Donner bringt Risse und ängstliche Blicke.
Vorwärtsgehen bedeutet Unheil.
Hat die Erschütterung noch nicht den eigenen
Leib erreicht, sondern erst den Nachbarn,
so kann man frei von Makel bleiben.
Es wird über einen geredet.

Beachten Sie die Warnzeichen in Ihrer Umgebung. Wenn sich erst Katastrophenstimmung ausbreitet (Erschütterung Risse in die Mauer bringt), steckt der Schock den Menschen so in den Knochen, daß kaum etwas Vernünftiges beim Handeln herauskommt. Sollte dies auf einen selbst nicht zutreffen, kann man sich immer noch in Sicherheit bringen. Falls sich Ihr Umfeld dann nicht warnen läßt, so betrachten Sie es nicht als mangelnde Solidarität, wenn Sie für sich die eigenen Konsequenzen ziehen, auch dann nicht, wenn man über Sie redet.

52. Gen

Das Stillhalten (Die Stille/Der Berg)

Ein großer Zyklus erfährt in der vorhergehenden Symbolik, dem Erregenden oder der Erschütterung, seinen bewegenden Anstoß, so wie das Leben im Frühling erwacht. Gen, das Stillhalten oder der Berg, kennzeichnet demgegenüber den Abschluß einer Entwicklung. Etwas kommt zur Ruhe, entsprechend dem Winter als Abschluß des Jahres, wenn die Lebenskraft sich zum Winterschlaf in die Erde zurückzieht. Es handelt sich im Fall der Stille auch um einen Reifezustand, die entwickelte oder endgültige Form – eventuell noch darüber hinausgehend im speziellen Sinne das Erfordernis, einer Liebe oder Freundschaft Ruhe zu geben, wahrscheinlich auch sich selbst. Eines hängt meist mit dem anderen zusammen. So ist das Hexagramm auch das allgemeine Symbol für Meditation, Einkehr und Stille.

Wer jetzt in bezug auf seine Frage Dinge vorhätte, bei denen das Leben ringsum wogen soll, oder wer erwarten würde, daß die private Konjunktur steil nach oben geht, würde am Sinn der Zeit vorbeileben. Es kommt mehr darauf an, etwas zu verarbeiten und schlicht Erholung zu suchen. Etwas muß sich langsam aufbauen und regulieren können, so wie die Tier- und Pflanzenwelt den Winter nutzt, um sich auf das kommende Jahr vorzubereiten.

Wegen ihrer meditativen Bedeutung hat die Symbolik des Stillhaltens einen besonderen Stellenwert im taoistischen Gedankengut. Es geht hier übrigens auch darum, wie man aufgeregte Emotionen zur Ruhe bringt, nervöse Energie richtig kanalisiert und handhabt, kurz sein Inneres (Vegetativum) so zu steuern weiß, wie es bester Yoga-Tradition entspricht. Das ist entspannte Kontrolle über den Körper und Selbstregulation als Möglichkeit für ein ausgeglichenes Wesen. An dieses Prinzip schließt sich in westlicher Betrachtung etwa der Gedanke des autogenen Trainings an.

Das Ganze kann auch dafür gut sein, in geeigneter Weise auf sich einzuwirken, um durch innere Stille im nachhinein sogar optimale Wirkungen nach außen zu erzielen. Damit kommt gleich noch ein anderer Aspekt zum Ausdruck: In seiner Unbeweglichkeit bedeutet das Thema Stillhalten oder Berg charakterliche Festigkeit, Standhaftigkeit im sozialen Umgang (umgekehrt aber auch eine Warnung vor Erstarrung und verkrusteten Strukturen innen und außen).

Wessen Körper und Charakter bei aller Stabilität durchlässig und anpassungsfähig ist, der zeigt sich als lebendiges Individuum, als Mensch, in dem sich eine gewisse Würde, aber auch vitale Ausstrahlung vereinen. Entsprechendes sollte gleichfalls für Beziehungen und Partnerschaften gelten: Innerlich sollten sie Konstanz und Dauer aufweisen, jedoch nie aufhören zu atmen und innerlich durchlässig zu sein, so wie auch der Berg mineralisches Leben in sich trägt und an dem Geschehen in der Natur teilhat.

In seiner unbewegten Form fordert das Hexagramm zu ruhigem, gemessenem und konzentriertem Handeln auf. Gehen Sie an zukünftige Entwicklungen meditativ heran. Wenn Sie sich damit befassen, schalten Sie Gedanken eher ab, sitzen Sie still da und atmen Sie in die Sache rein. Was auch immer später einmal kommt, Sie werden mit Energie und Ruhe vorbereitet sein.

Stille. Seinen Rücken stillhalten,
so daß der Leib keine Rolle spielt.
Man geht im Hof umher und beachtet die Widersprüche der Menschen nicht. Kein Makel.

Das Ich soll zur Ruhe kommen. Einmal nicht denken, das Gehirn eine Weile abschalten, den Knopf dazu finden, auch die innere Erregung, das emotionale Hin und Her besänftigen, alles etwas mehr sein lassen, passieren lassen, nicht wollen und machen, sondern es geschehen lassen – das bedeutet, wohltuenden Einfluß auf seine nervlichen Funktionen zu haben. So ist auch der Hinweis auf eines der in diesem Zusammenhang stehenden Nervenzentren, nämlich auf das Rückenmark, zu verstehen *(den Rücken stillhalten)*. Man kann sich distanziert und trotzdem engagiert äußerem Geschehen zuwenden, wenn der Zeitpunkt dafür kommt. So etwas wie Abgeklärtheit bedeutet in dem Fall, ein wenig gelernt zu haben, über Ursache und Wirkung – das heißt, gleichzeitig über die Widersprüche der Welt hinauszuwachsen.

Ruhe und Aktion sind insofern auch gar keine Gegensätze. Sie bedingen einander, lösen sich ab und sind zusammengehörige Teile eines Ganzen. Wirkliche Ruhe wird daher ganz harmonisch immer wieder in Bewegung übergehen und umgekehrt. Das unversöhnlich Widersprüchliche und neurotisch Abgespaltene wird wieder zu etwas Ganzem, zu einer vollständigeren Einheit oder Gestalt zusammengefügt.

Das Bild

Berg auf Berg: ein Bild des Stillhaltens.
So geht der Edle nicht über seinen Stand hinaus.

Das doppelte Erscheinen des Berges fordert dazu auf, erst einmal durchzuatmen. Nicht so viel auf einmal zu wollen und zu denken. Wenn man sich zum Beispiel mit zu vielen Dingen beschäftigt, die noch gar nicht aktuell sind, ist das nur schädlich. Das ist damit gemeint, nicht über seinen Stand (die augenblickliche Lage und persönliche Stellung) hinauszugehen. Also: Im Moment an das Nächstliegende denken und sich nicht mehr sorgen als nötig. Das gibt den Spielraum in der Situation, der zum sinnvollen Agieren überhaupt nötig ist.

Erste Linie

Die Zehen stillhalten. Kein Makel.
Fördernd (von Nutzen) ist ausdauernde Beharrlichkeit.
Die Zehen sind Hinweis auf den Anfang einer Bewegung. Noch ehe sie eigentlich beginnt, sollte man sich von innerer Verworrenheit lösen. Klären Sie Ihre Motive. Zu viele Wünsche beunruhigen nur die Seele. Wenn Sie aber weniger machen, wollen und denken, erlauben Sie der Natur, geschehen zu lassen, was richtig ist. Diese Haltung der Stille sollte man in seinem ganzen Handeln im Moment etwas mehr durchscheinen lassen. Dann ist in der Bewegung auch das Prinzip der Stille enthalten, das Handeln ist von Ruhe durchdrungen. Bedenken Sie zum Beispiel: Zur Liebe gehört auch andächtiges Schweigen.

Zweite Linie

Seine Waden stillhalten. Er kann die Bewegungen, die folgen, nicht zügeln. Das beunruhigt ihn.
Was Sie in Bewegung gesetzt haben, ist eigentlich nicht mehr aufzuhalten. Der Vergleich mit der Wade ist insofern sehr anschaulich. Im gesamten Bewegungsablauf hat sie immer mit Oberschenkel und Hüfte zusammen eine Bedeutung. Ein Reflex in ihr kann die übrigen am Gehen beteiligten Muskeln nicht aufhalten. Daher ist die Linie eventuell auch so zu deuten, daß Sie sich im Einzugsbereich übergeordneter Schicksalsbewegungen befinden, gegen die Sie allein nicht ankommen können.

Egal, ob das Geschehen nun durch Sie selbst bewirkt ist oder ob Sie ohnmächtig zusehen müssen, was von außen geschieht, sollten Sie erkennen, daß Sie wenig oder keinen Einfluß haben, den Lauf der Dinge im Moment zu beruhigen. Das liegt bestimmt ein wenig auch daran, daß einem der eigene, innere Ruhepunkt fehlt.

Dritte Linie

Die Hüften stillhalten. Die Kreuzgegend stillhalten. Gefährlich: Das Herz (gleich einer unruhigen Flamme) droht zu ersticken.
Wer schon einmal meditiert hat, weiß, daß man sich nicht zur Ruhe zwingen sollte. Übrigens wird man dies auch aus Erfahrung mit dem autogenen Training bestätigen können. Oder man braucht sich nur daran zu erinnern, daß man immer wacher wird, wenn man nachts gewaltsam einzuschlafen sucht. So sollte man vielmehr innere Ruhe ganz selbstverständlich und natürlich kommen lassen. Das hat mit einer empfangenden, in diesem Fall eher passiven Haltung zu tun, die dabei wichtig ist. Dagegen beinhaltet ein Sich-zur-Ruhe-Zwingen ein Aktivum, daß hier von der Natur der Sache nicht hingehört.

Ruhe kommt ganz von selbst, wie sich auch die Liebe eher von selbst einem zuwendet. Man kann sie letztlich nicht einfangen oder greifen. Das Ganze läßt sich auch auf andere Bereiche übertragen: Versuchen Sie Streit in der Ehe oder Aufgeregtheit ganz allgemein in Ihren privaten Beziehungen nicht künstlich zur Ruhe zu bringen (totschweigen, unter den Teppich kehren, verdrängen, ummänteln, abblocken etc.). Das gilt genauso für Ihre körperlichen und emotionalen Zustände. Entwickeln Sie eine Haltung von Liebe und Zuversicht, und lernen Sie es, bei innerer und äußerer Dialogfähigkeit, im Moment etwas mehr dem Schicksal zu vertrauen.

Die ganze Symbolik hat mit aufsteigender Aggressions- und Triebenergie zu tun (Becken und Kreuzbein), die zum Beispiel in der Herzgegend zu einem Energiestau führen kann, wenn man sie blockiert. Es entstehen muskuläre und nervliche Spannungsmuster, die sich in um so mehr Unruhe ausdrücken. Gestatten Sie daher der Energie in Ihnen selbst wie in Ihrer Partnerschaft einen natürlichen Fluß, in dem Überspanntheit sich mit der Zeit von selbst leerläuft. Bei einer grundsätzlichen Fähigkeit zu Gespräch, Entgegenkommen und Verantwortung werden sich die Dinge in bezug auf Ihre Frage dann mehr selbstregulierend positiv gestalten.

Vierte Linie

Stillhalten des ganzen Oberkörpers. Kein Makel.
Dazu R. Wilhelm: »Ruhighalten des Rückens, wie es in den Worten zum Gesamtzeichen erwähnt ist, bedeutet, daß man das Ich vergißt. Das ist die höchste Stufe der Ruhe.« Mit anderen Worten wird die Möglichkeit angesprochen, sich selbst einmal nicht so wichtig zu nehmen, sich mehr in einen Energieprozeß mit seiner Umwelt einbezogen zu sehen und sich darin als Teil einer größeren Ordnung zu begreifen. Das kann dann auch recht positive nervliche und seelische Auswirkungen haben. Da die

emotionale Ruhigstellung hier etwas Ganzheitliches hat, der Energiefluß insgesamt beruhigt und auch in Hinblick auf die Umgebung harmonisiert wird, befindet man sich auf dem richtigen Weg.

Sicher sieht man sich gelegentlich immer noch im Gefängnis kleinkarierter Ich-Bezogenheit, wie es bei jedem Menschen vorkommt. Im Zusammenhang damit lebt dann auch immer wieder Unruhe um das eigene Wohlergehen auf. Doch zumindest im Hinblick auf die gestellte Frage lernt man, sich in einer größeren Geborgenheit zu entspannen. Das Wir bekommt eine größere Bedeutung. Und im Idealfall werden vor dem Erkennen des Kosmos als großer Einheit die peinigenden Ängste um das Ich zusätzlich ihre Macht verlieren. Alles ist plötzlich ganz normal, ganz verständlich. Alles ist gut.

Fünfte Linie

Die Kiefer (das Kinn) stillhalten.
Worte haben Ordnung. Die Reue schwindet.
Sprache, Kommunikation mit sich selbst und mit der Umwelt sollten von einer gewissen Ordnung erfüllt sein. Irgendwelche Regungen, die sich unmotiviert in den Vordergrund drängen wollen, können hier durch eine Haltung innerer Kultur und feiner Zurückhaltung gebändigt werden. Jedes Wort hat dann eine tiefere Bedeutung, und jede Geste hat auf ihre Weise Sinn. So ist alles an seinem Platz, wie es einer ruhigen, gefestigten Art entspricht. Das hat besonders dann Vorteile, wenn eine Situation noch nicht endgültig gesichert ist. Durch sein Verhalten bringt man mehr Sicherheit hinein.

Sechste Linie.

Stillhalten voll Güte. Heil.
Wie die Sonne über den Wolken strahlt, ist hier so etwas wie eine innere Ruhe angedeutet, die sich mit der schweigenden Bergwelt in der Natur vergleichen läßt. Das Große neigt sich in Güte den kleinen Dingen des Alltags zu, die sich unten im Tal befinden.

Wenn man jetzt freundlich, gelöst und meditativ das Bild der Welt als großer Einheit in Vielfalt in sich aufnimmt, wird man – ohne Eremit oder zurückgezogener Philosoph zu sein – aus einem ruhevollen Abstand das Leben in seiner ganzen Schönheit und auch Unvollkommenheit verstehen. Man ist dann bestimmt ein bißchen weise.

53. Chien

Die allmähliche Entwicklung

Im Leben eines jeden Menschen gibt es bestimmte Sehnsüchte, Hoffnungen und Wünsche. Ihre Realisierung ist meist kein plötzliches Ereignis, sondern ein eher langsamer, organischer Prozeß. Eins will auf dem anderen aufbauen, wechselseitig abgesichert sein und sollte in eine stabile Entwicklung münden, die es zwischendurch allerdings auch einmal zuläßt, alte Zielvorstellungen zu hinterfragen und Dinge ggf. neu zu gewichten, so daß das Resultat aus allem später seine eigene ›Geschichte‹ hat – geprüft und gewachsen ist.

Auf diese Weise können viele Entwicklungszüge wie Bausteine zusammenkommen, um gemeinsam ein Puzzle zu bilden, in das der Mensch wie auch seine Umwelt Liebe und Kraft investiert haben. Man hat den Dingen Gelegenheit gegeben, zu reifen und Gestalt anzunehmen. Dadurch erfahren sie wie eine gefühlsmäßige Bindung Tiefe und Ausdruck. Insofern könnte das Hexagramm auch als Symbol für den menschlichen Entwicklungs- und Wachstumsprozeß überhaupt verstanden werden. In der chinesischen Auffassung hat es aber auch einen besonderen Akzent für Liebe und Partnerschaft.

Dem Thema liegt das Bild einer Graugans (als traditionelles Verlobungsgeschenk) zugrunde, die aus dem Wasser aufsteigt, sich einen sicheren Platz am Ufer sucht und allmählich immer höher dem Himmel entgegenstrebt. Darin liegt eine Stimmung von Hoffnung und Zuversicht. Da Liu schreibt: »Ganz allgemein ist das Hexagramm günstig für die Liebe und die bevorstehende Ehe.« Stellen der Berg (ältester Sohn) und der Wind (jüngste Tochter) doch auch Mann und Frau dar, die – wie es weiter heißt, »... das heiratsfähige Alter erreichen«.

Durch beständige Verbindung, eine dauerhafte Kommunikation miteinander wird man dafür sorgen, daß sich niemand in die gemeinsame Entwicklung drängt. Man gibt der zarten Pflanze wachsender Gefühle so Schutz, Aufmerksamkeit und Nahrung.

In besonderer Weise liegt die Betonung auf den beständigen kleinen Bemühungen (Sun, oberes Trigramm), die von Ruhe (Gen, der Berg, unteres Trigramm) getragen werden. Vor allem in seiner unbewegten Form deutet das Hexagramm auf eine längerfristige Entwicklung hin, die genügend Zeit zum allmählichen Reifen bietet und ausdauerndes Engagement zum Gelingen braucht. Eine Liebe soll wachsen. Das heißt auch, sie soll immer tiefer werden. Was in der Hinsicht gesagt ist, gilt übrigens auch für Ihre ganz persönliche Entwicklung. Haben Sie Geduld.

Das Urteil

Die allmähliche Entwicklung.
Das Mädchen wird heiraten – Glück.
Fördernd (von Nutzen) ist Beharrlichkeit.

Das Bild

Ein Baum (Holz) auf dem Berg:
ein Symbol für die allmähliche Entwicklung.
So weilt der Edle in würdiger Haltung, um die Sitten des Zusammenlebens zu vervollkommnen.

Der Baum stellt hier nochmals einen Hinweis auf organisches Wachstum dar. Dieser Gesichtspunkt soll prägenden Einfluß auf das Leben einer entwickelten Persönlichkeit haben, für ihre Reife- und Lernprozesse richtungsweisend sein. Indem man so den moralischen Bestand menschlicher Beziehungen fördert, bekommt der Mensch persönliche Schwerkraft und wird ernst genommen.

Erste Linie

Die Wildgans nähert sich allmählich dem Ufer.
Der Sohn ist in Gefahr. Es gibt Gerede. Kein Makel.
R. Wilhelm schreibt: »Die einzelnen Linien haben alle den allmählichen Zug der Wildgans zum Bild. Die Wildgans ist das Symbol der ehelichen Treue. Es heißt von ihr, daß sie nach dem Tode des Gatten sich nicht mit anderen vereinigt.«

Die erste Linie zeigt die erste Station der Wasservögel vom Wasser zur Höhe. Das Ufer wird erreicht. Damit ist auch die Situation eines Menschen am Anfang gekennzeichnet. Er entspricht dem jungen Sohn, der zunächst mehr tastende Schritte in die Gesellschaft unternimmt, um allmählich seinen Platz zu finden und zu behaupten. Es ist kein Makel, wenn ein Mensch in einem vergleichbaren Entwicklungsstadium die Labilität der eigenen Position in einer Angelegenheit spürt. Auch wenn andere lästern mögen, wie vorsichtig man sich bewegt, man wird hierdurch letztlich doch nur vor Schaden bewahrt. Man braucht seine Erfahrungsprozesse und wird eventuell auch Kritik auf sich ziehen. Indes sei man unbesorgt: Unsicherheit am Anfang verspricht in diesem Fall Sicherheit am Ende.

Zweite Linie

Die Wildgans nähert sich allmählich den Felsen. Essen und Trinken geschehen in Friede und Glück (Heil).
Die Linie wird von einem gewissen Selbstvertrauen bestimmt, das man gewonnen hat – so wie es dem Felsen als einem schon recht sicheren Platz am Ufer entspricht. Es ist Fortschritt da, der Anlaß zu weiterer Zuversicht gibt. Anders ausgedrückt: Kleine Erfolgserlebnisse vermochten die Entwicklung bisher positiv zu bestätigen. Man darf sich demzufolge auch etwas entspannen (fröhlich bei Essen und Trinken).

Dritte Linie

Die Wildgans nähert sich allmählich der Hochebene. Der Mann zieht aus und kehrt nicht wieder. Die Frau erwartet ein Kind, aber sie bringt es nicht zur Welt. Unheil. Fördernd (von Nutzen) ist es, Räuber abzuwehren.

Was hier im übertragenen Sinne ausgedrückt ist, hat Bezug zur Entwicklung, die über das Ziel hinausschießt, so wie die trockene Hochebene nicht gut für die Wildgans ist, die sich dorthin verirrt hat. Sie ist ein Wasservogel.

Insofern ist auch der Mensch im seelischen und sozialen Abseits gekennzeichnet, das durch zuviel Ehrgeiz entsteht, mit dem man nicht nur sich, sondern auch seine Angehörigen in Gefahr bringen könnte (dazu die Anspielung auf Schwangerschaft und Fehlgeburt der Frau).

So unheildrohend sich das Gesagte zunächst auch anhören mag, ist es doch immerhin tröstlich, daß die Dinge sich nicht notwendigerweise so entwickeln müssen. Wer hier rechtzeitig zur Besinnung kommt, wird seinen Platz innerhalb seiner Grenzen und Möglichkeiten erkennen. In diesem Verständnis sein Zuhause und seine private Intimität nicht aufs Spiel zu setzen, sondern gegen schwächende Einflüsse *(Räuber)* zu schützen, deutet auf eine Gesundung der Instinktgrundlage hin.

Vierte Linie

Die Wildgans nähert sich allmählich dem Baum, wo sie einen sicheren Halt sucht. Kein Makel.

Auch der Baum ist normalerweise nicht die Öko-Sphäre der Wildgans. Vielleicht wird sie aber eine breite Stelle im Geäst finden, die es ihr erlaubt, Halt zu finden. In bezug auf menschliche Situationen bedeutet es, daß jemand es versteht, in einer an sich nicht eben unproblematischen Situation dennoch ein wenig Fundament zu gewinnen. Sprechen die Umstände auf den ersten Blick eventuell also gegen Ihr Glück, so geben gesunde Instinkte Ihnen doch die Möglichkeit, Ihr Geschick zu festigen.

Fünfte Linie

Die Wildgans nähert sich allmählich dem Gipfel des Hügels.
Die Frau wird drei Jahre kein Kind bekommen. Endlich kann nichts sie hindern. Glück.
Ein hoher, geehrter Platz im Hexagramm, dennoch bleibt er nicht ohne Warnung. Denn Erfolg kann auch einsam machen. Ein Mangel an Kommunikation wird angezeigt, der eine Liebesbeziehung leicht beeinträchtigen kann, weil einem womöglich etwas zu Kopf steigt. In solchen Fällen mischen eventuell auch Dritte in irgendeiner Weise mit, die ein Spannungsgefälle für sich nutzen.

Nehmen Sie immer wieder Verbindung zu dem geliebten Menschen auf und zu all jenen geistigen Fundamenten, die Ihnen Kraft, Einfluß und Inspiration gegeben haben. Durch Aussprache, Verständnis und Pflege der Gemeinschaft werden sich neue Möglichkeiten für eine gesunde Kommunikationsbasis ergeben.

Sechste Linie

Die Wildgans nähert sich allmählich wolkigen Höhen.
Ihre Federn können als festlicher Schmuck verwendet werden.
Ein Entwicklungsabschnitt ist zu Ende gekommen, und zwar in wichtigen Punkten Ihrer Biographie, wahrscheinlich gerade auch im Hinblick auf Partnerverhalten. Das Ergebnis einer langen und erlebnisreichen Periode wird durch den Eindruck schlichter menschlicher Schönheit gekrönt. Die Wildgänse folgen dem Weg der Wolken. Fallen ein paar ihrer Federn herunter, so sollten die Menschen sie andächtig in die Hand nehmen. Etwas wie eine festliche Stimmung spielt hier eine Rolle. Nehmen Sie diese Linie als Zeichen des Segens, und versuchen Sie ein Stück von dem, was Ihnen Weisheit bedeutet, in die Gesellschaft hineinstrahlen zu lassen.

54. Kuei Mei

Das heiratende Mädchen

Wenn auch der Name des Hexagramms sich gut anhört, ist die Situation in mancher Hinsicht nicht unproblematisch. Gemeint ist nämlich nicht die Frau (oder Person), die eine anerkannte, legitimierte Bindung eingeht, vielmehr handelt es sich um die sogenannte Konkubine oder Nebenfrau, der im alten China eine eher unbedeutende gesellschaftliche Rolle zukam.

Anpassungszwang und Unterordnung für den schwächeren Teil in der Beziehung ist das Thema, um das es hier in einem allgemeinen Sinne geht. So kommt das Machtprinzip hinein, das eine geradezu masochistische Unterordnung als momentanen Konflikt hervorbringt. Das Anziehungs- und Spannungsverhältnis zwischen den Beteiligten hat in vielen Fällen etwas Ungutes oder Gestörtes. Offermann weist in dem Zusammenhang auch auf Scheidungsanfälligkeit als innewohnende Problematik hin.

Auf jeden Fall sollte im Hinblick auf die gestellte Frage geprüft werden, wo die Schwachstellen liegen. In geeigneter Weise sollte man dann für Stabilisierung sorgen. Was Handlungen und Erwartungen betrifft, so kann es hier an gesellschaftlicher Anerkennung fehlen, auch mag seelische Prostitution eine Rolle spielen. Etwas leicht Anrüchiges ist in allem enthalten, was Nervenkraft beanspruchen wird, um hierbei mit sich in Einklang zu bleiben. Es könnte zu einem ständigen Kampf um Selbstwertgefühl werden. Das Aufrechterhalten innerer Stabilität kostet mithin Energie, ein rechtes Vorwärtskommen ist schwer möglich. Vielleicht schreibt R. L. Wing deshalb über das Hexagramm in seiner unbewegten Form, daß der eingeschlagene Weg eigentlich eine Kreisbewegung sei. Man würde dort aufhören, wo man angefangen hätte.

Der Autor gibt dazu folgende Empfehlung: »Wenn Ihnen dies ungünstig erscheint, dann kehren Sie zum Anfang zurück: Dort ist die Situation entstanden, und dort ist der einzige Ort, an dem sie geändert werden kann.« Mit anderen Worten: Erinnern Sie sich, wie alles begann, was für die gegenwärtige Situation oder für die Fragestellung ursächlich ist und den Hintergrund bildet. Wenn Sie noch einmal zum Ausgangspunkt zurückkehren, dann nehmen Sie einen neuen Start. Schaffen Sie Ihren Ambitionen einen ganz anderen Einstieg in Ihr Umfeld. Versuchen Sie, alles auf eine anerkannte gesellschaftliche Basis zu stellen.

Offermann erkennt im positiven Sinne übrigens ein ›korrekt etabliertes Kompaniegeschäft‹ zu zweit, das – soll es Bestand haben – gemäß Urteil des Hexagramms auf ›rein taktvoller Zurückhaltung‹ zu beruhen hätte. Das kann zum Beispiel heißen: Man muß sich dessen bewußt sein, daß man im Moment zumindest in bestimmter Hinsicht nicht die erste Geige spielen können wird. Dennoch sollte man still seinen Beitrag leisten. Dann wird auch der andere seine Funktionen im Zusammenspiel erfüllen. Es geht um das nicht legitimierte Neigungsverhältnis (auch zu einer Sache oder Angelegenheit, um die man sich zum Beispiel recht gerne kümmert, was aber nicht so unbedingt prestigeträchtig ist oder den offiziellen Verpflichtungen entspricht). Solche Dinge sollen durch Takt und Rücksichtnahme aller Beteiligten geregelt werden.

Was beispielsweise den Kontakt von Mann und Frau in dieser Situation betrifft, so weiß im Idealfall jeder, wo (insgeheim) seine Vorteile in der Rollenaufteilung liegen, doch man handhabt das diskret und hebt es nicht hervor. Das galt – um noch einmal auf die Symbolik selbst zurückzukommen – im alten China übrigens auch für die Hauptfrau, die in der Konkubine so etwas wie eine ›Auffrischung‹ für die Ehe gesehen haben mochte und die Nebenfrau dem Ehemann teilweise sogar ›freudig‹ zugeführt haben soll. Gerade seitens der Konkubine erforderte das Verhältnis aber ein um so größeres Fingerspitzengefühl, sollte sie doch die Gattin nicht zu verdrängen oder herauszufordern versuchen.

Wenn man es also versteht, seine wie auch immer gearteten Neigungen und Interessen in ein funktionierendes Ganzes einer Beziehung einzubringen, werden störende Momente allmählich zurücktreten. Langfristig ist dann auch eine Überwindung der in der Symbolik ausgedrückten Rolle möglich.

Das Urteil

Das heiratende Mädchen.
Unternehmungen bringen Unheil.
Nichts ist nützlich.

R. Wilhelm kommentiert in dem Sinne, daß das Unproduktive der Situation zwar im Status liegt, daß die Peinlichkeit jedoch herausgenommen wird, wenn keine Verdrängungswettbewerbe, besonders aus untergeordneter Position heraus, geschehen. Wenn weiter vermutet wird, daß das Verhältnis auf wechselseitiger Zurückhaltung basieren solle, so drückt das auch bestimmte Regeln für Bedingungen aus, die nicht durch eindeutige Vorschriften oder Richtlinien festgelegt sind, sondern wo Kooperation oder Engagement mehr auf Lust und Laune beruhen. Hier sollten sozusagen ungeschriebene Gesetze gelten, die stillschweigend befolgt werden (was natürlich auch eine Mindestrücksichtnahme des stärkeren Teils in einer Beziehung erfordert).

Das Bild

Donner über dem See:
ein Bild des heiratenden Mädchens.
So erkennt der Edle durch Ewigkeit allen Endes den Wandel des Vergänglichen.

Donner erregt das Wasser des Sees, das daher Wellen wirft, die aufgewühlt dem Donner folgen. Ähnliches ist in zwischenmenschlichen Beziehungen zu beobachten. Eine machtvolle Erregung bringt ein Abhängigkeitsverhältnis hervor, aus dem sich viele Verwirrungen und Mißverständnisse ergeben können, außerdem Ungleichgewichte und Zumutungen. Darum gilt es, ein eventuelles Ende ständig im Bereich der Möglichkeiten einzukalkulieren.

Es ist also ein labiles Element in der ganzen Sache, das natürlich in der besten Beziehung einmal vorkommen kann. Wer das klar im Auge hat und nichts als selbstverständlich ansieht, wird von Krisen nicht unliebsam überrascht werden. Er ist sich der möglichen Endlichkeit bewußt, die immer ein Stück mitschwingt. Zufallsbekanntschaften und Augenblicksneigungen haben darunter besonders zu leiden. Sie gehen oft so schnell, wie sie gekommen sind. Deshalb sollte man auch alles in geordnete Verhältnisse bringen, Interessen und Neigungen – wo es geht – legalisieren, sich zum Beispiel nicht heimlich mit Freunden treffen, die der Partner nicht ausstehen kann. Es ist letzthin immer wichtig, geregelte Verhältnisse und klare Richtlinien zu schaffen, wenn Menschen näher miteinander zu tun haben, jedenfalls dann, wenn etwas von Bestand sein soll.

Erste Linie

Das heiratende Mädchen soll Konkubine werden.
Ein Lahmer kann gehen. Ein Unternehmen,
das Glück bringt.

In dieser Linie wird noch einmal ein wesentlicher Gedanke aus dem Urteil ausgedrückt. So war es in der chinesischen Gesellschaft, wie schon angedeutet, oft die Königin selbst, die ihrem Gemahl die Nebenfrau unter den Schönsten ihrer Hofdamen aussuchte. Oft soll diese auch ihrer eigenen Familie angehört haben, und sie wußte ihre Stellung somit von vornherein bescheiden und zurückhaltend wahrzunehmen – so wie es den Erwartungen der Tradition entsprach. Dabei lag darin etwas für alle Beteiligten Befriedigendes, da jeder in seiner Position eine Funktion erfüllte, andererseits auch Vorteile daraus ziehen durfte, wenn er sich in die Gemeinschaft als Ganzes einzufügen wußte.

Die Linie entspricht demnach einer Situation, in der man auch aus einer weniger privilegierten Stellung produktiv etwas zu machen weiß, zum Beispiel als stiller Ratgeber oder diskreter Helfer. Man ist in mancher Hinsicht zwar wie ein Lahmer behindert, wirkt durch menschliche Güte und Einfühlungsvermögen jedoch positiv auf die Gemeinschaft.

Zweite Linie

Ein Einäugiger kann sehen.
Fördernd (von Nutzen) ist die Beharrlichkeit
des einsamen Menschen.

Man ist irgendwie enttäuscht worden. Da mag ein Gefühl des Ausgenutztwerdens eine Rolle gespielt haben, auch mangelnde Verläßlichkeit oder Zuneigung eines anderen Menschen. Was immer auch gegenwärtig deprimierend wirken mag, sollte man die Hoffnung doch nicht aufgeben – selbst wenn man sich jetzt ganz einsam fühlt. Und auch dann, wenn etwas in einem blind geworden ist für die Schönheit dessen, was man im Hinblick auf die gestellte Frage eigentlich wünschen würde, wird man mit dem Rest seiner Kraft, Ideale zu erblicken, doch an sinnvollen Zielen festhalten. Vielleicht wird sich bald auch ein Silberstreifen am Horizont zeigen. Auf jeden Fall sollte man Geduld bewahren.

Dritte Linie

Das heiratende Mädchen wird Sklavin.
Sie heiratet als Konkubine.
Es ist dies eine Situation, die insofern beschämende Seiten hat, als man sich in gewisser Weise wegwirft. Jemand verkauft sich unter Preis, will unbedingt etwas haben. Um dies zu bekommen, unterwirft er sich zu sehr. Ein masochistischer Konflikt wird ausgelebt, der Mensch in der Opferrolle. Unterlegenheitsgefühle lassen sich – wenn überhaupt – nur notdürftig überdecken. Momente von Ausnutzung spielen hinein, oder man fühlt sich an geistige Prostitution erinnert. Wenn dies auch seltener absolut gelten wird und auch keine weitere Bewertung erfolgen soll, so muß man doch für sich einfach abchekken, ob man das Ganze als befriedigend empfinden kann.

Vierte Linie

Das heiratende Mädchen verschiebt noch einmal die Hochzeit. Sie will den richtigen Zeitpunkt abwarten, um später zu heiraten.
Jemand bietet sich in diesem Fall nicht einfach dem Stärkeren an, zumindest achtet er auf einen gewissen Stil. Dadurch kommt ein Zögern in die Annäherung, das sich letztlich aber sinnvoll auswirken wird, da man auf korrektes Verhalten Wert gelegt hat. Zumindest für die gesellschaftliche Optik kann es oft entscheidend sein, taktvollerweise gewisse Fristen einzuhalten. Wenn man

dann noch von innen her hinter Form und Haltung steht, beweist man um so mehr Format. Das bezieht sich übrigens auch darauf, wenn man eine Sache haben will oder bestimmten Interessen nachzugehen beabsichtigt, die vielleicht einen bestimmten exklusiven Anstrich haben. Auch ihnen wird man nicht hinterherrennen.

Fünfte Linie

Kaiser I verheiratet seine Tochter.
Die bestickten Kleider der Prinzessin sind nicht so prächtig wie das der Dienerin.
Der Mond, der fast voll ist, bringt Glück.
Auch was vornehmer Herkunft ist, soll sich in bescheidene Verhältnisse einfinden können, so wie die Prinzessin, die einen sozial niedriger stehenden Mann geheiratet hat. Sie verzichtet auf äußere Bestätigung und wird nicht versuchen, in der Beziehung dominant in Erscheinung zu treten. Das heißt im übertragenen Sinne auch: Wenn Sie etwas besser wissen oder in bestimmter Weise erfahrener sind, dann posaunen Sie das nicht heraus, sondern zeigen Sie sich taktvoll und zurückhaltend.

Im umgekehrten Sinne entspricht das auch dem Mond als glückverheißendem Zeichen. Wenn er nicht ganz voll ist, steht er der Sonne nicht direkt gegenüber. Das Moment unnötiger Konfrontation wird also wechselseitig vermieden. Auch der Schwächere wird in einer Beziehung nicht den Konflikt suchen, wenn er sensibel mit der Situation umzugehen versteht.

Sechste Linie

Der Korb der Frau ist leer.
Der Mann sticht das Opferlamm,
aber es fließt kein Blut.
Nichts, das förderlich wäre.

Im alten China brachte die Frau einen Korb mit Früchten in die Ehe. Der Mann schlachtete eigenhändig ein Opfertier. So stand die Bindung in der Tradition der Überlieferung. Alles hatte seine Ordnung und seine Form. Darin konnte sich jeder geborgen und gut aufgehoben fühlen.

Im vorliegenden Fall werden entsprechende Gesichtspunkte nur oberflächlich erfüllt. Der Korb der Frau ist leer, und der Mann sticht ein längst geschlachtetes Lamm. Im übertragenen Sinn ist eine unbefriedigende Beziehung damit umschrieben. Etwas zutiefst Unfruchtbares und Unproduktives wird im Hinblick auf Ihre Fragestellung angedeutet. So können zum Beispiel die geistige oder seelische Potenz sowie die Anziehungskraft gestört sein, auch wenn rein äußerlich alles in Ordnung zu sein scheint. Irgendwie – so ist zu vermuten – geht man gerade ohne echte Beziehung miteinander um. Etwas ist nicht in Ordnung. Finden Sie genau heraus, was es ist.

55. Feng

Die Größe (Der Zenit)

Höhepunkte sind bestimmt eher die Ausnahme im Leben. Allerdings markieren sie oft besonders wichtige Abschnitte in der persönlichen Biographie und können prägend für die weitere Entwicklung eines Menschen sein. Hierdurch wird – wenn meist auch nur kurzfristig – Zugang zu einem ganz bestimmten Energieniveau erreicht, an das sich Psyche und Organismus günstigenfalls immer wieder erinnern.

Besonders wenn man seine Höhepunkte sehr bewußt wahrnimmt, werden sie zu Schlüsselerlebnissen, die Einstieg in eine bessere Lebensqualität, entwickeltere Verhaltensformen und verfeinerte Geschmacksrichtungen bedeuten.

Wurde eingangs behauptet, Höhepunkte würden im Dasein eigentlich nicht die Regel darstellen, so ist dies – jetzt präziser verstanden – auf solche Phasen oder Momente zu beziehen, die unsere Existenz in besonderer Weise erhöhen, nachhaltige Wirkung haben und manchmal sogar eine kleine Offenbarung beinhalten mögen. Ganz allgemein gesprochen, ereignen sich aber immer wieder gewisse Zwischenhochs, die zum normalen zyklischen Ablauf gehören, wie er gerade auch im Buch der Wandlungen beschrieben wird.

Einem jedem Höhepunkt ist zu eigen, daß auf dem Gipfel der Entwicklung irgendwann ein plötzlicher Energieverlust oder Potenzabfall eintritt. Bestimmte, in der Umwelt wahrnehmbare Merkmale addieren sich ebenfalls zu einem markanten Eindruck, der damit korrespondiert, und in die eben noch optimistische Grundstimmung mischt sich hier und da eine Spur unerklärlicher Traurigkeit, ein melancholisches Element, das sich mit der Zeit mehr und mehr zu melden vermag.

In dieser Erlebnisweise kündigt sich der naturgesetzlich zu erwartende Umschlag der seelischen Konjunktur an. Ein langsamer oder auch schneller Abstieg beginnt, die unweigerlich zu erwartende Talfahrt, die erst dann enden wird, wenn ein Tiefpunkt erreicht wurde, die Talsohle, von der an es nicht weiter abwärts gehen kann. Im Sinne der Psychologie stellen zum Beispiel Rückzug und Depression wichtige Funktionen dar, in denen mit vorhandenen Energien mehr gehaushaltet wird, die Konzentration stärker aufs Innere geht und an vielen Punkten eine kritische Überprüfung der eigenen Position stattfindet. Daraus ergibt sich, daß es wesentlich darauf ankommt, wie man mit der Berg- und Talfahrt der Lebensumstände umzugehen versteht. Einen interessanten Vergleich hierzu könnte die moderne Nationalökonomie liefern. So sind antizyklische Wirtschaftspolitik oder lineares Wirtschaftswachstum Schlagworte, die Bemühungen kennzeichnen, Konjunkturauf- und abschwünge anzugleichen. Man will zu möglichst stetigen Wachstumsprozessen kommen.

Was für das Wirtschaftsleben gilt, läßt sich im übertragenen Sinne auch für Psyche und Schicksal des Menschen anwenden. Auch hier ist zu beachten, daß die Pendelausschläge nach oben und unten möglichst abgemildert werden sollten, wie es einer einigermaßen stabilen Persönlichkeit entspricht. Zudem spricht man vom menschlichen, also einem inneren und sozialen Wachstum. Man versucht, mit seiner seelischen Kultur ein höheres Bewußtseinsplateau zu erreichen.

Sich antizyklisch zu verhalten, also die Berg- und Talfahrt auszugleichen, bedeutet im täglichen Leben, in Zeiten besonderen Wohlergehens und allgemeinen Zuspruchs Energiereserven anzulegen – sozusagen einen seelischen Spargroschen für schlechte Zeiten. Konkret: Sich nicht überarbeiten, abhetzen, stressen. Wer jetzt haushaltet mit Zeit, Nerven und Ausdauer, der hat gleichsam in der Not.

So tut man auch gut daran, sich in persönlichen Hochphasen nicht seelisch zu verschulden. In dem Zusammenhang ergeben sich Allerweltsweisheiten, die man sich nur noch einmal zu vergegenwärtigen braucht: Behandle aus Übermut oder Gleichgültigkeit niemanden so, daß es einmal auf dich zurückkommen könnte, eventuell gerade dann, wenn du nicht in der Lage wärst, es zu verarbeiten. Vermeide in Hochphasen Exzesse – zum Beispiel bei Essen und Trinken oder anderen Genüssen. Auch jede Reizüberflutung schadet nur. Vielmehr sollte man auch jetzt seine Mitte finden, von ihr aus den Augenblick in Ruhe genießen oder andächtig auskosten.

Wer ein inneres Zuhause in sich selbst gefunden hat, in seinen geistigen Traditionen, Idealen und kulturellen Verwurzelungen, der wird auf dem Höhepunkt einer positiven Entwicklung auch nicht irrational ängstlich oder betrübt sein. Er ist vielmehr – wie es im Urteil heißt – ohne Traurigkeit, wie die Sonne am Mittag.

Genießen Sie mithin, was sich Ihnen im Moment an Gefühlen offenbart. Geben Sie sich keinen dunklen Ahnungen hin, sondern stellen Sie sich dem Nächstliegenden. Beobachten Sie zusammen mit dem anderen Menschen die Schönheiten des Lebens. Erleben Sie zu zweit ganz und gar den Augenblick. Gemeinsame Erinnerungen werden später ein Stück von dieser Zeit wach halten, und was Sie auf den Höhepunkten Ihres Lebens gelernt und an Erfahrungen gemacht haben, ist ein wertvolles inneres Kapital, wenn sich die geistige und emotionale Sonne wieder dem Horizont zuneigt.

In seiner unbewegten Form könnte das Hexagramm ein Hinweis sein, Extreme im Verhalten besonders zu vermeiden, sich meditativ ein Kraftpolster anzulegen und sich vor Verschwendung in jeder Hinsicht zu hüten. Wünsche sollten sich im Rahmen halten und echten, natürlichen Bedürfnissen entsprechen. Vielleicht ist es ratsam, zumindest eine Zeit mal die eigene Begehrlichkeit zu drosseln, mehr bei der Natur zu leben, die sich immer rechtzeitig auf das Kommende einzustellen weiß und doch ganz und gar mit dem Hier und Heute beschäftigt ist. Sie leistet sich keinen Luxus, nichts Überflüssiges und keine Verschwendung. Alles in ihr ist ökonomisch, hat seinen Platz und seine Funktion. Und dennoch weist die Natur eine immense Schönheit und Vielfalt auf.

Spüren Sie ihrem Geheimnis in den Regungen echter und tiefer Liebe nach. Seien Sie sensibel dafür, wo sich das Ego zu sehr breitmachen will oder wo gemeinsam gelebter Pomp im Äußeren ein Bild der Überfülle bietet. So sollte man auch Gefühle nicht aufs Spiel setzen und eine stille Dankbarkeit entwickeln für die Liebe, die man im Leben bisher erhalten durfte. Auf diese Weise kann man die Höhepunkte gemeinsamen Erlebens oft etwas länger nachspüren, wie überhaupt die Energie stabiler wird, sein Abklingen hinauszuzögern.

Das Urteil

Die Größe. Erfolg (Gelingen).
Der König erreicht Größe.
Ohne Traurigkeit sollte er sein wie die Sonne am Mittag.

Das Bild

Donner und Blitz kommen gemeinsam: ein Bild der Größe (der Fülle). So entscheidet der Edle in Prozessen und führt die Strafen aus.

Oben der Donner, unten das Licht (bzw. der Blitz). Sie kommen gemeinsam. In seiner Machtfülle stellt das Hexagramm auch die ausführende Gewalt dar, während Donner und Blitz gleichzeitig auch vom drohenden Strafgericht selbst künden, wenn etwas nicht stimmt.

Erste Linie

Wenn man dem Herrscher begegnet,
so mag man zehn Tage das Zepter mit ihm teilen.
Es ist kein Fehler. Hingehen findet Anerkennung.

Innere Klarheit und entschiedenes Handeln bereiten den Augenblick der Fülle vor. Nur der große Mann (ein charakterlich sich entwickelnder Mensch) wird Bedeutsames erreichen, echte Höhepunkte des Lebens, die weit über den Augenblick hinausreichen.

Was man vorhat, wird am besten im Zusammenspiel mit anderen gelingen. Intelligente Anlagen und Fähigkeiten ziehen sich gegenseitig an. Zuerst ist da der weise Charakterzug, das Überlegte und Ruhige. Dann kommen Initiative und Tatkraft belebend hinzu. So findet die ideale Ergänzung statt. Hier entsteht gelegentlich auch Zusammenarbeit zwischen Menschen, die von vornherein eher kurzfristig angelegt ist – das gegenseitige Sich-die-Bälle-Zuspielen, wenn alles gut läuft und sich prima entwickelt.

Eine Weile wird man sozusagen das Zepter teilen. Dann geht das vorübergehende Teamwork in beständigere Zusammenhänge über. So fängt auch die Ehe oder jede gute Partnerschaft die Schwächeperioden auf, die etwa nach maximalen beruflichen Anstrengungen oder großen mitmenschlichen Beanspruchungen auftreten. Familie und Freundeskreis bilden das Netz für den Menschen, der auf der Bühne des Lebens etwas zu bewirken hat. Dabei kann sich Fülle auch unmittelbar im Privatleben bemerkbar machen, und auch hier ist die Hochkonjunktur eher kurzlebig. Es müssen dauerhafte Werte vorhanden sein, die der Gemeinschaft Bestand über den Tag hinaus verleihen.

Zweite Linie

Der Schild der Verfinsterung ist so groß, daß man am Mittag den Polarstern sieht. Durch Anstrengung und Willen erreicht man nur Anfeindung und Mißtrauen. Doch Wahrheit fördert das Heil.
Etwas hat sich vor die innere Sonne geschoben. Ringsumher sind bestechliche Verhältnisse, übersattes Besitzen, Dekadenz und geistige Unempfindlichkeit bemerkbar. Sie trennen den bemühten Menschen von seinen Energiequellen, die ihm Kraft, Kreativität und Inspiration geben könnten.

Auf die Partnerschaft bezogen, bedeutet es zum Beispiel, daß zu sehr materielle Maßstäbe, aber auch emotionale Verwöhntheit vorherrschen mögen. Das Licht der Persönlichkeit (Symbol: die Sonne) ist so bedeckt, als könnten Menschen am Tag den Polarstern am Himmel sehen (Ausmaß der Verfinsterung).

Solch eine Phase (süßlich-fauliger) Fülle ist aber durch Liebe zur Wahrheit zu überwinden. Wer das Herz auf dem rechten Fleck behält und sich redlich bemüht, innerlich sauber zu bleiben, überwindet die Versuchung. Übersättigung und Selbstgefälligkeit verlieren dann an Einfluß. Im Moment darf man jedoch nicht energisch den Augiasstall ausmisten. Vielmehr ist es klug, mit sich selbst und anderen pädagogisch vorzugehen. Das Ganze soll den Charakter einer Lernerfahrung haben. Es kommt sonst zu erbitterten inneren oder äußeren Konflikten.

Dritte Linie

Gestrüpp – schwere Wolken. Er bricht sich seinen rechten Arm. Kein Makel.
Dekadenz breitet sich weiter aus. Alles Banale und Gewöhnliche gewinnt nun zusätzlich an Einfluß. Glitzer und Scheinwelt verdrängen geistige Kultur. Aufgeputschte Stimmungen, vordergründige Heiterkeit und Aus-

tausch oberflächlicher Floskeln mögen sich im Moment in der Beziehungswelt geltend machen. Es ist als ob der menschliche Horizont – hier im Mittelpunkt seelischer Überschattung – von Gestrüpp und schweren Wolken verdeckt ist. Man sieht nichts, was Anlaß zu wirklicher Freude geben könnte.

Wirklich wichtige Signale, die zwei Menschen sich womöglich zukommen lassen – etwa daß man doch ernste gemeinsame Bedürfnisse hat –, bleiben unbemerkt. Im momentanen Klima – durch wen auch immer verursacht – gehen sie unter. Da alles, was hilfreich sein könnte, behindert ist, beschreibt die Linie die Situation so, daß dem Gehilfen des Fürsten der rechte Arm gebrochen sei. Er kann nichts für den Herrscher (mein Ich) tun. Es deutet einiges auf eine unglückliche Verkettung von Umständen hin, so daß es müßig wäre, die Schuldfrage zu erheben.

Vierte Linie

Der Schild der Verfinsterung ist immer noch so groß, daß man am Mittag den Polarstern sieht. Doch man trifft einen Herrn, der einem gleicht. Glück.

Die Verdunklung der geistigen Sonne ist im Abnehmen. Zwar ist sie – symbolisch gesprochen – immer noch so stark, daß man tagsüber die Sterne erkennt *(den Polarstern).* Doch man findet Unterstützung: Gleichgeartete Intelligenz zieht sich an. Ein Aufeinanderzugehen, das produktiv Bewegung in die Situation bringt, ist abzusehen.

Auf die innere Seelenlage bezogen, bedeutet es: Verbinden Sie Initiative, Entschlußkraft und Elan mit Weisheit, Abgeklärtheit und innerer Ruhe. Das sind die *gleichgesinnten Herren,* die zusammenkommen, um die Situation zu retten. Am Anfang steht die Tatkraft, dann kommt die ruhige Überlegung hinzu. Auf diese Weise lösen sich allmählich die negativen Verstrickungen, und ein wirkliches Happy-End ist zu erwarten.

Fünfte Linie

Bedeutendes kommt und bringt Wohlergehen und Anerkennung mit sich. Glück.

Eine große kreative und emotionale Leistung entsteht, etwas Wichtiges, das über den Tag hinauswirkt. Das ist ein großer Höhepunkt, der wirklich positive Fülle mit sich bringt.

Weise Entscheidung, menschliche Autorität und innere Gelöstheit kommen zusammen. Dadurch leistet man Nützliches für seine Umwelt, kann positive Lernprozesse in Gang setzen, andere fördern und in allem wertvolle Spuren hinterlassen. Das wirkt anziehend und macht einem Freunde. Für die Partnerschaft dürfte eventuell eine Blütezeit angedeutet sein.

Sechste Linie

Ein großes Haus. Überreiche Fassaden.
Später ist es überwachsen.
Jemand blickt durch das Tor und sieht niemand.
Drei Jahre lang ist keiner da. Unglück.

Der Blick in die Zukunft wirkt bedrohlich. Legt man zu großen Wert auf Äußeres? Hat man zu hoch gespannte Erwartungen, zu große Rosinen im Kopf?

Wahrscheinlich läßt es sich jemand hier zu gut gehen, verhält sich in mancher Hinsicht egozentrisch und überspannt. Zwar mag im Moment noch alles wohl bestellt sein. Doch irgendwann ist der Reichtum verfallen, und es kennt einen niemand mehr – so als wäre das ehemals prächtige Haus überwachsen und nicht mehr bewohnt. Wer so weitermacht, wird lange Zeit (symbolisch: *drei Jahre*) einsam sein, ein betrübliches Bild der Entfremdung und Isolation.

56. Lü

Das Reisen

Relativ vieldeutig ist dieses Urbild. Als Thema geht es um so unterschiedliche Begriffe wie Expedition, Suche, Pilgerschaft, Exil, Verbannung, Fremde, Ausland. Es läßt sich andererseits alles gedanklich miteinander verknüpfen. So erhält man das Hexagramm etwa als Mensch in den Lehr- und Wanderjahren, als Fremder in einem bestimmten Milieu, als Verirrter oder Versprengter, aber auch als geistig Suchender oder – konkret – als Person auf Ausschau nach einem Partner, nach einem Standpunkt oder nach innerer oder äußerer Heimat.

Sicher ist es dabei nicht unerheblich, ob man sich freiwillig in das Ganze hineinbegeben hat oder ob man gezwungenermaßen auf Reisen (in der Fremde) ist. Doch unabhängig davon kommt es wesentlich darauf an, was man aus der Situation macht.

Wurde zum Beispiel jemand mehr oder weniger aus einer Gemeinschaft ausgeschlossen, wenn man so will ein ›Verbannter‹, und sucht sich nun der Lage so anzupassen, daß er bestimmte Lehren daraus zieht, zum Beispiel hinsichtlich des eigenen Handelns oder ganz allgemein im Hinblick auf menschliche Wertvorstellungen, wechselt er schon seine Rolle: Er wird zum Suchenden. Dabei wird er sowohl nach sinnvollen Einstellungen als auch nach befriedigenden Lebensbedingungen suchen.

Er beginnt dabei eventuell, sich selbst tiefer zu verändern, und findet Zugang zu neuen Horizonten und Perspektiven – dies als positives Beispiel. Umgekehrt kann man bei mangelnder Instinktgrundlage und falscher Einschätzung der eigenen Situation in manchen Fällen auch jeden Bezugspunkt verlieren. Da ist jemand auf der Suche nach einem neuen Partner, hat zu seinem Vorleben alle Brücken abgebrochen, erlebt eine Vielzahl großer und kleiner Frustrationen, stellt nach jedem Kennenlernen immer höhere Ansprüche, fühlt sich irgendwann von allem mißverstanden und brüskiert zu guter Letzt auch noch seine Freunde und Bekannten.

Im Vorteil ist dagegen eigentlich schon mal derjenige, der erkennt, daß das ›Unterwegssein‹ im Normalfall eine relativ labile Situation darstellt, in der es darauf ankommt, gute Freunde, Weggefährten und Einflüsse zu suchen. Man pflege den Kontakt zu freundlich gesonnenen Menschen, erweise sich dankbar für so etwas wie erwiesene Gastfreundschaft, für eine gute Zeit, etwas Nähe, Wärme, Zuwendung. Man intensiviere Verbindung zu bestimmten Gewohnheiten, Bezugspunkten, vertrauten Bildern und positiven Erlebnissen. In der Weise wird die zunächst unsichere Identität des Menschen in der Fremde stabilisiert und geschützt. Sie kann sich aufbauen und weiterentwickeln. Was vorher fremd war, bekommt Gelegenheit, einen heimischen oder anheimelnden Charakter zu bekommen. Man wächst hinein.

Andererseits suche man einen besseren Ort, wenn Entgegenkommen trotz allen Bemühens und guten Willens, trotz intelligenter Handlungsentwürfe und positiver Grundeinstellungen nicht zu finden ist. Man vermeide innerlich beschädigende Einflüsse. Auch gewagte Experimente sind nicht geeignet, wenn man quasi allein ist, ohne Führung, ohne Hilfe, an einem fremden Ort.

Man setze auf bewährte und erprobte Verhaltensmuster, Haltungen und Einstellungen, mit denen man unter ähnlichen Umständen schon gute Erfahrungen gemacht hat. Dabei zeige man sich aber auch flexibel und anpassungsfähig. Somit ist es zum Beispiel immer gut, sich gleichsam nach der Mentalität ›von Land und Leuten‹ zu richten. Sollte man aber feststellen, daß die Suche nach dem, was geistig, seelisch und sozial dem Menschen Nahrung geben kann, dort wo man sich aufhält nicht mehr ergiebig ist, so ziehe man weiter – einem neuen Ort, einem neuen Standpunkt, Interessengebiet oder menschlichen Einfluß entgegen. Es ist dann das Signal, beweglicher zu werden, etwas zu unternehmen, zu handeln.

In dem Sinne weiß die Symbolik auch von Verträumtheit, geistigem Unausgeschlafensein, verbummelter Lebenseinstellung zu berichten. Man scheint eventuell schwer in Gang zu kommen, wo es erforderlich und sinnvoll wäre, neue Impulse zu suchen.

Wie das Hexagramm in seiner unbewegten Form zu deuten ist, kann im Einzelfall etwas schwer zu beurteilen sein. Das Geheimnisvolle des Zeichens gründet ja gerade darin, daß es so vielschillernd ist. Indem man mehr oder weniger meditativ dieses Rätsel zu ergründen sucht, gelingt es einem manchmal schon ein Stück von der Qualität der Situation zu verändern. Auseinandersetzung und veränderte Wahrnehmungsgewohnheiten bringen oft Wandel. Und das bedeutet: Der Mensch zieht innerlich weiter auf der Suche nach Einsicht.

Das Urteil

Das Reisen: kleiner Erfolg.
Dem Reisenden bringt Beharrlichkeit Glück.

Wer innerlich den Zustand erlebt, der einer schweren Reise entspricht, der sollte nach außen zuvorkommend sein und – wie man heute sagen würde – kleine Brötchen backen. So findet er Unterstützung und manchmal auch innere Herberge. Was er sich im kleinen vornimmt, läßt Gelingen erwarten. Dabei soll man ausdauernd und beharrlich widrige Umstände überwinden, gerade so, als befände man sich auf einer schwierigen Expedition in unbekanntes Land.

Das Bild

Feuer auf dem Berg: ein Bild des Reisens.
So ist der Edle klug und vorsichtig bei der Verhängung von Strafen und verzögert die vorgebrachten Fälle nicht.

Schon weit in der Ferne sieht der Wanderer das Feuer auf dem Berg. Sein heller Schein bleibt aber nicht lange an einem Ort. Er zieht schnell weiter auf der Suche nach Nahrung. Dieser Teil der Symbolik behandelt die positiven Seiten des Reisens in der Fremde: geistige Suche, Pilgerschaft, Entwicklung.

Dann werden aber auch die negativen Seiten angesprochen, jedoch mit einem tröstlichen Grundgedanken. Wer sich im Exil befindet, irgendwo draußen auf Wanderschaft oder in der Entfremdung, sollte wissen, daß Strafen, die dort auf ihn fallen, normalerweise eher einen vorübergehenden Charakter haben. Das innere Gefängnis, in dem man sich vielleicht gerade befindet, soll nicht als Dauereinrichtung verstanden werden, sondern als Ort, wo man ein ›Gast‹ besonderer Art ist, gekommen, um über innere Verschuldung und menschliche Fehlentscheidungen nachzudenken. Entsprechendes läßt sich dann im Grunde auch auf Menschen anwenden, denen man selbst zu grollen hat. Auch ihre Verbannung ins geistige Exil sollte von befristeter Dauer sein. Man sei *klug und vorsichtig in der Verhängung von Strafen.*

Erste Linie

Wenn der Reisende sich mit kleinlichen Dingen abgibt,
so zieht er sich dadurch Unglück zu.

Dies ist eine Warnung, sich nicht zu erniedrigen oder anzubiedern. Ein einfaches Beispiel aus dem Berufsleben: Wer zum Beispiel als Reisender einer Firma Kunden durch plumpe Vertraulichkeit oder durch unangebrachte Witze auf seine Seite zu bekommen versucht, wird nur Verachtung ernten. Dieser Gesichtspunkt läßt sich auf viele Lebensbereiche übertragen. Man sollte nie seine menschliche Würde aufgeben. Bei aller Bescheidenheit und Freundlichkeit wird sie sich doch als natürliches Selbstbewußtsein in Körperhaltung, Sprache und Gestik ausdrücken. Dazu gehört natürlich auch eine feine Zurückhaltung, die unterscheiden kann, wo Vertrautheit hingehört und wo nicht.

Zweite Linie

Der Reisende erreicht eine Herberge.
Er trägt Wertsachen mit sich.
Er gewinnt das Vertrauen und die Treue eines
jungen Dieners.

Die Linie beschreibt einen Menschen, der sich auch in fremder Umgebung oder unter ungewohnten Umständen nicht verliert. Er trägt ein geistiges Zuhause in sich, die Herberge, von der hier die Rede ist. Weil man in dieser Weise einen ruhenden Pol, ein persönliches Zentrum besitzt, wird man auch überall gern aufgenommen. Zudem zeigt man sich freundlich, bescheiden und zurückhaltend. Durch diese angenehme Art gewinnt der Mensch selbst in Bereichen, in denen er sich nicht gut auskennt, schnell Hilfe und Unterstützung *(ein junger Diener).* Die Verhältnisse gestalten sich somit schon bald entgegenkommend.

Dritte Linie

Der Reisende verbrennt seine Herberge.
Er verliert das Vertrauen des jungen Dieners.
Gefahr.
Hier spielt jemand den Elefanten im Porzellanladen. Wenn man genügend Rückhalt besäße, würde das noch gehen. Doch im Grunde ist man ein Fremder, verhält sich aber, als würde man schon eine Ewigkeit zu den Leuten dazugehören und hätte ungeheuer viel zu melden. Womöglich mischt man sich in Dinge ein, die einen absolut nichts angehen. Auch Wichtigtuerei wird von dieser Linie angesprochen, oder jemand benimmt sich schlicht so, wie es etwa kein angenehmer Tourist in einem fremden Land tun würde. Um die Sache voll zu machen, vergrault man auch noch die Menschen, die einem nahestehen (den *jungen Diener*). Man verhält sich ihnen gegenüber irgendwie fremd und arrogant. Das alles ist so, als hätte man seine Herberge angezündet. Orientierung und Bezugspunkte müssen auf diese Weise verlorengehen. Die eigene Position ist gefährdet.

Vierte Linie

Der Reisende findet Ruhe an einem Zufluchtsort.
Er erlangt wertvollen Besitz und eine Axt.
Er wird nicht froh.
Irgendwie bietet sich Ihnen in der gegenwärtigen Situation so etwas wie ein Fundament oder vorübergehend auch ein Ruhepol. Da Sie bei innerer Stärke *(die Axt)* doch eine dezente Art, ein taktvolles und konziliantes Wesen entwickeln, gelingt es Ihnen nicht nur, wohlgelitten zu sein. Sie erwerben auch inneren Besitz. Allerdings ist die Lage nicht sicher. Sie müssen stets auf der Hut sein, ständig bereit, Ihre Position ggf. zu verteidigen. Man bleibt in gewisser Weise eben doch der Fremde in einem andern Land.

Fünfte Linie

Mit dem ersten Pfeil schießt er einen Fasan.
Schließlich folgen Lob und Amt.

Staatsdiener in entlegenen Landesteilen führten sich bei den jeweiligen Fürsten mit einem Fasan als Jagdgeschenk ein. Wenn einer den Vogel mit dem ersten Pfeil erlegte, so trug ihm das Anerkennung und gute Voraussetzungen für ein Regierungsamt ein. Auf den zwischenmenschlichen Alltag übertragen, erweist sich hier jemand als geschickt, so daß er etwa auch in fremder Umgebung schnell mit bestimmten Dingen umzugehen lernt. Er löst die Dinge auf recht elegante Art und findet sich gut zurecht. Das bringt nicht nur Anerkennung, sondern man kann auch gesellschaftlich wichtige Funktionen erwerben.

Sechste Linie

Dem Vogel verbrennt sein Nest.
Der Reisende lacht am Anfang, und später klagt er.
Durch Unachtsamkeit verliert er seine Kuh. Unheil.

Wie R. Wilhelm schreibt, bedeutet der Vogel, dem sein Nest verbrennt, den Verlust des Ruheortes. Das entsteht durch Unvorsichtigkeit, insbesondere dann, wenn jemand sich in fremder Umgebung oder unter nicht vertrauten Lebensumständen vorbeibenimmt. Man hat zum Beispiel noch nicht so ganz Vertrauen gewonnen, gibt sich aber unangemessen locker und leutselig *(erst lacht der Reisende, später klagt er).*

Anders ausgedrückt: Manchmal kennt man die Menschen oder Angelegenheiten zwar, die einem begegnen. Dennoch muß man die Situation erst abschätzen, wie man sich im Moment gerade geben und welche menschlichen Risiken man eigehen kann. Dabei ist besonders die gesellschaftliche Anpassungsfähigkeit zu beachten, die hier durch das sanfte Wesen der Kuh symbolisiert wird.

57. Sun

Das Sanfte (Das Eindringliche/Der Wind)

Beständige kleine Bemühungen in eine bestimmte Richtung sind hier gemeint. Das unablässige, stille Wirken zwischenmenschlicher Diplomatie kommt in dem Doppelzeichen (zweifach Wind) zum Tragen. Unterstrichen wird dieser Gedanke dadurch, daß es das Zeichen als Tugend würdigt, sich nicht herauszustellen oder zu produzieren. Das Wirken im Hintergrund, ein unauffälliges Fädenknüpfen hat viel mehr Bedeutung. Hierbei sollte man jedoch auch darauf achten, nicht bis zur persönlichen Farblosigkeit Zurückhaltung zu üben. Genauso darf fortwährendes Bemühtsein im stillen nicht bedeuten, den eigenen Willen unterentwickelt zu lassen. Irgendwann einmal wird es darauf ankommen, eine Sache auf den Punkt zu bringen. Damit sich die im übrigen sicher sehr wertvolle Ausdauerhaltung nicht in vergeblicher Anstrengung erschöpft, bedarf es gelegentlich einer Kontrolle der eigenen Strategien, seiner Überzeugungstalente und auch der grundsätzlichen Möglichkeiten in einer Situation.

Die Chancen, die mit der Symbolik zusammenhängen, liegen letztlich gerade darin, eigene Suggestivkraft und unterschwellige Wirkungsmöglichkeiten zur Geltung zu bringen. Man muß sie allerdings entdecken, systematisch weiterentwickeln und zum Einsatz bringen.

Viel hat der Sinn des Zeichens mit innerer und äußerer Beweglichkeit zu tun (der Wind, der mal aus der einen und mal aus der anderen Richtung kommt). Hier sind also Flexibilität und Anpassungsfähigkeit an äußere Erfordernisse gefragt. Man muß auch rechtzeitig merken, wann man normalerweise mit seinem Latein am Ende wäre.

Dann ist alles nochmals zu überdenken. Zum Beispiel: Komme ich hier überhaupt zum Zuge? Auch wenn man das nicht immer bejahen kann und wenn man eventuell sogar mehrfach seine Taktik umstellen muß, liegt die Chance des Augenblicks darin, durch beständigen Einfluß in eine Richtung etwas zu bewirken.

Als Vergleich mag der Wind dienen, der immer in die gleiche Richtung weht: Man erkennt seine Kraft, die er über lange, lange Zeit ausgeübt hat, am Wuchs der Bäume, die etwa an bestimmten Berghängen wachsen oder am Sand, den er an einer Stelle abgetragen und woanders angehäuft hat.

Das heißt zum Beispiel: Wenn Sie die Liebe eines Menschen suchen, wenn Sie in der Partnerschaft bestimmte Vorstellungen verwirklichen wollen oder ganz allgemein Einfluß auf einen Menschen oder eine Gruppe wünschen, dann kommt es im Moment auf den langen Atem an. Bleiben Sie am Ball.

Dazu gehört eine Haltung unentwegter Achtsamkeit, mit einem Blick fürs Detail, für das, was jede Minute und jede Sekunde passiert – der Aufmerksamkeit eines Sportlers vergleichbar, der unentwegt seine Chancen im Auge hat, elastisch wechselnden Bedingungen folgt und im richtigen Moment handelt. Wenn man also auch seine kleinen zwischenmenschlichen Taktiken in Liebe und Ehe gelegentlich wechseln wird, so bleibt das einmal gewählte Ziel in diesem Fall doch gleich. Dazu gehört es nicht nur, Fingerspitzengefühl zu entwickeln, oft ist es auch sinnvoll, sich einem Prozeß wechselseitiger Beeinflussung auszusetzen. Denn das vorliegende Hexagramm ist ein Zeichen der Kommunikation, was noch unterstrichen wird, wenn es in seiner unbewegten Form erscheint. Beeinflussen Sie also, indem Sie sich auch selbst beeinflussen lassen. Betreiben Sie Ihr Anliegen fair und sensibel für die Bedürfnisse des anderen. Wenn Sie darauf eingehen, bestehen gute Voraussetzungen, daß Sie ihn überzeugen können.

Das Urteil

Das Sanfte (das Eindringliche): kleiner Erfolg.
Es ist fördernd (von Nutzen), irgendwohin zu gehen.
Es ist nützlich, einen großen Mann aufzusuchen.

Wenn man durch andauernden Einfluß, aber ohne viel Aufhebens wirkt *(kleiner Erfolg),* so sollte man ein bestimmtes Ideal oder bewährtes Modell vor Augen haben *(den großen Mann aufsuchen),* um sich daran immer wieder zu orientieren. In diese Richtung lassen sich sinnvolle Aktivitäten entwickeln *(von Nutzen, irgendwohin zu gehen).*

Das Bild

Wind folgt auf Wind: das Bild des Eindringlich-Sanften.
So verbreitet der Edle seine Gebote in die vier Himmelsrichtungen und verfolgt seine Geschäfte.

Erste Linie

Vorrücken und Zurückweichen.
Fördernd (von Nutzen) ist die Festigkeit eines Kämpfers.
Das Wesen des sanften Einflusses zeigt in manchen Fällen Züge von Unentschlossenheit. Da springt jemand innerlich hin und her, drängt mal vorwärts, um sich beim nächsten Widerstand bereits zurückzuziehen. So wird das Sanfte oft eher zum Laschen und Lauen.

Eine bestimmte Entschiedenheit und vor allem Selbstdisziplin ist schon erforderlich. Richtig ist es, einen beständigen sanften Einfluß auszuüben. Sie sollten sich als Kämpfernatur zeigen (ähnlich wie ein guter Verkäufer, der freundlich aber eindringlich spricht. Er weiß genau, was er will). Es gilt also, ein Ziel im Auge zu behalten und gerade hier auf den Punkt zu kommen.

Zweite Linie

Wind unter dem Bett.
Man fragt viele Priester und Seher.
Glück. Kein Makel.

Es gibt manchmal recht unmerkliche Einflüsse, die in die eigene Psyche einzudringen vermögen, so wie ein sanfter Luftzug unters Bett gelangt. Um solche Dinge ans Licht zu bringen, holt man Rat bei Seelendoktoren, Wahrsagern, Therapeuten oder befragt das Orakel. Manchmal kann man nur auf diese Weise Klarheit bekommen und vermag so, seine Psyche zu schützen. Es geht um unterschwellige Beeinflussung, deren man sich bewußt zu werden hat. Wenn man sich gegen ihr allmähliches Eindringen in die eigene Seele zu schützen weiß, ist das sehr positiv.

Dritte Linie

Wiederholtes Eindringen in den Gegenstand der Betrachtung. Beschämung.

Durch dauerndes Nachdenken, Grübeln und immer wieder in die Materie eindringen wollen, wird jemand zum Zauderer. Er vertieft sich so, daß er nichts Vernünftiges mehr bewirkt.

Vierte Linie

Reue schwindet.
Man fängt drei Arten Wild auf der Jagd.

Tatkraft, Zielstrebigkeit und Diplomatie im Vorgehen *(drei Arten Wild)* werden vereint. Dadurch zeigt man sich einerseits anpassungsfähig, (intellektuell wendig), lebt aber genug vom Körper und gesunden Instinkten her, daß vitale Energie in die Situation einfließen kann.

Fünfte Linie

Beharrlichkeit bringt Glück. Reue schwindet.
Nichts, das nicht förderlich wäre.
Kein guter Anfang, aber ein gutes Ende.
Vor der Änderung drei Tage, nach der Änderung drei Tage. Glück.
In diesem Fall sind Kurskorrekturen am eingeschlagenen Weg vorzunehmen. Man hat gemerkt, daß die bisherigen Methoden kein geeignetes Mittel enthielten und sucht nun nach Möglichkeiten, sich der Sachlage anzupassen. Damit das Sinn hat und etwas bewirkt, ist zunächst eine gründliche Bestandsaufnahme erforderlich. Überprüfen Sie dann neues Verhalten in der Erprobung. Führen Sie also auch nachdem Sie Änderungen durchgeführt haben, immer wieder eine kleine Selbstkontrolle durch. Wie erfolgreich bin ich jetzt damit?

Am besten fährt man so lange damit fort, bis sich ein neues Verhalten wirklich bewährt hat und zum Repertoir geworden ist. Man denke also immer ein wenig daran: Auch in einer wunderschönen und romantischen Angelegenheit wie der Liebe gibt es häufig genug Situationen, in denen Herz und Verstand zusammenwirken sollten.

Sechste Linie

Eindringen (Wind) unter dem Bett.
Er verliert seinen Besitz und seine Axt.
Beharrlichkeit bringt Unheil.
Man ist zwar in der Lage, unterschwelligen Einflüssen, die sich immer wieder negativ bemerkbar machen, auf die Spur zu kommen (sie lassen sich bis in den letzten Winkel, also bis unters Bett verfolgen), aber man hat nicht die Kraft sich überzeugend dagegen zu wehren. Wenn das so ist, sollte man sich lieber nicht weiter damit beschäftigen. Man könnte an der Sache doch nichts ändern und wäre nur unnötig beunruhigt.

58. Dui

Die Freude

Erneut will eines der acht Doppelzeichen des I Ging Sie mit Ihrem Unbewußten vertraut machen. Dui – das ist die jüngste Tochter, das Heitere, die Freude oder auch der See. Es geht um das Liebliche und Verspielte, um Sinnlichkeit und Lustprinzip, weiter um das reine schlichte Glück, das sich in einer positiven Entwicklung andeutet.

Einmal ist der Zauber der Liebe Thema des Hexagramms, aber auch die ›Verzauberung‹, das Wesen der Circe, die falsche Freude, der oberflächliche Lustgewinn oder die Suchtgefahr. Echte Begeisterung und aufgeputschte Euphorie, Lust und Laster liegen oft dicht beieinander. Die Symbolik will daher auch dazu auffordern, Trennschärfe zu entwickeln. Wo ist Freude eine echte innere Bereicherung und wo ist sie eine Scheinfreude, womöglich seelisch und sozial schädigend?

Der zentrale Gedanke ist also, eigene Befriedigung und Vorteile so zu suchen, daß hierbei niemand benachteiligt wird. Es geht auch darum, gemeinsame Glücksfähigkeit zu erreichen, so etwas wie kollektive Freude zu entwikkeln, die Lust aufrichtig mit dem anderen zu teilen. Das Ganze läßt sich außerdem auch auf Probleme für den eigenen Seelenhaushalt übertragen. Wenn bestimmte Anteile der Persönlichkeit durch einseitigen Lustgewinn oder durch – gemessen am eigenen Niveau – unwürdige Freuden beeinträchtigt werden, so sind Vorsicht und Zurückhaltung am Platz.

Umgekehrt wird alles, was sich wechselseitig innerhalb verschiedener Wesenszüge oder zwischen mehreren Menschen zu echter Freude ausnimmt, befruchtend und positiv auswirken. Man hat meist ein untrügliches Gespür dafür, wie rundum harmonisch sich das anfühlt. Lassen Sie Ihre innere Stimme zu Wort kommen – was das Zeichen bedeutet, wenn es in seiner unbewegten Form erscheint. Wenn Sie auch an andere denken und sich um innere Harmonie bemühen, dürfte es normalerweise eine recht positive Bedeutung haben.

Das Urteil

Freude: Erfolg
Ausdauer (Beharrlichkeit) in wertvollen Dingen ist günstig.

Das Bild

Zweifach der See: ein Bild der Freude.
So schließt sich der Edle seinen Mitmenschen an im Werden und Wachsen.

In der Symbolik wird noch einmal der Gedanke zum Ausdruck gebracht, daß gemeinsame Freude – Fröhlichkeit teilen zu können – in gewisser Weise mit sozialem Lernen zu tun hat. Wenn man in der Weise zusammen eine heitere Gelöstheit entwickelt, motiviert man sich gegenseitig und strahlt etwas Positives in die Umwelt aus.

Erste Linie

Zufriedene Heiterkeit. Glück (Heil).
Die Linie deutet auf eine Situation hin, in der ein Mensch aus sich heraus Freude entwickelt, glücksfähig aus der eigenen Gefühlswelt ist. Er (oder sie) ist also nicht darauf angewiesen, daß sich jemand in der Umgebung befindet, der die Freude hervorruft oder stimuliert. Auch von äußeren Anlässen ist man ziemlich unabhängig, um positiv gestimmt zu sein. Es ist die stille Freude des in sich selbst ruhenden Menschen.

Zweite Linie

Wahrhaftige Freude. Glück. Reue schwindet.
Wenden Sie sich von trivialen Genüssen ab. Was im Moment verlockend scheint, paßt schlecht zu einem entwickelten Charakter. Es zu verweigern, heißt Fühlung zur eigenen Wahrhaftigkeit zu bewahren, einen gewissen Ernst und erwachsene Einstellungen zur Geltung zu bringen. Wenn man sich daran orientiert, wird auch niemand versuchen, einen für schale Vergnügen zu erwärmen. Die Umgebung weiß dann instinktiv, daß man einem hiermit nicht kommen darf.

Dritte Linie

Kommende Freude. Unheil (Unglück).
Die Linie warnt in bezug auf die gestellte Frage davor, jetzt Zerstreuung und Ablenkung zu suchen. Wer nicht Freude in sich selbst trägt, wird sie auch in der Außenwelt nicht finden. Es ist ein deutliches Stopp-Schild: Verlieren Sie sich nicht an Reize, die Sie doch nicht zu befriedigen vermögen. Suchen Sie drinnen Substanz und halten Sie sich an das Echte und Wahre.

Vierte Linie

So bringt Freude zu bedenken keine Beunruhigung.
Sobald man an sich arbeitet,
hat man Grund zur Freude.
Man hat eine Versuchung einigermaßen hinter sich gelassen. Doch innerlich klingt immer noch ein Zwiespalt nach (soll ich, soll ich nicht?). In dem Fall kommt es darauf an, weiter in die Bevorzugung höherer Freuden hineinzuwachsen, Geschmack und Unterscheidungsfähigkeit zu fördern. Wenn man sich das erarbeitet, so bleibt mit der Zeit ein Bodensatz an Erfahrung, von dem aus ein Rückfall in weniger entwickelte Bedürfnisse kaum noch möglich wäre. Das kommt allerdings nicht von selbst,

sondern ist ein geduldiger Lern- und Erfahrungsprozeß. Man muß schon etwas dafür tun. Bevor es endgültig zu einem gehört, muß es auch in den scheinbar unbedeutenden Kleinigkeiten des Alltags eingeübt und eingeschliffen werden.

Fünfte Linie

Auseinandersetzung mit dem Zersetzenden ist gefährlich.
Man stellt sich einer Gefahr oder Versuchung, will dagegen angehen. Doch die negativen Einflüsse (auch in einem selbst) machen hier von der ›Umarmungstaktik‹ Gebrauch. Unmerklich wird man während des Gegenankämpfens infiziert. Dies ist eine schleichende Gefahr (zum Beispiel Verführung). Man sollte sie rechtzeitig durchschauen. Wenn das gelingt, bleibt man von Schaden verschont.

Sechste Linie

Verführende Freude.
Nicht der Zauber einer wunderschönen Verführung ist hier gemeint, die als großes Thema die Lyrik der Jahrhunderte beflügeln konnte. Vielmehr geht es um verführerischen Lustgewinn, der zu innerem Substanzverlust führt – der schäbige Fehltritt, niveauloses Herabsinken, pure Ego-Befriedigung, sozial schädigende Freuden.

Durch Lebenserfahrung wird man aufmerksam dafür, was dem Ich nur schmeicheln will und irgendwann zu Lasten des Gewissens geht. In dem Sinne kann es auch um vermeintliche Freude gehen, um etwas, was zunächst recht schön und gut aussieht, nachher aber doch seine erheblichen Haken hat. Zum Beispiel wollte man zu schnell einen Spannungszustand, ein Gefühl innerer Unbefriedigung überwinden und gelangte in mancher Hinsicht vom Regen in die Traufe. Auf jeden Fall können solche Gefahren durch die Linie angezeigt sein, und man sollte überlegen, wie sie auszuklammern sind.

59. Huan

Die Zerstreuung (Die Auflösung)

Das Hexagramm hat eine sehr schlichte und gleichzeitig schöne Bedeutung: Oben steht das Sanfte (die behutsame Annäherung), unten die Gefahr, auf die man vorsichtig zugeht. Durch einen langsamen vorsichtigen Prozeß soll eine Störung Schritt für Schritt beseitigt werden. Es ist die Auflösung einer Depression, seelischer Gefährdung oder Entfremdung. In der Partnerschaft oder ganz allgemein in unseren Beziehungen gibt es zunächst jedoch Aspekte, die es schwermachen, den anderen zu erreichen. Wahrscheinlich ist man noch etwas in sich gefangen. Einzelinteressen mögen vorübergehend dominieren, oder ein Beziehungsverlust drückt sich darin aus, daß es an verstehenden Worten, hilfreichen Gesten oder emotionaler Wärme fehlt. So fordert die Auflösung des inneren oder äußeren Hindernisses ein bestimmtes Einfühlungsvermögen. Auf sanfte und einfühlsame Weise sollen die kleinen Hemmnisse und Barrieren beiseite geräumt werden, die sich irgendwann einmal festgesetzt haben. Indem jeder damit bei sich selbst anfängt, wird er um so glaubhafter, wenn er auch dem anderen Menschen in der Hinsicht helfen will.

Am besten ist es, wenn ein wechselseitiger Prozeß entsteht. Seien Sie dann einfach bei dem anderen, folgen Sie aufmerksam seinen Äußerungen, interessieren Sie sich für ihn, und fragen Sie auch mal nach. All das hilft dann besonders, wenn Sie sozusagen Verständnis aus dem Bauch heraus entwickeln. Gehen Sie gefühlsmäßig mit. Dazu kann zwischendurch auch eine aufmunternde Bemerkung gehören oder eine Mitteilung, was gerade in Ihnen vorgeht.

Man achte außerdem darauf, eine gemeinsame Sprache zu finden, und knüpfe an kleine schon Tradition gewordene Gewohnheiten in der Partnerschaft oder Beziehung an, die Nähe herstellen, gewisse Wiedererkennungsmerkmale, die sich zwischeneinander eingespielt haben. Auf diese Weise baut man an der Brücke zum anderen Menschen und findet auch für sich selbst Vertrautes, einen gemeinsamen Rahmen, der alles wieder mehr an seinen Platz bringt.

Im Prinzip geht es einfach darum, gestaute Energien, zurückgehaltene Empfindungen wieder in Fluß zu bringen. Dadurch werden innere Anteile in einem selbst wieder integriert, und auch in meinem Gegenüber wird erneut etwas ganz, rund und vollständig.

Da das Hexagramm ›die Auflösung‹ wie wenig andere Zeichen eigentlich keine negative Linie hat, kann es als freundliche Aufforderung verstanden werden, aufeinanderzuzugehen oder auseinanderstrebende Teile in einem selbst zu befrieden. Es sind alle Voraussetzungen dafür gegeben, gerade auch, wenn man das Zeichen in seiner unbewegten Form erhält. Wichtig ist es allerdings, sich mit beständigem Bemühen dafür einzusetzen.

Das Urteil

Die Zerstreuung (die Auflösung): Gelingen.
Der König naht dem Tempel.
Fördernd (von Nutzen) ist es,
das große Wasser zu durchqueren.
Nützlich ist Beharrlichkeit.

Das Bestreben, Trennendes aufzulösen, so wird hier gesagt, hat Gelingen. Dafür ist es notwendig, das Ich *(den König)* an zwischenmenschlichen Traditionen *(Tempelzeremonien)* teilhaben zu lassen, heißt, verbindende

Gesten und Gewohnheiten zu pflegen. Gemeinsame Pläne, Vorhaben und Projekte wirken in die gleiche Richtung (zum Beispiel eine neue Wohnung, ein gemeinsames Geschäft, eine Reise, ein Hobby). Wenn man diese Dinge zusammen meistert, ist man in der selben Lage wie Menschen, die etwa in einem Boot *das große Wasser durchqueren.* Es wird jedoch nur dann befriedigend gelingen, wenn man beharrlich eigenen Egoismus zu überwinden sucht (zum Beispiel auch Energie loslassen, nichts an Gefühlen in seinen Körper einschließen wollen usw.).

Das Bild

Wind, der über Wasser weht:
ein Bild der Zerstreuung.
So brachten die alten Könige
Opfer dar und bauten Tempel.

Hier nochmals der Hinweis auf gemeinschaftliche Zeremonien, Rituale usw. Sie lösen verhärtete Empfindungen und Körperteile, wie der Wind im kommenden Frühjahr das Eis auf den Flüssen schmelzen läßt.

Erste Linie

Hilfe mit der Macht eines Pferdes.
Handeln Sie, bevor sich erste Zeichen der Entfremdung zeigen. Sie haben jetzt die beste Möglichkeit, vorbeugend negative Entwicklungen zu bekämpfen. In der Ferne wird einigermaßen deutlich eine Störung deutlich, was aber günstig ist, da Sie auf diese Weise rechtzeitig gewarnt sind. Dabei symbolisiert das Pferd innere Stärke und schnelles Handeln – beides sinnvolle Tugenden in Ihrer Situation.

Zweite Linie

Bei der Zerstreuung des Hindernisses ergreift er eine Stütze. Reue schwindet.
Die Störung liegt in einem selbst. Abkapselung oder Linksliegenlassen, Entfremdung oder Verleugnung des eigenen Anteils an der Situation würden bestimmt nichts bringen, auch wenn man im ersten Moment dahin tendieren mag. Doch indem man sich seiner eigenen Verhärtungen und negativ aufgeladenen Gefühle bewußt wird, hat man Gelegenheit sie zu überwinden. *Stütze* wird man darin finden, auf andere Menschen zuzugehen, sich kooperativ zu verhalten, etwas zur Konfliktlösung beizutragen.

Dritte Linie

Das Ich auflösen. Keine Reue.
Hier geht es darum, über sich selbst hinauszuwachsen. Was gegenwärtig zur Diskussion steht, stellt eine so große Aufgabe dar, daß man sich selbst einmal völlig vergessen muß. In diesem Zusammenhang werden Sie merken: Wenn es Ihnen wirklich gelingt, Ego-Strukturen tiefer zu überwinden, kommen Sie ganz stark an eine Sache heran. So gelingt es Ihnen vielleicht, die Welt für ein paar Momente aus den Augen des anderen wahrzunehmen. Sie lernen ein wenig, seine Gedanken zu denken und ihn zu verstehen. Das kann einen manchmal erschöpft zurücklassen. Aber man wird den seelischen Krafteinsatz hier nicht bereuen.

Vierte Linie

Sich von seiner Gruppe lösen. Großes Glück.
Gewöhnliche Menschen sind dazu nicht in der Lage.
Im Moment sollte man besonders darauf achten, sich nicht von persönlichen Neigungen oder vorgefaßten Meinungen, insbesondere nicht von Gruppenvorbehalten und Vorurteilen, die man zu zweit aufgebaut hat, leiten zu lassen.

Auch das Bild von einem Menschen, der einem sehr nahesteht, sollte sich nicht immer nur auf dem gründen, wie man den anderen schon lange zu kennen glaubt. Private Motive sollten in der Beurteilung der Frage einmal weniger eine Rolle spielen. Das ist fast so, als wenn sich jemand von seiner vertrauten Sippe trennt und seinen Besitz unter den Leuten aufteilt.

Das Ganze ist schwer, doch sieht man sich dadurch in der Lage, einmal nicht so sehr in engen Rastern und schmalen Blickwinkeln eine Situation zu bewerten. Es geht hier um eine höhere Objektivität, einen Standpunkt über den Dingen.

Fünfte Linie

Auflösung unter Schweiß und lauten Rufen.
Ein König weilt ohne Makel.
Wie nach einem reinigenden Fieber *(Stöhnen und Schweiß)* ist eine Krise (fast) vorüber. Das Ich *(der König)* bemüht sich, die Sperre nun zu zerstreuen. Das sollte einfühlsam geschehen, sich selbst oder einem anderen gegenüber: Verstehen, begreifen, nach dem *Warum* fragen. Pädagogisch ist es, die Störung nach und nach abzutragen, mit behutsamen Worten, sachlich und neutral. Nur wenn man damit überhaupt nicht weiterkommt, sollte man vielleicht mehr Nachdruck anwenden, das heißt vor allem suggestiver werden, eventuell aber auch bestimmter sprechen, etwas mehr Energie aus dem Körper lassen.

Sechste Linie

Sein geronnenes Blut auflösen.
Weggehen, sich fernhalten, einen Ausweg suchen, ist ohne Makel.

Man zerstreut aus eigenem Interesse und auch aus Liebe zu den Seinen alle Gefühle, die an seelische Wunden, Verletzungen (geronnenes Blut) erinnern. In einer Situation, die sonst mit Verbitterung zu tun hätte, bietet sich also die Möglichkeit, nach ›Notausgängen‹ zu suchen. Es gilt, sich von bestimmten Dingen fernzuhalten, die einen Auslösemechanismus haben.

60. Chieh

Die Beschränkung

Wie jeder weiß, liegt wahre Könnerschaft oft in der Beschränkung. »Weniger ist mehr« heißt es etwa bei Schauspielern, die eine Rolle dramatisch ausgestalten und darauf achten müssen, nicht zu übertreiben. So vermeidet man unangemessene Ausdrucksformen, ist sparsam mit Worten und Gesten.

Das läßt sich eigentlich in sehr vielen Lebenssituationen anwenden. Man sagt zum Beispiel lieber etwas weniger, aber was man sagt, das sitzt. Mit ein paar Sätzen überzeugen, hinter denen wirklich innere Kraft steckt, wäre in dem Fall das Prinzip. Das legt ganz allgemein den Gedanken an haushälterischen Umgang mit vorhandener Energie nahe. Man verausgabt sich nicht und findet genau den Punkt, der weder ein Zuviel, noch ein Zuwenig bedeutet. Darin zeigt sich die Kunst richtiger Beschränkung. Sie soll unter anderem überschießende Spannungsgefälle – zum Beispiel auch im Zusammenleben – begrenzen, aber doch genügend Entwicklungsmöglichkeiten zulassen, damit alles lebendig und fließend bleibt.

Die Freiräume sollten sich im Erleben der Dinge aber gerade jetzt nicht aufdrängen, vielmehr die Rolle einer kreativen Reserve spielen, die im richtigen Zeitpunkt genutzt werden kann. Also: Der Spleen, das sich Ausspinnen und seinen Marotten nachgehen, üppig ins Kraut schießende Ambitionen, Exzesse und Überdrehungen sind im Moment – zumindest im Hinblick auf die gestellte Frage – zu vermeiden, genauso aber auch Überlastung, Streß, Pflichterfüllung bis über die Leistungsgrenze. Beschränkung ist – wie überall im I Ging – der Weg der Mitte: Übertreibungen unterlassen und – gerade im Augenblick – Vorgänge so kanalisieren, daß sie genau den für Ihre Kräfte angemessenen Energieaufwand erfordern, um effizient zu wirken. Dazu gehört Förderliches zu unterstützen und Hinderliches zu vermeiden.

So sollte man sich für ›süße Beschränkung‹ entscheiden, die zum einen rechtzeitig geschieht und zum anderen unnötige Härten vermeidet. Ihr Wesen ist Regulation und sinnvolles Eingreifen, was jeden lähmenden Charakter ausschließt. Das Gegenteil davon wäre ›bittere Beschränkung‹, ein Zustand, der im ›Buch der Wandlungen‹ nicht gutgeheißen wird.

Falls das Hexagramm in seiner unbewegten Form vorliegt, gilt es die Situation im Hinblick auf Ihre spezielle Frage genau auszuloten. Dabei wird es auch erforderlich sein, die Tatsache der Beschränkung erst einmal zu akzeptieren, sie zu verstehen und in ihrem Ausmaß zu überprüfen. Zum Beispiel: Wie kann ich durch Selbstregulation Beschränkung von außen in bestimmten Grenzen halten?

Ich nehme dann vorweg, was mir sonst die Natur oder das Schicksal an Beschränkungen auferlegen würde, ich komme dem etwas entgegen oder zuvor und vermindere dadurch das Ausmaß, das mich sonst eventuell treffen würde. Dabei signalisiere ich meinem Unbewußten gleichsam, daß ich den Sinn des Augenblicks verstanden habe. Das Lernen braucht nicht mehr so streng für mich ausfallen.

Daraus ergeben sich weitere Fragen: Wie sind meine Möglichkeiten und wie habe ich meine Mittel einzuteilen? Noch wichtiger aber: Welchen Hintergrund hat die Beschränkung? Welcher Sinn steckt dahinter – gibt es zum Beispiel einen aktuellen Anlaß, ein geistiges Entschlacken, etwas das mit der Jahreszeit oder mit meinem Lebensstil zu tun hat? Was könnten die Gründe sein?

Geht man diesen Gedanken ein wenig nach, wird man eher in der Lage sein, das Beste aus einer Zeit der Beschränkung zu machen, die so gut wie notwendig hinzunehmen ist. Erlauben Sie ihr, zur ›süßen Beschränkung‹ zu werden.

Das Urteil

Beschränkung. Gelingen.
Bittere Beschränkung sollte nicht fortgesetzt werden.

Das Bild

Wasser über dem See: ein Bild der Beschränkung.
So entwirft der Edle Maß und Zahl und mißt Tugend und Verhalten.
Wasser, das über den See hinausfließt, soll wie alles Überströmende beschränkt werden. Wer Maß und Mitte findet, wird seine Grundsätze daran ausrichten.

Erste Linie

Nicht zu Tür und Hof hinausgehen, ist kein Makel.
Man sollte seine Grenzen nicht überschreiten. Wer bestimmte Schranken erkennt, wird seine Kraft einteilen und entsprechend seiner Möglichkeiten handeln. Daher gilt es erst einmal die Einschränkung zu sehen, zu würdigen und zu begutachten. Während dieser Zeit sollte man zum Beispiel nicht darüber palavern, was man alles will und vorhat. Vielmehr sammle man im stillen Reserven und bereite sich auf den Augenblick vor. Das ist nur mit Verschwiegenheit und nüchterner Beobachtungsgabe möglich.

Zweite Linie

Man verläßt weder Tür noch Hof. Unglück.
Hier ist ein Punkt erreicht, an dem Zögern und Warten verkehrt wären. Solange Beschränkung ihren Sinn erfüllt, solle man sich entsprechend verhalten. Alles, was aber darüber hinaus geht, wäre ein großer Fehler.

Dritte Linie

Jemand beschränkt sich nicht und wird zu klagen haben. Kein Makel.

Diese Linie deutet die Gefahr an, zu sehr nach Lust und Laune zu handeln. Daraus ergeben sich u. U. Exzesse, die allerdings auch einen Sinn haben können – dann nämlich, wenn jemand merkt, daß er auf dem falschen Weg ist, und seinen Fehler einsieht. Es geht hier um Lernprozesse, daß wir in ganz bestimmten Zusammenhängen eine grundsätzliche Erfahrung von Beschränkung nötig haben. Auf diese Weise setzt mit der Zeit ein natürlicher Ausgleich ein, und alles kann wieder in normaleren Bahnen geschehen.

Vierte Linie

Zufriedene Beschränkung. Erfolg (Gelingen).

Es geht in diesem Fall um die Ökonomie der Selbstregulierung. Wo sie unangemessen Aufwand erfordert – ein beständiges Aufreiben für eine Sache –, da führt sie nicht zum Ziel und ist folglich fehl am Platz. Überall dort, wo sie jedoch ganz organisch stattfindet, mehr oder weniger natürlich zum Augenblick dazugehört, wird sie fruchtbar sein. In dem Fall wird man zufrieden akzeptieren, daß gerade eine Beschränkung stattfindet. Sie soll Energie sparen, nicht kosten. Richten Sie danach Ihre Haltung auf den Moment ein.

Fünfte Linie

Süße Beschränkung. Glück.
Unternehmungen bringen Anerkennung.
Beschränkungen, Verbote, Eingriffe in den Handlungsspielraum, dürfen nicht zur Last werden. Besonders dann, wenn Regulierungsvorgänge in Beziehung zu einem anderen Menschen eine Rolle spielen, sollte man nie mehr fordern, als man selbst auf sich nehmen könnte. Im Gegenteil, es wird sinnvoll sein, mit gutem Beispiel voranzugehen und durch eigenes Verhalten zum Nachahmen einzuladen. Damit wird man sich bestimmt Freunde machen und Achtung finden.

Sechste Linie

Bittere Beschränkung: Beharrlichkeit bringt Unglück.
Doch Reue schwindet.
Im Normalfall ist übertriebene Strenge – auch sich selbst gegenüber – immer von Übel. Sie löst nur Widerstände aus und führt zu Rückschritten in der geistigen Entwicklung. So bringt zum Beispiel Verdrängung der eigenen Sexualität nur den inneren Schatten zur Herrschaft: Nicht gelebte Anteile melden sich als Verdrängungen und Komplexe. Vielmehr gilt es immer, seine eigene Mitte zu finden, ein persönliches Maß der Ausgewogenheit. Auch im Zusammenleben mit einem anderen sollte ein einigermaßen liberales Klima herrschen – ob es nun um die Anzahl seiner täglichen Zigaretten oder um die Einhaltung des Kalorienfahrplans geht – verlangen und erwarten Sie nicht zuviel. Es könnte heftigen Protest herausfordern, und das wohl auch nicht zu Unrecht.

Denkt man einmal mehr an das, was man von sich selbst fordern kann, so kann es ganz bestimmte Fälle geben, in denen selbst auferlegte Abstinenz vor Halbheiten schützt, zum Beispiel wenn man eine Diät durchziehen will.

61. Chung Fu

Die innere Wahrhaftigkeit

Das Hexagramm erinnert an zwei Lippen, die sich treffen, den Kuß der Liebenden. So ist es gerade für Liebe, Ehe, Partnerschaft sehr günstig und läßt glückliche Entwicklungen erwarten. Dabei ist hier die aufrechte, direkte Begegnung zwischen zwei Menschen gemeint, das Zueinander-Vertrauen-haben-Können.

Das heißt zum Beispiel zu seinen Schwächen stehen, etwas bekennen, Offenheit, in dem, was man will und was man denkt. Aufrichtigkeit vermeidet nicht nur Lügen. Sie läßt auch keine Halbwahrheiten, etwa durch Verschweigen der Hauptsache zu. So etwas wäre nicht nur unangemessen, sondern wahrscheinlich auch völlig unnötig. Die Symbolik drückt nämlich Beieinandersein aus, das Teilen der Gefühle und echtes Aufeinanderzugehen. Da hat ein Paar nach vielen Krisen, vielleicht auch nach Trennung und Einsamkeit gemerkt: Wir gehören doch zusammen. Es war Unsinn auseinanderzugehen. »Komm wir brauchen uns nicht voreinander zu verstekken.«

Oder zwei Menschen, die eben zusammengefunden haben, sind gerade dabei, ihre Maske abzulegen, ein sorgsam gepflegtes Image, das man aufgebaut hatte, um dem anderen zu gefallen, um nicht verletzt zu werden, als interessanter Typ zu gelten oder nach außen keine Angriffsflächen zu bieten. Schließlich gehört es sicher auch zur Offenheit, sich Dinge mitzuteilen, die der andere nicht unbedingt gern hören mag, die aber zu einem aufrichtigen Leben dazugehören. Manchmal ist es sogar schwer, sie sich selbst einzugestehen. Aber auch das sollte geschafft werden.

Das Hexagramm hat allerdings auch eine andere Seite: Man sollte Offenheit nicht mißverstehen. Wer zum Beispiel so weit geht, all seine Schwächen immer wieder zu betonen und besonders plastisch dunkle Stellen aus seiner Vergangenheit zu schildern, sucht im Grunde Gelegenheit zur Beichte, überfordert damit aber vermutlich den anderen. Nicht nur, daß er unnötigerweise ein Negativ-Image aufbaut, kann er seine Umwelt damit auch ängstigen. So etwas begegnet einem zwar nicht immer im Extrem, dürfte in abgeschwächter Form aber gar nicht so selten sein.

Eine andere Art von Begriffsverwechslung liegt vor, wenn man meint, Offenheit hieße, einem anderen alles ins Gesicht schleudern oder ihn mit der Nase auf wunde Punkte stoßen zu können. In dem Zusammenhang gibt es recht fließende Grenzen zu allen möglichen Fettnäpfchen; eine ganze Bandbreite von Ungeschicklichkeit, Taktlosigkeit, bis hin zu brutaler Gleichgültigkeit gegenüber dem, was in einem Menschen vorgeht. Da gibt es manchmal schwer auszulotende Tonlagen, wo das eine falsche Wort alles verderben kann, die Unterhaltung plötzlich einen negativen Klang bekommt. In diesen Fällen spielt oft versteckte Aggression eine Rolle oder das Bedürfnis, dem Gesprächspartner zu zeigen, wie toll man selber ist. Und meist hat man auch ein Gespür dafür, wenn man mit solch einer Art danebenliegt.

All das, was einem manchmal an Merkwürdigkeiten und Unzulänglichkeiten in einem selbst oder bei anderen begegnet, kann sicher nicht Modell für die innere Wahrhaftigkeit sein, um die es hier geht. Sie sucht vielmehr die aufrechte Auseinandersetzung, den tapferen, ehrlichen Lebenskampf. In manchen Fällen wird dazu sicher auch ein gewisser Mut gehören. Wenn die Stunde der Wahrheit kommt, dann muß auch einmal das über dic Lippen, was nur schwer herauskommen will. Es gehört eine gewisse Sensibilität für mein Gegenüber und Instinkt für den Augenblick dazu, um abzuschätzen, was – wann – heraus muß, wie das geschehen sollte und was der andere verkraftet.

Und noch etwas anderes hat mit dem Thema Aufrichtigkeit zu tun: Es gibt Situationen, in denen man sich auch mal abgrenzen muß, zum Beispiel dann, wenn einen etwas zu sehr belasten könnte, falls man sich damit so ganz bis in die Tiefe beschäftigen würde. In den Fällen ist es für viele nicht immer einfach, die passenden Worte zu finden. Auf das Wie kommt es aber entscheidend an. Oft hat man es erst nach etlichen Malen raus, ganz selbstverständlich und natürlich zu sagen: »Du, sei mir bitte nicht böse. Aber ich habe im Moment keinen Nerv dafür. Laß uns ein anderes Mal darüber reden.«

Ein Wort sei schließlich dazu gesagt, daß eine wesentliche Voraussetzung, um anderen gegenüber aufrichtig zu sein, die Aufrichtigkeit sich selbst gegenüber ist. In seiner unbewegten Form kann das Hexagramm gerade darauf hinweisen: Sich über etwas Rechenschaft ablegen, sich Dinge eingestehen, sich ganz unvoreingenommen über etwas klarwerden. Es beinhaltet darüber hinaus vielfach jedoch den ganzen Spannungsbogen von Offenheit, Aufeinanderzugehen und Vertrauen.

Das Urteil

Innere Wahrhaftigkeit. Heil auch, wenn du Schweine
und Fische siehst. Fördernd (von Nutzen) ist es,
das große Wasser zu durchqueren.
Förderlich (von Nutzen) ist es,
beharrlich Ausdauer zu zeigen.

Durch Aufrichtigkeit werden selbst so geistlose Wesen wie Schweine und Fische mental berührt, meint dieser Vergleich. Auch im Umgang mit schwierigen Menschen muß man nur Geduld haben. Dann werden innere Wahrheit und Klarheit ihre Früchte bringen. So lassen sich auch problematische Dinge in Angriff nehmen, wie etwa das große Wasser zu überqueren.

Das Bild

Wind über dem See: ein Symbol innerer Wahrhaftigkeit. So bespricht der Edle Übertretungen, um Verurteilungen aufzuhalten.

Wind hat eine nachhaltige, eindringliche Wirkung auf das Wasser. Genauso beeinflußt die Wahrheit die Menschen. Das gewinnt auch Bedeutung darin, wie man Recht und Gerechtigkeit Geltung verschaffen sollte. Im alten China versuchte man die Motive der Täter zu erforschen. »... in ihr Inneres verständnisvoll einzudringen und dadurch eine liebevolle Beurteilung der Umstände zu gewinnen« – wie R. Wilhelm schreibt. Die moralische Überzeugungskraft richterlicher Autorität hatte so stark zu sein, daß ein Mißbrauch der Milde auszuschließen war.

Entsprechende Gedanken lassen sich natürlich leicht auf Konflikte in heutiger Zeit, etwa auf gegenseitige Übertretungen in der Partnerschaft übertragen.

Erste Linie

Bereit sein, sich wahrhaftig mitzuteilen, bringt Heil. Sind Hintergedanken da, so ist das beunruhigend.

Es geht um eine ganz einfache Sache: Offenheit sollte um ihrer selbst willen bestehen. Wer jedoch selbst argwöhnen muß, er teile sich eigentlich nur mit, damit der andere ihn spannend, besonders ehrlich oder sonst was findet, wird unsicher werden. Das gilt auch, wenn man jemanden zum ›Priester‹ macht, von ihm für die eigenen großen und kleinen Vergehen Absolution bekommen will.

Auch das Motiv über sich zu sprechen, um dem anderen damit ein Klima von Intimität und Vertrautheit zu suggerieren, kann u. U. ein Hintergedanke sein. Es kommt immer darauf an, wie manipulativ oder natürlich man das handhabt. Wenn Ihre Absichten ehrlich sind, werden Sie in Ihrem Fall nichts zu fürchten haben.

Zweite Linie

Rufender Kranich im Schatten.
Sein Junges erwartet ihn.
Ich habe einen guten Becher. Ich will ihn mit dir teilen.
Der *Kranich im Schatten* will zum Ausdruck bringen, daß es wie im Tierreich auch unter den Menschen, die einander nahe sind, bestimmte Erkennungssignale gibt, die eine mühelose Verständigung möglich machen. Im hier gewählten Gleichnis ruft der Wasservogel sein Junges aus dem Verborgenen und wird sofort erkannt. Auf ähnliche Weise breitet sich ein Wellenmuster der Sympathie aus, wenn sich Menschen mit ehrlichen Absichten und klaren Lebenseinstellungen begegnen. Die Atmosphäre hat etwas Offenes und bringt die echten Gefühle zum Ausdruck. So ist man sich gegenseitig willkommen und würde – wenn der Abend naht – auch gern *einen Becher Wein* miteinander teilen.

Dritte Linie

Man trifft auf einen Gefährten.
Erst trommelt er, dann hört er auf.
Bald weint er, bald singt er.
Dies ist das Bild wechselseitiger Abhängigkeit der Menschen untereinander. Durch die Gemeinschaft mit den anderen wird vielfach auch das eigene Stimmungsbild beeinflußt, sowohl im Lachen, als auch im Weinen. Das hat sicher auch für Partnerschaften seine Konsequenzen. So fällt es allgemein schwer, optimistisch zu sein, wenn der andere depressiv ist. Und es gehört auch zur Anteilnahme mitzufühlen, wenn es ihm schlecht geht. Dennoch wird man bemüht sein, innerhalb bestimmter Grenzen noch seinen eigenen Seelenhaushalt zu wahren.

Über diese Dinge wird man offen und ehrlich miteinander sprechen können. Wahrscheinlich gehört es zu einer guten Beziehung dazu, daß man es bejaht, miteinander im gleichen Boot zu sitzen, mehr noch: mit den Gefühlen des Partners mitzugehen und dennoch ein eigenständiges Individuum zu bleiben. Tatsache ist, daß keiner von beiden ganz unberührt bleibt von dem, was der andere denkt, fühlt und erlebt. Genauso schwappen in die Beziehung zum Beispiel auch Einflüsse aus dem beruflichen Alltag eines jeden herein. Wichtig ist nur, was man daraus macht. Dabei dürfte ein Gedanke zuversichtlich stimmen: Wenn ich mich selbst um Konfliktlösungen bemühe, mein Leben möglichst aufrecht in Ordnung halte und positive Einstellungen anstrebe, zieht das den anderen – und sei es über lange Erfahrungsprozesse mit vielen Einschnitten und Zwischenstufen – in einen wechselseitigen Prozeß hinein.

Vierte Linie

Der Mond, der beinah voll ist.
Man verliert ein Gespann Pferde. Kein Makel.
Lassen Sie sich in Träumen, Phantasien und Meditationen inspirieren. Suchen Sie in Gesprächen etwas Bleibendes und Wichtiges zu finden. Gehen Sie den echten und wahren Dingen des Lebens auf den Grund. Dies ist der Weg, etwas zu suchen, was ein wenig mit Erleuchtung, mit Ganzwerden und seelischer Evolution zu tun hat. Man wendet sich höheren und feineren Dingen zu, so wie der Mond seinen Schein von der Sonne empfängt. Dabei soll man im Zusammensein mit dem Mitmenschen Bescheidenheit gegenüber der Schöpfung empfinden, wie auch der Mond, der beinah voll ist, der Sonne als Zentralgestirn nicht direkt gegenübertritt.

Wahrscheinlich läßt sich eine entspechende Haltung recht gut dadurch verwirklichen, daß man in seinem Gegenüber etwas von der Schönheit der Schöpfung und des Lebens wiedererkennt, miteinander die Bedingungen menschlichen Daseins und seiner Begrenzungen wahrnimmt und dabei doch aufrecht und tapfer den Weg zusammen geht.

Indes sollte man, soweit es geht, in sich ruhen, seine Wahrnehmungen von der Welt selbst erfahren, so wie es durch ein freies Pferd der Wildnis charakterisiert wird. Das bedeutet: Nicht eingespannt sein in falsche Rücksichten und gesellschaftliche Zwänge, die eher angeschirrten Tieren entsprechen würden. So heißt es, *man verliere ein Gespann Pferde* – eine Art Aufforderung, in aller Gemeinschaft auch autonom und selbständig zu sein: Was ich erkenne, muß ich immer noch für mich erkennen. Ich darf meine Wahrnehmung nicht mit der des anderen eintauschen (alles nur noch durch seine Brille sehen).

Fünfte Linie

Er besitzt Wahrhaftigkeit, die verbindet.
Kein Makel.
Ein Mensch, der im eigenen Zentrum ruht, bildet auch einen einigenden Mittelpunkt für seine Umgebung. Er wird durch Eindringlichkeit von Worten wie auch durch seine Persönlichkeit, viele Meinungen, Charaktere und Bedürfnisse integrieren können. Es ist das Echte und Wahre, das ihn Vertrauen gewinnen läßt – eine gute und starke Kraft.

Sechste Linie

Ein Hahnenruf gen Himmel.
Beharrlichkeit bringt Unheil.

Denken Sie daran, wie zuverlässig ein Hahn doch ist: Regelmäßig ertönt morgens sein Ruf. Insofern drückt er eine positive Eigenschaft aus, die gerade im Hinblick auf die gestellte Frage auch Ihnen zueigen ist. Allerdings sollten Sie bedenken, daß der Hahn nicht zum Himmel fliegen kann, den andererseits sein Ruf erreicht. Dies ist Hinweis dafür, daß Worte allein nicht immer etwas auszurichten vermögen. Wer nicht auch durch sein Handeln und ganzes Leben Glauben erweckt, wird gelegentlich Negatives erleben. Außerdem weist die Linie daraufhin, daß die Wahrheit etwas Schlichtes ist. Wer zuviel über sie redet, wirkt leicht aufgesetzt und erweckt Mißtrauen. Man hüte sich also auch vor falschem Pathos. Schließlich gilt es zudem, seine gesellschaftliche Stellung zu berücksichtigen. Der Hahn kräht zwar zum Himmel, muß aber dennoch auf der Erde bleiben. Versuchen Sie nicht, in einer Art von Offenheitswahn die Welt aus den Angeln zu heben. Es klappt bestimmt nicht.

62. Hsiao Kuo

Des Kleinen Übergewicht (Das geringe Übermaß)

Die kleinen, unwichtigen Dinge, die vermeintlichen Nebensächlichkeiten und Details können im Leben manchmal eine geradezu unheimliche Bedeutung bekommen. Es ist die sprichwörtliche Bananenschale, auf der jemand ausrutscht, der Sand im Getriebe oder der berüchtigte Stein des Anstoßes, der nicht immer ganz sichtbar, dafür aber oft um so hinterlistiger auf dem Lebensweg liegt.

Bezogen auf Partnerschaft und Beziehung sind es Dinge wie die nicht ausgedrückte Zahnpastatube, die vergessenen Theaterkarten, das eine Mal, daß er einer anderen Frau öfter Feuer gegeben hat oder die unachtsame Bemerkung, die sie über seine Mutter gemacht hat. Alles Banalitäten, sicher! Doch es gibt besondere Momente, in denen man sehr genau überlegen sollte, was man tut, weil darin für den anderen zum Beispiel auch eine versteckte Botschaft liegen könnte. Oder es geht um bestimmte Verhaltensänderungen, vielleicht auch um Rücksichtsnahmen, bei denen es auf jede Einzelheit ankommt, zum Beispiel, wenn man einen Menschen zurückgewinnen will oder wenn bestimmte Voraussetzungen, bis hin zu ganz banalen und gewöhnlichen Dingen des Alltags geklärt werden sollen, wie man sich künftig eine Partnerschaft vorstellt.

Der Lupen-Blick fürs Detail mag manchmal penetrant wirken. Doch oft hängen Angelegenheiten, bei denen man sich auch selbst etwas kleinlich vorkommen kann, damit zusammen, daß nur ein begrenzter Vorrat besteht, zum Beispiel an Zeit, Nerven, Geduld oder Geld. So versucht man ganz genau, Mittel und Wege zu finden, um

Belastendes für die Zukunft zu beseitigen. Die Wertigkeit der kleinen Bedeutungen und Gesichtspunkte hat ein besonderes Gewicht bekommen. Sie bildet in diesem Fall ein Übergewicht gegenüber den größeren Konturen und Zusammenhängen.

Ähnlich wie im Hexagramm ›die Beschränkung‹ oder ›die Minderung‹ handelt es sich um Situationen, die oft ein bestimmtes Maß an Sparsamkeit, Bedachtsamkeit und Haushalten erfordern. Dabei sind andererseits Geiz und Pedanterie zu vermeiden. Wieder sind Maß und Mitte gefordert, auch wenn der Stellenwert von Detail und Sorgfalt vorherrscht. Worauf es zum Beispiel ankommt, ist sich selbst gegenüber nicht zu großzügig zu sein: sich also im Moment keine flotten Alleingänge bewilligen, bei denen man zumindest nicht ganz sicher sein könnte, ob der andere sie verstehen und akzeptieren würde.

Die Bedeutung einzelner Worte bekommt zum Teil ein besonderes Gewicht, ebenso die Sprache ganz bestimmter Gesten. Sicher soll man sich in der Hinsicht nicht soweit kontrollieren, daß der Persönlichkeitsausdruck erstarren könnte. Nur sollte man doch genau wissen, was man tut, und warum. Das hat auch etwas mit Aufmerksamkeit, Dingen, Menschen oder sich selbst gegenüber zu tun – Signale beachten, auf feine Reaktionen eingehen, lieber einmal mehr nachfragen, etwas richtig verstehen und auch mal spüren, wie sich das anfühlt.

Noch etwas kann im Hexagramm als Antwort mitschwingen: Große Vorhaben, hochfliegende Pläne oder anspruchsvolle Einstellungen haben im Hinblick auf die von Ihnen gestellte Frage womöglich erstmal Ruhepause. Und wenn alles doch eine höhere Karatzahl hat – dann bitte die längere Perspektive im Auge haben. Das Ganze dürfte eine recht schwierige Fädel- oder Klöppelarbeit sein. Widmen Sie jetzt den eher profanen Einzelheiten Ihre Aufmerksamkeit, und heben Sie sich Höhenflüge für später auf.

Vorerst ist im sozialen Umfeld oder an der eigenen Persönlichkeit eventuell etwas auszubessern. Da gilt es etwa kleine Flickschäden im Zusammenleben anzugehen, bevor aus einer an sich unbedeutenden Ursache eine Riesengeschichte wird. Erhält man das Hexagramm in seiner unbewegten Form, kann all das eine Rolle spielen. Auch kann es darauf ankommen, den seelischen Besitzstand zu wahren und sich an das zu halten, was sich im Zusammenleben oder für einen selbst recht gut bewährt hat.

Das Urteil

Geringes Übermaß. Erfolg.
Fördernd (von Nutzen) ist Beharrlichkeit.
Man mag kleine Dinge tun, nicht aber große.
Das Lied des fliegenden Vogels.
Es ist nicht gut, aufzusteigen:
Man sollte unten bleiben.

Das Bild

Donner auf dem Berg:
das Bild vom Übergewicht des Kleinen.
So legt der Edle im Leben Wert auf das Einfache
und Schlichte.
In Trauerfällen legt er Wert auf echte (innere) Trauer.
In seinen Ausgaben legt er Wert auf Sparsamkeit.

R. Wilhelm führt zu dieser Symbolik aus, daß man dem Donner im Gebirge viel näher sei. Er ist dort viel besser zu hören, auch dann, wenn das Gewitter noch in einiger Ferne ist. In gleicher Weise hat auch der Edle für einige Dinge ein ganz anderes Ohr (oder Auge). Er ist für vieles sensibler und nimmt manches einfach schärfer wahr.

Sicher wird man manchmal damit anecken, alles ganz präzise zu betrachten. Doch lassen Sie sich zum Beispiel in bezug auf Ihr Problem nicht als Spießer einstufen. Sie müssen selbst ein Gefühl dafür haben, wie wichtig Sie bestimmte Dinge nehmen wollen. Das wendet sich oft auch gegen eine bestimmte Oberflächlichkeit im Leben. So kommt es zum Beispiel drauf an, sich genau über den Sinn von Handlungsweisen oder von einem äußeren Rahmen im klaren zu sein.

Denken wir nur daran: Wenn man über etwas traurig ist, kommt es nicht darauf an, viel Getöse darum zu machen, seine Trauer zur Schau zu tragen und das als momentanes Markenzeichen zu benutzen. Viel wichtiger ist das, was man ganz schlicht da drinnen fühlt. So wird es allgemein recht gut tun, im Moment etwas schlichter und anspruchsloser aufzutreten, als es dem Lärm der Zeit und vielleicht auch den Erwartungen mancher Leute entspricht.

Erste Linie

Ein Vogel will fliegen.
Er trifft auf Unglück.
Solange ein Vogel noch nicht flügge geworden ist, soll er im Nest bleiben. Würde er vorher fliegen wollen, müßte er herunterfallen, und das würde großes Unglück für ihn bedeuten. Genauso soll der Mensch abwarten können, wenn es um seine Ziele und Pläne geht. Was Sie vorhaben, muß reifen. Es muß Gestalt und Struktur gewinnen. Sie müssen dabei einige Lernprozesse durchlaufen und die Wünsche sollen – sofern dies vielleicht noch nicht der Fall ist – ein entwickeltes, durchgereiftes Niveau erreichen. So lange sollte man sich ans Herkömmliche halten, Kraftreserven anlegen und Extratouren vermeiden. Greifen Sie zu außergewöhnlichen Maßnahmen nur, wenn nichts anderes mehr geht, und leben Sie auch nicht über Ihre Verhältnisse.

Zweite Linie

Sie geht an ihrem Großvater vorbei und trifft auf ihre Großmutter. Er erreicht den Fürsten nicht, wohl aber den Beamten. Kein Makel.

Um niemanden zu belästigen, wendet man sich eventuell an denjenigen, dem man sich am vertrautesten fühlt. Oder man erledigt das Nächsterforderliche. Selbst wenn der formale Gang der Dinge normalerweise ein anderer wäre, vielleicht etwas umständlicher, ist das Vorgehen im Ausnahmefall so erlaubt, da man nicht aus Vorteil, sondern aus innerer Bescheidenheit handelt. Man will sich nicht aufdrängen, sondern schlicht seine Pflicht erfüllen. Im übrigen hält man aber doch, wo es erforderlich ist, den Instanzenweg ein, wendet sich – etwa in einem Streitfall – an diejenigen, die es direkt betrifft. Genauso kümmert man sich um verschiedene Angelegenheiten in der Reihenfolge, wie man entweder persönlich mit ihnen zu tun hat oder wie man erfahrungsgemäß Kompetenz auf den betreffenden Gebieten besitzt. Man wird seine Befugnisse nicht überschreiten und keine unzulässigen Abkürzungen in seinen Vorhaben suchen.

Dritte Linie

Wenn er sich nicht außerordentlich vorsieht, wird jemand ihn von hinten überfallen. Unheil.

In diesem Fall gilt: Vorsicht ist keine Schande und Mut ist keine Tugend. Es geht um erhebliche Risiken, denen man nicht mit falsch verstandenen Ehrbegriffen begegnen darf. Der wahre Held erweist sich vielmehr darin, daß er genau spürt, wo Gefahr im Verzug ist, der er nicht gewachsen wäre. Dies gehört zu seinem festen Repertoire an Überlebensweisheit. Halten Sie es genauso in Ihrem Alltag, und zwar insbesondere im Hinblick auf Ihre Fragestellung.

Vierte Linie

Ohne hinzugehen, trifft er, was er sucht. Kein Makel.
Hingehen bringt Gefahr. Man soll sich hüten.
Nicht handeln, doch innerlich dauernd beharrlich sein.
Initiative zeigen, wäre hier nicht nur grundverkehrt, sondern sicher auch gefährlich. Man soll lieber die Dinge auf sich zukommen lassen, sich den Anforderungen stellen, wenn man notwendigerweise damit konfrontiert wird. Beachten Sie: Vorher auf keinen Fall etwas unternehmen! Entwickeln Sie Geduld und innere Beharrlichkeit. Das entspricht einem festen Charakter, in einer sensiblen, ungeschützten Lage.

Fünfte Linie

Dichte Wolken.
Kein Regen vom westlichen Gebiet.
Was der König sucht, findet er in der Höhle.
Die vollen, dichten Wolken würden eigentlich Regen und Fruchtbarkeit erwarten lassen. Doch es ist noch nicht soweit. Es fehlt etwas in der Atmosphäre, das den Regen kommen läßt. Genauso stehen dem Ich-Bewußtsein, wie es durch den *König* symbolisiert wird, Schwierigkeiten gegenüber. Man will Ordnung schaffen, aber es fehlt einem dazu an Unterstützung. In dieser Lage sollte man nach echtem Beistand suchen. Dinge oder Menschen, die vielleicht nicht viel hermachen, aber doch helfen können: *Der König findet es in der Höhle,* das heißt im Verborgenen. Beachten Sie also auch das Unscheinbare, die eventuell versteckte Qualität und die schlichte Begegnung. Man sollte sorgfältig suchen und aufmerksam hinsehen.

Sechste Linie

Ohne sich zu treffen. Man geht aneinander vorbei.
Der Vogel verläßt das Nest. Unheil.
Es bedeutet Unglück und Schaden.

In dieser Linie werden Bestrebungen beschrieben, die über die eigenen Möglichkeiten hinausgehen. So treibt der Ehrgeiz einen immer weiter voran. Man hat dazu eventuell auch eine Neigung zur Arroganz. Achten Sie darauf – es äußert sich nicht immer so ganz offensichtlich. Doch etwas entfernt Sie von den Menschen, von der Liebe und von der natürlichen Ordnung im Leben, wenn Sie die Warnzeichen nicht beachten. Da ist es leicht möglich, aneinander vorbeizugehen, sich etwas zu sagen und sich doch nichts mehr zu sagen haben.

63. Chi Chi

Nach der Vollendung

Etwas kommt zum Abschluß. Ein finaler Punkt wird erreicht, das Reifestadium einer Entwicklung.

Das Erreichte ist jetzt zu festigen. Es ist zu sichern und eventuell noch zu verfeinern, nicht aber mehr zu erweitern – so wie die Ernte eines Jahres sich in der Scheune befindet und das Getreide oder die Rüben in der kommenden Zeit zum Beispiel zu Mehl, Brot bzw. Zucker zu verarbeiten sind. Mehr wird man in der jetzigen Periode jedoch nicht ernten, und alle Bemühungen, welche die wirtschaftliche und persönliche Kraft übersteigen, noch wohlhabender zu werden – im übertragenen Sinne etwa: sich noch mehr vom Leben zu wünschen – führen zu Unordnung (*Wirren am Ende,* wie es im Urteil heißt).

So soll man den Bogen nicht überspannen und dankbar sein, für das was man hat. Der Gedanke an eventuelle Belastung oder Irritation ergibt sich schon daraus, daß im Endergebnis die der Situation zugrunde liegenden Trigramme Li (Feuer) und Kan (Wasser) miteinander vereinigt sind – gegenteilige Energien, die als ein Ganzes einen ungewöhnlich starken Spannungsgegensatz beinhalten.

Die vorausgegangene seelische Entwicklung war ein Umformungs- und Wandlungsprozeß, der in seiner Reifeform (symbolisch etwa: Stein der Weisen) das alchimistische Destillat oder die vereinigten und versöhnten seelischen Gegensätze hervorgebracht hat. Ein solcher Gleichgewichtszustand beruht jedoch immer darauf, daß keine zusätzlichen Spannungselemente – etwa durch zu hohe weitere Erwartungen, Ansprüche, Wunschvorstellungen – hinzugefügt werden. Sonst wird aus dem Zustand von Reife und Abschluß das der Überreife, kulturell allgemein als Zustand der Dekadenz oder des Verfalls gekennzeichnet, wie es sich in den Niedergangsphasen großer vergangener Epochen beobachten läßt.

Während oder nach der Vollendung kommt es also auf Vorsicht an. Eine aufrichtige Dankbarkeit für das Erreichte – zum Beispiel für den momentanen Seelenfrieden, für eine produktive Entwicklung in der Partnerschaft oder einfach für die gewonnene Sympathie eines Menschen – könnte guttun. Bleiben Sie achtsam und behalten Sie weiter ständig die Dinge im Auge, die für Sie wichtig sind.

Freuen Sie sich über den Augenblick, aber denken Sie auch daran, daß Vollendung nicht einen absoluten Endpunkt bedeutet, sondern den Abschluß eines momentanen Zyklus beschreibt, dem sich irgendwann eine neue Entwicklungsperiode anschließen wird. Verlassen Sie sich also nicht von vornherein darauf, daß die Schönheit des Augenblicks oder die gegenwärtige Harmonie für alle Zeiten selbstverständlich wäre. So zu denken, würde nur bedeuten, in seinen Bemühungen um seelisches Wachstum, Sinnfindung im Alltag und um positive Lebensgestaltung in der Partnerschaft nachzulassen. Stillstand ist im Kosmos wie im Dasein der Menschen jedoch nicht vorgesehen, auch wenn es manchmal noch so sehr danach aussehen könnte.

Wenn das Hexagramm ohne bewegte Linien erscheint, sollte man gleichzeitig aber auch einen Moment der Stille in sein Leben treten lassen. Es ist etwas, das vielleicht von innen kommt, eine Ruhe, die vergleichbar sein mag mit der friedvollen Betrachtung seines Lebensweges, zu dem ein reifer und weiser Mensch am Ende einer langen und erlebnisreichen Zeit kommen wird. Das Werk ist gut. Man darf hoffen, daß es dem Schöpfer gefällt, der in allem wohnt und uns überall hin begleitet.

Zum Nachtrag ein Gedanke, der sich bei R. L. Wing zum unbewegten Hexagramm ergibt. Er schreibt, Li, die Klarheit beträte Kan, die Tiefe, was zu bedeuten habe, daß man sehr wohl in der Lage sei, zu erkennen, was sich nach der Vollendung ergibt. Doch ohne bewegte Linien sei es schwierig, auf die Situation einzuwirken.

»Sie sind unmittelbar im Zentrum dessen, was sich gestaltet und bewegt. Es ist geradeso, als würden Sie sich im Auge eines Hurrikans befinden. Alles scheint so ruhig, sein Einfluß und seine Kraft sind außerhalb Ihrer Reichweite. Vielleicht tröstet Sie der Gedanke, daß Sie um so weniger von dieser Situation betroffen werden, je weniger Sie auf sie einwirken können.«

Hierin kommt im Grunde zum Ausdruck, daß Vollendung ein Zur-Ruhe-Kommen bedeutet, jedoch selbst Antrieb und Bewegung bedingt. Aus Ruhe geht immer ein erneuter Impuls hervor – in diesem Fall jedoch eher im Sinne von Geschehen- oder Passierenlassen. Ich mache nicht, sondern lasse mehr zu. Ich habe vorerst zu Ende gebracht.

Das Urteil

Nach der Vollendung. Erfolg (Gelingen) im Kleinen.
Fördernd (von Nutzen) ist Beharrlichkeit.
Glück am Anfang.
Wirren am Ende.

Das Bild

Wasser über dem Feuer:
ein Bild vom Zustand nach der Vollendung.
So bedenkt der Edle die Gefahr und
trifft Vorsichtsmaßnahmen.

Erste Linie

Bremse am Rad. Der Schwanz wird naß. Kein Makel.
Eine wichtige Etappe ist abgeschlossen. Insofern sollte man verweilen und sich der Gegenwart, wie sie gerade ist, freuen. Aber es gibt nachrückende Kräfte in der Situation, Dinge, die sich aus sich heraus bewegen. Da handle man, als würde man eine Bremse ans Rad legen. Es geht einem dann wie einem schlauen Fuchs, der den Strom schon längst hinter sich hat. Eine Weile ist er schon im Trockenen, hält sich aber immer noch in Ufernähe auf. Und so wird er von einer hochschwappenden Welle erwischt, die ihm den Schwanz naß macht. Das kann dem Fuchs eigentlich nichts anhaben, dennoch eine merkwürdige oder unangenehme Überraschung. Jedoch wird der Fuchs klug sein und in Sicherheit bleiben. Handeln Sie jetzt in Ihrem Privatleben genauso.

Zweite Linie

Eine vornehme Dame verliert den Vorhang ihres Wagens. Ohne daß sie ihn sucht, wird er in sieben Tagen wieder da sein.
Eine bestimmte Karriere oder Entwicklung ist abgeschlossen. Man hat innerhalb der Situation einen gewissen Status erreicht, ähnlich einer vornehmen Dame, deren Stellung im alten China dadurch ausgewiesen war, daß sie über einen Wagen verfügte, der von einem Diener gezogen wurde. Es entsprach auch ihrer Stellung, daß sie durch einen Vorhang vor den Blicken der Menschen geschützt wurde. Ihn zu verlieren war ein Malheur.

In einer vergleichbaren Lage befinden Sie sich nun. Sie hat im zwischenmenschlichen Sinne damit zu tun, daß im Augenblick das Vertrauen etwas nachläßt, die Unterstützung von außen gerade nicht so ganz spürbar ist. Man fühlt sich jetzt ohne Deckung, ohne schützende Einflüsse, wie sie etwa durch den Vorhang symbolisiert werden. Falsch wäre es, nun gerade Ehrgeiz aufzuwenden, auf

Stand und Stellung zu pochen, etwas zu unternehmen, mit dem man glänzen könnte (nach dem Verlorenen suchen). Richtig ist es jedoch, die Dinge einfach von sich aus kommen zu lassen, wenn man einen neuen Rhythmus beginnt. Haben Sie Vertrauen in die Zukunft.

Dritte Linie

Der große Kaiser züchtigt das Land der Barbaren. In drei Jahren hat er es vollständig erobert. Mindere Kräfte sollten dann nicht ins Amt genommen werden.

Es handelt sich in diesem Fall um eine historische Anspielung auf einen starken Herrscher in der chinesischen Geschichte, der Ordnung im Reich geschaffen hatte und auch Gebiete, aus denen ständig Übergriffe zu erwarten waren, unter seine Hoheit brachte. Dort durften keine Beamten eingesetzt werden, die in den eroberten Ländern zum Nachteil ihrer Bewohner gewirtschaftet hätten. Hieraus ergeben sich Parallelen für einen selbst und auch fürs Zusammenleben.

Es geht darum, zunächst einen manchmal etwas schwierigen seelischen Prozeß zu unterstützen. Zum Beispiel kann die eigene Persönlichkeit oder die der anderen recht entwickelt sein, aber dennoch wird die innere Ruhe immer wieder von bestimmten inneren oder äußeren Problemen gestört. Die Linie deutet nun daraufhin, daß man dies ganz gut in den Griff kriegen wird, was eventuell damit einhergeht, daß man selbst als Mensch mehr Einfluß und Möglichkeiten bekommt. Dann könnte man sich leicht verführt sehen, schlechtere Zeiten zu vergessen und stärker niedere Instinkte auszuleben. Dies sind Gefahren, die sich durch Eigenschaften wie Güte und Herzenswärme recht gut verhindern lassen. Sich ab und zu auch mal einen Spiegel vorhalten, an das Gestern denken, Schwächen besser verstehen lernen und die Umgebung am eigenen Wohlergehen durch Freundlichkeit teilhaben zu lassen.

Vierte Linie

Die schönsten Kleider bestehen aus Lumpen.
Den ganzen Tag über vorsichtig sein.
Man fühlt sich bei der Aussage dieser Linie eventuell an des Kaisers neue Kleider erinnert. Hier aber geht es darum, daß etwas Negatives vorhanden ist, das man nicht wahrhaben möchte. Man tut gleichsam, als besäße man die prächtigsten Kleider, doch in Wirklichkeit mögen es Lumpen sein. Damit können zum einen Verdrängungen oder neurotische Erlebnisformen gemeint sein, die sich nur unterschwellig zeigen. Zum anderen kann es darum gehen, daß Menschen unerfreulichen Dingen begegnen, gemeinsam Fehler machen oder bestimmte Situationen erleben, die nicht gerade zu den Aktivposten ihrer Partnerschaft gehören. Dennoch geht man zur Tagesordnung über, kehrt manches unter den Teppich, und bald spricht niemand mehr über die ganze Sache.

Ein nachdenklicher Mensch wird aber doch darüber stolpern und sich irgendwann seine Gedanken machen. Also bleibt etwas zu besprechen. Erst dann wird die Gegenwart etwas Vollständiges und Vollendetes beinhalten. Finden Sie für eine Auseinandersetzung mit diesen Dingen den passenden Augenblick.

Fünfte Linie

Der Nachbar im Osten opfert einen Ochsen.
Der Nachbar im Westen gibt ein einfaches Opfer,
doch wird ihm der Segen (größeres Glück) zuteil.
Wenn menschliche Kulturen sich hoch entwickelt haben, gewinnen religiöse Zeremonien oft einen äußeren Pomp. Dabei kommt der eigentliche Glaube zu kurz. Entsprechende Vorgänge lassen sich auch in zwischenmenschlichen Beziehungen beobachten. Zum Beispiel in einer Partnerschaft: Gemeinsam hat man einiges geschafft. Das bezieht sich sowohl auf Schwierigkeiten, die man zusammen durchgestanden hat, als auch auf einen gewis-

sen – gemeinsam aufgebauten – Lebensstandard. Sicher kann man auch stolz darauf sein, was man sich materiell erarbeiten konnte. Doch wenn äußerliche Dinge dabei immer mehr in den Vordergrund rücken, geht oft der eigentliche Gedanke verloren – das, was einen früher einmal zusammengebracht hat.

Da wäre es gut, sich zu besinnen. Man achte wieder mehr auf das, was wirklich zählt. Oft ist es so, daß eine kleine, liebevolle Geste viel mehr ankommt, ein aufrichtiges Wort, eine nette Aufmerksamkeit. Ähnliches gilt für Alleinstehende. Manchmal betreibt man einen Riesenaufwand, um den anderen zu gefallen oder um ihm die eigene Liebe zu zeigen. Dabei ist das gar nicht nötig und kann obendrein das Gegenteil bewirken.

Sechste Linie

Der Kopf wird naß. Gefahr.
Vergleichen wir das mit der ersten Linie: Dort wird dem Fuchs nur der Schwanz naß. Ganz anders hier die Situation. Ein Mensch blickt zurück. Es ist, als ob ihn eine Tiefe magisch anziehen würde. Da ist etwas wie ein Reiz, sich eine Gefahr noch einmal anzusehen. Man testet eventuell Menschen und Situationen, fordert das Schicksal heraus. Es kann auch sein, daß man einfach kopflos ist, meint die Gefahr aufsuchen zu müssen, um nicht von ihr eingeholt zu werden. Wie auch immer: Es kann ein Problem geben, da man sich mit dem Sog einer Angelegenheit beschäftigt, die eigentlich schon abgeschlossen war. Wenn man vorsichtig ist, wird man sich allerdings immer noch in Sicherheit bringen können. Denn im Moment ist nur der Kopf des Menschen bedroht, das heißt, seine innere geistige Führung.

Bedenkt man das Ganze, sollte man die Situation als kalte Dusche nehmen, um endlich aufzuwachen. Wenn man sich jetzt mit positiven Dingen beschäftigt, wird man seinen inneren Halt wiederfinden.

64. Wei Chi

Vor der Vollendung

Sie sind fast am Ziel Ihrer Wünsche, sozusagen am Vorabend einer wichtigen Entscheidung oder eines großen Ereignisses. Doch noch sind Kräfte zu konzentrieren, Energien zu mobilisieren. Im übertragenen Sinne geht es auch um eine noch nicht abgeschlossene seelische Entwicklung. Man ist auf dem besten Wege dahin, in bezug auf eine bestimmte Frage zu einer reifen Einsicht zu gelangen. Aber es fehlt eben noch etwas. So kommt es oft darauf an, die Lage noch einmal kritisch zu überdenken, so wie Menschen in hoher beruflicher und sozialer Verantwortung zum Beispiel vor wichtigen Terminen alles noch einmal durchgehen.

Machen Sie es hinsichtlich Ihrer privaten Fragestellung genauso. Nicht die schnelle Wunscherfüllung ist hier wichtig, sondern das gute Vorbereitetsein auf die künftige Situation. Sie dürfte eine nicht unwesentliche Bedeutung haben. Überprüfen Sie, welche Phantasien, Überlegungen, Zielvorstellungen zusammenpassen. Erleben Sie das, was Sie bewältigen wollen, in Ihrer Vorstellung; spielen Sie alles in Ruhe durch. Dann haben Sie sozusagen schon mal einen inneren ›Probelauf‹ gemacht.

Allerdings werden Sie auch merken, daß meist noch ein Stück bleibt, das sich nicht genau vorhersagen oder vorherplanen läßt. Da wird man sich ein wenig überraschen lassen müssen. Dennoch wird es gut sein, wenn man herauszufinden versucht, was abschließend getan werden muß. Finden Sie ein gewisses Grundkonzept, und stellen Sie für sich einzelne Punkte zusammen. Das gilt gerade auch, wenn Sie das Hexagramm in seiner unbewegten Form erhalten. Gleichzeitig sollten Sie dann einen recht hoffnungsvollen Gedanken bei der ganzen Thematik im Hintergrund sehen.

Das Symbol ist ein Zeichen des Frühlings. Wenn erst alles herangereift ist, wird eine neue, schöne Zeit ihre Vollendung finden. Und so beendet auch ein Hexagramm das ›Buch der Wandlungen‹, das einen zuversichtlichen Blick auf den Wandel des Lebens, seine immer wieder neuen Situationen und einander ablösenden Entwicklungen wirft.

Das Urteil

Vor der Vollendung. Erfolg (Gelingen).
Wenn aber der kleine Fuchs,
der fast drüben ist,
mit dem Schwanz ins Wasser kommt,
dann ist nichts, das fördernd (von Nutzen) wäre.

Ein erfahrener Fuchs weiß im Winter, wann er über das Eis zu laufen hat, damit er nicht in den Fluß einbricht. Ein junger, unerfahrener Fuchs wird jedoch drauflosgehen und bald schon Pech haben.

Das Bild

Feuer über dem Wasser: ein Bild des Zustandes vor der Vollendung. So ist der Edle sorgsam in der Unterscheidung der Dinge, damit jedes auf seinen Platz kommt.

Die Gegensätze Feuer und Wasser sollen in einem alchimistischen Prozeß von Entwicklung der Persönlichkeit und Reifung menschlicher Beziehungen vereinigt werden. Es ist die Integration von Widersprüchen und Unterschieden – auch von denjenigen, die zwischen Mann und Frau bestehen. Noch ist das Werk nicht abgeschlossen.

Erste Linie

Er kommt mit dem Schwanz ins Wasser.
Beschämung (Demütigung).
Wenn sich große Dinge vorbereiten, werden Sehnsüchte oftmals immer stärker. Da möchte man sein Talent beweisen, zeigen, was in einem steckt und kann es kaum abwarten. Doch alles hat seine Zeit, und so wird voreiliges Tun nur zur Blamage führen.

Zweite Linie

Bremse am Rad. Beharrlichkeit (Ausdauer).
Glück.
Gegenwärtig ist die Zeit immer noch nicht reif, Dinge abschließend zu tun. Initiative und Handeln müssen weiter warten, was aber nicht heißt, müßig und träumerisch zu warten, etwa nach dem Motto: Es wird schon alles werden. Vielmehr geht es darum, etwas innerlich durchzutrainieren, seine Kräfte zu stärken und vorzubereiten.

R. Wilhelm schreibt: »Man muß gleichsam einen Wagen haben, um den Übergang zu vollziehen. Aber man muß ihn noch hemmen.«

Wer Geduld und Güte zu vereinen weiß, dem winkt in diesem Fall recht viel Glück.

Dritte Linie

Vor der Vollendung bringt einfach Weitermachen Unheil.
Fördernd (von Nutzen) ist es, das große Wasser zu überqueren.
Sie befinden sich gegenwärtig in einem Zwischenstadium. Soweit ist erst einmal alles in Ordnung. Doch jetzt dürfen Sie nicht ohne weiteres ›daraufloswollen‹. Das gerade Erreichte muß stabilisiert und angereichert werden. Man muß sich nach hilfreichen Umständen umsehen, sich irgend etwas sinnvoll zunutze machen. Das

Provisorium muß auf das ausgereifte Stadium hin vorbereitet werden. Wenn man so ausreichend für Unterstützung gesorgt hat, soll man sich schließlich an die Vollendung machen *(das große Wasser überqueren)*.

Vierte Linie

Beharrlichkeit bringt Glück. Reue schwindet.
Mit großer Macht das Land der Barbaren angreifen.
Innerhalb von drei Jahren gibt es Belohnung vom großen Land.

Das Neurotische und Beängstigende *(Land der Barbaren)* ist relativ leicht zugänglich und hat sich noch nicht festgesetzt. Deswegen gilt es auch allen Mut zusammenzunehmen. Eine bestimmte Bewährungsprobe wird bevorstehen. Dabei wird es um etwas sehr Schönes und Wertvolles gehen. Sie dürfen guten Lohn erwarten.

Fünfte Linie

Beharrlichkeit (Ausdauer) bringt Glück.
Keine Reue.
Das Licht des Edlen ist wahrhaftig
(gewinnt das Vertrauen der Menschen).
Glück.

Ein schöner Augenblick ist nah. Negative Antriebe und Schattenseiten der Persönlichkeit konnten weitgehend umgewandelt werden. Ein gewisser Sieg kündigt sich an, im Bemühen um Liebe und das, was einem teuer ist. Sehen wir näher hin:

Bis jetzt ist eine erfreuliche Entwicklung schon recht vollständig gediehen. Vielleicht mag an einigen Stellen noch etwas fehlen. Doch Standpunkte haben im Hinblick auf die gestellte Frage ein relativ reifes Niveau erreicht, und man stößt auf Vertrauen und Entgegenkommen. Daher bestehen gute Voraussetzungen, alles zu einem gütigen und zufriedenen Abschluß zu bringen.

Sechste Linie

Er trinkt den Wein voll Vertrauen. Kein Makel.
Wenn der Kopf naß wird, verliert er das Vertrauen.

Wenn alles wohl bestellt ist, man nach Mühen und guter Vorbereitung sich auf das Kommende freut, dann darf man auch in trauter Zweisamkeit oder im Freundeskreis beieinandersitzen und etwa ein Glas Wein miteinander trinken. Da spürt man ein Bedürfnis nach Entspannung und erwartet das Kommende, doch wird es wichtig sein, sich nicht gehen zu lassen. Wer jetzt übermäßig wäre, etwa zu sehr Vorschußlorbeeren genießen würde oder feiert, daß die Wände wackeln, der wird noch einen Rausch auszuschlafen haben, wenn der eigentliche Zeitpunkt zum Handeln gekommen ist. Verlieren Sie in einer Vorfreude also nicht den klaren Verstand. Wer auch jetzt Maß und Mitte behält, wird ohne Makel bleiben.